U0617983

权威·前沿·原创

皮书系列为
"十二五""十三五"国家重点图书出版规划项目

BLUE BOOK

智 库 成 果 出 版 与 传 播 平 台

中国社会科学院创新工程学术出版资助项目

流通蓝皮书

BLUE BOOK OF COMMERCIAL SECTOR

中国社会科学评价研究院 ╱ 研创
冯氏集团利丰研究中心

中国商业发展报告（2021~2022）

ANNUAL REPORT ON CHINA'S COMMERCIAL SECTOR (2021-2022)

顾　　问／张家敏
主　　编／荆林波
执行主编／王雪峰　钱慧敏
副 主 编／赵京桥　倪　颖

社会科学文献出版社
SOCIAL SCIENCES ACADEMIC PRESS (CHINA)

图书在版编目（CIP）数据

中国商业发展报告. 2021－2022 / 荆林波主编. －－
北京：社会科学文献出版社，2021. 12
（流通蓝皮书）
ISBN 978－7－5201－9505－8

Ⅰ. ①中…　Ⅱ. ①荆…　Ⅲ. ①商业经济－研究报告－
中国－2011－2012　Ⅳ. ①F72

中国版本图书馆 CIP 数据核字（2021）第 258187 号

流通蓝皮书
中国商业发展报告（2021~2022）

顾　　问 / 张家敏
主　　编 / 荆林波
执行主编 / 王雪峰　钱慧敏
副 主 编 / 赵京桥　倪　颖

出 版 人 / 王利民
组稿编辑 / 周　丽
责任编辑 / 丁　凡
责任印制 / 王京美

出　　版 / 社会科学文献出版社·城市和绿色发展分社（010）59367143
　　　　　　地址：北京市北三环中路甲 29 号院华龙大厦　邮编：100029
　　　　　　网址：www. ssap. com. cn
发　　行 / 市场营销中心（010）59367081　59367083
印　　装 / 天津千鹤文化传播有限公司

规　　格 / 开本：787mm × 1092mm　1/16
　　　　　　印张：26. 75　字数：401 千字
版　　次 / 2021 年 12 月第 1 版　2021 年 12 月第 1 次印刷
书　　号 / ISBN 978－7－5201－9505－8
定　　价 / 168. 00 元

主要编撰者简介

荆林波　经济学博士，中国社会评价研究院院长兼党委书记，二级研究员，享受国务院政府特殊津贴专家，21世纪"百千万人才工程"国家级人选，国家标准委员会委员，商务部现代供应链咨询委员会委员，八部委特聘电子商务专家，中国烹饪协会特约副会长，中国商业经济学会副会长，中国物流学会副会长。参与多项国家和部委的重大课题研究，获得孙冶方经济科学奖、万典武商业经济学奖、"有突出贡献中青年专家"称号等多项荣誉。主要成果有专著《信息服务与经营模式》《第三只眼看网络经济》《中国商品期货交割》等。主编了《关于扩大消费的若干问题研究》《解读电子商务》《阿里巴巴集团考察——阿里巴巴经营模式研究》《阿里巴巴的网商帝国》《市场营销》《电子商务导论》《现代流通业：资本与技术的融合》《现代零售业战略与管理》《中国流通理论前沿》《消费者心理学理论与实践》《中国企业大并购》《中国商品市场发展报告》《中国贸易发展报告》《中国服务业发展报告》《中国电子商务服务业发展报告》《中国城市电子商务影响力发展报告》《中国餐饮产业运行报告》等多部著作。最新主编《中国人文社科期刊评价报告》《全球智库评价报告》《中国智库评价报告》等。在《经济研究》《财贸经济》《中国流通经济》等期刊发表论文数十篇。

王雪峰　经济学博士，中国社会科学评价研究院评价理论研究室副主任，副研究员，硕士生导师。主要研究领域：评价理论、产业经济学、流通经济学、消费经济学、电子商务。主要成果有专著《中国消费率问题研究》

《商品交易市场发展及相关监管制度建设问题研究》《中国商品交易市场：转型升级、综合评价与典型案例》等。在《财贸经济》《中国流通经济》《经济学动态》等期刊发表论文数十篇。曾获商务发展研究成果论文一等奖，中国社会科学院年度优秀对策信息奖，商业经济联合会年度优秀论文奖等。

钱慧敏　冯氏集团利丰研究中心副总裁。负责主管中心的研究工作，其研究范围包括中国经济、中国商业、全球采购、供应链管理等。曾担任多份报告的联合主编，包括与中国商业联合会专家工作委员会共同编撰《中国商业十大热点展望》以及与中国百货商业协会共同编撰《中国百货零售业发展报告》，以及与中国物流与采购联合会和国家统计局合作，共同发布《中国采购经理指数》。曾于2008年担任哈佛大学肯尼迪政府学院亚洲项目研究员。2007年和2009年，在香港大学专业进修学院担任讲师，教授中国经济研究生课程。持有香港大学金融学士学位和伦敦政治经济学院经济学和经济史硕士学位。

摘　要

　　《流通蓝皮书：中国商业发展报告》是坚持十多年持续研究国内流通业发展的专业性蓝皮书，其前身是《商业蓝皮书：中国商业发展报告》。该书是中国社会科学院专业研究团队与香港冯氏集团利丰研究中心长期精诚合作的成果。2012年，编委会基于国内外经济形势的变化和流通业重要性提升的现实，为了探求国内经济循环体系"突破流通瓶颈、助推经济转型"的需求，经多次研讨后决定将《商业蓝皮书》更名为《流通蓝皮书》，并继续以《中国商业发展报告》的形式出版发行。

　　综观《流通蓝皮书：中国商业发展报告（2021~2022）》，除了一直秉承组织层次高、权威性强，编写组成员稳定、专业性强、组织结构合理、中英文全球发布的原则外，本年度蓝皮书还具有以下特点。

　　一是精准把握"双循环新发展格局"下加快构建现代流通体系的大势。在伟大梦想的感召下，经过几代人的不懈努力，历经磨难的中华民族已经步入由富向强转变、建设社会主义现代化强国的新征程。在我们追逐伟大梦想实现的关键时期，国际风云加速变幻，贸易自由化受阻、贸易冲突加剧，民粹主义、种族主义活跃，国际经济不确定性加大、失序加重，特别是在全球新冠肺炎疫情的反复冲击下，国际交往受限，世界经济增长趋势逆转，一些国家保护主义和单边主义盛行、地缘政治风险上升。在此背景下，我国政府审时度势、顺势而为，提出了"以国内大循环为主体、国内国际双循环相互促进的新发展格局"，以更好发挥内需优势，为经济发展增添动力。"内循环"面临的迫切任务是构建现代流通体系，为激发内需潜力，发挥国内

超大市场优势；为优化国内产业链，满足人民美好生活需要提供支撑。基于此，本报告以微观企业或中观业态层面为选题，研究分析我国流通业的现代化建设情况及其发展过程中可能存在的问题，以资借鉴。

二是坚持供给侧创新思维，强化需求侧商业基础。流通业是经济循环体系顺畅运行的"血脉"和"神经"，流通业创新提质是经济体系的供给侧高效运行的保障，商业流通领域的任何环节都会对经济供给侧运行的效率产生影响。因而，本报告在坚持供给侧业态渠道创新研究思维的基础上，重点关注各业态数字化、信息化创新的方向和应用。与此同时，基于需求侧微观消费者行为的变化和调整趋势，本研究更加关注消费者线上消费引起的需求侧消费模式的变化，重点分析消费者线上购物、跨境购物、智慧场景体验、绿色消费和品牌消费的现状和特点，研讨中国商业数字化创新的方向和动力。

三是坚持宏观和微观思维，关注流通大势和市场热点。在信息技术应用和新冠肺炎疫情的冲击下，国际消费疲软、国内消费形势大变。本报告坚持宏观和微观思维，关注我国"十三五"期间流通领域整体发展情况以及步入新时代"双循环"新发展格局、构建现代流通体系的大环境下各业态的发展趋势。在宏观领域，重点关注中美消费市场变动调整问题、国内消费下沉问题、流通业竞争转型趋势问题等流通领域备受关注的热点问题。在微观和产业层面，重点关注消费者购物行为、购物渠道、消费观念、消费模式呈现线上化的特点和趋势，进而引起实体商业各业态萎缩的问题，本报告对此予以相应的关注和回应，分析便利店、百货店、社区团购等业态的发展。

四是秉承架构的系统性和撰写逻辑的一致性。本报告秉承延续十多年的整体架构和系统全面的行文风格。在整体篇章布局上沿袭总报告、产业分析、产业要素分析和专题分析的结构形式并整体遵循了"十三五"回顾和"十四五"展望的撰写逻辑。总报告基于我国"十三五"规划目标与实际实现目标的对比分析和"十三五"规划目标与"十四五"规划目标的对比分析，明确了流通业步入"双循环"新发展格局的新征程，探讨了中美消费市场演进路径、我国消费下沉、流量竞争以及老龄消费和Z世代消费的热点问题。在产业要素部分，重点研究分析了我国商业科技应用现状与发展趋势、电子商务物流发展和互联网金融发展"十三五"回顾与"十四五"展望。在专题分析部分，重点对我国的百货业、便利店、购物中心、免税商业、社区团购、直播电商、消费群体以及"双循环"新发展格局下外贸企业出口转内销的机遇与挑战和商业发展趋势进行专门深入研究。

总之，基于国际环境不确定性增加、国际经济活动风险加大和"双循环"新发展格局以及数字技术快速发展的大背景，本研究得出结论：加快构建现代流通体系已经上升为国家战略，流通体系整体创新、加快现代化建设成为历史和时代的必然要求。回顾"十三五"辉煌的发展成果，立足当前国际国内形势的变化趋势、展望"十四五"现代流通体系建设的方向，本报告深入探究和剖析我国流通体系各环节、各业态的发展形势，并提出观点和建议，以期为中国流通业的现代化建设和发展提供智力支持，贡献力量。

关键词： 商业　批发零售　物流业　餐饮业　电子商务

Abstract

The Blue Book of China's Commercial Sector: Annual Report on China's Commercial Sector (2021 – 2022) is the latest research outcome of the long-standing partnership between the professional research team of the Chinese Academy of Social Sciences and Fung Business Intelligence, the Hong Kong headquartered think tank of the Fung Group. The report provides insights and forecasts on the upcoming development trends of the commercial sector in the 14th Five Year Plan period.

The Blue Book has the following distinctive features. First, the Blue Book accurately identifies major macro trends in China's commercial sector. China is embarking on a new journey toward the second centenary goal of fully building a modern socialist country. Meanwhile, the international situation has changed dramatically: trade liberalization has stalled, trade conflicts have intensified, and populism and racism are on the rise. The widespread global impact of the COVID-19 pandemic has further heightened global economic uncertainty and hampered international trade and investment activities. In this context, the Chinese government has put forth a new "dual circulation" development pattern, in which the domestic market will play a leading role in driving economic growth, while the international market remains its extension and supplement. One of the key tasks in the "dual circulation" strategy is to advance the construction of China's modern circulation system, in order to optimize supply chains, further promote the development of the commercial sector and improve the quality of life for its citizens.

Second, the Blue Book calls for further developing the circulation sector by focusing on supply-side restructuring and innovation, and also on demand side management. Businesses have accelerated their digitalization process and have adopted various innovative technologies to support their business needs. Meanwhile, consumer behavioral changes has further shifted consumption modes. The Blue Book takes a look at consumer behavior from the demand-side, with a focus on online consumption, cross-border consumption, experiential consumption, green consumption and brand consumption.

Third, the Blue Book provides an account of the general trends and major happenings within the commercial sector. Based on the overall development of the commercial sector during the 13th Five Year Plan period, the Blue Book forecasts the development trends of various industries and business formats during the 14th Five Year Plan period. At the macro level, the Blue Book covers topics such as changes and trends in the China and US consumer markets, the expansion of domestic consumption in rural areas, as well as key transformations of the commercial sector. At the micro and industry level, the Blue Book explores the characteristics of consumption behavior and trends. The Blue Book also highlights the development of various retail formats including convenience stores, department stores, as well as new business models such as live-streaming e-commerce and community group buying.

The whole report is divided into four parts, including a general report, industry analysis, business factors analyses and special topics. The general report discusses the development of China's circulation sector and its prospects. Topics covered in industry analysis includes China's commodity markets, China's retail sector, catering sector and e-commerce sector. The business factors section discusses the development of technologies in the commercial sector, developments in e-commerce logistics, as well as the internet finance market. The special topics section takes an in-depth look at department stores, convenience stores, duty-free consumption, community group buying, livestreaming e-commerce, consumer behavior, the opportunities and challenges of shifting export to domestic sales, as well as the outlook of China's commercial sector.

In summary, against the backdrop of increasing international uncertainty, the new development pattern of "dual circulation"; and the rapid innovation in information and communication technology, accelerating the construction of a

modern circulation system has become a national strategy. After reviewing the development achievements in the 13th Five Year Plan period, the report looks forward to the future of the modern circulation system in the 14th Five Year Plan period. It explores and analyses important links and business forms with in China's circulation system, and puts forward new ideas and suggestions for the modernization and development of China's circulation industry. The authors believe that the Blue Book can help businesses and investors gain further insight into China's commercial sector.

Keywords: Commercial Sector; Wholesale and Retail; Logistics; Catering; E-commerce

目 录 ↖↘

Ⅰ 总报告

Ⅱ 产业分析

Ⅲ 产业要素分析

皮书数据库阅读使用指南

CONTENTS ⤴

I　General Report

II　Industry Analysis

Ⅲ Business Factors Analysis

Ⅳ Special Topics

总 报 告
General Report

B.1

回顾"十三五",展望"十四五",
我国流通开启新征程

荆林波*

摘 要: 当前我国正处于迈向社会主义现代化强国新征程的起点上,2021年是"十四五"的开局之年。习近平总书记在2020年提出必须把建设现代流通体系作为一项重要战略任务来抓。总报告分为三个部分:第一部分回顾"十三五",对比分析相关目标的实现情况,找出短板与差距。第二部分分析我国流通即将开启新征程,评估我国面临的全球环境,探讨我国消费前景及各种可能面临的问题。第三部分,面对新征程的新挑战,政府需要顺势而为,因势利导;企业界要增强自信,科学定位,做好资源整合,培养核心竞争力;学术界要大胆创新,防止我国流通研究的内卷化倾向,推动我国流通业高质量发展。

---

* 荆林波,经济学博士,中国社会评价研究院院长兼党委书记,二级研究员,研究方向为社会科学评价、流通经济、消费经济、数字经济。

关键词: 流通业 "十三五" "十四五" 高质量发展

一 回顾"十三五"对比分析相关目标

过去的五年（2016～2020年），的确是不平凡的五年。回顾"十三五"，重点从国内贸易发展的总体目标与具体目标来对标分析，看看目标的完成情况。

表1 不同时期我国国内贸易发展的相关目标

时期	国内贸易发展的总体目标	具体目标
"十一五"时期	继续大力推进现代流通方式发展,提高国内贸易领域对外开放水平与质量,增强流通主体竞争能力,促进地区之间、城乡之间国内贸易协调发展,建立节约型国内贸易发展机制,健全国内贸易管理制度和法律规范,整顿和规范市场秩序。到2010年,在建立法制健全、体制完善、发展协调、秩序规范、结构合理、方式先进、组织化程度较高、竞争力较强的统一开放、竞争有序的社会主义现代市场体系方面取得重要进展,进一步增强国内贸易拉动消费、引导生产、扩大就业和提高经济运行效率的作用	"十一五"期间,社会消费品零售总额年均实际增长约11%;生产资料销售总额年均实际增长约11%;批发零售贸易和餐饮业增加值年均实际增长约9%,占GDP的10%左右;国内贸易就业人员2010年达到7100万人,约占全国总人口的5.2%;限额以上连锁企业销售总额年均增长约21%,占社会消费品零售总额的25%左右;形成15～20家具有全国影响力和一定国际竞争力的大型国内贸易企业及一批区域性龙头企业
"十二五"时期	总体规模指标实现翻番,城乡区域发展趋于协调,流通现代化水平显著提升,市场应急调控能力增强,国内市场环境明显改善	2015年社会消费品零售总额32万亿元左右,年均增长15%左右;生产资料销售总额76万亿元左右,年均增长16%左右;批发零售住宿餐饮业增加值超过7万亿元,年均实际增长11%左右;国内贸易就业人数1.3亿人左右,其中城镇就业1亿人左右,年均增加500万人以上;限额以上连锁零售企业商品销售额占社会消费品零售总额的20%左右,统一配送率在70%左右;电子商务交易额年均增长30%以上

续表

时期	国内贸易发展的总体目标	具体目标
"十三五"时期	到2020年,新一代信息技术广泛应用,内贸流通转型升级取得实质性进展,全渠道经营成为主流,现代化、法治化、国际化的大流通、大市场体系基本形成。流通新领域、新模式、新功能充分发展,社会化协作水平提高,市场对资源配置的决定性作用增强,流通先导功能充分发挥,供需实现有效对接,消费拉动经济增长的基础作用更加凸显,现代流通业成为国民经济的战略性支柱产业	到2020年,社会消费品零售总额接近48万亿元,年均增长10%左右,消费对经济增长的贡献明显加大;批发零售住宿餐饮业增加值达到11.2万亿元,年均增长7.5%左右;电子商务交易额达到43.8万亿元,年均增长15%左右;网上零售额达到9.6万亿元,年均增长20%左右

下文分析具体目标完成情况。

第一,按照"十三五"国内贸易发展规划,我国的社会消费品零售总额要接近48万亿元,年均增长10%左右。

受新冠肺炎疫情的影响,2020年我国全年社会消费品零售总额391981亿元,比上年下降3.9%。图1反映了2016~2020年我国社会消费品零售总额的变化情况。

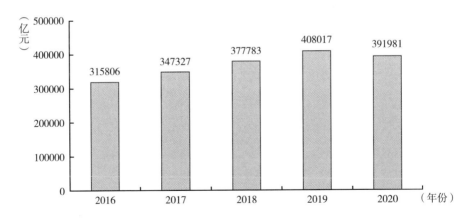

图1 2016~2020年社会消费品零售情况

资料来源:国家统计局。

第二，按照"十三五"规划目标，到2020年我国批发零售住宿餐饮业增加值达到11.2万亿元，年均增长7.5%左右；实际我国批发零售住宿餐饮业在2019年实现增加值11.36万亿元，提前完成了规划目标，但受到新冠肺炎疫情影响，产业增加值在2020年下降至11.17万亿元，略低于规划目标。

第三，按照"十三五"规划目标，到2020年我国电子商务交易额达到43.8万亿元，年均增长15%左右；网上零售额达到9.6万亿元，年均增长20%左右。实际完成情况是，2020年，我国电子商务交易额达到37.21万亿元，没有完成规划目标。而网上零售额达到11.76万亿元，比规划目标高2.16万亿元，其中实物商品网上零售额9.76万亿元，按可比口径计算，比上年增长14.8%，占社会消费品零售总额比重达24.9%（见表2）。

表2 "十三五"实现目标及"十三五"规划目标和"十四五"规划目标对比

项目	"十三五"规划目标	2019年	2020年	"十四五"规划目标
全年社会消费品零售总额	接近48万亿元，年均增长10%左右	408017亿元，比上年增长8.0%	391981亿元，比上年下降3.9%	50万亿元
消费对经济增长的贡献	明显加大	全年最终消费支出对国内生产总值增长的贡献率为58.6%，资本形成总额的贡献率为28.9%，货物和服务净出口的贡献率为12.6%	全年最终消费支出对国内生产总值增长贡献率-22%，资本形成总额的贡献率94.1%，货物和服务净出口的贡献率28%	消费已经成为我国经济增长的主要驱动力
批发零售住宿餐饮业增加值	11.2万亿元，年均增长7.5%左右	11.36万亿元	11.17万亿元	未设定
电子商务交易额	43.8万亿元，年均增长15%左右	34.81万亿元	37.21万亿元	46万亿元
网上零售额	9.6万亿元，年均增长20%左右	10.63万亿元	11.76亿元	17万亿元

资料来源：笔者根据商务部发布的《商务发展第十三个五年规划纲要》和《"十四五"商务发展规划》以及国家统计局公布的数据资料整理。

二　我国流通开启新征程

我国流通问题进入中央决策层的视野,是我国流通开启新征程的一个主要依据。尽管近年来国务院以及相关部委出台了许多政策,但是,从中央层面高度重视来看,要以中央财经委会议为标志。

2020年9月9日,习近平总书记主持召开中央财经委员会第八次会议,研究畅通国民经济循环和现代流通体系建设问题,会议强调:流通体系在国民经济中发挥着基础性作用,构建新发展格局,必须把建设现代流通体系作为一项重要战略任务来抓。习近平总书记特别强调:"统筹推进现代流通体系建设,为构建新发展格局提供有力支撑。"

改革开放以来,我国一直注重流通体系建设,国家层面发布的文件主要有20多项,我们按照发布的时间顺序进行整理,展示在表3中。

表3　我国发布的与流通体系相关的主要政策

时间	文件	主要精神
1982年6月17日	国务院发布《关于疏通城乡商品流通渠道扩大工业品下乡的决定》(国发〔1982〕91号)	提出改变过去工业品流通按城乡分工的体制,实行商品分工、城乡通开的新体制
1984年7月19日	国务院转批国家体改委、商业部、农牧渔业部《关于进一步做好农村商品流通工作的报告的通知》(国发〔1984〕96号)	在坚持计划经济为主、市场调节为辅的原则下,积极发展多渠道经营,认真探索搞活流通的新途径、新形式,鼓励农民进入流通领域
1990年11月10日	国务院发布《关于打破地区市场封锁进一步搞活商品流通的通知》(国发〔1990〕61号)	提出维护企业生产经营自主权、确保商品流通畅通无阻、严格执行财政税收管理制度、强化银行信贷支持、加强物价管理,打破地区间的市场封锁,进一步搞活商品流通
1991年10月28日	国务院发布《关于进一步搞活农产品流通的通知》(国发〔1991〕60号)	通过完善购销政策,加强储备制度建设,深化流通体制改革,进一步解决农产品流通滞后的问题

续表

时间	文件	主要精神
1994 年 4 月 9 日	国务院发布《关于加强"菜篮子"和粮棉油工作的通知》(国发〔1994〕23 号)	提出建立以批发市场为中心的农贸市场与零售商业相结合的市场网络和商品大流通的格局
1998 年 10 月 14 日	中共十五届三中全会通过《中共中央关于农业和农村工作若干重大问题的决定》	深化农产品流通体制改革,尽快形成开放、统一、有序的农产品市场体系,加快粮食、棉花流通体制改革,加强农村商业网点建设
2004 年 6 月 29 日	国务院办公厅转发商务部、发展改革委、财政部、农业部、人民银行、税务总局、工商总局、供销总社《关于进一步做好农村商品流通工作的意见》(国办发〔2004〕57 号)	就搞活农产品流通、培育农村消费品市场、发展农业生产资料市场、引导农民进入市场等工作做出部署安排,进一步畅通农村商品流通
2005 年 6 月 9 日	国务院发布《关于促进流通业发展的若干意见》(国发〔2005〕19 号)	提出从加大改革力度、加快创新步伐、加强流通基础设施建设、建立调控和应急机制、支持商业服务业发展、积极培育统一大市场、完善政策法规等七方面促进流通业发展的指导意见
2008 年 12 月 30 日	国务院办公厅发布《关于搞活流通扩大消费的意见》(国办发〔2008〕134 号)	提出健全农村流通网络拉动农村消费、增强社区服务功能扩大城市消费、提高市场调控能力维护市场稳定、促进流通企业发展降低消费成本、发展新型消费模式促进消费升级、切实改善市场环境促进安全消费、加大财政资金投入支持流通业发展等二十条意见
2012 年 8 月 3 日	国务院发布《关于深化流通体制改革加快流通产业发展的意见》(国发〔2012〕39 号)	针对流通业网络布局不合理、城乡发展不均衡、集中度偏低、发展粗放等问题,明确主要任务,制定支持政策和保障措施,加快推进流通产业改革发展
2012 年 9 月 1 日	国务院办公厅印发《国内贸易发展"十二五"规划》(国办发〔2012〕47 号)	提出建立和完善现代商品流通体系,着力建设农产品现代流通体系,积极完善生产资料现代流通体系,加快健全工业消费品流通体系

续表

时间	文件	主要精神
2013 年 1 月 11 日	国务院办公厅印发《降低流通费用提高流通效率综合工作方案》（国办发〔2013〕5 号）	对农产品生产流通、零售商供应商监管、公路收费、价格监管、财税政策、用地规划、物流配送、调查统计等方面提出要求，切实降低流通费用，提高流通效率
2014 年 10 月 24 日	国务院办公厅发布《关于促进内贸流通健康发展的若干意见》（国办发〔2014〕51 号）	从推进现代流通方式发展、加强流通基础设施建设、深化流通领域改革创新、着力改善营商环境、加强组织领导等五方面提出改革意见
2015 年 7 月 29 日	国务院办公厅印发《关于同意在上海等 9 个城市开展国内贸易流通体制改革发展综合试点的复函》（国办函〔2015〕88 号）	同意 9 个城市开展国内贸易流通体制改革发展综合试点，提出建立创新驱动的流通发展机制、建设法治化营商环境、建立流通基础设施发展模式、健全统一高效的流通管理体制等四项试点任务
2015 年 8 月 26 日	国务院发布《关于推进国内贸易流通现代化建设法治化营商环境的意见》（国发〔2015〕49 号）	就做强现代流通业，对接生产和消费，促进结构优化和发展方式转变提出意见
2015 年 9 月 18 日	国务院办公厅发布《关于推进线上线下互动加快商贸流通创新发展转型升级的意见》（国办发〔2015〕72 号）	提出十八条意见推动实体店转型，促进商业模式创新，推进线上线下互动，增强经济发展新动力，加快商贸流通创新发展和转型升级
2016 年 4 月 15 日	国务院办公厅发布《关于深入实施"互联网＋流通"行动计划的意见》（国办发〔2016〕24 号）	深入实施"互联网＋流通"行动计划，进一步推进线上线下融合发展，从供需两端发力，实现稳增长、扩消费、强优势、补短板、降成本、提效益
2019 年 8 月 23 日	国务院办公厅印发《关于进一步激发文化和旅游消费潜力的意见》（国办发〔2019〕41 号）	顺应文化和旅游消费提质转型升级新趋势，深化文化和旅游领域供给侧结构性改革，从供需两端发力，不断激发文化和旅游消费潜力。努力使我国文化和旅游消费设施更加完善，消费结构更加合理，消费环境更加优化，文化和旅游产品、服务供给更加丰富。推动全国居民文化和旅游消费规模保持快速增长态势，对经济增长的带动作用持续增强

时间	文件	主要精神
2019 年 8 月 27 日	国务院办公厅印发《关于加快发展流通促进商业消费的意见》(国办发〔2019〕42 号)	提出稳定消费预期、提振消费信心的 20 条政策措施,推动流通创新发展,优化消费环境,促进商业繁荣,激发国内消费潜力,更好满足人民群众消费需求,促进国民经济持续健康发展
2020 年 4 月 27 日	国务院办公厅《关于同意调整完善消费者权益保护工作部际联席会议制度的函》(国办函〔2020〕27 号)	贯彻落实党中央、国务院关于消费者权益保护工作的决策部署,统筹协调全国消费者权益保护工作;研究并推进实施消费者权益保护工作的重大政策、措施;指导、督促有关部门落实消费者权益保护工作职责;协调解决全国消费者权益保护工作中的重大问题和重大消费事件;组织开展对消费侵权热点和典型违法活动的治理;加大对消费者权益保护法律法规和政策的宣传普及力度;完成党中央、国务院交办的其他事项
2020 年 9 月 9 日	习近平总书记主持召开中央财经委员会第八次会议	研究畅通国民经济循环和现代流通体系建设问题,提出现代流通体系建设要求
2020 年 3 月	国家发改委等部门印发《关于促进消费扩容提质加快形成强大国内市场的实施意见》	进一步完善免税业政策,包括加强对免税业发展的统筹规划、健全免税业政策体系、完善市内免税店政策、扩大口岸免税业务等
2020 年 9 月 21 日	国务院办公厅《关于以新业态新模式引领新型消费加快发展的意见》(国办发〔2020〕32 号)	坚定实施扩大内需战略,以新业态新模式为引领,加快推动新型消费扩容提质,坚持问题导向和目标导向,补齐基础设施和服务能力短板,规范创新监管方式,持续激发消费活力,促进线上线下消费深度融合,努力实现新型消费加快发展,推动形成以国内大循环为主体、国内国际双循环相互促进的新发展格局

说明:国务院的文件有成文日期和发布日期,一般采取的是发布日期。

资料来源:中国政府网,1982~2021 年。

　　然而，基于多年持续跟踪研究我国流通产业及其政策导向，笔者认为，我国流通面临着如下值得研究的问题。

　　第一，我国流通面临的新环境。全球疫情下，国际外部环境相对恶劣，尤其是中美之间的贸易摩擦加大，我国经济的发展顺利开启以国内大循环为主体、国内国际双循环相互促进的新发展格局。一方面要求我国的国内消费与投资能够进一步发挥重要的推动作用，另一方面要改善我国的营商环境，提升流通产业的效率，不仅要在我国的消费者无法外出旅游的情况下，承接好庞大的境外消费回流，而且要进一步挖掘潜力，激发国内消费的动能，让我国的消费者安心放心消费。这里，需要我们深入研究我国消费人口、支付能力与消费意愿三个影响因素对我国消费的制约情况。

　　第二，我国消费总量是否能够超越美国消费总量？关于全年社会消费品零售总额中国何时可以超越美国，这是一个热门话题，但是，许多人对此存在错误的判断。笔者对中国与美国的社会消费品零售总额做了对比，具体情况见表4。

表4　2017～2020年中国与美国的社会消费品零售总额对比

年份	中国(万亿美元)	美国(万亿美元)	中国与美国差距(亿美元)
2017	5.43	5.744	3140
2018	5.76	6.001	2410
2019	5.97	6.218	2480
2020	5.68	6.255	5750

　　资料来源：国家统计局和美国普查局。

　　说明：2020年全年我国社会消费品零售总额391981亿元，按照全年人民币平均汇率为1美元兑6.8974元人民币计算。

　　目前，美国仍然是受新冠肺炎疫情影响最大的国家之一，在高峰时期每天新增感染人数以将近20万人的速度增长，并且单日死亡的人数最高已经突破3000人，相当于每天美国都经历一次"9·11"事件，并且因为新冠肺炎疫情的影响，美国的死亡人数累计超过50万人，已经远远超过"二

战"时期美军的死亡人数。

美国政府宣布，2020 年 3 月将实行 1.2 万亿美元的经济补贴计划，一家四口人六周后可以拿到 6000 美元。此外，美国国会还通过了 22000 亿美元的经济刺激方案，美国的失业者每周可从联邦政府获得 600 美元失业救济，2020 年 12 月美国众议院投票通过该法案，将个人直接刺激款项从 600 美元增加到 2000 美元，以作为新冠肺炎疫情纾困法案的一部分。拜登当选美国总统之后，仍然继续加大经济刺激计划。比如，2021 年 1 月 14 日，他提出了一项总额达到 1.9 万亿美元的新冠肺炎疫情经济刺激计划，其中包括向符合条件的每名美国人提供 1400 美元的补助金。这些经济刺激计划，无疑帮助美国保住了全球第一消费市场的位置。2021 年 8 月 23 日，中国商务部部长王文涛在国新办举行的新闻发布会上表示，我国已经成为全球第二大消费市场、第一贸易大国，利用外资和对外投资都稳居世界前列。

同样，美国仍然力图保住自己经济总量全球第一的位置，表 5 展示的是我国与美国的经济总量之间的差距，按当年平均汇率折算，2020 年中国 GDP 达到 14.73 万亿美元，中国 GDP 相当于美国的 70.4%。

表 5 2016～2020 年中国与美国的国内生产总值对比

年份	中国的国内生产总值	美国的国内生产总值	中国与美国 GDP 差距
2016	746395 亿元人民币，增长 6.8%	18.75 万亿美元	中国 11.23 万亿美元，中国与美国相差 7.52 万亿美元 中国占世界经济 14.70% 美国占世界经济 24.53%
2017	832036 亿元人民币，增长 6.9%	19.54 万亿美元	中国 12.31 万亿美元，中国与美国相差 7.23 万亿美元 中国占世界经济 15.14% 美国占世界经济 24.03%
2018	929181 亿元人民币，增长 6.7%	20.61 万亿美元	中国 13.89 万亿美元，中国与美国相差 6.72 万亿美元 中国占世界经济 16.09% 美国占世界经济 23.87%

续表

年份	中国的国内生产总值	美国的国内生产总值	中国与美国 GDP 差距
2019	986515 亿元人民币,增长 6.0%	21.43 万亿美元	中国 14.28 万亿美元,中国与美国相差 7.15 万亿美元 中国占世界经济 16.30% 美国占世界经济 24.47%
2020	1015986 亿元人民币,增长 2.3%	20.94 万亿美元,下降 2.3%	中国 14.73 万亿美元,中国与美国相差 6.21 万亿美元 中国占世界经济 17.38% 美国占世界经济 24.72%

资料来源:国家统计局 2021 年 2 月 28 日公布的数据。

第三,高度关注我国国内消费下沉现象。从淘宝到拼多多,从天猫到美团,我们可以清楚地看到,我国中心城市的核心区域与郊区的消费差距,尤其是我国城市与农村地区的消费落差。为适应不同消费能级,一批新的商业模式应运而生。所以,我们也乐见拼多多的股价一路高歌猛进,拼多多的创始人一夜暴富,然而,我们更关注的是,我国消费下沉的路径,消费卜沉之后如何持续服务这些消费者,以及此类商业模式如何可持续发展,而不是仅仅在资本市场"撸羊毛"。

目前,我国许多一线城市的百货店、购物中心等面临倒闭或者转行的现象,同时,也欣喜地看到以恒太商业为代表的企业,深耕下沉市场,取得了较好的业绩。根据我们调研了解,恒太商业(宁波太平洋恒太控股)创立于 1990 年,历经 3 次转型,从传统百货到超市、百购,到购物中心、城市购物中心、特色街区,再到如今定制化多元产品线的业务升级,恒太商业最终实现了轻资产运营模式。

案例分析:恒太商业轻资产运营模式①

恒太商业隶属于宁波太平洋恒业控股,经过三十多年的积累与沉淀,在

---

① 资料来源:恒太商业集团,2021 年 9 月。

人才、管理、资源、口碑上都取得较好成绩，靠着"一套打法、一个团队、一种文化、一圈品牌合作伙伴"，从众多商业地产"轻资产"选手中突围，完成了从一家县城百货公司向全国布局、集团化运作企业的蜕变。

2014年全国唱衰实体商业，恒太商业却做出了从重资产开发转向轻资产管理领域的重要决定，尝试将业务模式不断向商业地产全产业链平台商靠近，同时从传统百货向购物中心转型，并且将市场瞄准别人不愿意去的三四线城市，一步步拓展市场，恒太商业成为最早掌握商业地产"轻资产"领域财富"密码"的企业之一。

恰逢2020~2021年，"轻资产"模式再度爆发，行业吃到了一波突如其来的资本红利。当用感性和速度奔跑在时代风口的资本，偶遇以踏实的匠人作风精心打磨每一件作品的恒太商业，便产生了奇妙的化学反应。对于恒太商业来说，不是时代选择了它，而是它等来了时代。在伴随"轻资产"领域发展与成长的几年时间里，恒太商业秉承"为行业解决一些问题"的使命，在经验的不断沉淀中也摸索出了一套属于自己的逻辑。

目前，恒太商业已摸索出五大标准化系统化管理体系和三大节点管控系统，分别为战略发展体系、业务经营体系、后台管控体系、人才发展体系、企业文化体系及320个开业筹备节点、319个运营筹备节点、392个运营管理节点，让管理可控、成本可控、运营可持续成为现实。

反向突破

与众多商业地产集团自上而下的发展战略不同，恒太商业拥有三线、四线城市的基因与基础。自企业建立起，便深耕三线、四线城市商业发展，更了解三线、四线城市消费者的消费心理变化，并针对变化做出应对与创新。这也是恒太商业在面对不断涌入的竞争对手，仍能自信应对的重要筹码。

恒太商业对三线、四线城市的理解，基于四个方面：市场、人才、消费者以及供应商。掌握这四个方面的动态变化，便能助力产品打造的策略升级、品牌自上而下的融合以及与当地市场的结合，这些都源自基因的沉淀。与此同时，恒太商业也在不断丰富对全球商业的理解，固定进行海外考察，对优秀项目进行归因分析，从而将可用的思路融合进当地项目的管理运营中，更立体地打造出三线、四线城市商业的独特风貌。

目前，恒太商业已成功在浙江、安徽、江西、山东、湖南、湖北等17个省直辖市服务管理了50＋个城市商业项目，总面积超400万平方米。2021年预计还将开出十多个项目，并将在此基础上每年再新增20～30个筹开项目。其中，三线、四线城市项目占比超过90％，体现了恒太商业在下沉市场的超强占有率。

在单个项目方面，以江西新余恒太城为例，作为一个存量改造项目，仅10个月即完成100％招商进度，引入品牌226个，其中55％为首入新余的优质头部品牌。开业当天，更是创造了27万＋客流量、1269万元销售额的绝佳成绩；在此之后，带动周边房价达到了近50％的增长，充分证明了恒太商业在下沉市场商业运营的强大实力。

另外，在占领三线、四线市场的同时，恒太商业也在逐年展开对一线、二线城市的反向突破，利用下沉市场的独特打法，试图用"农村包围城市"的方式另辟蹊径，找到在商业红海畅游的独特路径。

拒绝复制

恒太商业在轻资产运营的道路上一直在做的就是将每一个项目打造成"令人怦然心动的商业"。商业是理性与感性的结合，需要用完备的逻辑去满足消费者感性的幻想与精神需求，这也是近年来商业中心作为一个单纯的消费场所逐渐升级为精神休憩空间的一个原因。

而如何实现这样一个看似"乌托邦"的美好愿景，恒太认为其核心是做出让目标受众满意的商业。每一个商业都服务于一个特定的群体，它是定制化且不可复制的。

· 一店一策、千店千面

恒太城将每一个项目都进行产品定制化，根据目标受众的定位特征、区域经济水平和消费能力，量身打造独有的物业体系、运营管理策略及后期营销规划，全方位满足目标消费者的消费需求。比如，枣庄双子星恒太城，由恒太商业与鲁南公司投资共同开发运营，作为枣庄市政府所在地薛城区新城

商圈的首个重磅商业综合体，从新城市核心到城市核心，见证城市发展历程，北与市政府相望，南与文体中心紧密相连，执掌城市优质资源和完善配套设施，将购物中心、五星级酒店、甲级写字楼、步行街、住宅融为一体，结合 259 米双子塔，打造成一个约 46 万平方米的超大型城市客厅商业综合体，引入国际生活理念和消费模式，填补枣庄市大型城市综合体的空白，加快城市转型，建设"幸福新枣庄"，打造齐鲁标杆，完美补齐了新城商圈的商业短板。

·**商业创新、赋能城市**

区别于传统的百货、购物中心等模式，恒太在商业模式上也同样进行了积极的探索与尝试：探！城市市集——鄞州之夜、探宁海城市市集、公园城野市集；全国首个消费扶贫街区——山丘市集等流动市集的出现，为当地消费者提供了更为新鲜的消费体验，也为城市面貌的提升与更新做出贡献，在令消费者怦然心动的同时也震动了城市的"心脏"。而这些举措，在目前国内轻资产赛道也可谓"独一份"。

探！城市市集

恒太深度挖掘每一座城市独特的文化、精神与气质，量身打造城市级文旅 IP，让城市具有网红感及传播力，促进当地商贸业发展、繁荣经济，提升当地市民的骄傲度、幸福感。2020 年创办的鄞州之夜 YEAH YEAH 夜市，将备受年轻消费者喜欢的网红品牌以市集的形式聚集起来，首次开集，便获得全网 56 万人次的照片曝光量。至今，已落地举办 60 余场，累计招募 8000 多个摊位，销售额突破 5500 多万元，抖音曝光人次 140 多万，吸引客流人次 90 多万，并得到央视 CCTV2 套、浙江卫视中国蓝、腾讯新闻、网易新闻、新浪、浙江在线等多家全国性媒体报道。探·宁海城市市集将十里红妆婚俗元素与川床体验型市集结合，刷新了人们对市集的所有想象。以良好的口碑自发式传播，收获巨大网络声量，引爆人气席卷宁海全城及周边城市。不一样的古风雅韵精彩纷呈，等待有心人、美食客、好玩者的一一揭秘与探索。

·全国首个消费扶贫街区——山丘市集

结合宁波市政府对口扶贫八大地区，恒太商业还于2019年打造了全国首个消费扶贫综合体——山丘市集，集特色农副产品、文化遗产、旅游路线的销售互动于一体，将扶贫的宏大命题消解到年轻人的日常消费中。据胡芳园介绍，因效果出众，2020年山丘市集又做了2.0版本，同期配上了透明直播间，融合线上线下，并将肯德基拉入消费扶贫的事业中。

·一站式潮流运动中心——武汉X188

近年来，由于消费者消费结构与目标发生转变，商业模式也在随之创新变化。主题式购物中心应运而生，借由业态及品牌组合，通过建筑设计、室内装饰、商场服务等细节配合体现统一的主题，迎合特定人群的消费需求。恒太商业紧抓商业发展趋势，将主要客群锁定武汉数量庞大的Z世代新青年，凭借武汉在校学生130万的城市人口优势，以"运动文化"作为核心竞争力和流量入口，形成运动和其他业态的跨界融合，引领全方位的消费需求，打造了这座一站式潮流运动体验空间。

小 结

恒太商业发展至今，以务实的企业文化，在轻资产赛道一路稳扎稳打；以先锋者的姿态，为行业面临的困境与问题提供了一套行之有效的应对思路。同时，恒太肩负城市发展推动者的使命，通过城市IP的建设与扶贫街区等产品的运营加速推动城市更新进程，并承担起一定的社会责任，以此反哺行业，做到可持续发展。

第四，我国流通的竞争进入流量争夺的新阶段。过去，我们对传统流通企业的人流、客流量没有足够的重视，如今，实体商业与网上商业进入争夺流量的时代，流量决定着流通企业的生存发展。因此，从人—货—场的角度，如何吸引消费者、增加购买频次、提升顾客忠诚度成为当下流通企业研究的核心问题。从传统的争夺黄金地段，到如今争夺吸睛的话题、人物、爆款，我们经历了传统的地推、广告销售、有奖促销，如今网络营销、直播带

货成为热点。无论是传统的卖场改造，还是时髦的场景革命，最终都集中到了如何抓住流量以及如何实现一般流量向购买的转换。

第五，老龄消费和 Z 世代消费成为今后我国流通新征程的主格调。我国第七次全国人口普查结果显示：2020 年全国 60 岁及以上人口为 26402 万人，占总人口的 18.70%，与 2010 年相比，上升 5.44 个百分点。按世界卫生组织（WHO）的定义，一个国家 65 岁及以上的人口占总人口的 7% 以上即表明该国进入老龄化社会（aging society）；达到 14% 即称老龄社会（aged society）或者叫深度老龄化社会；达到 20% 则称超级老龄社会（hyper - aged society）。而我国 65 岁及以上人口为 19064 万人，占总人口的 13.50%，老龄人口占比再创新高。随着我国老龄化程度不断加深，我国的老龄消费问题逐步受到重视。谁来为老龄人口提供产品与服务？如何提供适老化的服务彰显人文关怀？智慧商务时代，如何让老龄人口享受数字红利而不是被抛弃在各种数字设备与服务之外？老人如何养老？如何提供老人教育？这些问题已经迫在眉睫，在实现全面脱贫之后，我们将面对如何共同富裕的难题，如何让老年人享受晚年幸福生活，特别是独生子女家庭的老人如何安心养老。

在关注老龄消费的同时，我们还必须关注 Z 世代消费。"Z 世代"被定义为在 20 世纪 90 年代中期至 21 世纪头十年出生的人，也就是指出生在 1995～2010 年的人。这个人群的特点是正好生于互联网高速发展的时代，整体而言，这代人敢于挑战，愿意尝试新生事物，有独立的价值取向。这样消费社会的主体与消费特征的变化，曾经在日本被专家专门研究，研究结果见表 6。

表 6　消费社会的划分与特征

划分	第一消费社会	第二消费社会	第三消费社会	第四消费社会
人口	人口增加	人口增加	人口微增	人口减少
老年化比例	5%	5%～6%	6%～20%	20%～30%
国民价值观	重视国家	重视家庭	重视个人	重视共享
消费倾向	西洋化 大城市倾向	大量消费 美式倾向	个人化、品牌化 欧式倾向	朴素化、无品牌 本土化

续表

划分	第一消费社会	第二消费社会	第三消费社会	第四消费社会
消费主题	文化时尚	私家车，私人住宅，3C 产品，大家电	数辆私家车，个人化小家电	联系是核心，共享汽车，共享住宅
消费承担者	中产家庭，时尚男女	小家庭家庭主妇	单身者啃老族	所有年龄层

资料来源：见三浦展《第四消费时代》，东方出版社，2014。

在我国，这代人大多数是独生子女，基本上处于生活无忧的状态，对职业取向更多地按照自己兴趣进行选择，缺乏对职业的忠诚度，没有父辈那种"爱一行、干一行"从一而终的倾向。同样为独生子女，"80后"成长环境不同于"Z世代"，其群体特点也有很大不同。

案例分析：韩桐，从8号苑、局气到和平菓局[1]

韩桐，作为80后，勇于创新。

2010年5月，韩桐首次试水创办了8号苑的餐厅，主打校园主题餐厅，他不仅选址在一个偏僻的胡同里，而且只限80后的顾客。的确，有点让人看不懂。

2014年，韩桐创立北京家常菜品牌局气。"局气"，也称为"局器"，北京方言，形容为人豪爽大方。2015年，局气一下子让顾客了解了真正的北京菜，形成了市场的良好反馈。2016年，局气迅速扩张，占领了北京市场。2017年，韩桐把局气从胡同店转变为商场店，实现升级改造，2018年门店数量达到20家，2019年开始到外地开店，逐步开始全国连锁的布局。韩桐从16张小饭桌到年收入超过2.6亿元，成为我国餐饮界创业的领军人物。

---

[1] 资料来源：局气和平菓局文化公司提供的材料，2021年9月。

与此同时，带着对传统文化的深深眷恋，韩桐在 2019 年 8 月开创了首家老北京文化沉浸式体验馆——和平菓局，正式落户王府井百货大楼。

和平菓局一直以顾客体验为主导，除了空间打造北京文化，重现记忆中老北京的场景，还将老北京的艺术文化、非遗项目、胡同文化、北京美食带入和平菓局，再结合专业的演出队伍和科技产品，将和平菓局打造成集合吃、玩、看、买，体验互动的沉浸式体验空间。

品牌带动效应：基本客流情况，2019 年日均接待客流 10000 人次左右，周末和节假日的客流超过 20000 人次，同时王府井百货大楼的客流同比增加30%。2020 年受到新冠肺炎疫情的影响，在 7 月后正式恢复营业，截止到11 月 30 日，平均日均接待客流 8000 人次左右。

为了将北京点心与文化完美结合，局气在产品设计、包装设计、环境设计上完美地结合了老北京文化的元素，更是复原了 80 年代的经典之作，在传统基础上进行改良，广受好评。下一步，韩桐与同事们要充分发挥和平菓局的文化与品牌优势，顺应年轻态消费需求，进行品牌与产品等全方面升级，将和平菓局三里屯的新店打造成新地标性网红店。

近年来，年轻消费群体还呈现出的重要特征就是从追求国际品牌到追求国潮品牌，泡泡玛特的快速发展以及咖啡消费的发展都是这一特征的典型案例。

案例分析：泡泡玛特　新一代的选择[①]

一　泡泡玛特的发展历程

2010 年 11 月，泡泡玛特（POP MART）第一家门店在北京欧美汇购物中心开业。

2015 年 1 月，泡泡玛特在北京王府井 apm 购物中心推出全新 lifestyle 概

---

① 资料来源：泡泡玛特公司，2021 年 9 月。

念旗舰店。推出了 POP CAFÉ 与产品体验区，为粉丝提供购物体验。

2016 年 6 月，泡泡玛特开发了潮流玩具——Molly Zodiac 星座系列潮流公仔。

2017 年 9 月，泡泡玛特举办中国大陆地区首个大型潮流玩具展会——北京国际潮流玩具展。

2018 年 11 月，泡泡玛特成为天猫模玩类目第一名，天猫"双十一"当天销量 2786 万元。

2019 年 1 月，泡泡玛特全国首家 ART TOY 黑标概念店在北京侨福芳草地购物中心开业。

2020 年 5 月，泡泡玛特全国首家体验店在北京浦项中心开业。

2020 年 9 月，泡泡玛特首家海外直营店在韩国首尔开业。

2020 年 10 月，泡泡玛特北京 apm 城市旗舰店重装开业。

2020 年 12 月 11 日，泡泡玛特（09992 – HK）正式在港交所挂牌上市。

2021 年 1 月 23 日，泡泡玛特第二家海外旗舰店入驻新加坡商业地标 FUNAN 商场。

2021 年 3 月 21 日，泡泡玛特加拿大首店开业，这是泡泡玛特在北美市场开设的第一家海外店铺。

2021 年 4 月 23 日，泡泡玛特韩国二号潮玩店开业，入驻龙山区汉江大路二三街 55 I'PARK 购物中心。

二　泡泡玛特涉足四大领域

泡泡玛特围绕艺术家挖掘、IP 孵化运营、消费者触达以及潮玩文化推广与培育四个领域，构建了覆盖潮流玩具全产业链的综合运营平台。

1. 艺术家挖掘

泡泡玛特与超过 350 位艺术家保持紧密关系，并通过授权或合作安排与其中 25 位来自全球的才华横溢的艺术家开展合作。泡泡玛特举办的 2020 年上海国际潮玩展共吸引了约 300 位艺术家参与。

2. IP 孵化运营

截至 2020 年 6 月 30 日，泡泡玛特共运营 93 个 IP，包括 12 个自有 IP、

25 个独家 IP 及 56 个非独家 IP。目前,泡泡玛特已经孵化出 Molly、Dimoo、The Monsters、PUCKY、Skullpanda 5 大头部 IP。

泡泡玛特的 IP 由艺术家、成熟的 IP 提供商及内部设计团队开发。泡泡玛特合作的艺术家是 IP 的主要创作者。此外,泡泡玛特也与众多知名的全球 IP 提供商建立了坚实的授权合作关系。泡泡玛特拥有一支由 91 名具有丰富艺术及设计相关行业经验的设计师组成的内部创意设计团队。

3. 消费者触达

泡泡玛特已经建立全面且广泛的销售及经销网络,包括零售门店、机器人商店、在线渠道、潮流玩具展会和批发渠道(主要包括经销商)。快闪店帮助创造浸入式购物体验,在线渠道(包括天猫旗舰店、泡泡玛特抽盒机、葩趣及其他中国主流电商渠道)提供便捷及有趣的购物体验。

截至 2021 年 6 月 30 日,泡泡玛特在全国共开设了 215 家线下门店,1477 家创新机器人商店。此外,泡泡玛特的在线渠道(包括天猫旗舰店、泡泡玛特抽盒机、葩趣和其他主流电商平台)增长迅猛。2021 年上半年,微信平台的泡泡玛特抽盒机实现 3.25 亿元的收入,同比增长 101%。电商渠道整体收入为人民币 3.53 亿元,同比增长 104.7%。

截至 2021 年 6 月 30 日,泡泡玛特累计注册会员超 1140 万人。

4. 潮玩文化推广与培育

泡泡玛特致力于推广潮流玩具文化,并吸引了快速扩大而热情的粉丝群。根据弗若斯特沙利文报告,泡泡玛特主办的北京国际潮玩展和上海国际潮玩展在访问量方面已成为中国最大的潮流玩具展会。截至 2020 年底,泡泡玛特已经在北京和上海举办 6 届国际潮流玩具展。

截至 2020 年 12 月 31 日,泡泡玛特在中国各地共举办了 96 场展览和艺术家签名会。此外,作为校友企业,在泡泡玛特的捐赠支持下,北京大学商业与艺术研究中心正式成立,培养文化创意产业的领军人才。

根据其 2021 年上半年财报,Molly 和 Dimoo 在上半年销售额都超过 2 亿元,同比分别增长 81.9% 和 74.5%。同时,一共有 6 个 IP 在今年上半年实现超过 1 亿的销售额,销售前几名的 IP 占比均在 10% 左右。

第六，与国外的流通企业一样，我国流通实体企业面临着何去何从的巨大挑战。与电商企业对比，我国实体企业目前面临着三大痛点：顾客流量不稳定；实体企业负重高，房租、人力成本等影响了其盈利水平；实体企业缺乏买手，经营同质化严重。与此同时，我国的实体企业面临着五维剿杀：在零售理论方面面临着电商企业的脑力震荡；电商企业在线上争夺市场；网商在线下跑马圈地的围剿；实体商业企业受到资本市场的打压，估值相对偏低；同业的竞争残杀。我们不断听到流通企业的倒闭信息，我们相信：苏宁，不会是最后一个倒下的商业企业。

案例分析：苏宁的发展之路

2021 年 6 月以来，苏宁破产的传闻不绝于耳，我们可以通过苏宁的成长过程看出它衰变的轨迹。

时间	重大事件	补充说明
1990 年	苏宁电器诞生于南京宁海路 60 号，专营一家 200 平方米的空调店	这是国家商务部重点培育的"全国 15 家大型商业企业集团"之一
1993 年	苏宁在南京爆发的空调大战中一战成名	
1994 年	苏宁电器成为中国最大的空调销售企业	立足空调专营，自建专业售后服务队伍，销售持续增长
1997 年	自建南京江东门第一代物流配送中心	苏宁物流的雏形
1998 年	苏宁电器把握行业发展趋势，实施二次创业	向综合电器连锁经营转型
1999 年	首家自建店——南京新街口旗舰店成功开业	标志着苏宁从空调专营转型到综合电器全国连锁经营
2004 年 7 月 21 日	深交所上市	成为 IPO 家电连锁第一股
2005 年	苏宁完成一线市场布局收官之战	钟山国际高尔夫开业
2006 年 4 月	苏宁 SAP/ERP 系统上线	成就世界零售业灯塔工程
2009 年 6 月 24 日	苏宁宣布认购 LAOX 定向增发股份	正式入主日本 LAOX 电器连锁企业，迈出全球化的第一步。之后，又入主香港镭射

续表

时间	重大事件	补充说明
2010 年 1 月 25 日	宣布集团旗下电子商务平台苏宁易购网于 2 月 1 日正式上线	集团携手 IBM、GFK 等合作伙伴召开媒体通报会
2011 年	立足世界级总部平台	苏宁启动第三个十年发展战略,全面转型科技智慧苏宁
2012 年 9 月 25 日	全面升级苏宁易购母婴、化妆品的运营	收购红孩子公司,承接"红孩子"及"缤购"两大品牌和公司的资产、业务
2013 年	苏宁美国研发中心暨硅谷研究院隆重揭幕	苏宁全球首家海外研究院开始运行,同时集团明确发布"一体两翼互联网路线"。2013 年 2 月,苏宁电器更名为苏宁云商,推出"电商 + 店商 + 零售服务商"、线上线下融合的全新零售模式
2014 年	推动互联网零售战略的创新执行和全面落地	提出"用户体验讲效果,经营创新讲效益,制度优化讲效率"的"三效法则"
2015 年 8 月 10 日	阿里巴巴集团与苏宁云商集团股份有限公司共同宣布达成全面战略合作,共启商业未来	根据协议,阿里巴巴集团将投资约 283 亿元人民币参与苏宁云商的非公开发行,占发行后总股本的 19.99%,成为苏宁云商的第二大股东。与此同时,苏宁云商将以 140 亿人民币认购不超过 2780 万股的阿里巴巴新发行股份
2015 年 9 月 6 日	中国第一大商业地产运营商万达与第一大零售商苏宁宣布合作	双方签署战略合作协议,苏宁将进驻现有的 40 万万达广场。从 2016 年起,万达将为苏宁提供物业资源的定制开发
2015 年	苏宁 O2O 成效凸显	互联网转型落地,CPU 核心能力对外开放,五大产业格局成型。2015 年 7 月 10 日,在经济形势座谈会上,苏宁的转型受到了李克强总理的赞许
2016 年 6 月 1 日	阿里巴巴集团日前与苏宁云商联合宣布"三体贯通"战略	双方的战略合作从内部交融转向对外辐射。未来三年,将围绕激能"品牌商"、赋能"零售商"、服务"消费者",为零售链条中的"三体"提供一体化的解决方案和服务

续表

时间	重大事件	补充说明
2016 年	苏宁产业经营不断拓展，控股集团下设六大产业集团	六大产业集团为：苏宁易购、苏宁置业、苏宁文创、苏宁投资、苏宁金融、苏宁体育。产业投资范围过广，主营业务受到了影响
2017 年 12 月 19 日	苏宁举行"万店互联·生态共享"为主题的"智慧零售大开发战略暨合作伙伴签约仪式"	未来 3 年苏宁互联网门店将拓展到 2 万家左右、2000 多万平方米，并将通过"租、建、并、购、联"的模式，与拥有丰富商业、住宅等零售网络资源的各类企业，共同打造全场景互联、多业态并发的共赢平台
2018 年	提出智慧零售，大开发战略发布会	"四万亿两万店"，按下 2020 年冲刺键，扩张过猛开始埋下了隐患。2018 年，苏宁将旗下的苏宁小店出售，回笼 7.45 亿资金
2019 年	苏宁先后收购万达百货和家乐福中国	完成智慧零售全场景布局，构建满足消费者多元需求的生态体系。2 月 12 日，苏宁易购正式收购万达百货下属全部 37 家百货店，构建线上线下到店到手全场景的百货零售业态，为用户提供更丰富的数字化、场景化购物体验。5 月 15 日，苏宁易购宣布万达百货的 37 家门店更名为苏宁易购广场。2019 年全国多地的物流业务和仓储中心被苏宁售出。2019 年 3 月苏宁以 148 亿元的总价出售了自己 23% 的股权
2020 年 5 月 13 日	与国家发展改革委等部门发起"数字化转型伙伴行动"倡议，作为第一批倡议方之一	截至 2020 年 9 月底，苏宁易购债务已达 469.56 亿元
2021 年 2 月 28 日	江苏苏宁官方宣布，球队俱乐部宣布破产	有数据统计，目前为止苏宁的集团负债已经高达 1570 亿元
2021 年 7 月 29 日	苏宁易购曾发布公告，苏宁易购新一届董事会产生。其中，新任董事长为黄明端，新任总裁为任峻。黄明端、冼汉迪、曹群和张康阳为非独立董事	张近东等人退出董事会，张康阳为张近东的儿子
2021 年 9 月	苏宁易购发生工商变更，张近东退出法定代表人，由总裁任峻接任	年初，苏宁决定重新聚焦零售主航道，做零售服务商。张近东强调，不相关业务要砍的砍，该关的关

资料来源：苏宁集团的介绍与媒体报道，2021 年 9 月。

但是，实体商业也不是没有成功突围的。传统王牌企业——王府井集团坚持回归商业本质，不断提升企业核心竞争力，实施商业零售业多业态发展，打造有税＋免税的双轮主营业务驱动；持续推进体制机制市场化改革，积极统筹品牌核心资源，大力推进自营业务，提升差异化竞争能力；全力打造以顾客体验为核心、线上线下融合互通的商业新模式，成为具有国际水准国内一流的商业集团。

案例分析：王府井集团创新不断①

王府井集团股份有限公司，简称"王府井集团"，是国内最大的零售集团之一，也是深受中国消费者喜爱的民族商业品牌。

公司前身是创立于1955年享誉中外的"新中国第一店"北京市百货大楼；1994年公司在上海证券交易所挂牌上市；1996年在全国推进百货连锁战略；1997年加盟北京控股，作为北京红筹股的一员在香港上市；2000年与北京东安集团实施战略重组；2004年入选中国商务部重点扶植的20家大型流通企业；2014年开始实施企业战略转型，公司由单一百货业态向百货、购物中心、奥特莱斯等综合业态发展，并积极推进全渠道建设；2017年王府井集团再次入选国家商务部重点扶植的全国30家大型流通企业行列；2018年北京首旅集团与公司控股股东王府井东安实施合并重组；2020年财政部授予免税品经营资质，允许公司经营免税品零售业务。

目前王府井集团着力打造"5＋2"业务模式，即百货、购物中心、奥特莱斯、超市、免税店五大业态和自营、电商两个核心经营能力。公司拥有"王府井百货""王府井购物中心""王府井奥莱""赛特奥莱""王府井首航""王府井吉选""王府井免税""Luxēmporium""WFJ SELECT""王府井梦工厂"等多个知名商标。销售网络覆盖中国七大经济区域，在30余个城市开设各类零售门店65家，商业经营面积超过350万平方米，

---

① 资料来源：王府井集团，2021年9月。

自持物业面积120万平方米，从业人员10万人。年规模销售额超过400亿元，年商品销售额320亿元，年利润15亿元，年上缴税收12亿元。逐步形成了处于不同发展阶段的门店梯次，拥有一批市场地位突出、业绩优异、经营稳定、区位优势显著的实体门店，超过1000万的王府井会员顾客遍及全国各地，会员贡献的销售占总销售比重超过50%，构筑了王府井庞大的流量基础。

1.时尚百货：有品位的生活　有温度的百货

时尚百货是王府井集团主要经营业态，由集团百货事业部运营管理。经过60多年的深耕，销售网络遍布全国省会城市与中心城市，包括北京、成都、长沙、太原、西宁等城市，在属地市场处于领先地位。

时尚百货业态坚持"重本源、谋变革、求融合、强活力、接地气"的发展原则，注入个性化、特色化、体验式发展的DNA，不断固本强基，创新转型。实行"一店一策"，打造精品时尚百货、社区生活中心百货、购物中心化百货、买手制百货，匠心独运，历久弥新，推陈出新，各具特色，积极满足消费者对美好生活的需求。

2.购物中心：纵享美好时光　聚乐生活新都心

北京王府井购物中心管理公司成立于2015年8月，是王府井集团旗下致力于购物中心领域全产业链的商业地产综合管理平台。购物中心公司秉承"以价值发现为先导，以投资开发为支撑，以商业运营提升为核心"的经营策略，以商业投资开发与运营管理的双轮驱动模式，真正实现了选址、投资、工程、规划、策划、招商、运营、物业等贯穿商业地产发展全周期的全产业链产品线。公司充分发挥集团品牌资源、商业资源、团队资源、政府资源等优势，在全国重点区域快速布局"王府井购物中心"，成为中国商业行业领导品牌公司。

作为矢志构建可持续性创新商业领导力的专业化运营管理平台，北京王府井购物中心管理公司将不断强化平台效应，以正向价值为引领，多元并进，厚植企业文化，坚持以厚德敬业、生活致美为价值导向，打造专业人才梯队，加快优质城市布局，注重战略资源导入，联动国内外知名零售品牌及

顶级合作伙伴,为中国城市化进程的变迁及业内客户的发展带来全新的商业空间和专业服务,王府井购物中心管理公司力争成为国内租赁管理规模领先的连锁化购物中心发展力量和行业影响力品牌。

3. 奥特莱斯: 大品牌小价格　微度假时尚空间

北京王府井奥莱企业管理公司成立于 2016 年 5 月,是王府井集团与合伙人企业共同投资组建的专注于奥莱业态规划发展及奥莱项目运营管理的轻资产公司,拥有"王府井奥莱"与"赛特奥莱"两个优质的奥莱品牌,在北京、沈阳、西安、银川、郑州、昆明等重点城市,成功运营多家奥莱。从精品荟萃的商品中心,到业态融合的生态 MALL,再到湖光山色生活方式小镇的精心打造,奥莱产品线不断丰富、延展,在国内市场具有较强影响力和较高知名度。

奥莱管理公司秉承可持续发展的经营理念,不断探索、实践领先的商管、资管模式,以原创精神,打造给予消费者独特 IP 感受、提升深层次体验感的创新型奥莱,凭借优质的产品和专业的服务致敬消费者对美好生活的向往,让"奥莱是纯粹的奥莱,让奥莱不只是奥莱",立志成为深受大众信赖和喜爱的奥莱业态领军企业。

4. 免税品经营: 自由奇境　非凡悦享

北京王府井免税品经营公司成立于 2020 年 7 月,是王府井集团全资设立的从事免税品经营的专业公司。王府井免税将紧抓北京两区建设、国际消费中心建设、海南自由贸易港建设等政策机遇,以"立足首都、协同海南、辐射全国、有税免税联动、线上线下互通"为使命,着力培育"渠道、买手、卖手、运营"四大核心能力,明确战略路径、细化发展项目,谋篇布局,确保免税业务的快速发展。

面向未来,王府井免税将深入诠释"国际一流商业企业"的定义,聚焦旅游零售业务,以"不一样的王府井免税"为愿景,实施口岸免税、市内免税、离岛免税多渠道发展战略,积极统筹品牌核心资源,全力打造以顾客体验为核心、线上线下融合互通的商业新模式,助推公司旅游零售板块业务快速发展。

5. 生活超市：在乎生活每件小事

生活超市业态是公司业态的重要组成部分。将王府井的品牌优势与合资方的管理经验、供应链资源充分结合，打造品质生活超市、社区生鲜超市。在北京和四川分别组建了王府井首航和王府井吉选合资公司；在京津冀及内蒙古、四川地区发展连锁生活超市，共有 14 家门店。围绕消费者的日常生活需求，打造专业、品质、温馨的购物体验。

生活超市业态将以市场化合资公司为主体，现有存量门店稳中求进，开源节流，同时积极拓展超市新网点，逐步形成专业化连锁化的区域超市经营规模。

6. 自营业务：树立醒目风格　引领潮奢文化

发展自营业务是提升商品经营能力的重要途径，也是王府井集团的长期发展战略。王府井集团销售分公司于 2005 年成立，一直致力于国际国内品牌代理、自主品牌研发等各项自营业务的探索尝试。销售分公司目前主营国际品牌 WFJ SELECT（PRADA）、COACH 及北京 2022 冬季奥运会官方特许零售店三个项目，分别开设于王府井集团体系内的百货业态及奥特莱斯业态项目中，专营店达十余家。销售分公司一方面积极加强运营管理、提升业绩水平，培养自营团队；另一方面继续扩大视野，开拓新的业务范围，不断探索更为多元化的业务发展方向，为集团自营业务探索做出积极贡献。

2018 年全资成立北京王府井润泰品牌管理公司，开启了自营业务发展的新阶段，其旗下睿高翊国际贸易（上海）公司和睿锦尚品国际贸易（上海）公司分别从事国际品牌代理业务和国际品牌买手集合店业务。睿高翊已在 14 个城市开设 23 家单品牌店铺，持续为消费者提供优质、时尚、潮流的品牌选择。睿锦尚品作为专注于国际一线奢侈品牌和顶尖潮流品牌的买手制品牌运营公司，拥有 600 个以上国际一线奢侈品牌、独立设计师品牌和高街潮牌，并在 13 个城市开设 17 家品牌集合店。睿锦尚品公司通过模块化发展逐步搭建买手制百货框架，打造最适合中国人的时尚生活方式 IP，品类涵盖国际精品鞋包、服装服饰、潮流玩具、小众香氛化妆品等几大模块，可结合市场定位拆分组合，以满足不同的销售环境和客群需求，同时强调定位

的统一和目标客群的一致性，用高品质的环境空间设计、陈列和科技，精心打磨沉浸式的购物体验空间，使顾客获得商品、环境、服务的多重享受。

长期以来，王府井以诚实诚信、专业化的经营，优质、贴心的服务赢得了广大消费者的信赖，并与全球众多知名零售品牌商形成了长期稳定的合作关系，在采购和运营、营销等方面均有广泛且深入的合作。此外，王府井集团构筑了一支涵盖多种类业态、多门类专业，具有市场化运作能力、行业领先水平的管理团队。构建了总部集中管控、各业态运营管理，门店统一应用、业务流程上下贯通的管理平台，逐步建立起符合王府井集团自身管理特色、集合 IT 市场领先技术、具备持续扩展能力的全面信息化管理平台，并且搭建了王府井自身的电商业务平台。这些为公司开展各种零售业务提供了重要的保障。

除了传统商业企业，也有新兴品牌商业企业，如长沙的文和友，通过把文化体验与餐饮体验有机结合，成为消费者的打卡地点，年接待约 1000 万人次。

第七，加快构建国际消费中心城市。

目前，我国建设国家消费中心正当其时，根据我们对一个国际消费中心城市的综合评估 AMI 模型——吸引力（A）、管理力（M）与影响力（I），我们可以很好地对一个城市进行改造提升。下文以广州市为例，探讨我国构建国际消费中心城市的路径。

基于当下的广州实际，展望未来广州五年的发展愿景，为此，笔者提出三个方面的核心建议。

第一，增强广州作为国际消费中心城市的吸引力。广州应当加大对经营主体的扶持。不仅要对传统的商贸企业加快改制和提升，而且要给予新零售更多的引导。也就是一方面，要努力打造标志性的龙头企业，正如《广州市批发零售和住宿餐饮产业链高质量发展三年行动计划（2021～2023 年）》所设计的："打造综合排名跻身全国前 10 的综合型商贸流通资产整合主体、资本投资运营平台，全国排名前 50 的大型住宿餐饮企业集团"。另一方面，要进一步对商贸小微企业进行升级换代。很显然，在过去的很长的时间里，传统的家庭式的小微零售企业，极大地满足了顾客的快捷便利消费，但是随着广州城市的国际化与现代化进程加快，这些小微企业需要做出相应的迭代升级。这些小微企业多数是私营企业，解决了广州市约 100 万人的就业问题，所以，我们所说的升级并非要消灭这些民营企业，而是要通过新技术赋能、新模式介入，提升它们的服务水平。

第二，提高广州作为国际消费中心城市的管理力。这里涉及至少三个方面。首先，提高广州市的整体治理水平，改善广州市的营商环境。作为国家首批营商环境创新试点城市之一，广州在许多方面已经走在全国前列，但是，对标国际消费中心城市，广州仍然有潜力可挖；要进一步强化政府的服务意识，更多地利用信息技术，提高行政管理效率，提升城市国际化的水平。其次，要提高经营主体的管理水平。尤其是商贸企业和餐饮企业不仅要关注销售量和利润率，而且要勇于承担企业的社会责任。无论是 2003 年抗击非典疫情、2008 年抵御暴风雪大灾难，还是眼下的抗击新冠肺炎疫情，广州龙头企业的壮举令人难忘，希望更多的企业肩负起自身应该承担的社会责任。最后，要提高消费者的自我管理水平。比如，消费者对品牌消费的理解，消费者对绿色消费的认知，消费者自律自爱，自觉杜绝浪费等等。

第三，扩大广州作为国际消费中心城市的影响力。要制定出明确的广州市的内宣与外宣目标，有针对性地开展对外宣介活动，扩大广州市作为消费胜地的影响力，吸引更多的高端外国游客。同时，要借助新媒体，与网络达人、大 V 进行良性互动，探索多途径、多语种的传播方式，尤其是要利用好客家文化，以粤港澳为突破口，进一步延伸到东南亚乃至全球。

三 小结：政界、企业界和学术界
如何应对新征程的挑战

第一，政府要积极作为，要有为才能有位。尤其是政府需要顺势而为，因势利导。比如，10 年前，马云与王健林打赌电商在社零比重达

50%，如今结果即将明朗，不是马云赢了，而是马云的预言并没有实现。当年在做中央电视台《对话》节目时，笔者对马云特别说明，网络零售额占全社会消费品零售总额比重的含义。2020年我国网络零售额占全社会消费品零售总额的比例在25%左右，所以，根本无法在2022年达到马云预期的50%目标。

虽然马云打赌输了，但是，在某种程度上，马云又是最大的赢家，他利用这场打赌极大地打击了竞争对手的信心，正式宣告了电子商务时代的到来。随着以阿里巴巴为代表的电子商务平台的快速发展，平台经营者集中带来新的市场问题。阿里巴巴集团受到了政府新管制的约束，一度出现了未来的发展路线的摇摆。应该说，政府开始加强对平台企业的规制，这是非常必要的，目前的难点在于对新经济、新业态、新模式的监管边界在哪里？政府如何做才能既不缺位，又不错位，更不越位。这是一个世界性难题，各国都在探索中。中国之治的确值得深入研究。

第二，企业界要增强自信，科学定位，做好资源整合，培养自己的核心竞争力。我国流通企业要增强自信。二十年前，当我国即将加入世贸组织时，包括国际著名的咨询公司麦肯锡等机构都预言，我国的流通业将面临灭顶之灾。二十年后，我们看到的情景却是大多数外国零售巨头企业在我国的发展并不好，许多外资零售企业纷纷从我国撤出。

笔者曾经撰写论文，专门探讨外资进入我国流通业所带来的隐忧，并且提出相应的建议，如今读来，仍然有价值：

中资企业要做强做大，中资企业的作为体现在：

第一，不能丧失信心，坚定信念。的确，已经有许多成功的事例，充分说明了中资企业在与外资企业竞争中获得了共同发展。

第二，找准自己的目标顾客，了解顾客的真实需求，充分利用地缘和文化优势，培育自己的忠诚顾客群。

第三，制定切实可行的营销战略。

第四，向管理要效率，提高管理水平，降低消耗。

第五,充分利用信息技术,再造业务流程,提升核心竞争力。

第六,充分利用资本杠杆,扩大企业的融资能力,配合企业的整体发展战略,进行必要的跑马圈地和兼并重组,加速企业的扩张步伐,增强企业对抗外来冲击的能力。

第七,也是最重要的一条,提高人员的素质,增强服务意识。[1]

正如管理大师彼得·德鲁克所言:新技术将深刻地影响管理领域,尤其对管理者的责任与能力的影响,主要包括其远见与应变、知识与技能、决策与执行等方面都将面临新的要求。我国流通企业的管理者也不例外。

第三,学术界要大胆创新,防止我国流通研究的内卷化倾向。笔者认为,我国流通研究目前存在的问题体现在:长期以来,我国流通研究的投入不足,成建制的研究机构无法形成,传帮带的人才体系出现断裂,后继乏人;新的研究方法缺乏,研究创新不够,标志性成果匮乏,学科体系无法构建,更无法与主流经济学进行对话,苟且在边缘存活;官产学研之间出现了断裂。政府治理急需理论界学术支持,而理论界与实业界缺乏足够的衔接,无法及时了解我国鲜活的实践活动,高校被各类的评价错误引导,高校老师忙于发表论文、竞相主持各类课题,许多研究靠研究生来完成学术任务,长此以往,我国流通的研究成果难以服众,难以满足现实需求。

有鉴于此,课题组非常珍惜与香港冯氏集团利丰研究中心的合作,特别是要感谢张家敏先生一贯的支持。尽管目前的经济形势不好,但是,他们对研究的支持力度不减。希望我们双方通过不懈努力,能够为我国流通研究做出一点贡献。

---

① 荆林波:《关于外资进入我国流通业的思考》,联商网,2006 年 6 月 14 日。

产业分析
Industry Analysis

B.2
中国商品交易市场创新高质量发展

王雪峰　马　涛*

摘　要： 本文基于国内国际"双循环"新发展格局、现代流通体系建设及网络信息技术日益普及和实体市场高质量创新发展需求迫切的时代背景，在梳理提炼我国商品交易市场整体大量消失、头部亿元市场数量持续减少、总营业面积收缩、摊位数减少较多、成交额平稳增长的基础上，进一步分析了在专业与综合市场分类中的专业市场数量降幅大、营业面积减少多、摊位数量减少多，以及消费品市场减少数量多、摊位数减少幅度大的变化特征；分析了亿元以上商品交易市场在四大区域分布中的情况，其中东部市场数量减少最多、营业面积领降，东北市场数量降幅最大、成交额减少，以及西部市场平均营业面积最大、单位面积成交额最小等。在此基础上，结合市场发展态势，本文提出了商品交易市场

---

* 王雪峰，中国社会科学评价研究院评价理论研究室副主任，经济学博士，副研究员，硕士生导师，研究方向为评价理论、产业经济学、流通经济学、消费经济学；马涛，任职于中国建设银行总行，研究方向为金融。

高质量创新发展呈现出的三大趋势：市场整体功能分化，交易转线上、基础支撑留线下；批零功能分化，零售转线上、批发留线下；管理服务功能融合，管理服务向服务管理转变。

关键词： 商品交易市场 数字化创新 融合发展

这个新时代，是承前启后、继往开来，在新的历史条件下继续夺取中国特色社会主义伟大胜利的时代，是决胜全面建成小康社会进而全面建设社会主义现代化强国的时代，是全国各族人民团结奋斗、不断创造美好生活、逐步实现全体人民共同富裕的时代，是全体中华儿女勠力同心、奋力实现中华民族伟大复兴中国梦的时代，是我国日益走近世界舞台中央、不断为人类做出更大贡献的时代。

一 研究背景

（一）新时代"双循环"新发展格局确立

"中国特色社会主义进入新时代，社会主要矛盾已经转化为人民日益增长的美好生活需要和不平衡不充分的发展之间的矛盾"。新时代是社会主义现代化强国实现的时代，是实现中华民族伟大复兴梦的时代。在建设社会主义现代化强国和民族复兴伟大梦想的指引下，创新引领的高质量发展成为新时代的必然要求。与此同时，逆全球化趋势日益明显，国际形势日趋复杂，西方一些主要国家优先发展的民粹势力盛行；特别是 2019 年底突发的新冠肺炎疫情对全球产业链、供应链的重大冲击，加快了世界经济政治格局调整的步伐。为了应对急剧变化、日益复杂的外部环境带来的矛盾和挑战，增强国内经济发展的韧性，党中央基于国内发展形势、在把握国际大势的基础上做出"加快形成以国内大循环为主体、国内国际双循环相互促进的新

发展格局"的重大战略部署。"双循环"新发展格局自 2020 年 4 月在中央财经委员会第七次会议上被首次提出后,对于新发展格局的概念习近平总书记分别在 2020 年 7 月企业家座谈会及 2020 年 8 月 24 日专家座谈会上提及,并被写进 2021 年 3 月发布的《国民经济和社会发展第十四个五年规划和2035 年远景目标纲要》。这是我国应对外部逆全球化、保护主义、孤立主义、民粹优先主义的战略需要;是发挥国内市场优势,提升经济韧性、经济竞争力和经济现代化水平,实现经济高质量发展的有效战略路径;是补上内需消费短板、构建完整内需体系,满足人民美好生活需要的主动战略选择。

(二)现代流通体系建设上升为国家重要战略任务

我国流通体系骨干网络健全,流通基础设施和流通环境均大幅改善,对经济提质增效、促进消费和全国统一大市场加快形成的支撑成效显著。新冠肺炎疫情发生以来,伴随国际国内形势的急剧变化和调整,特别是"双循环"新发展格局提出后,我国流通体系存在的堵点及现代化水平不高问题成为备受关注的焦点和热点。现代流通体系是"双循环"新发展格局的重要支撑,为了适应"双循环"新发展格局的需要,加快统筹推进现代流通体系建设,打造高效流通体系,发挥流通连接生产和消费的功能,畅通国民经济循环成为一项重要且紧迫的任务和要求。为此,中央财经委第八次会议专门研究了"畅通国民经济循环和现代流通体系建设问题",提出了"流通体系在国民经济中发挥着基础性作用,构建新发展格局,必须把建设现代流通体系作为一项重要战略任务来抓"的要求。现代流通体系建设成为国家战略任务,流通创新和效率提升成为促进现代流通体系建设的重要内容和必然要求。

(三)网络信息技术日趋成熟、消费者网络购物行为普及

网络信息应用技术日趋成熟,已渗透经济社会的方方面面,成为人们日常生活的一部分。据中国互联网络信息中心(CNNIC)第 47 次报告:截至 2020 年 12 月,中国网民规模达 9.89 亿,互联网普及率为 70.4%;

手机网民为 9.86 亿，网民使用手机上网的比例达 99.7%。网络购物用户规模为 7.82 亿，占整体网民的比例为 79.1%，其中，手机网络购物用户为 7.81 亿，占手机网民的 79.2%。网络支付用户规模达 8.54 亿，占网民整体的 86.4%，其中，手机网络支付用户规模为 8.83 亿，占手机网民的 86.5%。2020 年全年，社会消费品零售总额为 391981 亿元，比 2019 年下降 3.9%；网上商品与服务零售额增加到了 117601 亿元，相对 2019 年增加 11277.1 亿元，增幅为 10.61%。其中，全年实物商品网上零售额 97590 亿元，按可比口径，增长 14.8%；网上实物商品零售额占社会消费品零售总额的比重也由 2015 年的 12.07% 提升至 24.9%。网络信息技术的成熟和应用的普及已经对人们的消费行为模式产生了深刻的影响，网络购物也已经成为人们日常购物的重要组成部分。

（四）传统实体市场规模扩张模式结束、创新高质量发展需求迫切

经过多年的高速增长后，我国经济进入中高速发展的新常态阶段，创新和高质量发展成为适应和引领新发展阶段的必然主题。在创新和高质量发展的形势背景下，我国经济领域的各个环节和方面都面临着结构调整、动力转换的压力。商品交易市场一方面面临经济结构调整和动力转换的压力；另一方面，还面临着网络市场发展和消费者购物行为模式改变的压力。这样，在宏观形势和微观行为转变的双重压力下，中国传统实体商品交易市场规模扩张的发展模式结束，各个方面在数量上都开始下降或减少。具体来看，2014~2019 年，我国商品市场整体数量由 57474 个减少到 37243 个，减少了 20231 个，降幅高达 35%；其中，亿元以上商品交易市场数量也由 5023 个降到了 4037 个，减少了 986 个，降幅为 19.63%。亿元以上商品交易市场主要功能是商品集散和批发。整体商品市场数量的大量减少，表明市场结构调整范围广、力度大，而亿元以上市场数量的减少则意味着市场调整的深化。在大范围、大力度的市场深化调整的压力下，围绕商品交易市场基本功能正在分化的事实和趋势，各市场主体依托信息技术、借助网络市场创新发展的需求日趋强烈。

二 我国商品交易市场整体现状

（一）市场消失数量多、企业法人登记占比下降

商品交易市场是基于我国生产方式产生和发展起来的商品交易组织形式。40 多年来，其一直是我国商品流通的重要枢纽和节点，是我国特色社会主义市场经济体系的重要组成部分。经过多年培育发展和规范提升，我国商品交易市场已经形成结构立体、门类齐备、功能高效的市场配置体系，进入顺应新时代现代市场经济体系建设的创新发展阶段。2012 年以来，我国商品交易市场数量开始减少，且这几年呈大量减少的态势。其中，2017 ~ 2019 年商品交易市场数量合计消失 13758 个，降幅高达 26.98%。其中，消费品市场消失 12812 个，降幅为 27.06%；生产资料市场消失 946 个，降幅为 25.88%（见表 1）。从市场数量及市场分类的数量结构来看，各类市场都在消失减少，且减少数量较多，降幅较大。

表 1 2014 ~ 2019 年商品交易市场数量变动情况

单位：个，%

类别	2014 年	2015 年	2017 年	2018 年	2019 年
市场数量	57474	55026	51001	46920	37243
消费品市场	53144	50886	47346	46110	34534
生产资料市场	4330	4160	3655	3510	2709
市场数量降幅	10.39	4.26	7.31	8.00	20.62
消费品市场降幅	10.31	4.25	6.96	2.61	25.11
生产资料市场降幅	11.36	3.93	12.14	3.97	22.82

资料来源：国家市场监督管理总局提供。

在商品市场不断消失的背景下，市场企业法人登记数减少，占比下降。2015 年市场总数是 55206 个，已登记企业法人市场数是 27614 个，占市场总数的比例为 50.02%；而到 2019 年，市场总数减少到了 37243 个，登记市场企业法人数只有 18465 个，占比由 50.02% 降为 49.58%。这意味着，已登记为法人企业的市场也在大量减少，且减少幅度更大。

（二）亿元以上市场数量遇顶下降，降幅呈加大态势

亿元以上商品交易市场在整体市场中所占比例在 10% 左右，是我国整体商品交易市场中的头部市场，其发展变化能够揭示市场整体变动的方向和趋势。2012 年以前，我国亿元以上商品交易市场数量一直快速增加，至 2012 年增加到 5194 个，达到最大值。此后，市场数量开始遇顶下降，到 2019 年底降至 4037 个，减少了 1157 个，降幅为 22.28%。我国亿元以上商品交易市场数量减少大致分为两个阶段：一是 2013～2016 年小幅减少阶段。在这一阶段，除了 2013 年，其他年份市场减少数量都不超过 100 个；4 年内市场数量减少 333 个，平均每年减少 83 个，每年减少幅度基本不超过 2%。二是从 2017 年开始市场数量降幅加大。2017～2019 年 3 年内市场数量就减少了 824 个，平均每年减少 275 个，年均降幅为 6%，相当于第一阶段降幅的 3.65 倍。具体来看，2017 年市场同比减少 244 个减少幅度提升至 5.02%；2018 年减少 321 个，同比减少幅度提升到 6.95%；2019 年减少 259 个，减少幅度相对 2018 年略有缩小，但依然高达 6.03%（见图 1）。在我国经济高质量发展的导向和要求下，商品交易市场也在深化调整，市场数量呈现持续减少态势，且减少幅度明显加大，这给传统实体商品交易市场的运营和发展带来的压力越来越大。

（三）亿元以上市场总营业面积收缩较快，平均营业面积依然增加

经过多年的数量增长和规模扩张，我国亿元以上商品交易市场营业面积在 2015 年达到了 30066 万平方米的历史高点。此后，市场总营业面积开始逐年收缩，至 2019 年减少至 28447 万平方米，4 年减少了 1619 万平方米，平均每年减少 404 万平方米，4 年整体降幅为 5.38%，且减少幅度呈现加大态势。具体来看，2016 年市场营业面积同比减少 42 万平方米，2017 年同比

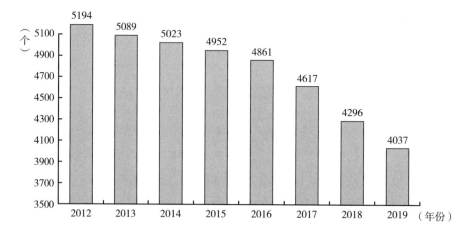

图1　2012～2019年亿元以上商品交易市场数量情况

资料来源：国家统计局。

减少332万平方米，2018年同比减少501万平方米，2019年同比减少744万平方米；在减少幅度上，2016年只有0.14%，2017年提高到1.12%，2018年提高到1.72%，2019年提高到2.61%（见图2）。

在市场总营业面积减少的同时，市场平均营业面积持续增加，且在2019年达到了7.05万平方米的高点。尽管亿元以上市场总营业面积自2016年以来开始下降，但市场平均营业面积增加的态势依然强劲。具体来看，2016年市场平均营业面积由2015年的6.07万平方米增加到6.18万平方米，2017年增加到6.43万平方米，2018年增加到6.79万平方米，2019年增加到了7.05万平方米，4年增加了0.98万平方米，且每年的面积逐步增加。这意味着单体亿元以上市场呈现大型化态势，且单体市场的区域集散、商品配置功能不断优化。

（四）亿元以上市场摊位数减少较多，平均摊位数稳步增加

在2013年之前伴随市场数量和总营业面积的增加，亿元以上市场摊位数基本以6位数的量级快速增加，2013年是摊位增长的转折点，这一年摊位数由前期的6位数增长转为同比减少5952个；此后，市场摊位数

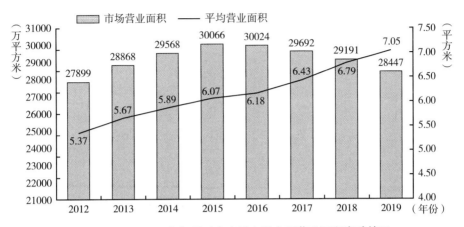

图 2　2012~2019 年亿元以上商品交易市场营业面积变动情况

资料来源：《中国统计年鉴》（2013~2020 年）。

就由增加转为减少，尽管 2014 年出现增加回调，但其减少的趋势没变。具体来看，经过 2014 年的回调，市场摊位数达到 3534757 个的历史峰值。此后，市场摊位数开始逐年减少，2015 年同比减少 66119 个，2016 年同比减少 10739 个，2017 年同比减少 109963 个，2018 年同比减少 169513 个，2019 年同比减少 132492 个。至 2019 年底，亿元以上市场摊位数相对历史峰值减少了 488826 个，降幅为 13.83%；特别是 2017 年以来，市场摊位数减少数量增加到了 6 位数，每年减少幅度都超过了 3%，减少较快（见图 3）。

2015~2019 年，市场平均摊位数由 700 个增加到了 755 个。摊位平均面积由 2015 年的 86.68 平方米增加到 2019 年的 93.39 平方米。市场总摊位数的减少，平均摊位数的增加和摊位平均面积的增加，意味着一部分小商户或经营能力不济的商户正在市场内被加速淘汰，而具有创新性和运营能力较强的商户正在顺势扩张，市场内对运营商户的优化和调整正在加速。

（五）亿元以上市场成交额平稳增长，平均成交额增势强劲

亿元以上商品交易市场成交额经过多年两位数以上的快速增长和2013~

图3　2012~2019年亿元以上商品交易市场市场摊位数变动情况

资料来源:《中国统计年鉴》(2013~2020年)。

2017年的调整进入平稳增长期。具体来看,2018年总交易额为109373亿元,相对2017年增加1125亿元,增幅为1.04%。2019年总交易额为112017亿元,相对2018年增加了2644亿元,增幅为2.42%。商品交易市场经过5年的调整提升,其交易额呈现平稳增长的态势。

在市场交易额平稳增加的基础上,市场平均交易额呈现强劲增长势头。在2013~2017年的调整期间,市场平均交易额增幅大幅下降。比如,2013年市场平均交易额为19.33亿元,增幅由2012年的10.82%降至7.92%,下降了2.9个百分点。2014年市场平均交易额为19.97亿元,增幅为3.32%,下降4.60个百分点。2015年市场平均交易额为20.22亿元,增幅为1.26%,下降2.06个百分点。2016年市场平均交易额为21.01亿元,增幅为3.91%,回升了2.65个百分点。2017~2019年市场平均交易额分别增加到23.45亿元、25.46亿元和27.75亿元,增幅分别为11.58%、8.59%和8.99%,呈现较强的增长势头。与此同时,市场单位面积交易额经过调整后也稳步增加。具体来看,市场单位面积交易额由2012年的3.33亿元增加到2017年的3.65亿元,再到2019年的3.94亿元(见图4)。

图 4 2012~2019 年亿元以上商品交易市场交易额变化情况

资料来源：《中国统计年鉴》（2013~2020 年）。

三　我国亿元以上商品交易市场结构变动特征

2012 年以来，在内外部环境发生根本性变化的形势下，我国经济发展也由快速增长进入中高速发展的新常态，商品交易市场数量也开始减少调整。特别是 2017 年以来，适应新时代高质量发展的要求，商品交易市场也进入适应创新导向的高质量发展的深度调整阶段。商品交易市场数量、营业面积、交易额结构的变化是市场调整变化的重要体现。

（一）专业市场数量降幅大，消费品市场数量减少多

2012 年以来，亿元以上商品交易市场数量达到最大值后开始逐年减少，至 2019 年底降至 4037 个，7 年整体减少了 1157 个。分阶段来看，在 2013~2016 年的调整阶段，4 年减少了 333 个，平均每年减少 83 个；在 2017~2019 年的深化调整阶段，3 年减少了 824 个，平均每年减少 275 个，相当于调整阶段的 3.30 倍，且呈现出持续深化调整态势。从综合市场和专业市场分类的市场结构来看，自 2012 年以来，在数量上综合市场减少了 198 个，

专业市场减少了959个；综合市场减少数量占总减少数量的17.11%，专业市场减少数量占总减少数量的82.89%；在幅度上，综合市场数量减少幅度为14.22%，专业市场数量减少幅度为25.22%。专业市场无论是减少数量还是减少幅度都比综合市场要大。经过调整，专业市场和综合市场的数量结构也发生了相应的变化：专业市场数量占比由2012年的73.20%下降到2019年的70.42%；综合市场数量的占比由26.80%提升到了29.58%。专业市场和综合市场分类的数量结构情况详见图5。

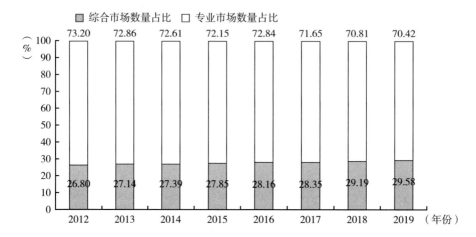

图5　2012～2019年亿元以上商品交易综合市场和专业市场数量结构

资料来源：《中国统计年鉴》（2013～2020年）。

2012年，生产资料市场第一次出现减少，减少数量为42家；其后，生产资料市场数量逐年减少，至2019年底，相对2011年的780家共减少了271家，降幅为34.74%。消费品市场2013年减少102家，其后数量也是每年减少，至2019年底相对2012年的3802家减少至2843家，共减少了959家，降幅为25.22%。其他类型市场数量减少时间最晚，2016年减少了2家，其后数量也逐年减少，至2019年底由2015年的399家减少至340家，整体减少59家，降幅为14.79%。经过这几年的数量调整，三类市场的数量结构有所变化：生产资料市场占比由2012年的15.02%降为2019年的13.62%；消费品市场占比由2012年的78.09%降为2019年的77.95%，其他类市场占比由 6.89% 提升至 2019 年的 8.42%。生产资料市场、消费品市场和其他市场的分类变动情况详见图 6。

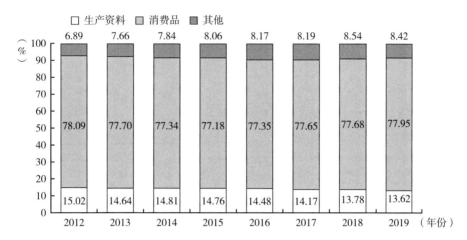

图 6　2012～2019 年亿元以上生产资料和消费品及其他市场数量结构

资料来源:《中国统计年鉴》(2013～2020 年)。

(二)综合市场面积降幅大,专业市场面积下降多

2016 年,亿元以上商品交易市场营业面积第一次出现减少,且相对 2015 年减少 42 万平方米;市场营业面积减少相对市场数量减少滞后了 3 年。此后,减少面积大幅增加,2017 年减少 332 万平方米,相当于 2016 年的 7.9 倍;2018 年和 2019 年又分别减少了 501 万和 743 万平方米。截至 2019 年底,商品交易市场营业面积已经减少 1618 万平方米,相对 2015 年的最高点已经减少 5.38%。从综合市场和专业市场的分类结构来看,综合市场营业面积减少时间晚,直到 2018 年才开始减少,且减少面积也较少,2018 年和 2019 年两年减少 234 万平方米,占综合市场峰值面积的 2.86%;专业市场营业面积减少时间早,减少量较大,2015 年以来减少了 1598 万平方米,占专业市场营业面积峰值的 7.24%。2018 年和 2019 年这两年,商品交易市场营业面积减少 1244 万平方米,其中专业市场营业面积减少 1010 万平方米,占比为 81.20%;综合市场营业面积减少数量占比

为 18.80%。综合市场和专业市场营业面积数量经过调整后，其面积结构
情况见图 7。

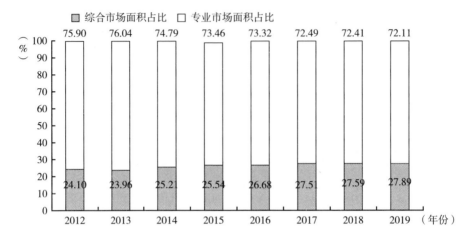

图 7　2012～2019 年亿元以上商品交易综合市场、专业市场营业面积结构

资料来源：《中国统计年鉴》（2013～2020 年）。

从生产资料、消费品和其他市场的分类结构看，2015 年生产资料市
场的营业面积就开始减少，至 2019 年底相对 2014 年的 7644.54 万平方
米高点已经减少 2121.19 万平方米，降幅为 27.75%。消费品市场营业面
积在 2017 年开始减少，至 2019 年底相对 2016 年的 20348.42 万平方米
减少了 609.91 万平方米，降幅为 3%。其他类市场营业面积尚未减少，
但也几乎处于零增长的状态。经过这几年营业面积的调整，生产资料类
市场营业面积的占比由 2012 年的 25.12% 降为 2019 年的 19.42%，消费
类市场的营业面积占比由 69.00% 提升至 69.39%，其他类市场的营业面
积占比由 5.87% 提升至 8.93%。生产资料、消费品和其他市场营业面积
的结构变动情况详见图 8。

（三）专业市场摊位数下降多，消费品市场摊位降幅大

2012 年以来，市场摊位数整体呈减少态势，尽管 2014 年出现回调，但
很快再次进入减少通道，至 2019 年底，摊位数相对 2014 年高点的 3534757

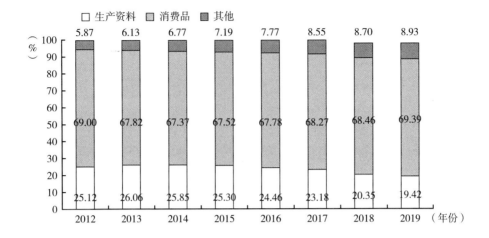

图8 2012～2019年亿元以上生产资料市场、消费品市场及其他市场营业面积结构

资料来源:《中国统计年鉴》(2013～2020年)。

个减少了488826个,降幅为13.38%。从综合市场和专业市场的分类结构来看,综合市场摊位数减少时间较晚,2017年才开始减少;至2019年底,综合市场摊位数相对2017年的高点减少了161495个,降幅为12.61%。专业市场摊位数自2013年就开始持续减少,2019年底相对2012年的高点减少了357919个,降幅为15.66%。整体来看,专业市场摊位数减少时间长,减少数量多,减少幅度大;综合市场摊位数减少时间短,但年度下降幅度大。经过这几年的摊位数量调整后,综合市场摊位占比略有提升,专业市场的摊位占比略有下降,其结构变化详见图9。

2015年,生产资料市场摊位数出现首次减少,消费品市场摊位数自2013年以来就一直持续减少。生产资料市场摊位数相对2014年的高点减少了51580个,降幅为14.51%;消费品市场摊位数相对2012年的高点减少了504961个,降幅为17.44%;其他类市场摊位数减少出现的时间最晚,2017年才开始出现减少,2019年底相对2016年的高点减少了27428个,降幅为7.27%。在各类市场摊位都在减少的情况下,由于各自减少的起点、降幅不同,摊位数结构发生了变化:生产资料市场摊位占比由2012年的9.50%提

图9 2012～2019年亿元以上综合市场、专业市场摊位数结构

资料来源:《中国统计年鉴》(2013～2020年)。

升至2019年的10.03%;消费品市场摊位占比由82.87%降至78.49%;其他类市场占比由7.62%增至11.48%。生产资料、消费品及其他市场的摊位结构情况详见图10。

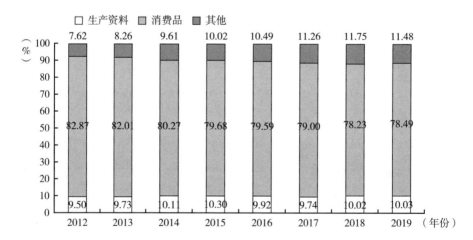

图10 2012～2019年亿元以上生产资料市场、消费品市场及其他市场摊位数结构

资料来源:《中国统计年鉴》(2013～2020年)。

（四）专业市场交易额低速增长，生产资料市场交易额低速下滑

2012 年以来，我国亿元以上商品交易市场交易额由原来的两位数增速猛然降至个位数，7 年平均增速降为 2.7%，甚至在 2015 年还出现了下滑。从综合市场和专业市场的分类结构来看，综合市场交易额增速下降的时间相对较晚，2016 年才降至 5% 以下的增速，2013～2019 年，年平均增速为 5.85%；但从发展态势来看，2016 年以来综合市场交易额也进入了低速增长期。专业市场交易额增速在 2013 年就降至 4.31%，2014 年和 2015 年都出现了负增长；尽管 2017 年出现了 7.58% 的中高速反弹，但很快又恢复至 3% 以下的低速增长区间；2013～2019 年，专业市场交易额年均增速为 1.90%；在发展态势上，专业市场自 2014 年就进入了低速增长期，且会延续一段时间。综合市场和专业市场交易额经过这几年增速的调整，其结构也相应发生了变化，具体来看，专业市场交易额占比由 2012 年的 80.48% 下降到了 2019 年的 75.99%；而综合市场交易额占比则由 19.52% 提升至 24.01%。综合市场和专业市场交易额结构变化情况详见图 11。

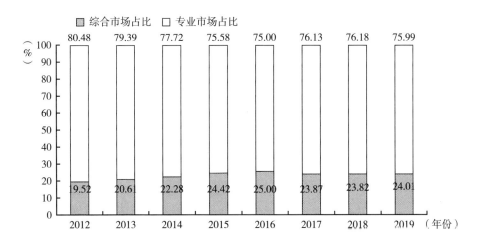

图 11 2012～2019 年亿元以上综合市场、专业市场交易额结构

资料来源：《中国统计年鉴》（2013～2020 年）。

从生产资料市场、消费品市场和其他类市场的分类结构来看，生产资料市场交易额增速整体波动较大，且处于低速下滑期。2013 年，生产资料市场的交易额由 2012 年 18.69% 的超高速增长猛然降至只有 1.23%；2014 ~ 2016 年都处在 5% 以上的快速下滑区间；尽管 2017 年出现了 11.53% 的高速反弹，但 2018 年降至 - 1.24%。2013 ~ 2019 年，生产资料市场交易额的年均增速为 - 1.05%，处于低速下滑区间内。消费品市场交易额增速尽管出现了下滑，但一直处于增长通道，且降至低速增长的时间相对较晚，2013 年第一次出现低于 3% 的增速，2016 年和 2017 年增速又反弹至 3% 以上。这样，2013 ~ 2019 年，消费品市场交易额的年均增速为 4.26%，依然处于中高增速区间内。在此期间，其他类市场交易额的年均增速高达 5.16%。经过这几年增速的调整，生产资料市场、消费品市场和其他类市场的交易额结构也发生了相应的调整，具体来看，生产资料市场交易额占比由 2012 年的 35.95% 降至 2019 年的 27.35%，下降了 8.6 个百分点；消费品市场交易额占比由 2012 年的 59.65% 提升至 66.20%，增加了 6.55 个百分点；其他类市场交易额占比由 4.40% 增加到了 5.05%，增加了 0.65 个百分点。2012 ~ 2019 年，生产资料市场、消费品市场及其他类市场交易额结构变化情况详见图 12。

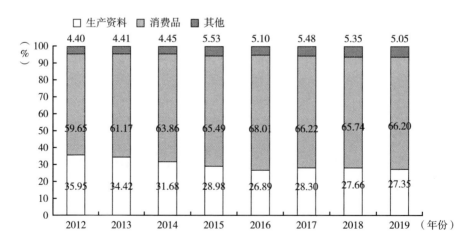

图 12　2012 ~ 2019 年亿元以上生产资料市场、消费品市场及其他市场交易额结构

资料来源：《中国统计年鉴》（2013 ~ 2020 年）。

（五）市场批发功能提升、市场零售功能弱化

亿元以上商品交易市场是以批发功能为主的市场，其批发成交额占比基本在 80% 以上，而其零售交易额占比一般低于 20%。2012 年以前，亿元以上商品交易市场批发和零售交易额增速大多为两位数，其后降至个位数的中低速增长区间。从批发市场和零售市场的交易额分类结构来看，2012 年零售交易额降至 2.02% 的低速增长区间，批发交易额依然保持 15.49% 的高速增长。2013 年，批发交易额增速降至 5.60%，零售交易额反弹至 6.64%。2014 年，批发和零售交易额增速分别降至 2% 和 1.82%。2015 年，批发交易额出现了 0.56% 的小幅下滑，零售维持了 2.22% 的低速增长。2016 年以后，批发交易额就处于中低速的增长区间内，同时零售交易额出现了持续下滑的局面，2019 年降幅达到了 5.46%，且呈下滑态势短期内很难扭转的局面。在市场零售交易额下滑和批发交易额保持中低速增长的局势下，亿元以上商品交易市场的批发和零售交易额结构也发生了相应的调整和变化。具体来看，市场的零售交易额占比由 2015 年高点的 14.28% 降至 2019 年的 11.86%；市场的批发交易额占比由 85.72% 升高至 88.14%。批发交易额和零售交易额占比结构的变化，意味着亿元以上商品交易市场的零售功能在弱化，而批发功能在提升，但因其增速较低，尚不能认为是批发功能在强化；只是市场的批发功能尽管也受到了网络市场的冲击，但相对零售功能受到的冲击偏弱而已。

四 我国亿元以上商品交易市场区域结构特征

（一）东部市场数量减少最多、东北市场数量降幅最大

2013 年，我国商品交易市场数量整体进入减少通道。从区域市场数量变动来看，东部、中部和东北都在 2013 年开始减少，只有西部市场还继

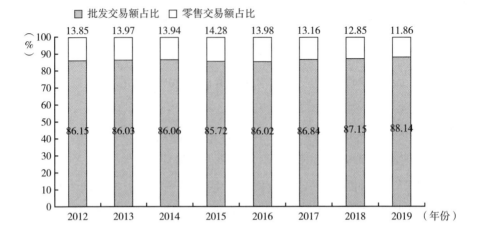

图 13　2012～2019 年亿元以上商品交易市场批发、零售交易额结构

资料来源：《中国统计年鉴》（2013～2020 年）。

续增加。自 2016 年起，四大区域市场数量都开始持续减少，在绝对数量上，东部地区减少的数量最多。从综合减少数量和幅度来看，截至 2019 年底，东部地区的市场数量相对 2012 年的高点减少了 800 个，降幅为 25.6%；中部地区市场数量相对 2012 年减少了 163 个，降幅为 16.96%；东北地区市场数量相对 2012 年的高点减少了 134 个，降幅为 34.27%；西部地区市场数量相对 2015 年的高点减少了 116 个，降幅为 16.43%。可见，从数量的角度来看，东部地区减少的市场数量最多，其次是中部地区，再次是东北地区，最后是西部地区。从降幅的角度来看，降幅最大的是东北地区，其次是东部地区，再次是中部地区，最小的是西部地区。从市场的区域省份市场分布来看，2017 年以来，东部地区除了海南在 2019 年增加了 4 个市场以外，其他省份的市场都在减少。中部地区除了江西在 2018 年和 2019 年分别增加了 8 个和 4 个市场外，其他省份也都在减少。东北地区的东北三省全部在减少。西部地区的内蒙古、贵州、重庆、四川、云南、新疆都在减少。2012 年以来，我国各区域亿元以上商品交易市场的数量变化情况具体见表 2。

表2 2012～2019 年四大区域亿元以上商品交易市场数量年度变动情况

单位：个

年份	东部	中部	西部	东北
2012	53	24	31	7
2013	－88	－22	28	－19
2014	－51	－33	30	－13
2015	－77	－5	26	－14
2016	－66	－15	－6	－8
2017	－184	－5	－40	－6
2018	－184	－45	－34	－50
2019	－150	－38	－36	－24

资料来源：国家统计局。

（二）东北地区摊位数领降、中部地区摊位数降幅最小

2012 年，东北市场摊位数率先减少 2342 个，此后年度持续减少，至 2018 年减少数量增至 24850 个，2019 年再次减少 19079 个；截至 2019 年底，东北市场摊位数相对 2012 年减少了 77044 个，减少幅度为 25.78%。无论是在延续时间还是在减少幅度上，东北市场摊位数呈现领降全国的态势。2013 年，东部区域市场摊位数开始减少，其减少数量在四大区域中最多，年均减少 22522 个；截至 2019 年底，相对 2012 年减少了 370648 个，降幅为 18.28%。中部市场摊位数尽管在 2013 年和 2015 年也有所减少，但 2014 年和 2016 年及 2017 年均有所反弹，直到 2018 年才开始真正进入减少通道；因而，中部地区市场摊位数相对 2012 年只减少了 40787 个，降幅也只有 6.58%。西部地区市场摊位数减少出现的时间最晚，直到 2017 年才开始减少，相对 2016 年的高点减少了 51756 个，降幅为 9.32%。可见，在全国市场摊位数减少的大趋势下，东北市场处于领降状态、东部市场受到的冲击也比较大，市场摊位数减少的数量最多，西部地区尽管减少的时间最迟，但减少的速度较快；只有中部地区该指标的韧性相对较强，减少数量最少，幅度也最小。四大区域市场摊位年度变动具体情况见表3。

表3 2012～2019 年四大区域亿元以上市场摊位数变动情况

年份	摊位数量变动(个)				摊位数量变动幅度(%)			
	东部	中部	西部	东北	东部	中部	西部	东北
2012	81530	40612	38414	-2342	4.19	7.01	8.75	-0.78
2013	-10856	-9425	21344	-6894	-0.54	-1.52	4.47	-2.31
2014	-7742	12802	51908	-9384	-0.38	2.10	10.41	-3.21
2015	-38740	-24646	4775	-6313	-1.93	-3.95	0.87	-2.23
2016	-42778	10253	19071	-8578	-2.17	1.71	3.43	-3.10
2017	-94122	10051	-21952	-1946	-4.88	1.65	-3.82	-0.73
2018	-132477	-8613	322	-24850	-7.23	-1.39	0.06	-9.35
2019	-43933	-31209	-30126	-19079	-2.58	-5.11	-5.45	-7.92

资料来源：国家统计局。

（三）市场营业面积东部领降，西部降幅加大、中部相对稳定

自 2013 年以来，东部市场营业面积持续减少，至 2019 年底相对 2012 年减少 1683.46 万平方米，降幅为 9.59%；特别是 2016 年以来，市场营业面积年均减少 374.52 万平方米，领降全国的态势比较明显。东北市场紧随其后，在 2014 年营业面积就开始减少，尽管其间有所波动，但整体依然处于减少状态，相对 2012 年降幅为 1.34%。西部市场营业面积减少时间相对较晚，从 2017 年开始减少，3 年减少了 316 万平方米，相对 2016 年的高点降幅为 5.49%。中部地区市场营业面积减少出现的时间最晚，2019 年才开始减少，这一年减少 41 万平方米。整体来看，在东部地区市场营业面积减少的带动下，至 2019 年全国商品交易市场营业面积都进入减少的状态。2012～2019 年四大区域亿元以上商品交易市场营业面积的变动情况详见表4。

表4 2012～2019 年四大区域亿元以上商品交易市场营业面积变动情况

单位：万平方米

年份	东部	中部	西部	东北
2012	932	336	322	39
2013	-185	104	1006	69
2014	-35	167	628	-61

年份	东部	中部	西部	东北
2015	35	259	200	16
2016	−473	203	249	1
2017	−343	113	−79	−7
2018	−471	58	−92	28
2019	−211	−41	−393	−66

资料来源：国家统计局。

（四）市场成交额东部、东北下降，中部、西部波动增加

我国亿元以上市场成交额经过多年的快速增长，于 2013 年进入低于 10% 的增长区间，2014 年进入低速平稳提升状态。实际上，东部市场在 2010 年就进入中低速增长区间，2013 年就开始进入下降通道。紧随其后的是东北市场，在 2013 年市场交易额由 13.70% 的增速急剧下降到了 1.57%；其后就进入下降通道，尽管 2017 年有所反弹，但反弹基础不稳，力度不强，很快又回到了下降通道。相对东部和东北市场而言，中部和西部市场的交易额比较稳定，只是在个别年份出现了减少，不过基于庞大的消费群体支持，很快又回到了增长区间内。具体来看，中部市场的交易额在 2018 年出现了 355.07 亿元的下降，降幅也高达 2.29%，但在 2019 年出现了 585.68 亿元的反弹，市场交易额又很快回复至增长区间内；与中部地区相似，西部地区市场交易额在 2016 年出现了 5.52 亿元的下降，2017 年增加了 1184.02 亿元，增长幅度高达 10.44%，很快回复到了增长区间内。我国四大区域亿元以上商品交易市场交易额增速变动情况详见图 14。

（五）西部市场平均营业面积最大、增幅最大

2012 年以来，全国四大区域亿元以上市场平均营业面积都在平稳增加。2019 年底，东部地区市场平均营业面积增加至 6.49 万平方米，比 2012 年增加了 1.08 万平方米，累计增幅为 20.00%。中部市场平均营业面积增加

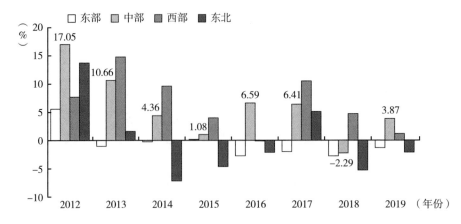

图14 2012～2019年四大区域亿元以上市场成交额增速

资料来源：国家统计局。

至6.39万平方米，比2012年增加了2.01万平方米，累计增幅为45.89%。西部地区市场平均营业面积增加至9.32万平方米，比2012年增加3.23万平方米，累计增幅为53.04%。东北市场平均营业面积增加至5.57万平方米，比2012年增加1.72万平方米，累计增幅为44.68%。从市场平均营业面积这几年的累计增幅来看，西部地区累计增幅最大，其次是中部地区，而东部地区增幅最小；从市场平均营业面积规模来看，西部地区市场平均规模也最大，其次是东部地区，东北市场平均规模最小。2012～2019年我国四大区域亿元以上商品交易市场平均营业面积变动情况详见表5。

表5 2012～2019年四大区域亿元以上市场平均营业面积

单位：万平方米，%

年份	东部	中部	西部	东北
2012	5.41	4.38	6.09	3.85
2013	5.61	4.62	6.30	3.89
2014	5.72	4.84	7.58	4.27
2015	5.80	5.20	8.17	4.25
2016	5.97	5.52	8.15	4.47
2017	5.94	5.84	8.58	4.58
2018	6.22	6.00	8.98	4.64

年份	东部	中部	西部	东北
2019	6.49	6.39	9.32	5.57
2019 年比 2012 年增加	1.08	2.01	3.23	1.72
累计增幅	20.00	45.89	53.04	44.68

资料来源：国家统计局。

（六）东部市场单位面积成交额最高、西部最低

2013 年，东部市场单位面积成交额增加到了 39211 元，东北则由 40243 元降至 39107 元；这样，东部市场单位面积成交额首次超过东北市场，成为单位面积交易额最大的区域市场。此后，东部亿元以上市场单位面积成交额持续增加，东北地区市场单位面积交易额持续下降，中部和西部市场单位面积成交额波动增加。经过 6 年的发展，至 2019 年东部亿元以上市场单位面积营业额增加到了 48232 元，比 2012 年增加 10939.80 元，增幅为 29.34%；东北市场单位面积营业额降到了 34960 元，相对 2012 年减少了 5283.23 元，降幅为 13.13%；中部市场单位营业面积增加到了 29615 元，相对 2012 年增加了 3293.32 元，增幅为 12.51%；西部地区市场单位营业面积成交额增加了 2306.36 元，增幅为 10.43%。整体来看，2019 年四大区域亿元以上商品交易市场单位面积成交额东部地区最高，其次是东北，然后是中部，最后是西部。这意味着东部市场效率最高、西部最低。2012～2019 年，我国四大区域亿元以上商品交易市场单位面积成交额变化情况详见表 6。

表 6　2012～2019 年四大区域亿元以上商品交易市场单位面积成交额

单位：元，%

年份	单位面积成交额				增速			
	东部	中部	西部	东北	东部	中部	西部	东北
2012	37292	26322	22120	40243	5.23	12.70	15.96	6.82
2013	39211	28462	20193	39107	7.70	8.19	-1.20	10.76
2014	39827	28651	19622	37714	5.14	8.13	-8.71	-2.82

年份	单位面积成交额				增速			
	东部	中部	西部	东北	东部	中部	西部	东北
2015	39596	27452	19707	35609	1.57	0.67	-2.83	-3.56
2016	41407	28113	18880	34830	-0.58	-4.19	0.43	-5.58
2017	44453	29273	21132	36796	4.57	2.41	-4.19	-2.19
2018	46400	28290	22505	34203	7.35	4.13	11.93	5.65
2019	48232	29615	24426	34960	4.38	-3.36	6.50	-7.05
2019年比2012年增加	10940	3293	2306	-5283				
累计增幅	29.34	12.51	10.43	-13.13				

资料来源：国家统计局。

五　我国商品交易市场高质量创新发展趋势

经过多年的发展，我国商品交易市场已经进入市场数量减少、总营业面积减少、摊位数减少的规模收缩阶段，与此同时，呈现市场平均营业面积增加、平均摊位面积增加、平均成交额增加的提质增效的市场及商户双分化趋势。在新时代高质量发展的引领下，为适应及服务"双循环"新发展格局和现代流通体系建设要求，商品交易市场作为流通体系的重要枢纽或节点的创新呈现以下几个趋势。

（一）整体功能分化：交易转线上、基础支撑留线下

商品交易市场是与我国生产方式相适应而产生和发展起来的一种流通组织形式。在我国工业化推进的富起来的发展阶段，商品交易市场适应小生产、大流通的集散需要，在提升经济活力、促进市场繁荣和方便居民生活等方面发挥了重要的作用。在新时代信息化、数字化推进的强起来的发展阶段，伴随信息技术的成熟和网络应用技术的普及，传统商品交易市场集商流、物流、信息流、资金流于一体的交易功能呈现出明显的分化趋势。这主要表现在：一是商品信息经过数字化转换后转移到了网上，实现了商品实体与商品信息的分离，进而推进了商品实体与商品信息的线上和

线下的分化。二是商户及其摊位信息经过数字化转换后进入网络销售平台，实现了商户及市场摊位实体与商户及固定摊位信息的线上和线下的分离，助力商户实体摆脱实体摊位区位及市场营业时间限制。三是基于商品分化和商户分化，市场的完整交易过程及交易行为的分化，无论是商品信息、商户信息的搜索、交易价格及交易条件的洽谈及交易支付，都已经分化为线上和线下两种模式。依据以上市场主要构成要素的分化形势，基本可以判断，传统实体市场的集商品商户展示、洽谈及交易于一体的完整交易功能已经分化为线上市场的商品、商户信息展示及业务洽谈和支付与线下的实体商品、商户摊位展示、业务洽谈和交易两个并行部分；但基于线上市场无边界、无时空限制的优势，商品交易市场能够经过数字化转为线上市场平台的内容越多，实体市场的集散及交易功能就越会弱化。这样，实体商品交易市场和线上平台市场的分工就会越来越明确：实体市场将会分化转型为线上市场的物流仓储配送支撑基地，而市场交易的绝大部分功能将转向线上平台。

（二）批零功能分化：零售转线上、批发留线下

我国的商品交易市场起源于集贸市场，大部分头部市场经历了零售、零批、批零、批发这几个发展阶段。批发面对的是采购商，具有显著的规模集散效应，是市场零售功能的升级。零售直接面对消费者，具有明显的范围效应。理论上来讲，网络市场具有无边界、无空间限制的优势，且直接面对广大的消费者，其范围效应特征突出，因而网络市场优势与零售的范围效应功能比较契合。实体批发市场具有大量采购商、商户和商品聚集的明显优势，它不直接面对消费者，而是面对采购商和零售商，因而批发市场的规模集散效应更适合采购商和零售商批量采购。实际上，从这几年商品交易市场的批发和零售结构来看，批发市场交易额占比持续提高，由 2013 年的 86.03%提高到了 2019 年的 88.14%；而零售市场的交易额占比则由 13.97%降到了 11.86%。这意味着，商品交易市场的零售功能正在向线上市场平台转移分化，而批发功能因与线上平台功能不契合，其转移线上的动力不强。

（三）管理服务功能融合：管理服务向服务管理转变

我国的商品交易市场在组织管理上大致经历了自发管理（无组织管理）、场地费松散管理、摊位费管理、商位规范管理、管理服务、服务管理这几个发展阶段。在从无组织管理到管理服务阶段，商品交易市场的主要功能是采取限制和约束甚至惩罚的手段来管理和规范，以建立公平、公正的市场秩序和诚信的市场交易环境。在新时代高质量发展的背景下，伴随现代流通体系建设的加快推进，市场的创新意识正在强化、创新能力正在快速提升，一些头部领先市场已经在解构市场的管理和服务功能，试图借助信息技术和数字化建设，加快推进由市场管理服务向市场服务管理转变。在推进的过程中，市场管理方的观念也在由管理就是服务向服务也是管理转变。

B.3
中国零售业发展"十三五"回顾
与"十四五"展望

袁平红*

摘　要： 零售业作为生产和消费的重要媒介，对国家宏观经济总体运行发挥着不可忽视的作用。2020年新冠肺炎疫情突袭而至，给中国零售业带来一定的冲击。然而，从总体来看，在过去的"十三五"时期，中国零售业发展取得了令人瞩目的成就。中国零售业对国内生产总值的贡献逐步增强，对社会就业的贡献比较显著。中国零售业法人企业数增多，全球化水平逐步提升，中国网络零售发展迅速，对中国社会消费品零售总额目标的实现发挥巨大的作用。中国零售业对内、对外开放水平不断提高，吸收的外商直接投资稳步增长，对外直接投资有序进行。2021年是"十四五"的开局之年。面向未来，中国零售业发展将呈现良好态势。基于疫情防控、中国居民可支配收入持续增长、中国居民消费水平分化以及中国营商环境的改善等因素，中国将继续成为全球零售投资方面最具有吸引力的发展中国家。中国零售渠道继续下沉，零售业态迭代加速。中国"双循环"新发展格局，将为中国本土零售商品牌提供难得的发展机遇。中国零售业对外直接投资有序推进，海外商品流通网络构建持续进行。

关键词： 零售业　网络零售　外商直接投资　对外直接投资

* 袁平红，安徽财经大学国际经济贸易学院副教授，中国社会科学院财经战略研究院博士后，研究方向为贸易经济、流通经济。

一　引言

改革开放四十多年来，中国逐步从世界工厂向世界市场转变。中国巨大的市场潜力将为世界经济增长提供新的驱动力。然而，众所周知，2020年中国经受了新冠肺炎疫情的严峻考验，中国零售业尤其实体零售业遇到有史以来最严峻的挑战。非接触经济、线上经济、宅经济等纷纷兴起。虽经受了新冠肺炎疫情的冲击，但是中国经济依旧充满了韧劲和活力。随着疫情防控措施的逐步落实，经受疫情冲击的中国经济迅速重启。

作为生产和消费媒介的零售业，对于世界经济的重启、中国经济的复苏等具有重要意义。当中国经济持续向好时，最能代表中国经济活力的莫过于城市和乡村的烟火气息，那就是大街小巷的人来人往、城镇商业尤其是零售业的繁忙景象。随着"双循环"的提出，中国经济发展的韧劲逐步显现，国际组织对中国经济发展的预期稳中向好。根据世界货币基金组织的说法，中国是2020年全球唯一实现正增长的主要经济体。2021年是中国"十四五"的开局之年，从全球范围来看，2021年新冠肺炎疫情仍旧在世界范围内肆虐，全球经济发展的不确定性十分突出。在巩固疫情防控成果的基础上，2021年中国经济的韧性仍十足，活力凸显。2021年4月6日国际货币基金组织发布《世界经济展望报告》，预计2021年中国经济增长8.4%，高于同期发达经济体增速，也高于同期新兴市场和发展中经济体的增速。中国经济的良好发展态势给低迷的全球经济带来了希望。

基于疫情防控的需要，世界主要国家之间的经贸往来、人员流动等受到不同程度的限制。从全球来看，在投资、进出口贸易和消费这三驾马车中，消费对世界各国经济发展的稳定器功能日益凸显。挖掘消费对一国宏观经济的重要支撑功能，有必要从媒介生产和消费的流通业入手。零售业是流通业的重要组成部分。在这个特殊的时代背景下，对中国零售业的发展进行回顾，同时对中国"十四五"时期零售业发展进行展望，具有重要意义。

二 中国零售业发展"十三五"回顾

（一）零售业对中国国内生产总值的贡献逐步增强

零售业对中国国内生产总值（GDP）的贡献，可以用其所实现的产值占中国 GDP 的比重来衡量。该比重越大，则表明零售业对中国 GDP 的贡献也越大。需要说明的是，在《中国统计年鉴》中，零售业没有被单独统计，而是与批发业一起被纳入官方统计，即批发和零售业。因此，此处零售业对国内生产总值的贡献，只能用批发和零售业产值占国内生产总值的比重来代替。

从表 1 可以看出，2016～2020 年批发和零售业的增加值从最初的 7.37 万亿元，增加到 2020 年的 9.57 万亿元。批发和零售业增加值占第三产业的比重维持在 17% 以上的水平，占 GDP 的比重保持在 9.4% 以上的水平。2016～2020 年，批发和零售业对中国 GDP 的贡献率从 11.01% 逐步下降，2019 年该贡献率为 9.27%。批发和零售业对中国 GDP 增长的拉动从 2016 年的 0.75 个百分点，逐步下降至 2019 年的 0.57 个百分点。但是和服务业的其他细分行业相比，批发和零售业对 GDP 增长的拉动作用依旧比较突出。

表 1　2016～2020 年批发零售业的产值贡献

年份	增加值 -批发和零售业（亿元）	批发和零售业占 GDP 比重（％）	批发和零售业占第三产业比重（％）	批发和零售业对 GDP 的贡献率（％）	批发和零售业对 GDP 增长的拉动（百分点）
2016	73724.45	9.88	18.86	11.01	0.75
2017	81156.61	9.75	18.51	11.15	0.77
2018	88903.73	9.67	18.15	9.89	0.67
2019	95650.9	9.70	17.87	9.27	0.57
2020	95686.1	9.42	17.27	—	—

资料来源：中经网统计数据库。

（二）中国零售业就业吸纳能力较强，对社会就业的贡献明显

就业是重要的民生工程。在疫情防控常态化的前提下，保居民就业就成为最重要的任务。与其他行业相比，零售业具有进入、退出门槛相对较低的特点，这就为广大女性以及个体经营者等提供了就业机会。零售业的就业吸纳能力或者说零售业对社会就业的贡献可以通过零售业的就业人数占社会总就业人数的比例来衡量。由于整个零售业从业人员数量的数据不可获得，此处用限额以上零售企业从业人员数来代替。此处的限额以上零售企业是指年商品销售总额在500万元以上的零售企业。

从表2可以看出，2003～2019年，限额以上零售业就业人数从228.11万人逐步增加，2019年达到645.36万人。限额以上零售业从业人员占同期批发零售业从业人员的比重从2003年的不足40%开始逐步提升，最高时曾达到93.68%（2010年）；随后该比重有所下降，但总体维持在73%以上的水平。要是从整个社会来看，2008～2019年限额以上零售企业从业人员占总从业人员的比重在3.4%～3.9%之间波动。值得说明的是，这里仅仅给出的是限额以上零售企业的从业人员数量，并不包括限额以下的零售企业从业人员数量。如果将这些企业也纳入零售业的话，零售业对整个社会的就业贡献更大。这在新冠肺炎疫情发生以来已经有所体现，比如地摊经济，仅蓉城一座城市，就增加了3.4万个摊位，解决了近10万人的就业问题。

表2　2003～2019年限额以上零售业对就业的贡献

单位：万人，%

年份	总就业人数	批发和零售业从业人数	零售业就业人数	批发零售业从业人数占总就业人数的比重	零售业从业人数占批发零售业从业人数的比重	零售业从业人数占总从业人数的比重
2003	10969.70	628.15	228.11	5.73	36.31	2.08
2004	11098.89	586.73	283.18	5.29	48.26	2.55
2005	11404.03	544.04	295.10	4.77	54.24	2.59
2006	11713.17	515.73	319.44	4.40	61.94	2.73

续表

年份	总就业人数	批发和零售业从业人数	零售业就业人数	批发零售业从业人数占总就业人数的比重	零售业从业人数占批发零售业从业人数的比重	零售业从业人数占总从业人数的比重
2007	12024.43	506.86	355.34	4.22	70.11	2.96
2008	12192.52	514.35	422.07	4.22	82.06	3.46
2009	12573.04	520.84	436.71	4.14	83.85	3.47
2010	13051.50	535.09	501.29	4.10	93.68	3.84
2011	14413.30	647.49	527.57	4.49	81.48	3.66
2012	15236.37	711.85	575.22	4.67	80.81	3.78
2013	18108.45	890.81	655.34	4.92	73.57	3.62
2014	18277.78	888.57	681.89	4.86	76.74	3.73
2015	18062.49	883.32	682.84	4.89	77.30	3.78
2016	17888.07	875.00	697.68	4.89	79.73	3.90
2017	17643.83	842.79	677.48	4.78	80.39	3.84
2018	17258.20	823.28	657.63	4.77	79.88	3.81
2019	17161.78	830.05	645.36	4.84	77.75	3.76

说明：表中总就业人员数指的是城镇单位就业人员数，批发零售业就业人员数按行业分城镇单位计算。零售业就业人员数是指限额以上零售业就业人员数。

资料来源：中经网统计数据库。

（三）中国零售业法人企业数增多，全球化水平逐步提升

1. 限额以上零售法人企业数增加，行业竞争日益激烈

随着中国经济的发展，中国消费市场日益呈现多元化、差异化特征。庞大的市场需求为中国零售业发展提供了广阔的空间。全球零售行业世界500强基本进入中国市场。中国本土零售企业也不甘落后。2005~2019年，中国限额以上零售法人企业数从20735家发展为102469家（见图1）。限额以上零售法人单位数量的增加，一方面让零售市场主体日益多元化，另一方面也直接导致零售市场竞争日益激烈。

2. 全球零售250强的上榜企业数量增加，全球化水平在提高

从全球范围来看，中国零售企业发展态势可以从《全球零售力量》250

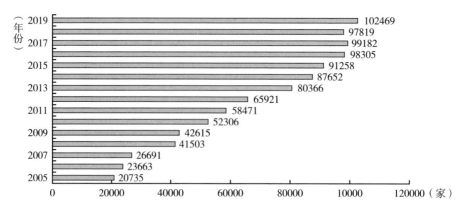

图1 2005～2019年中国限额以上零售法人单位数量

资料来源：中经网统计数据库。

强上榜企业数量及其相对规模体现出来。德勤发布的《全球零售力量》（2020）数据显示，2018财年中国内地和香港地区共计13家企业进入全球零售250强，其中京东排名最靠前，为第15名。2018财年京东实现的零售额为628.75亿美元，为当年沃尔玛实现零售额的12.22%。中国上榜的13家企业的平均零售额为158.32亿美元，占全球零售250强企业销售总额的比重为4.3%。从全球化的角度来看，中国上榜企业的海外收入占零售额的比重为9.9%，平均运营的国家数量为4.8个（见表3）。

表3 2018财年中国零售业全球化水平

类别	企业数（家）	平均零售额（百万美元）	入选企业占全球250强的比重（%）	销售额占全球250强比重（%）	海外收入占零售总额的比例（%）	平均运营国家数（个）	单一国家运营企业数量所占比重（%）
250强	250	18976	100	100	22.8	10.8	35.2
中国(含香港)	13	15832	5.2	4.3	9.9	4.8	61.5
美国	77	27628	30.8	44.8	13.4	8.8	45.5
德国	19	26082	7.6	10.4	49.7	15.9	5.3
法国	12	26059	4.8	6.6	42.5	31.4	0.0
英国	14	17465	5.6	5.2	18.4	16.2	14.3
日本	29	11017	11.6	6.7	15.2	5.1	44.8

资料来源：《全球零售力量》（2020），第22页，http://www.199it.com/archives/1006917.html。

从全球来看，中国零售业发展的总体水平可以参照世界 500 强排名。在 2019 年世界 500 强榜单中，全球零售行业有 48 家公司上榜，中国上榜企业为 5 家，其中京东排名最靠前，为第 139 位。其他上榜企业依次为阿里巴巴、苏宁易购、长江和记和小米。在世界 500 强榜单中的全球零售业排名中，前五名长期被美国占据。如果和美国相比，中国零售业的全球竞争力有待进一步提升。如果纵向对比的话，不难发现，不论从上榜企业数量来看，还是从全球化水平来看，中国零售业一直在前进。

（四）网络零售额逐年增加，实物商品网上零售占据主导地位

随着中国网络市场的逐步发展，加上 2020 年的新冠肺炎疫情突袭而至，网络零售已经深入城市和乡村，在整个社会消费品零售总额中的比重日益提升。

从表 4 可以看出，网上零售额占中国社会消费品零售总额的比重在逐年提升，从 2015 年的 13.53% 提高至 2019 年的 26.06%。《中国统计年鉴 2020》数据显示，2019 年，全国实现网上零售额 106324.2 亿元，比上年增长 16.5%，其中实物商品网上零售额实现 85239.5 亿元，比上年增长 19.5%。分地区来看，广东省、浙江省和上海市位于全国网上零售额前三名，分别为 22828.2 亿元、16315.7 亿元、10418.5 亿元，三者合计占全国网络零售额的 46.61%。

表 4　2015~2020 年中国零售业网上零售额

单位：亿元，%

年份	社会消费品零售总额	社会消费品零售总额增速	网上零售总额	网上零售总额同比增速	网上零售总额占社会消费品零售总额比重	实物商品网上零售总额	实物商品网上零售总额同比增速
2015	286587.8	10.4	38773.2	33.3	13.53	32423.8	31.6
2016	315806.2	10.2	51555.7	26.2	16.33	41944.5	25.6
2017	347326.7	10.2	71750.7	32.2	20.66	54805.6	28.0
2018	377783.1	8.8	90065.0	23.9	23.84	70198.2	25.4
2019	408017.2	8.0	106324.2	16.5	26.06	85239.5	19.5
2020	391981.0	-3.9	117601.0	10.9	30.00	97590.0	14.8

资料来源：中经网统计数据库。

2020 年，受新冠肺炎疫情影响，直播电商进入全民时代。中国网上零售额在 2019 年的基础上继续攀升，达到 117601 亿元，其中实物商品网上零售额为 97590 亿元，占社会消费品零售总额的比重为 24.9%。和 2019 年相比，2020 年中国社会消费品零售总额有所下降，但是网上零售总额却呈现增长态势，增幅达到 10.6%，占社会消费品零售总额的比例达到 30%。在新冠肺炎疫情的冲击下，原本对线上线下一体化持观望态度的零售企业也不再犹豫，在抗疫的同时，寻找适合自己的转型之路。

（五）中国零售业吸收的外商直接投资稳步增长

中国经济的快速发展、日益庞大的国内市场需求，吸引着国际商业资本不断加入。

自 2004 年中国零售业全面对外开放以来，中国批发和零售业吸收的外商直接投资项目数逐年增加，从 2004 年的 1700 个增加到 2018 年的 22853 个，占同期中国合同利用外资项目数的 37.75%（见表 5）。中国批发零售业吸收的外商直接投资金额从 2004 年的 7.40 亿美元逐步提升，并在 2016 年达到最高值 158.70 亿美元，占同期中国吸收的外商直接投资金额的 12.6%。从 2017 年开始，批发零售业实际利用外商直接投资金额有所下滑，在所有行业中吸收的外商直接投资占比也随之下降；但是和 2004 年相比，2019 年中国批发零售业吸收的外商直接投资无论绝对规模还是相对规模均实现了大幅提升。

表5 2004～2019 年中国批发零售业吸收外商直接投资情况

年份	合同利用外资项目数（个）	批发和零售业合同利用外资项目数（个）	占比（%）	外商直接投资（百万美元）	批发和零售业实际利用外资金额（百万美元）	批发零售业吸收的外商直接投资金额占比（%）
2004	43664	1700	3.89	60630	739.59	1.22
2005	44001	2602	5.91	60325	1038.54	1.72
2006	41473	4664	11.25	65821	1789.41	2.72
2007	37871	6338	16.74	74768	2676.52	3.58

续表

年份	合同利用外资项目数（个）	批发和零售业合同利用外资项目数（个）	占比（%）	外商直接投资（百万美元）	批发和零售业实际利用外资金额（百万美元）	批发零售业吸收的外商直接投资金额占比（%）
2008	27514	5854	21.28	92395.44	4432.97	4.80
2009	23435	5100	21.76	90033	5389.8	5.99
2010	27406	6786	24.76	105735.24	6595.66	6.24
2011	27712	7259	26.19	116011	8424.55	7.26
2012	24925	7029	28.20	111716.14	9461.87	8.47
2013	22773	7349	32.27	117586	11510.99	9.79
2014	23778	7978	33.55	119562	9463.4	7.92
2015	26575	9156	34.45	126267	12023.13	9.52
2016	27900	9399	33.69	126001.42	15870.16	12.60
2017	35652	12283	34.45	131035.13	11478.08	8.76
2018	60533	22853	37.75	134965.89	9766.89	7.24
2019	40888	13837	33.84	138134.62	9049.82	6.55

资料来源：中经网统计数据库。

在世界银行正式发布的《全球营商环境报告》中，中国营商环境全球排名从 2017 年的第 78 位逐年提升，2018 年提升至第 46 位，2019 年继续提升至第 31 位，并且连续两年被世界银行评为全球营商环境改善幅度最大的10 个经济体之一。不断优化的营商环境，为中国吸收利用外商直接投资创造了良好的氛围。地方政府在中央政策的指导下，结合地方实际，探索零售业外资利用的有效举措。

以上海为例，为了简化外资零售业在上海开店的相关手续，2019 年 7月 26 日《上海市人民政府关于本市促进跨国公司地区总部发展的若干意见》发布，对地区总部中的连锁企业试点实施全市"一照多址"。这就意味着地区总部中的连锁企业只要办理一张营业执照，其所开设的门店均不用再办理营业执照，只要备案即可。此举不仅大大缩短了外资零售企业在上海开设店铺的办证时间，而且坚定了外资商业企业在上海投资、在中国市场投资的决心。

（六）中国零售业对外直接投资有序进行

合理利用国际国内两个市场、两种资本，这是中国零售业发展的总体思路。2016 年 11 月，商务部等 10 个部门联合发布了《国内贸易流通"十三五"发展规划》，鼓励有条件的流通企业加快走出去。中国零售业在继续吸收外商直接投资的同时，也在逐步探索国际市场。

中国批发零售业积极响应号召，逐步扩大对外直接投资，对外直接投资存量逐步增加。2019 年中国批发零售业对外直接投资存量为 29553871 美元，占同期中国对外直接投资存量的 13.44%（见表 6）。2020 年虽然经受了疫情冲击，中国批发零售业的对外直接投资并没有中断，投资净额为 1607000 美元，但是占当年中国对外直接投资流量的 14.59%。从对外投资目标市场来看，中国零售业对外直接投资主要集中在包括新加坡在内的亚洲国家和地区。

表6　2004～2020 年中国批发零售业对外直接投资情况

年份	对外直接投资净额（美元）	对外直接投资净额－批发零售业（美元）	对外直接投资存量（美元）	对外直接投资存量－批发和零售业（美元）	批发零售业对外直接投资存量占比（%）
2004	549799	79969	4477726	784327	17.52
2005	1226117	226012	5720562	1141791	19.96
2006	2116396	111391	7502555	1295520	17.27
2007	2650609	660418	11791050	2023288	17.16
2008	5590717	651413	18397071	2985866	16.23
2009	5652899	613575	24575538	3569499	14.52
2010	6881131	672878	31721059	4200645	13.24
2011	7465404	1032412	42478067	4909363	11.56
2012	8780353	1304854	53194058	6821188	12.82
2013	10784371	1464682	66047840	8764768	13.27
2014	12311986	1829071	88264242	10295680	11.66
2015	14566715.1	1921785.27	109786459	12194085.74	11.11
2016	19614943	2089417	135739045	16916820	12.46

续表

年份	对外直接投资净额（美元）	对外直接投资净额－批发零售业（美元）	对外直接投资存量（美元）	对外直接投资存量－批发和零售业（美元）	批发零售业对外直接投资存量占比（%）
2017	15828830	2631102	180903652	22642713	12.52
2018	14303730.51	1223790.96	198226585.3	23269268.46	11.74
2019	13690756	1947107.84	219888069	29553871	13.44
2020	11015000	1607000	—	—	

资料来源：中经网统计数据库。

三　中国零售业"十四五"展望

（一）中国将继续成为全球零售投资方面最具吸引力的发展中国家

1. 疫情防控工作不放松，投资中国零售的经济、政治风险低

2020年初新冠肺炎疫情突袭而至，中国政府本着人民至上、生命至上的原则，果断采取措施，做好疫情防控工作。随着武汉新冠肺炎疫情得到有效控制，各行各业复工复产，中国经济迅速回暖。时至今日，新冠肺炎疫情依旧在全球范围内蔓延。中国人民积极响应党中央号召，在做好日常防护的基础上，主动接种新冠疫苗，巩固中国疫情防控战果。展望"十四五"，中国政府将国内生产总值指标保留的同时，将指标值设定为年均增长保持在合理区间、各年度视情提出。这是中国经济向高质量发展迈进的重要信号。中国一贯坚持独立自主的和平外交政策。中国将在更大范围、更宽领域、更深层次实施对外开放，继续完善外商投资准入前国民待遇加负面清单管理制度，有序扩大服务业对外开放，依法保护外资企业合法权益。中国未来可预期的宏观经济持续向好态势、可预期的零售投资宏观政策环境，均为国际零售资本投资中国注入强心剂。

随着中国营商环境的进一步改善，尤其是中国在疫情防控上取得良好成

绩，预计将会有更多的外资零售业选择进入中国。上海成为世界著名品牌进入中国市场的首选。2021年4月16日，鞋履品牌ECCO首家全球旗舰店在上海亮相。2021年5月5日，巴黎欧莱雅全球首家旗舰店在上海标志性商业街南京路步行街揭幕。

2. 中国居民可支配收入持续增长，中国零售市场吸引力日益增强

除了疫情防控方面取得成效，中国经济发展也表现不俗。比如中国有望继续成为全球零售投资最具吸引力的发展中国家，这主要归功于中国居民可支配收入的持续增长。从图2可以看到，2013～2020年，中国居民人均可支配收入呈现逐年增长态势，2020年达到32189元。如果将城镇和农村分开来看，两者均呈现增长态势。2020年末，中国城镇居民人均可支配收入达到43834元，中国农村居民人均可支配收入达到17131元（见图3）。

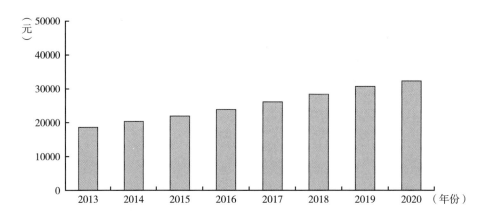

图2　2013～2020年中国居民人均可支配收入

资料来源：中经网统计数据库。

"十四五"期间，中国居民收入有望持续增长，其中一个主要原因就是中国新型城镇化的推进。2019年中国常住人口城镇化率为60.6%，"十四五"时期中国的常住人口城镇化率将提高到65%。城镇化水平的提升，加上中国宏观经济领域的其他配套措施，将促进农村和城镇居民人均可支配收

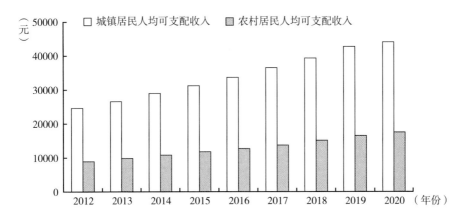

图3 2012～2020年中国城镇居民与农村居民人均可支配收入

资料来源：中经网统计数据库。

入继续增长。这将为中国零售市场兴旺发达奠定坚实的物质基础。

3.居民消费水平逐渐分化，中国零售细分市场发展空间巨大

中国居民人均可支配收入的提高，为中国居民消费水平的提高奠定了基础。从图4可以看出，2013～2019年中国居民人均消费支出在逐年增加。2020年新冠肺炎疫情的暴发，对中国居民人均消费支出带来一定影响，比2019年略有下降，但是总体维持在2.12万元。

随着中国疫情防控工作逐步落实，各项改革不断深入，社会保障等工作不断完善，"十四五"期间中国居民的消费意愿有望增强，居民人均消费支出有望增加。2021年是"十四五"的开局之年。最近刚刚在海南落下帷幕的首届中国国际消费品博览会就吸引了来自大约70个国家和地区的1505家企业、2628个精品品牌参展。

（1）食品烟酒消费支出持续增加，医药零售业将迅猛发展

从细分领域看，中国居民人均消费支出呈现出差异化特征。图5表明，食品烟酒人均消费支出呈现快速增长态势，其绝对规模在七大细分领域遥遥领先，2020年达到6397元，占当年人均消费支出的30.16%。随着中国居民对健康生活品质的追求，"十四五"期间，中国居民食品烟酒类消费支出将持续增长。相比较而言，衣着类消费支出增幅不是很明显，医疗保健类支

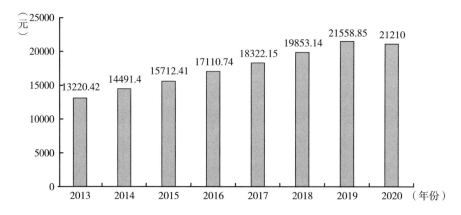

图4　2013～2020年中国居民人均消费支出

资料来源：中经网统计数据库。

出增幅要大一些。2020年新冠肺炎疫情突袭而至，中国居民对健康关注增加，可以预计未来几年，该项支出会稳中有升，这将给医药零售企业带来发展机会。

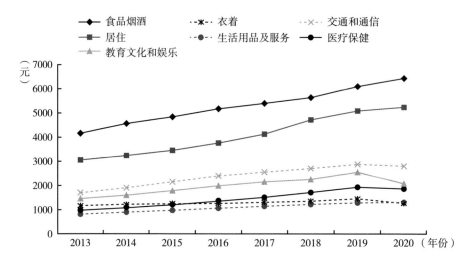

图5　2013～2020年不同细分领域中国居民人均消费支出情况

资料来源：中经网统计数据库。

（2）城乡居民人均消费差异持续扩大，优质商品进口需求增加

从群体结构来看，中国城镇居民和农村居民人均消费水平差异比较明显。从表7可以看出，2013～2020年中国城镇、农村居民人均消费水平都在提高，但是两者之间的绝对差距在持续扩大。中国居民消费水平分化不仅有群体差异，也有细分领域差异。由于中国人口基数庞大，零售细分市场规模也将逐步扩大。这将为零售业新业态、新技术、新模式的创新提供肥沃的土壤。国内消费市场分化加速，新冠肺炎疫情的突袭加剧了这一分化。从全球范围来看，中国蕴藏着一个不断增长的国内消费市场，任何一个细分市场都蕴涵着巨大的消费潜能。商务部数据显示，2020年，我国跨境电商零售进口规模突破1000亿元，对优质进口产品的需求旺盛。随着中国经济企稳复苏，中国市场的消费潜能日益凸显。"十四五"期间，中国对优质商品进口需求有望继续增加。

表7　2013～2019年中国城镇居民、农村居民人均消费水平比较

单位：元

年份	农村居民消费水平	城镇居民消费水平	两者差距
2013	7449.35	22884.79	15435.44
2014	8433.01	24806.98	16373.97
2015	9248.72	26795.31	17546.59
2016	10371.78	28998.76	18626.98
2017	11805.4	31354.1	19548.7
2018	13537.98	33670.86	20132.88
2019	14878.33	36217.95	21339.62

资料来源：中经网统计数据库。

（3）单身经济、银发经济崛起，蕴藏无限商机

中国消费水平逐渐分化，不仅是中国居民人均可支配收入提高的结果，同时也是中国人口规模尤其是结构变化的体现。一是中国拥有庞大的单身人口。民政部数据显示，2018年我国的单身成年人口高达2.4亿人，其中有超过7700万成年人是独居状态，预计到2021年，这一数据会上升到9200

万。二是中国家庭户规模缩小。第七次全国人口普查结果显示，中国平均每个家庭的人口为2.62人，低于2010年的3.10人。三是中国老龄化逐步明显。第七次全国人口普查结果表明，中国60岁及以上人口占中国总体人口的18.7%，比第六次全国人口普查高了5.44个百分点。四是分区域看，与2010年第六次全国人口普查结果相比，第七次全国人口普查东部地区人口所占比重上升2.15个百分点，中部地区下降0.79个百分点，西部地区上升0.22个百分点，东北地区下降1.20个百分点。中国人口呈现出的新特征，为零售业的未来发展指出了方向。比如，针对单身人口，中国零售业需要不断探索，为两亿多单身人口的日常消费需求提供相应的服务。随着老龄化社会的到来，银发经济蕴藏着巨大商机。"十四五"期间，单身经济、银发经济将给零售业提供巨大的细分市场。

（二）零售渠道继续下沉，零售业态迭代加速

1. 下沉市场的定义

改革开放四十多年来，中国零售业发展迅速，已经形成传统零售业态和新零售业态共同发展、外资零售业和本土零售业共存的格局。从零售业的饱和度来看，中国的一线、二线城市的零售业已经吸引国内外零售资本的大规模进入，短时间内这些零售商要想在一线、二线城市获得更大的市场空间不太容易。与之相反的是，随着中国零售业竞争格局的变化，尤其是电子商务的重构作用凸显，如果跨国零售商或者本土大型零售商没有及时进行相应的转型，也不得不面临关闭某些实体店铺以避免更大亏损的艰难时刻。这对于进入中国市场多年的沃尔玛来说也不例外。2021年4月14日，沃尔玛就关闭了深圳保安新安五路店、盐田海涛路店2家社区店。

相对而言，中国的下沉市场充满商机。所谓下沉市场，是指三线及以下城镇与农村地区的市场，消费群体主要为三线、四线、五线城市以及农村乡镇的居民。从某种程度上说，下沉市场正成为中国提振内需的重要来源，也是中国零售业未来的主要成长空间。

2.零售渠道继续下沉

中国的三线及以下城市优质供给缺乏，蕴藏着有待满足的消费需求，以拼多多等为代表的电商平台在满足下沉市场需求方面发挥着重要作用。据拼多多透露，2021年春节期间，下沉市场的消费潜力得到有效释放，拼多多发往三线及三线以下城市的订单量同比上涨244%，高客单价商品占比较上年明显上涨，零食大礼包、数码产品、智慧家电等深受低线城市消费者欢迎。可见，中国三线以下城市以及广大的农村地区蕴藏的巨大消费潜力，等待着更多的零售商来挖掘。为了促进国内消费，2021年1月5日，商务部等12部门联合印发《关于提振大宗消费重点消费促进释放农村消费潜力若干措施的通知》，鼓励零售渠道下沉。

从目前情况来看，下沉市场呈现出以阿里巴巴、京东、拼多多等电商平台主导的竞争格局。早在2012年，阿里巴巴就开始实施市场下沉，淘宝被定位为专供下沉市场。2020年，全新社交电商平台淘小铺推出，阿里巴巴试图以此为突破口，扩大其自身在下沉市场的存在。京东则是从2014年开始，将渠道下沉作为发展重心，主要依靠开设实体店的方式进行。从某种角度上说，阿里巴巴、京东、拼多多等互联网平台在下沉市场的大力投资，已经瓦解下沉市场上原有的传统批零渠道的优势地位。然而，互联网平台自身固有的产品质量和商业信用问题，使互联网平台不仅难以独享下沉市场，而且将面临政府对其网络交易的严格监管。其中备受社会关注而且被绝大部分互联网平台使用的网络直播，就是其中一例。《网络交易监督管理办法》从2021年5月1日起正式实施，网络直播带货的监管将逐步加强。

尽管传统零售商在下沉市场的地位受到互联网平台的冲击，但是传统零售商通过实施线上线下一体化、加快数字化转型等方式，不断探索下沉市场开发策略。比如以家电零售起家的国美通过"渠道下沉＋社交电商"等方式，正在下沉市场挖掘自身业务空间。苏宁在依靠自身经营多年的网络基础上，依托全国32省（区、市和新疆生产建设兵团）超过400家"零售云"乡镇小店，在下沉市场拓展业务。永辉超市则依托其供应链、强大的

物流能力以及内部合伙人制度，截至 2021 年 5 月 18 日在全国 29 个省（区、市）的 584 个城市开设了 1023 家门店。

除了互联网平台、传统零售商以外，以快手、抖音为代表的网络短视频媒体选择避开百度、阿里巴巴、腾讯在一线市场的竞争，开拓被他们忽略的下沉市场，并且在下沉市场获得了主导性地位，形成"北快手、南抖音"竞争格局。由此可以预计，在"十四五"期间，随着零售渠道下沉的加速，下沉市场竞争主体日益多元化，同时竞争也将呈现白热化。

3. 零售业态迭代加速

从总体来看，随着互联网不断渗透下沉市场，下沉市场的消费者大部分养成了利用智能手机购物的习惯。随着智能手机、电视等多媒体不断融合，下沉市场的消费者对零售商品牌的感知、对零售商品的性价比评价也在发生变化。下沉市场的消费结构正在从以低端商品为主的"金字塔形"，向以品质商品为主体的"橄榄形"发展。对于那些想进入下沉市场开设店铺的零售商来说，选择的零售业态、商品定价等，都要结合下沉市场的特征做好相关的准备。在下沉市场中，互联网平台、传统零售商或者短视频媒体之间的竞争手段将从以价格竞争为主，转向商业生态的竞争。价格竞争在短时期内能够为商家带来流量，但是要将流量转化为源源不断的现金流，则离不开零售商丰富的场景背后的供应链支持、自有品牌开发以及顾客忠诚的培养、强大的物流基础设施与高效配送、个性化的大数据分析与精准服务等核心资源。

随着新技术的发展，尤其是零售技术的革新，零售业态迭代将加速。一方面是因为新技术，另一方面则是因为现有的零售业态难以满足新的消费需求。如果从家庭月可支配收入划分的话，中国零售市场按照顾客通路可以划分为三类，富裕人群、中产人群和下沉人群（见图 6）。最近火暴的以生鲜品类为主的社区团购则是针对中产人群和下沉人群推出的基于熟人和半熟人关系卖货的模式。美团优选、橙心优选、多多买菜、饿了么、盒马优选等代表着社区团购的头部企业。兴盛优选、同城生活、十荟团、食享会等创业企业也围绕着社区团购在发展。社区团购跑马圈地，不仅对社区周边的菜市场、超市的客流量带来影响，而且将对目前被设为取货点的夫妻店、便民店等带来冲击。"十四五"期间，社区团购将继续处于激烈竞争中。百货店、购物中心、大型商超等不仅要面临新技术挑战，而且面临主力消费人群结构变化以及自身转型带来的困扰。虽然零售业态迭代加速，但是零售的本质并没有发生根本改变。

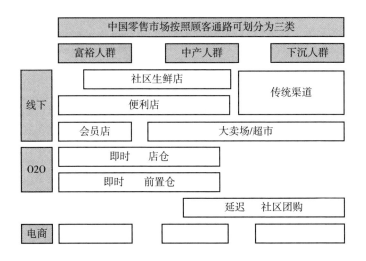

图6　按照顾客通路分类的中国零售市场

说明：顾客群以家庭月可支配收入为划分标准。其中，富裕人群：月可支配收入 > 1.2 万元；中产人群：3000 ~ 1.2 万元；下沉人群：< 3000 元。

资料来源：贝恩，《2021 年中国零售渠道和触点加速分散、O2O 加速、竞争加速下沉》，http：//finance. sina. com. cn/tech/2021 - 02 - 22/doc - ikftssap8086179. shtml。

（三）中国零售业对外直接投资将稳中推进

"十四五"期间，中国零售商在巩固一线、二线城市主要阵地的同时，在下沉市场的角逐将会更加激烈。双循环新发展格局将为中国零售商提供历史机遇，这将有利于中国零售商加强供应链建设、打造区域性甚至全球品牌，为中国塑造零售业全球竞争力奠定基础。

中国要从零售大国变为零售强国，有必要打造一批具有全球竞争力的跨国零售企业。从目前情况来看，中国走出去的零售企业整体呈现出数量少、

规模小而且辐射的国际市场相对狭小的特征。中国零售业要积极响应党中央号召，在走出去的过程中，逐步完善境外流通体系。

面向"十四五"，中国零售业可以依托"一带一路"倡议，以提高国际双向投资水平为目标，继续推进对外直接投资工作开展。首先，从目标市场的选择来看，中国零售业应优先选择"一带一路"、零售市场没有饱和、政治相对稳定并且新冠肺炎疫情防控工作开展较好的国家。中国零售业以这些国家作为重点，在全面了解这些国家关于零售业外商直接投资相关的法律法规的基础上，寻找中国零售业进入这些国家的方式、时机、区位等相结合的最优方案。其次，从全球范围来看，平台经济正在成为主导未来商业模式的重要主体。中国零售业走出去，不仅要考虑业已存在的实体零售业，更要结合全球零售业发展态势，将具有国家竞争力的互联网平台带入国际市场。在对外直接投资过程中，中国零售业要结合目标国市场生产和消费特征，进行相应的调整。最后，零售业竞争表面上看是技术的竞争，归根结底是人才的竞争。对于计划对外投资的中国零售业，一方面要加强内部人才培养，另一方面则要做好跨文化管理，充分利用东道国的人力资源，形成具有国际竞争力的人才资源。

B.4
中国餐饮产业发展"十三五"回顾
与"十四五"展望

赵京桥*

摘　要： 本文从"十三五"时期中国餐饮产业运行情况、主要发展特点和"十四五"餐饮业发展趋势三个部分来回顾和展望中国餐饮产业的发展。中国餐饮业在"十三五"这个关键的转型升级时期，在产业结构调整、产业质量提升、产业数字化转型、产业生态繁荣和产业资本化发展上都取得了积极成效，基本形成满足多层次、多样化消费需求的餐饮服务体系。面向"十四五"，中国餐饮业要全面落实"十四五"发展战略与发展任务，更好发挥餐饮业在经济、社会、文化、生态领域的积极贡献，实现"十四五"餐饮业高质量发展目标。

关键词： 转型升级　高质量发展　结构调整　跨界融合

一　"十三五"中国餐饮产业运行分析

（一）总体运行情况

"十三五"时期（2016~2020 年）是中国餐饮产业在供给侧结构性改

---

* 赵京桥，中国社会科学院财经战略研究院服务经济与餐饮产业研究中心执行主任，助理研究员，研究方向为中国餐饮产业的发展。

革战略引领下，围绕人民美好生活需要，推进产业转型升级，逐步从粗放式发展向集约式发展转变，迈向高质量发展阶段的重要转型时期。在这一阶段，餐饮业既经历了中国改革开放四十周年（2018年）、新中国成立70周年（2019年）等极具历史意义的发展年份，同时也遭遇了史无前例的新冠肺炎疫情的巨大冲击（2020年）。在这一阶段，餐饮业收入规模超过了4万亿，中国成为世界第二大餐饮消费市场；同时，产业品牌化、连锁化、数字化发展水平持续提升，产品品类日益多样化，商业模式和业态创新不断涌现，产业内分工水平不断提高，产业运行效率得到有效提升，满足消费者美好生活需求的能力持续增强。

从"十三五"期间产业运行情况来看，在遭受新冠肺炎疫情冲击前，中国餐饮产业继续保持了"十二五"期末的回暖态势，2016年、2017年、2018年和2019年餐饮收入分别达到35799亿、39644亿元、42716亿元和46721亿元，名义增速分别达到了10.8%、10.7%、9.5%和9.4%。在宏观经济下行压力较大、整体消费增速趋缓的形势下，餐饮业依然保持较为稳定的增长，体现了随着人民生活水平的提高，社会化餐饮需求稳步提升，餐饮消费在中国消费中的基础性作用日益突出。但2020年突如其来的新冠肺炎疫情给餐饮业造成了巨大而深远的冲击。餐饮业由于具有较高公共卫生安全风险，面临巨大疫情防控压力和严峻的持续经营挑战。即使在国内疫情得到有效防控后，餐饮消费信心也恢复缓慢，餐饮业艰难复苏，2020年全年仅实现餐饮收入39527亿元，比上年下滑16.6%，相当于2017年餐饮收入水平（见图1）。

从产业增加值来看，2016～2019年，住宿与餐饮产业增加值保持稳定增长，到2019年，产业增加值达到约1.8万亿元（见图2），占国内生产总值约1.8%，显示出餐饮产业在转型升级过程中，产业附加值持续提升。但受到新冠肺炎疫情冲击后，产业增加值比上年下跌了13.1%，为1.6万亿元，是服务业中受疫情冲击最为严重的细分行业（见图3）。

"十三五"期间，餐饮业在消费中的重要性日益凸显。尽管从2015年开始，餐饮收入年增速从11.7%逐年下滑至2019年的9.4%，但是增长速度保持了连续5年高于社会消费品零售总额增速（见图4）；餐饮收入占社

图1　2010～2020年中国餐饮业收入规模增长情况

说明：2009年之前（包括2009年）数据为住宿与餐饮业零售总额；自2010年开始数据为餐饮收入统计数据。

资料来源：国家统计局，www.stats.gov.cn/。

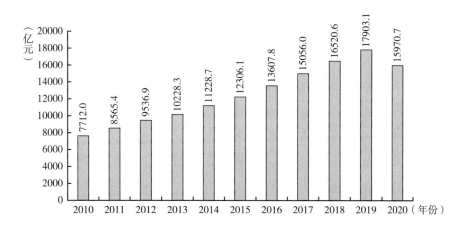

图2　2010～2020年中国住宿与餐饮产业增加值

资料来源：国家统计局，www.stats.gov.cn/。

会消费品零售总额的比重从2014年的10.24%，逐年上升到2019年的11.35%（见图5）；餐饮收入增长对社会消费品零售总额的增长贡献率从2015年开始，连续5年都超过了11%，并在2019年快速上升至13%（见图

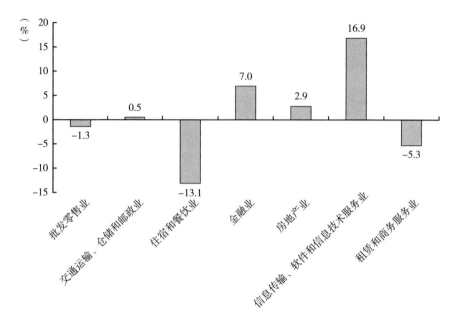

图3　2020年服务业细分行业增加值变动情况

资料来源：国家统计局，www.stats.gov.cn/。

6）。这显示出，随着人民生活水平的上升，餐饮服务需求不断增长，餐饮消费对整个社会消费的稳定和增长起到越来越重要的作用。尽管疫情遏制了餐饮收入的短期增长势头，但长期来看，餐饮消费在消费升级的大趋势中依然会在稳消费、促消费中发挥重要作用。

从餐饮产业的就业情况来看，餐饮业依然是劳动密集型服务业，在"十三五"期间，为解决就业发挥了重要作用。到2019年，住宿与餐饮业统计就业人口持续上升至3560万人，占统计就业人口的6.2%，比"十二五"期末的2134.9万人增长66.8%（见图7）。其中私营企业和个体就业达到3295万人，占住宿与餐饮业统计就业人口的92.5%，占私营企业和个体就业人员的8.1%。

（二）区域运行情况

从各省区市餐饮业收入规模来看，"十三五"期间，广东、山东和江苏

图4　2010～2020年中国餐饮业收入与社会消费品零售总额增速

资料来源：国家统计局，www.stats.gov.cn/。

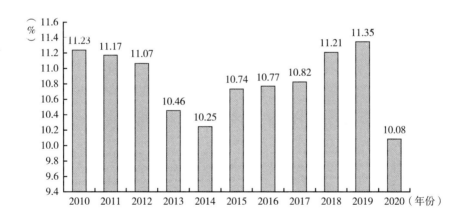

图5　2010～2020年餐饮收入占社会消费品零售总额比重

资料来源：国家统计局，www.stats.gov.cn/。

依然是我国餐饮收入规模最大的三个省份，由于广东省在2016年、2017年、2018年分别仅保持了9.2%、5.9%、5.6%的较低速度增长，而山东省则连续保持10%以上的增速，在2018年一度超越广东成为我国餐饮收入规模第一大省，但广东省在2019年恢复了11%的增速，餐饮收入超过4000亿元，达到4307.23亿元，重新超过山东成为最大餐饮消费省份；河南在"十

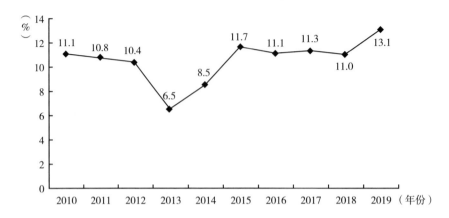

图6 2010～2019年餐饮收入增长对社会消费品零售总额增长的贡献率

资料来源：国家统计局，www. stats. gov. cn/。

图7 住宿与餐饮业统计就业人口及占比

资料来源：国家统计局，www. stats. gov. cn/。

三五"期间，积极发展地方餐饮经济，在2016～2019年四年间实现增速
12.7%、12.9%、11.7%和12.6%，餐饮业收入迅速从2000亿元迈入3000
亿元规模行列，继续保持餐饮收入全国第四、中西部地区第一的地位；四川
则保持追赶速度，超过浙江成为全国第五个餐饮收入超过3000亿的省份；
湖北餐饮业在"十三五"期间快速发展，进入全国前十省份；而辽宁省餐

饮收入在 2016~2019 年增长速度都低于全国平均水平，分别为 7.7%、3.2%、7.3% 和 7.5%，排名下滑明显，如继续保持缓慢增长态势，将会被挤出前十位置。在全国餐饮市场中，收入规模前十省份占据了 62.6% 的市场份额，在全国餐饮消费中占据了非常重要的地位。

表1 新冠肺炎疫情前全国餐饮收入前十省份

单位：亿元

名次	2015 年	2019 年	餐饮收入
1	广东	广东	4307.2
2	山东	山东	4128.9
3	江苏	江苏	3729.0
4	河南	河南	3243.7
5	浙江	四川	3155.3
6	四川	浙江	2972.0
7	辽宁	湖南	2146.5
8	湖南	湖北	1896.3
9	河北	河北	1881.2
10	福建	辽宁	1776.7

资料来源：各省（区、市）2019 年统公报，不含港澳台地区。

从东、中、西部餐饮发展来看，东部经济发达地区（不含港澳台地区）在"十三五"期间尽管增速有所放缓，但依然是餐饮业发达地区，占据了全国十强中的六位，整个东部地区 11 个省市占全国餐饮收入比重达到了 50.9%，比 2015 年下降 1 个百分点；中部 8 个省市在"十三五"期间显示出更加强劲的增长势头，其占全国餐饮收入的比重从 2015 年的 25% 上升至 2019 年的 26.9%，其中河南、湖南和湖北 2019 年进入全国 10 强省份；而西部 12 个省（区、市）占全国餐饮收入比重下降约 1 个百分点，为 22.3%（见图8），其中仅有四川一个省份进入全国前十。

从增长态势来看，东部省市中，整体增速略低于全国平均水平，其中仅山东、江苏、浙江的餐饮收入增长速度高于全国平均水平；广东、辽宁、上海、海南四个省市增速呈现放缓态势，其中上海增速为全国最低；北京市尽

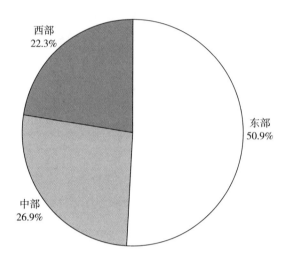

图8 2019年中国东、中、西部餐饮收入分布

资料来源：各省（区、市）统计公报。

管低于全国平均水平，但是相比2015年3.3%的增速，在"十三五"期间呈现了回暖的态势，2016年、2017年、2018年、2019年增速分别达到了4%、7.7%、7.3%和6.1%。

中部地区整体增长速度高于全国平均水平。河南、湖南、湖北、安徽、江西均高于全国平均增长水平；山西省餐饮在"十三五"期间经历了增长复苏，尽管总体依然低于全国平均水平，但相比"十二五"期末的低速增长，山西省在2017年、2018年和2019年基本保持8%以上的增速。黑龙江、吉林的餐饮收入增速下滑态势明显，均低于全国平均水平，其中吉林省在"十三五"初期经历了14.9%的高速增长后，在2018年和2019年增速迅速下滑至6.5%和3.2%。西部地区依然保持较快增长，但增速有所放缓，重庆、内蒙古、云南和陕西在"十三五"期间步入千亿元收入省份。

（三）新冠肺炎疫情对产业运行的冲击情况

2020年，突如其来的新冠肺炎疫情给餐饮业造成了巨大冲击。第一季度，在全国各个省（区、市）采取重大突发公共卫生事件一级响应后，由于餐饮堂食极易造成聚集传播，按照疫情防控要求，各地餐饮门店进入歇业状态或半歇业状态，这给正处于火热春节市场的餐饮业浇上了冷水。餐饮企业在正常经营面临严峻挑战的同时，还要承担租金、人工、防控成本以及食材的损失。不少企业面临极大的现金流压力，更有很多中小微餐饮企业直接退出了市场。2020 年第一季度餐饮收入仅 6026 亿元，下降了 44.3%，是改革开放以来餐饮业下滑最为严重的季度（见图 9）。

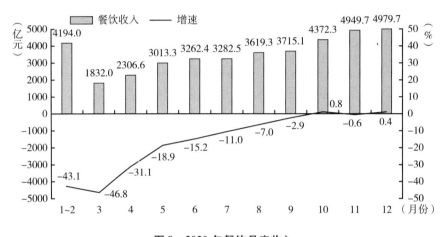

图 9　2020 年餐饮月度收入

资料来源：国家统计局，www. stats. gov. cn／。

进入 2020 年第二季度，在中央及地方政府出台财政和金融等方面各项扶持措施的支持下，在分区分级精准防控措施下，餐饮业开始在严格疫情防控要求下，推进复工复产。但由于境外疫情防控压力巨大，境内存在复发风险，餐饮堂食消费信心难以正常恢复，存在复工复产难现象。尽管中央部委、地方政府积极出台促消费政策，如开展消费月活动、发放消费券等，但餐饮收入恢复速度远远落后于商品零售恢复速度（见图10）。在 2020 年 7 月，商品零售增速恢复正增长后，餐饮收入依然下滑11%。直到 2020 年 10 月，餐饮收入才在国庆黄金周刺激下实现 0.8% 的正增长；全年依然下滑 16.6%，新冠肺炎疫情对餐饮收入的冲击力度远远超过了 2003 年的 SARs。

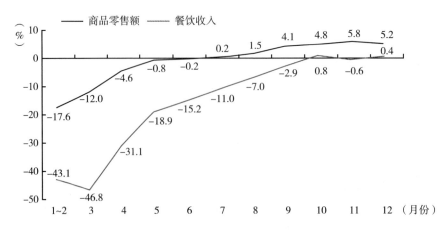

图10　2020年餐饮收入与商品零售额月度增速

资料来源：国家统计局，www. stats. gov. cn/。

从区域来看，由于各地疫情形势的不同，防控水平不同，对各个省（区、市）餐饮消费造成的影响也存在较大差异。其中重要疫情防控省市、疫情出现反复省市和重要旅游目的地省市的餐饮收入遭受较大冲击，疫情较早取得有效防控，并且复工复产有序推进的省份受到冲击较小。北京市是全国餐饮收入下降最为严重的省份，2020年全年下滑29.9%，反映了疫情的巨大冲击。主要原因在于，一是作为首都，北京具有重要的政治地位，在疫情防控上较为严格，直到2020年6月6日零时北京重大突发公共卫生事件二级应急响应才下调为三级，并相应调整相关防控策略，是全国下调疫情防控等级至3级最晚的省份之一。二是北京市遭遇疫情反复冲击，在6月份出现本土病例和传播现象后，北京市重新上调疫情防控等级至二级，对于刚刚推进复工复产的餐饮业造成二次打击。三是新发地农产品批发市场作为北京市农产品主要流通市场，其突发疫情，对整个北京市餐饮供应链和消费者餐饮消费信心造成沉重打击。下滑20%以上的省市还有黑龙江、天津和海南。江西省是全国唯一一个餐饮收入实现正增长的省份，尽管毗邻湖北省，江西省在3月份就实现了疫情病例清零，并下调防控等级至三级，经济社会恢复活力较好（见表2）。

表2　2020年31个省区市餐饮收入与同比增速

单位：亿元，%

省（区、市）	餐饮收入	同比增速	省份	餐饮收入	同比增速
北京	871.7	-29.9	四川	2482.5	-9.0
黑龙江	914.5	-24.2	青海	64.9	-8.6
天津	850.5	-24.2	浙江	2787.0	-8.4
海南	202.8	-23.0	江苏	2737.8	-8.0
上海	1178.3	-19.9	宁夏	164.4	-7.2
内蒙古	580.7	-18.8	甘肃	418.2	-7.1
广东	4124.8	-18.7	西藏	68.6	-7.0
河南	2299.3	-17.7	福建	1739.6	-6.9
湖北	1583.4	-16.5	河北	981.9	-6.6
辽宁	690.0	-16.3	广西	1112.7	-6.4
新疆	402.3	-16.2	安徽	1980.4	-6.3
陕西	978.9	-11.9	山东	3129.1	-6.2
山西	573.4	-10.7	贵州	438.1	-3.0
吉林	513.1	-9.7	重庆	1520.3	-0.2
云南	1289.5	-9.6	江西	855.6	0.5
湖南	1883.5	-9.4			

资料来源：各地2020年统计公报。

疫情对餐饮业的冲击不仅仅停留在对餐饮收入的短期扰动上，其对餐饮业的产业结构、产业生态、产业数字化转型、产业文化、产业安全都带来了深远的影响。

（四）"十三五"期间餐饮百强企业运行分析

在"十三五"期间，中国餐饮百强调查数据显示，大型企业积极推进供给侧结构性改革，以满足大众化、多元化饮食需求为导向，不断提升品牌影响力，加快连锁经营发展，逐步做大做强。2016年、2017年、2018年、2019年、2020年的百强调查营业收入分别达到了2181.7亿元、2861.7亿元、2410.7亿元、3273.8亿元和3095.1亿元（见图11）；按可比口径分别增长7.4%、11.2%、12.2%、9.6%和-3.1%（见图12），呈现出相对较好的增长趋势。其中从2017年开始，百强营业收入增长速度按可比口径连续四年超过全国餐饮收入增长平均水平，显示出品牌餐饮企业在满足人民美好生活的高质量饮食需求中更具竞争力；2016 年、2017 年、2018 年、2019 年、2020 年百强企业营业收入占全国餐饮收入比重分别为 6.1%、7.2%、5.6%、7.0% 和 7.8%，百强集中度依然不高，但呈现逐步提升的趋势，特别是新冠肺炎疫情以来，诸多小微企业退出市场，百强餐饮企业进一步提高了市场份额。

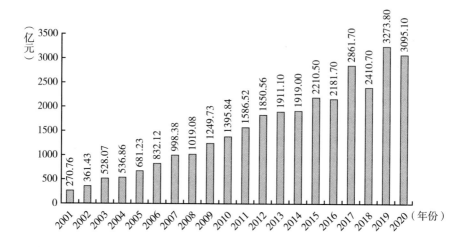

图 11　2001～2020 年中国餐饮百强营业收入

资料来源：中国烹饪协会、中华全国商业信息中心 2001～2021 年的餐饮百强调查数据。

"十三五"期间，我国大型餐饮企业竞争力进一步增强。自 2015 年以来，入围百强餐饮企业营业收入全部超过 5 亿元；十强餐饮企业营业收入均超过 50 亿元；营业收入超过 10 亿元的餐饮企业成为餐饮百强企业的主力军。从门店规模来看，品牌餐饮企业加快了连锁化发展步伐，2019 年百强餐饮企业中，100 家门店以上规模的企业达到了 81 家，其中，超过千家门店规模的企业超过了 11 家。尽管受疫情影响，部分百强企业门店规模在 2020 年缩减，但百胜中国、海底捞等品牌餐饮企业依然加快了市场布局，分别新增门店 1165 家和 544 家。

从调查榜单来看，2020 年餐饮百强前十名分别为百胜中国控股有限公

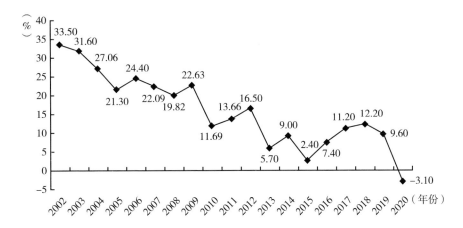

图 12　2002～2020 年中国餐饮百强营业收入同比增长速度

说明：由于百强企业发生变化，2002～2008 年、2013～2020 年增长速度按可比口径计
算得出。
资料来源：中国烹饪协会、中华全国商业信息中心 2001～2021 年的餐饮百强调查数据。

司（快餐）、海底捞（火锅）、金拱门（中国）有限公司（快餐）、河北千
喜鹤饮食股份有限公司（团餐）、天津顶巧餐饮服务咨询有限公司（快餐）、
上海杨国福企业管理（集团）有限公司（小吃）、江苏品尚餐饮连锁管理有
限公司（火锅）、重庆朝天门餐饮控股集团有限公司（火锅）、深圳中快餐
饮集团有限公司（团餐）、内蒙古西贝餐饮集团有限公司（正餐）。

　　百胜中国继续保持领先优势，到 2020 年底，拥有 10506 家餐厅，覆盖
中国 1500 多个城市，营业收入达 82.63 亿美元，十多年稳居百强调查榜首
位；海底捞在"十三五"期间依托品牌和供应链优势快速成长，到 2020 年
底，全球门店数量达到 1298 家，实现餐厅收入 274.34 亿元，成为中国第一
火锅连锁企业，超过金拱门（中国）位居百强榜第二，比 2016 年提升 2
位；金拱门（中国）（麦当劳中国业务，被中信资本、中信股份与美国私募
股权基金凯雷投资集团收购）在 2017 年参与餐饮百强企业调查后，连续三
年位居百强榜第二，直到 2020 年被海底捞超越，退居第三位；河北千禧鹤
饮食有限公司在 2018～2020 年三年一直位居餐饮百强调查榜的第四位，在
团餐企业中排名第一；拥有德克士、康师傅等多个中西式快餐品牌的天津顶

巧餐饮服务咨询有限公司尽管在"十三五"期间排名从第二位下滑至第五位，但依然保持了门店持续扩张和多品牌发展，是餐饮百强中第三大快餐企业；上海杨国福企业管理（集团）有限公司是以麻辣烫为主营产品的小吃快餐连锁企业，连锁门店超过 6000 家，在 2017 年参与餐饮百强调查后，跃居第六位，并在 2019 年和 2020 年连续两年位列第六；江苏品尚餐饮连锁管理有限公司是主营火锅的连锁餐饮企业，在"十三五"初期徘徊在第 10 ~ 20 位区间，在 2018 年迅速下滑至第 82 位，并在 2019 年和 2020 年连续两年跃居调查榜单第 7 位，呈现深"V"形剧烈变化；重庆朝天门餐饮控股有限公司也是主营火锅的连锁餐饮企业，旗下拥有"朝天门"等多个餐饮品牌，尽管在 2020 年居十强榜第 8 位，但在"十三五"期间，其排名与品尚类似，在百强榜单上呈现了"V"形的较大波动，从 2016 年的第 6 位下滑至 2018 年的第 45 位，2019 年重新回升至第 24 位，并于 2020 年重新回归十强榜单；深圳中快餐饮集团有限公司是品牌团餐企业，服务全国 1000 多个高校、1500 多个食堂，从 2018 年开始参与餐饮百强榜调查，连续三年分别位列第 7、第 9 和第 9；内蒙古西贝餐饮集团有限公司是 2020 年餐饮十强榜中唯一一个以经营中式正餐为主的餐饮企业，从 2015 年的第 27 位跃升至 2018 年的第 5 位，即使受到疫情影响，西贝餐饮也依然进入 2020 年十强榜单。

从"十二五"期末到"十三五"期末的餐饮十强变化情况来看（见表 3），除了百胜，海底捞、千喜鹤、顶巧依然在榜，曾在 2015 年十强榜单中的福建佳客来、重庆刘一手、浙江两岸咖啡、内蒙古小尾羊、北京黄记煌和真功夫，均已不在 2020 年十强餐饮企业榜中。其中，福建佳客来在 2018 年、2019 年滑出十强榜后并没有参与 2020 年百强调查；重庆刘一手在 2017 年排名下滑至第 13 位后，近年来保持在第 10 ~ 20 位之间位置；浙江两岸食品连锁有限公司因没有参与百强企业调查而退出百强榜单；内蒙古小尾羊作为火锅老品牌并没有在火锅业态的快速发展中趁势而上，在"十三五"期间的排名逐步下滑，到 2020 年位列第 25；北京黄记煌在 2019 年被百胜中国收购；真功夫作为曾经最大的中式快餐连锁企业，排名快速下滑至 2020 年的第 38 位。

表 3　2015~2020 年餐饮十强变化

排名	2015 年	2016 年	2017 年	2018 年	2019 年	2020 年
1	百胜餐饮集团中国事业部	百胜中国控股有限公司	百胜中国控股有限公司	百胜中国控股有限公司	百胜中国控股有限公司	百胜中国控股有限公司
2	天津顶巧餐饮服务咨询有限公司	天津顶巧餐饮服务咨询有限公司	金拱门（中国）有限公司	金拱门（中国）有限公司	金拱门（中国）有限公司	海底捞火锅
3	河北千喜鹤饮食股份有限公司	重庆五斗米饮食文化有限公司	河北千喜鹤饮食股份有限公司	海底捞国际控股有限公司	海底捞火锅	金拱门（中国）有限公司
4	四川海底捞餐饮股份有限公司	四川海底捞餐饮股份有限公司	天津顶巧餐饮服务咨询有限公司	河北千喜鹤饮食股份有限公司	河北千喜鹤饮食股份有限公司	河北千喜鹤饮食股份有限公司
5	佳客来（福建）餐饮连锁管理有限公司	福建佳客来食品股份有限公司	海底捞国际控股有限公司	内蒙古西贝餐饮集团有限公司	天津顶巧餐饮服务咨询有限公司	天津顶巧餐饮服务咨询有限公司
6	重庆刘一手餐饮管理有限公司	重庆朝天门餐饮控股集团有限公司	上海鑫绪餐饮管理有限公司（杨国福）	呷哺呷哺餐饮管理有限公司	上海杨国福企业管理（集团）有限公司	上海杨国福企业管理（集团）有限公司
7	浙江两岸食品连锁有限公司	重庆刘一手餐饮管理有限公司	重庆五斗米饮食文化有限公司	深圳中快餐饮集团有限公司	江苏品尚餐饮连锁管理有限公司	江苏品尚餐饮连锁管理有限公司
8	内蒙古小尾羊餐饮连锁股份有限公司	北京黄记煌餐饮管理有限责任公司	福建佳客来食品股份有限公司	汉堡王（中国）投资有限公司	内蒙古西贝餐饮集团有限公司	重庆朝天门餐饮控股集团有限公司
9	北京黄记煌餐饮管理有限责任公司	山东凯瑞餐饮集团	汉堡王（中国）投资有限公司	四川香天下餐饮管理有限公司	深圳中快餐饮集团有限公司	深圳中快餐饮集团有限公司
10	真功夫餐饮管理有限公司	内蒙古小尾羊餐饮连锁股份有限公司	重庆顺水鱼饮食文化有限公司	东莞市鸿骏膳食管理有限公司	山东凯瑞商业集团有限责任公司	内蒙古西贝餐饮集团有限公司

资料来源：中国烹饪协会、中华全国商业信息中心 2016~2021 年的餐饮百强调查数据（部分企业由于没有参加百强调查而未能入榜）。

在"十三五"期间，还有重庆五斗米饮食文化有限公司、山东凯瑞餐饮集团、汉堡王（中国）投资有限公司、重庆顺水鱼饮食文化有限公司、呷哺呷哺餐饮管理有限公司、四川香天下餐饮管理有限公司、东莞市鸿骏膳食管理有限公司都曾在一到两个年度进入餐饮十强榜，但均未入围 2020 年十强。其中重庆五斗米饮食文化有限公司曾在 2016 年首次入围百强榜便占据了第三的位置，但在 2017 年榜单中迅速下滑至第七位，并持续快速下滑至 2019 年的第 56 位；呷哺呷哺在"十三五"初期快速发展，从 2015 年的第 21 位上升至 2018 年的第 6 位，此后排名不断下滑，到 2020 年回落到第 19 位；重庆顺水鱼饮食文化有限公司在 2017 年入围十强后，迅速跌落至 2018 年第 61 位，并在 2019 年继续下滑至第 95 位，是十强餐饮企业下滑幅度最大的餐饮企业。

从"十三五"期间餐饮百强调查情况（见附表）可以看到，一方面，中国餐饮市场是一个竞争非常激烈的市场，品牌餐饮企业在现代化连锁经营管理和信息技术赋能下加快规模化发展，同时，新兴餐饮品牌在创新产品理念、互联网营销方式和风险投资的助力下，对传统餐饮品牌发起了有力挑战；另一方面，中国餐饮市场正在发生深刻变化，消费品质、消费结构和消费模式深刻变化，传统正餐不断受到挑战，火锅、茶饮、休闲餐饮越来越受市场青睐，品牌餐饮企业正在加快调整步伐，适应市场的变化，创新餐饮产品、经营业态，多元化品牌定位和布局，满足新时代人民美好生活的餐饮消费需求。

二 "十三五"时期中国餐饮业发展主要特点

商务部在"十三五"初期出台的《关于推动餐饮业转型发展的指导意见》，为"十三五"餐饮业发展明确了目标，即"通过优化环境，引导餐饮企业加速转型，为消费者提供安全、营养、健康、方便、美味的餐饮服务，推动餐饮业向大众化、信息化、标准化、集约化、国际化方向发展。力争用 5 年的时间，培育一批连锁化、品牌化餐饮企业，基本形成以大众化餐饮为主体、区域布局合理、城乡协同、各业态协调的发展格局，满足多层次、多

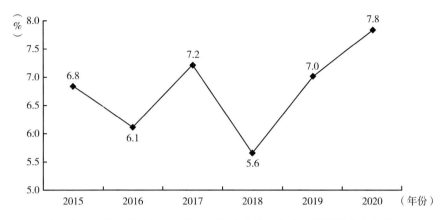

图 13 2015～2020 年中国餐饮百强企业总收入占全国餐饮收入比重

资料来源：中国烹饪协会、中华全国商业信息中心 2016～2021 年的餐饮百强调查数据。

样化消费需求的餐饮服务体系"。在鼓励大众化餐饮发展的政策引导下，餐饮业围绕人民美好生活需要，贯彻落实供给侧结构性改革战略，加快转型升级，在产业结构调整、产业质量提升、产业数字化转型、产业生态繁荣和产业资本化发展上都取得了积极成效，满足多层次、多样化消费需求的餐饮服务体系基本形成。

（一）大众化餐饮继续保持引领态势

饮食是基本消费需求，中国 14 亿人口给餐饮发展带来了超大规模大众化餐饮消费市场。自"十二五"时期以来，发展大众化餐饮就成为餐饮业供给侧结构调整的重要方向，并取得了积极成效，大众化餐饮市场份额超过85%，大众化餐饮发展推动了中国餐饮业复苏；"十三五"期间，大众化餐饮继续引领餐饮产业转型升级发展，在消费升级和消费模式变革的牵引下，大众化餐饮市场呈现多元化、品质化、年轻化、个性化发展特征，快餐、团餐等业态稳定增长，为广大人民群众提供了基础性社会化餐饮服务，保障了城乡工作生活安全稳定运行；火锅、茶饮、休闲餐饮快速发展，满足了人民群众多样化、年轻化和个性化餐饮体验需求。

自 2016 年到 2019 年底，限下企业餐饮收入一直保持稳定快速增长，到

2019 年，限下餐饮收入已经超过 3.7 万亿元，同比增长 13%，连续 7 年增速高于全国餐饮收入平均增长水平（见图 14），占全国餐饮收入比重从 2012 年开始逐年上升，最高达到了 79.8%（见图 15）。但由于受到新冠肺炎疫情冲击，不少中小微餐饮企业经营困难退出市场，2020 年限下企业餐饮收入下滑 17.3%，下滑速度超过全国餐饮收入下滑水平，收入占比也下降至 79.2%。

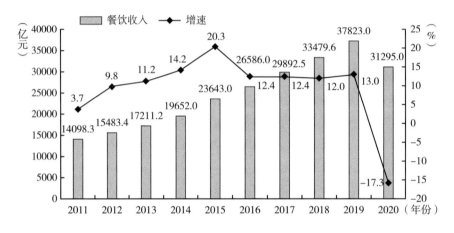

图 14　2011～2020 年限下企业餐饮收入

资料来源：国家统计局，www.stats.gov.cn/。

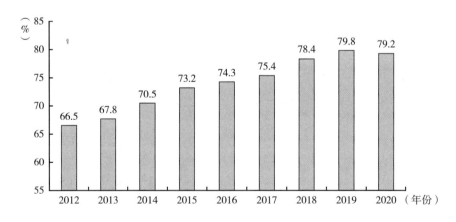

图 15　2012～2020 年限下企业餐饮收入占全国餐饮收入比重

资料来源：国家统计局，www.stats.gov.cn/。

但长期来看，大众化餐饮发展依然具有巨大潜力和持续动力。随着我国居民生活水平提高，饮食需求日益呈现社会化、品质化、服务化发展趋势，从家庭供应向社会供应转变，从过去的满足基本温饱需求，向更加安全、健康、营养的饮食需求转变，从吃食材的物质层面满足向环境、文化、服务的精神层面满足转变。因此，在满足人民群众日益提高的美好生活饮食需求的过程中，大众化餐饮发展呈现多元化、品牌化、连锁化、年轻化、个性化特征，逐步告别以低价、量大、同质化为特征的发展阶段。从早餐到夜宵，从快餐、正餐到火锅、茶饮、休闲餐和农家乐，从社区到商业中心，满足不同时段、不同区域的多业态、多层次、多功能的大众化餐饮服务体系基本形成。

以大众化餐饮需求为导向的餐饮业在"十三五"期间，脚踏实地，活力彰显，走在可持续发展的正确道路上，更好地发挥出餐饮业在促进消费、保障民生等多个领域的经济社会贡献。

（二）品牌餐饮连锁化发展促进产业质量提升

餐饮企业品牌化、连锁化发展是"十三五"时期餐饮产业发展质量提升的重要表现，限额以上连锁总店数量和门店数量保持持续增长（见图16、图17）。到"十三五"期末，品牌餐饮企业拥有门店水平大幅跃升，百胜、华莱士、正新鸡排、蜜雪冰城已经拥有超万家门店；书亦烧仙草、杨国富麻辣烫等拥有超5000家门店；麦当劳、巴比馒头、古茗、星巴克拥有超3000家门店。尽管部分高端餐饮品牌、老字号品牌在餐饮转型升级的市场大潮中被淘汰，但巨大规模的大众化餐饮市场托起了更多优秀品牌餐饮企业，一方面，以海底捞、呷哺呷哺、西贝、眉州东坡等为代表的一批成立于20世纪90年代的品牌连锁餐饮企业，在不断总结品牌连锁发展经验中，抓住餐饮消费升级和社会化餐饮服务需求趋势，在大众餐饮市场上快速扩张；另一方面，太二酸菜鱼、喜茶、奈雪的茶、西少爷等新兴餐饮品牌在完成产品、服务和管理标准化后，在资本助推下，实现快速扩张。

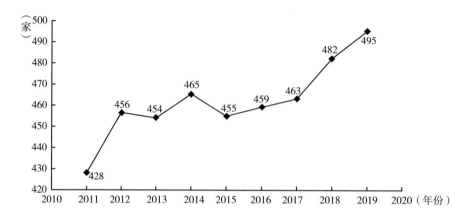

图16　2010～2020 年限额以上连锁总店规模

资料来源：国家统计局。

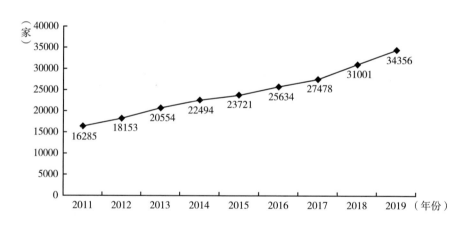

图17　限额以上连锁餐饮企业门店规模

资料来源：国家统计局。

（三）餐饮数字化快速推进

以信息技术为代表的科技应用与餐饮业快速融合，推动餐饮数字化快速发展是"十三五"餐饮业发展的重要特点。

一方面，以美团、饿了么为代表的互联网生活服务平台快速发展，推动了线下传统餐饮服务的线上化，对传统餐饮经营模式形成了巨大冲击。线上门店扩大了实体门店的服务半径，延长了实体门店的服务时间，提高了实体门店的产能利用率和服务效率，成为餐饮企业扩大品牌网络影响力、扩大销售、提升门店经营水平和维系消费者的重要门户和渠道。

互联网生活服务平台通过数字技术和平台化发展模式把无数小而散的餐饮门店组织成为巨大的高效的餐饮生产服务网络，提高了餐饮市场供需匹配效率，极大地推动了互联网外卖市场的发展。到2020年底，互联网外卖市场订单量达到171.2亿单，交易规模达到8352亿元，其中美团餐饮外卖交易额达到4889亿元，占据多数市场份额；互联网外卖用户达到4.19亿，渗透率达到了42.3%，比"十二五"期末增加超过3亿用户（见图18、图19）。在线外卖服务已经成为网民的高频应用之一。

对于餐饮门店来说，互联网外卖模式的发展在带来新的营业收入的同时也意味着其对平台依赖性增强，特别是随着互联网生活服务平台的市场集中度的提升，小而散的餐饮门店在与平台的谈判中处于极为弱势的地位。因此需要政府完善平台规制，构建多方参与的平台治理机制，规范平台发展，同时餐饮行业协会要充分发挥行业组织的中介能力，在集体谈判上形成对平台的制约力量。

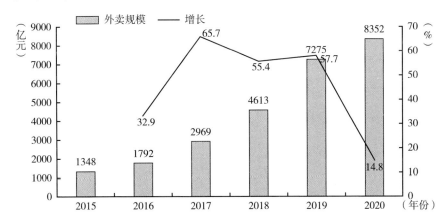

图18　2015～2020年中国外卖市场规模

说明：外卖市场包含餐饮但不限于餐饮。

资料来源：Trustsdata、艾瑞咨询、央视网等多家机构发布的报告。

图19　2015～2020 年互联网外卖用户市场规模

说明：2019 年数据为 2020 年 3 月调查数据。

资料来源：中国互联网信息中心，《2020 年中国互联网络发展状况统计报告》，http://www.cnnic.net.cn/hlwfzyj/hlwxzbg/。

另一方面，以云计算、人工智能、大数据、虚拟现实等为代表的数字科技在餐饮生产、消费环节加快应用发展。一是越来越多的厨师机器人、服务机器人开始进入餐厅后厨、前厅，替代原有劳动力，推动智能餐饮、无人餐饮发展，成为餐饮企业降本增效的重要科技应用。二是以 SaaS 软件为代表的云计算应用为餐饮企业提供了低成本的数字化改造路径，实现了从前端到后端全流程的数字化改造，大大优化了传统生产和服务流程。三是大数据助力餐饮企业提供更加精准的营销服务、快速灵活的供应链服务，大大提高企业数字化决策水平。四是裸眼 3D、虚拟现实、增强现实等科技与餐饮的融合发展，给消费者带来视觉和味觉的双重体验。

总之，餐饮产业作为劳动密集型产业正在加快通过科技应用来实现转型升级，创新商业模式，提高生产效率和优化消费体验，推动产业步入高质量发展新阶段。

（四）餐饮产业生态繁荣发展

"十三五"期间，餐饮产业内部分工日益专业化，外部协同发展效应增强，产业生态呈现繁荣发展态势。

一方面，随着餐饮产业规模化发展和互联网平台经济的快速发展，餐饮业吸引了越来越多的专业化餐饮食材供应商、餐饮设备制造商、餐饮商务服务商和餐饮数字服务商进入产业生态发展，产业内专业化分工水平日益提高，产业生产组织从家庭作坊式向现代化产业分工体系发展；另一方面，餐饮的体验消费特征使得餐饮业成为近年来零售业、旅游业、文化娱乐业等多个产业进行融合发展的重要领域。尤其是在零售业中，一方面，餐饮服务成为零售业引进的重要服务内容，通过餐饮服务为用户提供更好的线下体验服务，诸多便利店品牌也在门店中加大便利餐饮产品的提供，提高门店黏性；另一方面，餐饮业态成为购物中心、百货店的重点业态布局，通过餐饮来吸引线下流量。这些都充分体现了餐饮业在产业生态中发挥的重要协同作用。

总之，餐饮业的规模化发展推动了产业从传统生产模式向现代化产业分工生产模式转变，同时，餐饮消费的体验消费特征和基础性消费特性使其具有重要的产业协同效应，这些特点共同促进了餐饮产业生态的繁荣发展。

（五）餐饮业加快资本化发展

"十三五"期间，餐饮消费的巨大市场和稳定增长，基础性消费属性和非周期性特征使得餐饮业重新获得资本青睐。广州酒家在 2017 年 6 月在 A 股成功上市标志着中国证券市场大门对餐饮企业的重新开放；海底捞在 2018 年 9 月上市后的强势表现，更是给餐饮企业市场估值带来提升，餐饮业资本化发展加速。除了上述两家企业外，颐海国际、九毛九、同庆楼、巴比馒头等餐饮企业和餐饮供应链企业都在"十三五"期间成功 IPO。

资本市场的开放吸引了越来越多的资本进入餐饮业，其中不乏知名风险投资基金。这意味着餐饮类投资项目进入主流投资基金的投资标的。资本的进入加快了餐饮新兴品牌的连锁化扩张，如和府捞面、遇见小面、喜茶、奈雪的茶、西少爷、好色派沙拉等新兴品牌如雨后春笋般快速成长。除了餐饮企业外，风险投资还大量进入餐饮供应链企业等餐饮生产性服务领域中。

三 中国餐饮业"十四五"展望

"十四五"是完成第一个百年奋斗目标、全面建成小康社会后，开启全面建设社会主义现代化国家新征程、向第二个百年奋斗目标进军的关键时期。在这一关键起点上，《中华人民共和国国民经济和社会发展第十四个五年规划和2035年远景目标纲要》为全局发展描绘了宏伟蓝图和行动纲领。

立足新发展阶段，面向"十四五"和2035年发展目标，餐饮业必须清晰和深刻认识当前存在的问题与不足，牢记满足人民日益增长的美好生活需要的核心使命，以"创新、协调、绿色、共享、开放"新发展理念为指引，进一步推进供给侧结构性改革和注重需求侧改革，打通堵点，补齐短板，贯通餐饮业生产、分配、流通、消费各环节，形成需求牵引供给、供给创造需求的更高水平动态平衡，提升产业整体效能，处理好速度与质量、竞争与合作、传承与创新、效率与公平、市场与监管、经济效益与社会责任的关系，化危为机，实现"十四五"餐饮业高质量发展目标；全面落实"十四五"发展战略与发展任务，更好发挥餐饮业在经济、社会、文化、生态领域的积极贡献，努力建成满足人民美好生活需要的生活服务业，建构高质量产业体系的现代服务业，推动饮食文化产业的文化传承与创新和引领健康服务业文明素养提升，推进构建和融入"十四五"以国内大循环为主体、国内国际双循环相互促进的新发展格局。

（一）进一步提高餐饮业在社会经济工作中的地位

改革开放四十多年来，餐饮业的发展取得了非凡成就，其在经济、社会、文化等领域的积极贡献得到越来越多的认可，产业地位快速提升，不少地方已经把餐饮作为政府工作和城市品牌的重要抓手，引领地方社会、经济发展。经过此次新冠肺炎疫情冲击，餐饮业在公共卫生、食品安全和应急保障中的重要性进一步凸显。在"十四五"发展中，随着社会化就餐比例的进一步提高，餐饮消费规模的进一步扩大，餐饮业必将在消费经济、健康中国、乡村振兴、平安中国等社会经济工作中承担更重要的责任。因此要进一步提高餐饮业在社会经济工作中的地位，充分发挥餐饮业在经济、社会、文化和生态领域的积极作用。

（二）长远规划餐饮业高质量发展

餐饮业在 2019 年收入规模已经超过 4.6 万亿元。受新冠肺炎疫情影响，在 2020 年产业规模衰退至不到 4 万亿元。尽管新冠肺炎疫情在中国得到有效控制，但一方面全球疫情持续蔓延，变异病毒进一步增加防控压力，国内生产消费环境仍处于较高防控压力下，部分城市餐饮业存在复工复产难现象。另一方面，全球疫情导致的经济衰退和不确定性，会对国内消费预期产生消极影响，消费反弹难以顺畅展开，产业恢复增长期会进一步延长。尽管中央及地方各部门从财税、金融、公共服务等多方面出台了诸多短期扶持政策，但鉴于餐饮业规模大、就业多以及产业重要性日益凸显，应该从国家层面进行顶层设计，研究"十四五"乃至更长时期内餐饮业高质量发展规划，指导产业科学、稳定、健康发展。

（三）以新发展理念引领餐饮业高质量发展

以"创新、协调、绿色、共享、开放"发展理念为引领，推动餐饮业高质量发展，充分发挥餐饮业在公共卫生、健康中国、增进消费、稳定就业、传承文化、保护生态等方面的积极作用。为更好地推动构建现代化餐饮产业体系，实现高质量发展，餐饮产业高质量发展产业政策应更加注重以下五个方面的引领发展。

一是鼓励餐饮业创新发展。为餐饮业营造良好创业营商环境，鼓励人才和资本进入餐饮业，激发市场活力；鼓励餐饮科技应用，推动餐饮商业模式创新、数字化服务创新、生产力创新。

二是重视餐饮业协调发展。统筹协调好餐饮业在经济、社会、文化和生态领域的各项工作。在繁荣经济的同时，保护好生态文明；在注重产业效率的同时，保障好民生就业；在发挥市场机制作用的同时，营造好公平、公正和透明的市场环境；在追求市场主体绩效的同时，保护好传统饮食文化遗

产。此外，还要平衡好产业发展速度与发展质量，实现均衡增长。

三是坚持餐饮业绿色发展。绿色餐饮发展包含环境友好、生态友好、社会友好和以人为本等多层次发展目标，对实现全社会绿色发展战略、健康中国战略和节约型社会建设具有重要意义。要构建符合餐饮业绿色发展需要的产业发展政策，在完善政府规制的同时，鼓励行业组织发展有效监测和激励约束机制，以政府监管和行业自律双管齐下的方式推动绿色发展。

四是鼓励餐饮业共享发展。餐饮平台经济发展是餐饮业在数字经济时代的重要发展趋势，要充分认识平台经济对产业发展的重要推动作用，同时也要积极化解平台集聚带来的垄断风险，构建多边平台市场治理体系，保护消费者和中小微餐饮企业的正当权益。

五是拓展餐饮业开放发展。餐饮业开放发展既是中国餐饮经济改革开放四十多年发展的内在需求，也是中华饮食文化与全球饮食文化交流、交融发展的需要。要深入、全面调研餐饮业开放发展中遇到的困难和挑战，在厨师人才、供应链服务、金融服务、商务服务、法律服务等多个领域为产业开放发展提供帮助。

（四）深化餐饮业供给侧结构性改革

"十四五"期间要继续深化餐饮业供给侧结构性改革，提高餐饮业市场主体质量，提高产业链分工水平，强化餐饮安全防控能力。

一是提高餐饮业市场主体质量。提高餐饮业烹饪技艺水平、服务水平和管理水平，铸造核心竞争力；推动餐饮企业品牌化、标准化、连锁化、资本化发展，做大做强，提高市场竞争力；推动中国餐饮评价标准体系建设，引领市场主体高质量发展。

二是提高产业链分工水平。一方面要推动餐饮业专业化生产性服务业发展，如厨房服务、食品安全服务、供应链服务、信息化服务、品牌服务、管理服务、餐饮科技服务等，繁荣产业生态，提高产业分工水平，提升整体产业效能；另一方面，推动发展餐饮平台经济，通过平台组织和赋能，降低产业生态协调成本，提高个体经营户、中小微企业的餐饮经营能力。

三是强化餐饮安全防控能力。安全是餐饮的生命线，要从食品安全、公共卫生安全和生产安全三个方面强化产业发展生命线。餐饮企业要建立安全管理制度，落实安全责任，加大教育培训力度，提高员工安全意识和风险防控意识；加大与提高监管力度和水平，利用社会化、数字化监管机制，推进线上线下一体化监管，完善信用约束机制。

（五）完善餐饮市场体系

餐饮市场体系完善是提高餐饮有效供给能力、顺应消费升级趋势、提供全方位全周期餐饮服务的重要工作内容。

一要发展多层次餐饮服务市场，满足城乡居民个性化、多样化的餐饮消费需求；既要完善早餐供给、社区服务市场，发展快餐、团餐业态，提高餐饮市场服务保障能力，又要持续扩大优质餐饮消费产品、中高端餐饮服务供给，匹配消费升级带来的对优质餐饮品牌、服务和饮食义化消费的需要。

二要科学规划社会餐饮网点和布局。加快餐饮服务在各个消费场景科学布局，提高居民消费便利水平；优化数字社会背景餐饮门店布局，提高门店经营效率；完善社区餐饮服务，保障"一老一小"餐饮服务需求。

三要推进地方特色餐饮市场繁荣发展和走向全国，满足居民特色饮食体验需求，推进乡村振兴。鼓励餐饮企业对接脱贫地区特色农产品种植养殖和加工业，利用消费扶贫和产业扶贫方式提高脱贫地区产业发展水平。

（六）加快推进餐饮业数字化转型

数字化转型是餐饮服务数字化、提高产业整体能效的重要工作内容，也是构建数字生活图景的重要部分。一要加快餐饮企业利用信息技术改造生产流程、服务流程和管理流程，提高决策数字化、精准化水平；二要加快餐饮企业线上化发展，提高线上门店运营水平，满足数字社会消费者的餐饮服务需求，同时也提高餐饮供需匹配水平，更好地满足消费需求；三要完善互联网生活服务平台治理机制，构建公平、公正、透明的平台竞争环境，防止平台垄断侵害市场主体利益。

附表　"十三五"期间餐饮百强调查

年份	2016	2017	2018	2019	2020
1	百胜中国控股有限公司	百胜中国控股有限公司	百胜中国控股有限公司	百胜中国控股有限公司	百胜中国控股有限公司
2	天津顶巧餐饮服务咨询有限公司	金拱门（中国）有限公司	金拱门（中国）有限公司	金拱门（中国）有限公司	海底捞火锅
3	重庆五斗米饮食文化有限公司	河北千喜鹤饮食股份有限公司	海底捞国际控股有限公司	海底捞火锅	金拱门（中国）有限公司
4	四川海底捞餐饮股份有限公司	天津顶巧餐饮服务咨询有限公司	河北千喜鹤饮食股份有限公司	河北千喜鹤饮食股份有限公司	河北千喜鹤饮食股份有限公司
5	福建佳客来食品股份有限公司	海底捞国际控股有限公司	内蒙古西贝餐饮集团有限公司	天津顶巧餐饮服务咨询有限公司	天津顶巧餐饮服务咨询有限公司
6	重庆朝天门餐饮控股集团有限公司	上海鑫绪餐饮管理有限公司	呷哺呷哺餐饮管理有限公司	上海杨国福企业管理（集团）有限公司	上海杨国福企业管理（集团）有限公司
7	重庆刘一手餐饮管理有限公司	重庆五斗米饮食文化有限公司	深圳中快餐饮集团有限公司	江苏品尚餐饮连锁管理有限公司	江苏品尚餐饮连锁管理有限公司
8	北京黄记煌餐饮管理有限责任公司	福建佳客来食品股份有限公司	汉堡王（中国）投资有限公司	内蒙古西贝餐饮集团有限公司	重庆朝天门餐饮控股集团有限公司
9	山东凯瑞餐饮集团	汉堡王（中国）投资有限公司	四川香天下餐饮管理有限公司	深圳中快餐饮集团有限公司	深圳中快餐饮集团有限公司
10	内蒙古小尾羊餐饮连锁股份有限公司	重庆顺水鱼饮食文化有限公司	东莞市鸿骏膳食管理有限公司	山东凯瑞商业集团有限责任公司	内蒙古西贝餐饮集团有限公司
11	北京华天饮食集团公司	重庆朝天门餐饮控股集团有限公司	山东凯瑞商业集团有限责任公司	福建佳客来食品股份有限公司	深圳市品道餐饮管理有限公司
12	真功夫餐饮管理有限公司	山东凯瑞餐饮集团有限责任公司	福建佳客来食品股份有限公司	汉堡王（中国）投资有限公司	北京健力源餐饮管理有限公司

续表

年份	2016	2017	2018	2019	2020
13	江苏品尚餐饮连锁管理有限公司	重庆刘一手餐饮管理有限公司	天津顶巧餐饮服务咨询有限公司	四川香天下餐饮管理有限公司	安徽老乡鸡餐饮有限公司
14	小南国（集团）有限公司	内蒙古西贝餐饮集团有限公司	真功夫餐饮管理有限公司	重庆刘一手餐饮管理有限公司	山东凯瑞商业集团有限责任公司
15	重庆秦妈餐饮管理有限公司	内蒙古小尾羊餐饮连锁股份有限公司	北京金丰餐饮有限公司	呷哺呷哺餐饮管理有限公司	汉堡王（中国）投资有限公司
16	北京李先生加州牛肉面大王有限公司	呷哺呷哺餐饮管理有限公司	广州酒家集团股份有限公司	北京华天饮食集团公司	瑞幸咖啡（中国）有限公司
17	北京西贝餐饮管理有限公司	煌天国际控股有限公司	北京华天饮食集团公司	北京金丰餐饮有限公司	北京金丰餐饮有限公司
18	重庆陶然居饮食文化（集团）股份有限公司	北京华天饮食集团公司	乡村基（重庆）投资有限公司	合肥长快餐饮有限公司	重庆刘一手实业有限公司
19	呷哺呷哺餐饮管理有限公司	北京李先生加州牛肉面大王有限公司	上海杏花楼（集团）股份有限公司	内蒙古小尾羊餐饮连锁股份有限公司	呷哺呷哺餐饮管理有限公司
20	重庆巴将军饮食文化发展有限公司	重庆秦妈餐饮管理有限公司	味千（中国）控股有限公司	北京李先生加州牛肉面大王有限公司	广州酒家集团股份有限公司
21	北京东来顺集团有限责任公司	江苏品尚餐饮连锁管理有限公司	安徽老乡鸡餐饮有限公司	北京鱼你在一起餐饮管理有限公司	乡村基（重庆）投资有限公司
22	味千（中国）控股有限公司	国际天食集团有限公司	快乐蜂（中国）餐饮管理有限公司	乡村基（重庆）投资有限公司	广东好来客集团有限公司
23	四川香天下餐饮管理有限公司	真功夫餐饮管理有限公司	浙江凯旋门澳门豆捞控股集团有限公司	重庆秦妈餐饮管理有限公司	爱玛客服务产业（中国）有限公司
24	重庆德庄实业（集团）有限公司	北京东来顺集团有限责任公司	合兴餐饮集团控股有限公司	重庆朝天门餐饮控股集团有限公司	济南源动力餐饮管理咨询有限公司

续表

年份	2016	2017	2018	2019	2020
25	广州酒家集团股份有限公司	重庆德庄实业（集团）有限公司	宁波白金汉爵酒店投资有限公司	广州酒家集团股份有限公司	内蒙古小尾羊餐饮连锁股份有限公司
26	外婆家餐饮集团有限公司	浙江凯旋门澳门豆捞控股集团有限公司	快客利集团	东莞市鸿骏膳食管理有限公司	九毛九（广州）控股有限公司
27	重庆市巴江水饮食文化有限公司	重庆陶然居饮食文化（集团）股份有限公司	南京大惠企业发展有限公司	安徽老乡鸡餐饮有限公司	中饮巴比食品股份有限公司
28	浙江凯旋门澳门豆捞控股集团有限公司	快乐蜂（中国）餐饮管理有限公司	广州九毛九餐饮连锁股份有限公司	中饮巴比食品股份有限公司	快客利（北京）集团有限公司
29	中国全聚德（集团）股份有限公司	四川香天下餐饮管理有限公司	北京李先生加州牛肉面大王有限公司	九毛九（广州）控股有限公司	佛山市德和信餐饮管理服务有限公司
30	永和大王餐饮集团	北京金丰餐饮有限公司	中国全聚德（集团）股份有限公司	无锡大渝餐饮管理有限公司	重庆陶然居饮食文化（集团）股份有限公司
31	宁波白金汉爵酒店投资有限公司（慈溪阳明餐饮有限公司）	味千（中国）控股有限公司	眉州东坡餐饮管理（北京）有限公司	真功夫餐饮管理有限公司	重庆秦妈餐饮管理有限公司
32	合兴餐饮集团控股有限公司	东莞市鸿骏膳食管理有限公司	北京健坤餐饮集团有限责任公司	重庆陶然居饮食文化（集团）股份有限公司	北京李先生加州牛肉面大王有限公司
33	重庆菜香源餐饮文化有限公司	广州酒家集团股份有限公司	上海何勇企业管理有限公司	深圳市品道餐饮管理有限公司	蜀王餐饮投资控股集团有限公司
34	重庆骑龙饮食文化有限责任公司	源动力餐饮管理有限公司	蜀王餐饮投资控股集团有限公司	爱玛客服务产业（中国）有限公司	广东新又好集团有限公司
35	眉州东坡（北京）实业有限公司	外婆家餐饮集团有限公司	外婆家餐饮集团有限公司	味千（中国）控股有限公司	上海何勇企业管理集团有限公司

续表

年份	2016	2017	2018	2019	2020
36	绍兴市咸亨酒店有限公司	重庆骑龙饮食文化有限责任公司	北京健力源餐饮管理有限公司	快客利（北京）集团有限公司	江苏七欣天餐饮管理连锁有限公司
37	陕西一尊餐饮管理有限公司	重庆市巴江水饮食文化有限公司	亚惠美食有限公司	快乐蜂（中国）餐饮管理有限公司	北京华天饮食集团公司
38	上海避风塘美食有限公司	合兴餐饮集团控股有限公司	同庆楼餐饮股份有限公司	中国全聚德（集团）股份有限公司	真功夫餐饮管理有限公司
39	乡村基（重庆）投资有限公司	北京健力源餐饮管理有限公司	广东新又好企业管理服务有限公司	重庆沈洪存餐饮管理有限公司	宁波白金汉爵酒店投资有限公司
40	北京首都机场餐饮发展有限公司	中国全聚德（集团）股份有限公司	香港唐宫饮食集团	北京健力源餐饮管理有限公司	北京鱼你在一起餐饮管理有限公司
41	亚惠美食有限公司	北京美餐巧达科技有限公司	上海避风塘美食有限公司	南京大惠企业发展有限公司	南京大惠企业发展有限公司
42	王品（中国）餐饮有限公司	宁波白金汉爵酒店投资有限公司	武汉华工后勤管理有限公司	宁波白金汉爵酒店投资有限公司	味千（中国）控股有限公司
43	年记餐饮品质涮坊	眉州东坡（北京）实业有限公司	重庆五斗米饮食文化有限公司	北京健坤餐饮集团有限责任公司	宜家（中国）投资有限公司
44	南京大惠企业发展有限公司	亚惠美食有限公司	重庆朝天门餐饮控股集团有限公司	江苏七欣天餐饮管理连锁有限公司	外婆家餐饮集团有限公司
45	上海世好餐饮管理有限公司	南京大惠企业发展有限公司	老娘舅餐饮有限公司	浙江凯旋门澳门豆捞控股集团有限公司	快乐蜂（中国）餐饮管理有限公司
46	同庆楼餐饮股份有限公司	上海何勇企业管理有限公司	广州大家乐食品实业有限公司	蜀王餐饮投资控股集团有限公司	沙县小吃集团有限公司
47	兰州东方宫清真餐饮集团有限公司	蜀王餐饮投资控股集团有限公司	江西季季红餐饮管理有限公司	眉州东坡餐饮管理（北京）有限公司	凑凑餐饮管理有限公司

续表

年份	2016	2017	2018	2019	2020
48	广州九毛九餐饮连锁股份有限公司	快客利(中国)控股集团有限公司	江苏七欣天餐饮管理连锁有限公司	上海何勇企业管理集团有限公司	安徽岸香国际控股集团有限公司
49	丰收日(集团)股份有限公司	重庆菜香源餐饮文化有限公司	厦门豪享来餐饮娱乐有限公司	外婆家餐饮集团有限公司	重庆香佰里餐饮管理有限公司
50	宁波市海曙顺旺基餐饮经营管理有限公司	王品(中国)餐饮有限公司	北京旺顺阁美食有限公司	安徽岸香国际企业管理有限公司	合兴餐饮集团控股有限公司
51	聚德华天控股有限公司	北京健坤餐饮集团有限责任公司	中饮巴比食品股份有限公司	亚惠美食有限公司	重庆五斗米饮食文化有限公司
52	内蒙古三千浦餐饮连锁有限责任公司	广州九毛九餐饮连锁股份有限公司	安徽岸香国际企业管理有限公司	合兴餐饮集团控股有限公司	可纳客(上海)餐饮管理有限公司CFB集团
53	迪欧餐饮管理有限公司	安徽老乡鸡餐饮有限公司	温州云天楼实业有限公司	CFB集团	河南添瑞竹餐饮管理有限公司
54	安徽包天下餐饮管理有限公司	乡村基(重庆)投资有限公司	厦门市舒友集团有限公司	香港唐宫饮食集团	同庆楼餐饮股份有限公司
55	江苏七欣天餐饮管理连锁有限公司	同庆楼餐饮股份有限公司	内蒙古小尾羊餐饮连锁股份有限公司	同庆楼餐饮股份有限公司	眉州东坡餐饮管理(北京)有限公司
56	成都市源创巴国布衣餐饮股份有限公司	广东新又好企业管理服务有限公司	宁波石浦酒店管理发展有限公司	重庆五斗米饮食文化有限公司	亚惠美食有限公司
57	洛阳餐旅(集团)股份有限公司	北京首都机场餐饮发展有限公司	深圳面点王饮食连锁有限公司	王品(中国)餐饮有限公司	老娘舅餐饮股份有限公司
58	重庆奇火哥快乐餐饮有限公司	香港唐宫饮食集团	北京西部马华餐饮有限公司	宁波市海曙顺旺基餐饮经营管理有限公司	蛙来哒(广东)咨询管理有限公司
59	湖南湘西部落餐饮连锁有限公司	江苏七欣天餐饮管理连锁有限公司	大娘水饺餐饮集团有限公司	上海避风塘美食有限公司	上海老城隍庙餐饮(集团)有限公司

续表

年份	2016	2017	2018	2019	2020
60	安徽岸香国际企业管理有限公司	成都市源创巴国布衣餐饮股份有限公司	北京南城香餐饮有限公司	聚德华天控股有限公司	江西季季红餐饮管理有限公司
61	香港唐宫饮食集团	黑龙江省年记餐饮管理有限公司	重庆顺水鱼餐饮管理有限公司	名都晓荷塘主题火锅	香港唐宫饮食集团
62	四川麻辣空间餐饮管理有限公司	宁波市海曙顺旺基餐饮经营管理有限公司	聚德华天控股有限公司	福建省久号餐饮管理有限公司	厦门豪享来餐饮娱乐有限公司
63	大娘水饺餐饮集团有限公司	黑龙江省星期天餐饮有限公司	宁波市海曙顺旺基餐饮经营管理有限公司	老娘舅餐饮有限公司	上海世好食品有限公司
64	重庆和之吉饮食文化有限公司	兰州东方宫清真餐饮集团有限公司	武汉市小蓝鲸酒店管理有限责任公司	北京信诚聚益餐饮管理有限公司	大家乐（中国）
65	济南嘉和世纪酒店管理公司	湖南湘西部落餐饮连锁有限公司	福建省久号餐饮管理有限公司	凑凑餐饮管理有限公司	温州云天楼实业有限公司
66	宁波海曙新四方美食有限公司	安徽岸香国际企业管理有限公司	那家餐饮集团公司	上海世好食品有限公司	宁波石浦酒店管理发展有限公司
67	名都晓荷塘主题火锅	聚德华天控股有限公司	乌鲁木齐市苏氏企业发展有限公司	湖南湘西部落餐饮连锁有限公司	聚德华天控股有限公司
68	重庆佳永小天鹅餐饮有限公司	宁波凯隆后勤管理服务集团有限公司	宁波海曙新四方美食有限公司	厦门豪享来餐饮娱乐有限公司	浙江凯旋门澳门豆捞控股集团有限公司
69	大连彤德莱餐饮管理集团有限公司	内蒙古三千浦餐饮连锁有限责任公司	武汉市半秋山餐饮管理有限公司	江西季季红餐饮管理有限公司	常州丽华快餐集团有限公司
70	武汉市小蓝鲸酒店管理有限责任公司	洛阳餐旅（集团）股份有限公司	常州丽华快餐集团有限公司	旺顺阁（北京）投资管理有限公司	北京信诚聚益科技有限公司
71	深圳面点王饮食连锁有限公司	重庆奇火哥快乐餐饮有限公司	北京和合谷餐饮管理有限公司	云南云海肴餐饮管理有限公司	北京庆丰餐饮管理有限公司

续表

年份	2016	2017	2018	2019	2020
72	黑龙江省星期天餐饮有限公司	黑龙江晓荷塘餐饮管理有限公司	贝拉吉奥（上海）餐饮管理有限公司	温州云天楼实业有限公司	宁波海曙新四方美食有限公司
73	江西季季红餐饮管理有限公司	大娘水饺餐饮集团有限公司	上海苏浙汇投资管理咨询有限公司	河南百年老妈饮食管理有限公司	北京南城香餐饮有限公司
74	北京汉拿山餐饮管理有限公司	上海傣妹品牌管理有限公司	晋江市荣誉国际酒店有限责任公司	上海老城隍庙餐饮（集团）有限公司	上海茶田餐饮管理有限公司
75	老娘舅餐饮有限公司	四川麻辣空间餐饮管理有限公司	哈尔滨市辣莊餐饮管理有限公司	宁波石浦酒店管理发展有限公司	中国全聚德（集团）股份有限公司
76	哈尔滨市辣莊餐饮管理有限公司	大连彤德莱餐饮管理集团有限公司	徐州海天管理有限公司	宁波海曙新四方美食有限公司	河南百年老妈饮食管理有限公司
77	厦门市舒友海鲜大酒楼有限公司	武汉市小蓝鲸酒店管理有限责任公司	武汉湖锦娱乐发展有限公司	北京南城香餐饮有限公司	福州草本餐饮管理有限公司
78	望湘园（上海）餐饮管理股份有限公司	老娘舅餐饮有限公司	北京东来顺集团有限责任公司	四平李连贵饮食服务股份有限公司	北京比格餐饮管理有限责任公司
79	河南百年老妈饮食管理有限公司	成都大蓉和餐饮管理有限公司	深圳市嘉旺餐饮连锁有限公司	北京比格餐饮管理有限责任公司	上海避风塘美食有限公司
80	上海中饮食品集团有限公司	宁波海曙新四方美食有限公司	重庆陶然居饮食文化（集团）股份有限公司	浙江五芳斋实业股份有限公司	旺顺阁（北京）投资管理集团有限公司
81	温州云天楼实业有限公司	黑龙江省张亮餐饮有限公司	江苏品尚餐饮连锁管理有限公司	北京嘉和一品餐饮管理有限公司	广州弘胜餐饮管理有限公司
82	北京比格餐饮管理有限责任公司	江西季季红餐饮管理有限公司	权金城企业管理（北京）有限公司	常州丽华快餐集团有限公司	重庆守柴炉餐饮管理有限公司
83	河北大胖人餐饮连锁管理有限责任公司	西安万盛餐饮管理有限公司	上海世好餐饮管理有限公司	武汉市半秋山餐饮管理有限公司	四平李连贵饮食服务股份有限公司

年份	2016	2017	2018	2019	2020
84	四平李连贵饮食服务股份有限公司	深圳面点王饮食连锁有限公司	成都大蓉和餐饮管理有限公司	深圳面点王饮食连锁有限公司	福建令狐冲餐饮管理有限公司
85	福建令狐冲餐饮管理有限公司	上海世好餐饮管理有限公司	湊湊餐饮管理有限公司	北京和合谷餐饮管理有限公司	重庆菜香源餐饮文化有限公司
86	福州豪亨世家餐饮管理有限公司	厦门市舒友集团有限公司	北京金鼎轩酒楼有限责任公司	北京东来顺集团有限责任公司	重庆徐鼎盛餐饮管理有限公司
87	重庆香锅年代餐饮管理有限公司	厦门豪亨来餐饮娱乐有限公司	哈尔滨东方众合餐饮有限责任公司	大娘水饺餐饮集团有限公司	温州市东池餐饮管理有限公司
88	莱芜琦龙豆捞餐饮股份有限公司	河南百年老妈饮食管理有限公司	北京嘉和一品餐饮管理有限公司	长沙饮食集团有限公司	浙江隆聚餐饮集团股份有限公司
89	厦门豪亨来餐饮娱乐有限公司	望湘园（上海）餐饮管理股份有限公司	河南百年老妈饮食管理有限公司	深圳市嘉旺餐饮连锁有限公司	武汉派乐宏业餐饮管理有限公司
90	贝拉吉奥（上海）餐饮管理有限公司	广州大家乐食品实业有限公司	浙江五芳斋实业股份有限公司	哈尔滨东方众合餐饮有限责任公司	深圳市探炉餐饮连锁有限公司
91	宁波石浦酒店管理发展有限公司	温州云天楼实业有限公司	山东金德利集团快餐连锁有限责任公司	重庆守柴炉餐饮管理有限公司	乌鲁木齐市苏氏企业发展有限公司
92	徐州海天管理有限公司	北京胜利穆斯林文化园有限公司	福州玛格利塔餐饮管理有限公司	权金城企业管理（北京）有限公司	北京和合谷餐饮管理有限公司
93	常州丽华快餐集团有限公司	四平李连贵饮食服务股份有限公司	福建淳百味餐饮发展有限公司	深圳市探炉餐饮连锁有限公司	烟台蓝白餐饮有限公司
94	权金城企业管理（北京）有限公司	北京嘉和一品餐饮管理有限公司	广州弘胜餐饮管理有限公司	贝拉吉奥（上海）餐饮管理有限公司	北京东来顺集团有限责任公司
95	北京旺顺阁餐饮管理有限公司	福建令狐冲餐饮管理有限公司	北京便宜坊烤鸭集团有限公司	重庆顺水鱼餐饮管理有限公司	天港酒店集团有限公司

续表

年份	2016	2017	2018	2019	2020
96	重庆沈洪存餐饮管理有限公司	北京比格餐饮管理有限责任公司	北京黄记煌餐饮管理有限责任公司	重庆徐鼎盛餐饮管理有限公司	成都佘氏一把骨餐饮管理有限公司
97	哈尔滨东方众合餐饮有限责任公司	宁波石浦酒店管理发展有限公司	上海新客来餐饮有限公司	烟台蓝白餐饮有限公司	福州玛格利塔餐饮管理有限公司
98	北京便宜坊烤鸭集团有限公司	那家餐饮集团公司	北京市紫光园餐饮有限责任公司	重庆市叙知香餐饮文化有限公司	重庆杨记味功夫餐饮管理有限公司
99	武汉市半秋山餐饮管理有限公司	河北大胖人餐饮连锁管理有限责任公司	北京比格餐饮管理有限责任公司	福州玛格利塔餐饮管理有限公司	北京嘉和一品餐饮管理有限公司
100	浙江向阳渔港集团股份有限公司	浙江五芳斋实业股份有限公司	北京花家怡园餐饮有限公司	北京新辣道餐饮管理有限公司	福建悦港琴湾餐饮管理有限公司

资料来源：中国烹饪协会。

B.5
中国电子商务"十三五"回顾与"十四五"展望

黄 浩*

摘　要： 作为数字经济最重要的组成部分，近年来，中国电子商务发展十分迅猛，市场规模不断扩大，服务能力和发展质量进一步提高，无论规模还是质量，在全球范围内一直保持着领先的地位，对于促进我国经济的转型和高质量发展发挥了不可替代的作用。本文从中国电子商务的发展规模、区域差异、农村电商和跨境电商等方面分析了中国电子商务的发展现状，概括了中国电子商务在发展环境、新技术与新模式等方面的特征。之后，针对当下电子商务发展过程中的诚信缺失、不正当竞争、售后服务、个人隐私泄露等问题，本文提出了在产业政策、法制与法规完善、人才与国际交流等方面的改善建议。最后，面向"十四五"时期，展望了中国电子商务进一步高质量发展的主要趋势。

关键词： 电子商务　农村电商　跨境电商　高质量发展

一　中国电子商务发展现状

（一）电了商务规模和质量加速提升

根据中国互联网络信息中心（CNNIC）发布的第 47 次《中国互联网络

* 黄浩，博士，中国社会科学院财经战略研究院互联网经济与服务经济研究室副主任，研究员，研究方向为电子商务、数字经济。

发展状况统计报告》，截至 2020 年 12 月，中国网民规模为 98899 万人，较 2020 年 6 月增加 4915 万人；互联网普及率达 70.4%，较 2020 年 6 月提升 3.4 个百分点。在不断增长的网民数量带动下，我国网络购物用户规模也在持续增加。2020 年 12 月，中国网购用户规模为 78241 万人，比 2020 年 6 月增加了 3302 万人，占网民总数的 79.1%（见图 1、图 2）。网购人数增加带来的直接结果是电子商务规模和网络零售规模的持续增长。2020 年，我国电子商务交易额达到 37.21 万亿元，比 2019 年增长 4.5%。从 2011 年到 2020 年的十年时间内，中国电子商务交易额从 6.09 万亿元增长到 37.21 万亿元，年复合增长率为 22.3%（见图 3）。2020 年我国网络零售规模为 11.76 万亿元，较 2019 年增长 10.9%（见图 4）。细分来看，其中实物商品网上零售规模为 9.76 万亿元，同比增长 14.6%，占社会消费品零售总额的比重为 24.9%。我国自 2013 年以来，已经连续八年占据全球网络零售市场的头名位置。

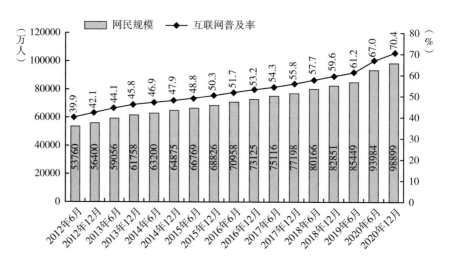

图 1　2012 年 6 月至 2020 年 12 月中国的网民规模和互联网普及率

资料来源：CNNIC。

除了在规模和数量上的快速增长之外，中国电子商务的发展质量也有进一步提升。近年来电子商务行业适应了数字经济发展的新要求，在高质量发展方面取得了新的进展，包括贯彻落实《电子商务法》、深化电商诚信建设和细化公共服务等。总体来看,随着我国以国内大循环为主体、国内国际双循环相互促进的新发展格局的加速形成,电子商务持续不断地激发消费市场潜能,通过自身规模和质量的加速提升助力消费"质""量"双升级,推动消费"双循环"。

图 2 中国的网购用户规模和使用率

资料来源:CNNIC。

图 3 2011~2020 年中国电子商务交易额及增长率

资料来源:国家统计局。

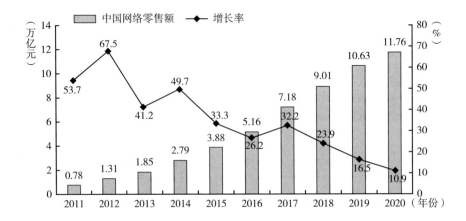

图 4　2011～2020 年中国网络零售额及增长率

资料来源：国家统计局。

（二）电子商务发展在区域间及区域内均存在显著差异

虽然中国电子商务在总体规模上发展迅速，但是内部发展还很不平衡，存在显著差异，主要体现为区域间及区域内的差异。区域间的差异表现在各省份之间的差异及东、中、西部和西北地区的差异。首先，分省份情况看，根据商务大数据，2019 年，网络零售额排名前十的省市为广东、浙江、上海、北京、江苏、福建、山东、四川、安徽和天津，十省市的零售额合计占全国比重达到 86.3%（见图 5），其余省份累计零售额占全国比重仅为 13.7%，反映出地区之间电商销售的巨大差异。不仅如此，排名前十的省份之间的差异也较为显著，如排在前三位省市（广东、浙江和上海）零售额占比是排在后三位省市（四川、安徽和天津）零售额占比的 5～12 倍。

其次，分地区看，2019 年，东、中、西部和东北地区之间的电商规模差异同样显著。其中东部地区网络零售额占比最高，达 84.3%；中部和西部地区占比次之，分别为 8.8% 和 5.6%；东北地区占比最低，为 1.3%。从增速上看，东、中、西部和东北地区的同比增速分别为 18.5%、23.0%、

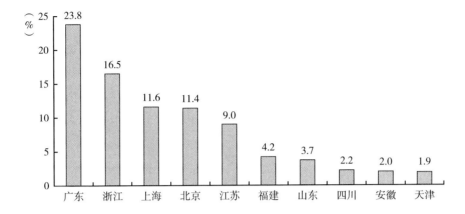

图5 2019 年前十省市网络零售额占全国零售额比重

资料来源：商务大数据。

15.2% 和 20.0%（见图 6），中部和东北地区增速要快于东部地区，但在规模和量级上与东部地区仍有明显差距。

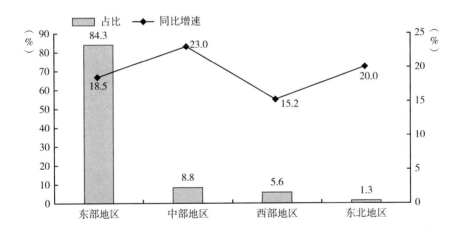

图6 2019 年各区域网络零售额占比及增速

资料来源：商务大数据。

电子商务消费不仅在区域之间存在差异，在区域内部也显示出很大差异。比如东部地区，2019 年，网络零售额位列前三的地区分别为广东、浙江和上海，其网络零售额所占比重分别为 23.76%、16.54% 和 11.63%，这三个地区的合计占比达到了 51.93%，超过了全国一半的零售额，东部其余省份电商消费则占比相对较小（见图5）。相比于东部地区内部规模的差异，中部地区各省份网络零售市场发展则较为均衡，根据商务大数据监测，排在前三名的省份依次为安徽、江西和河南，所占比重分别为 2.00%、1.82% 和 1.75%，湖北、湖南和山西紧随其后，中部地区各省份在零售额占比上相差不大（见图7）。

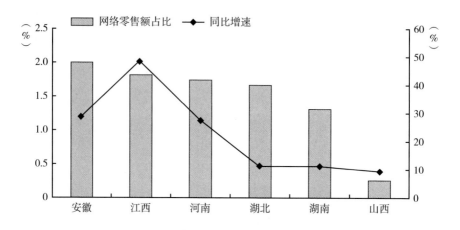

图7 2019 年中部地区省份网络零售额占比及增速

资料来源：商务大数据。

（三）农村电子商务保持良好发展态势

近年来，随着数字农村建设、电子商务进入乡村综合示范、电商扶贫等工作在我国农村地区的不断深入，我国农村电子商务呈现出蓬勃发展的势头，农村网络零售额和农产品网络零售规模不断攀升，农村消费市场潜力进一步释放，为新农村振兴提供了动能。

从农村电商的总体规模看，商务大数据显示，2019 年，我国农村网络零售额为 1.7 万亿元，占全国网络零售总额的 16.1%，该比重较 2018 年略有增加；农村网络零售额同比增长 19.1%（见图8）。具体到农村实物商品，2019 年网络零售额为 1.3 万亿元，较上年同期增长 21.2%。

图8 2014～2019 年中国农村网络零售额及增速

资料来源：商务大数据。

农村电子商务规模的增加同样带动了农产品价格的上涨，这进一步提高了农民的收入水平。2019 年，全国农产品网络零售额为 3975 亿元，同比增长 27.0%。具体来说，就网络零售额而言，排名前三的农产品分别为休闲食品、茶叶和滋补食品，它们所占比重依次为 24.9%、12.0% 和 11.8%；就增速而言，同比增速位列前三的农产品分别为水果、肉禽蛋和奶类，同比增速分别为 53.2%、39.4% 和 37.5%（见图9）。

中国农村电子商务的持续稳定发展离不开我国农村互联网和物流网络等基础设施的不断完善。近年来，中国政府持续推动农村互联网建设，截至目前已经初步构建融合、泛在、安全、绿色的宽带网络环境。2019 年，中国建成了世界上最大的光纤和移动通信网络，98% 以上的行政村接入光纤和4G 网络。与此同时，中国"邮政下乡""快递下乡"工程也在持续推进。截至 2019 年，全国 55.6 万个行政村实现直接通邮，农村快递网点 3 万多个，覆盖了全国 96.6% 的乡镇地区。

从扶贫方面来看，电子商务同样发展成果显著。2019 年，商务部将电子商务引入 1231 个农村综合示范县，覆盖全国 832 个国家级贫困县，帮扶销售农产品超过 28 亿元，覆盖全国 22 个省（区、市）478 个贫困县的 842

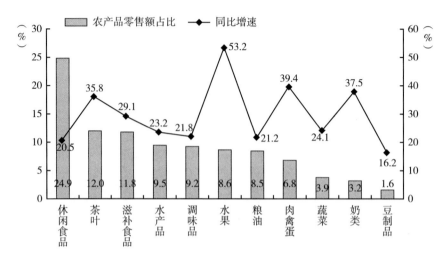

图9 2019年中国各类农产品网络零售额占比及增速

资料来源：商务大数据。

家企业，惠及8万农民。农村电商在很多地区，特别是贫困地区，从无到有，从弱到强，蓬勃发展。根据商务大数据监测，2019年，832个国家级贫困县的网络零售总额达1489.9亿元，较2018年增长18.5%。

最后，农村电商模式也在不断创新，为"乡村振兴"持续提供支撑。在工业消费品下乡方面，在电商服务站、"村淘"基础上，拓展了社区拼团、短视频直播、小程序电商等新模式，它们逐步成为农村电商市场重要新业态。根据淘宝直播数据，2019年仅淘宝平台直播农产品成交金额总量已超过60亿元，村播的范围已经覆盖全国31个省、区、市的2000多个县域。在农产品上行方面，农村电子商务促进了数字技术渗透，加速了种植业、畜牧业、农产品加工业的数字化升级。

（四）跨境电子商务加快进入高质量发展阶段

近几年除国内电子商务蓬勃发展外，跨境电子商务也加快进入高质量发展阶段。根据海关总署的数据，2019年，跨境电子商务零售进出口总额为1862.1亿元，比2018年增长38.3%；比2015年增长4倍，年均增速50.8%（见图10）。将出口和进口分开来看，中国跨境电商零售出口规模快速增长，零售出口总额从 2017 年的 336.5 亿元增长到 2019 年的 944 亿元，年均增速达 60.5%；2019 年零售出口总额为 944 亿元，同比增长 68.2%。与之对应，中国跨境电商零售进口规模同样在不断扩大，零售进口总额从 2017 年的 565.9 亿元增长到 2019 年的 918.1 亿元，年均增速达 27.4%；2019 年零售进口总额为 918.1 亿元，同比增长 16.8%（见图 11 和图 12）。

图 10　2015～2019 年中国跨境电商零售进出口总额及增速

资料来源：海关总署。

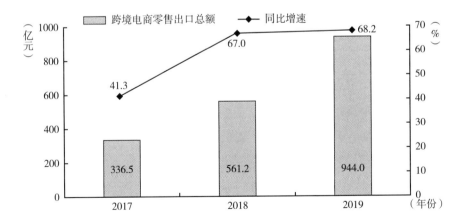

图 11　2017～2019 年中国跨境电商零售出口总额及增速

资料来源：海关总署。

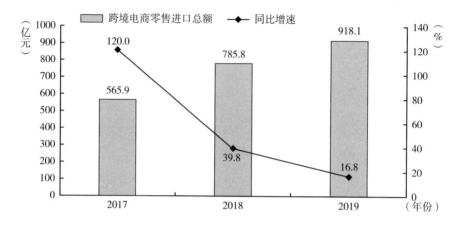

图 12　2017~2019 年中国跨境电商零售进口总额及增速

资料来源：海关总署。

从进口地区看，自亚洲进口的跨境电商零售额占比最高，达到 36%，同比增长 23.1%；欧洲、北美洲和大洋洲紧随其后，占比分别为 20.8%、16.9% 和 14.7%（见图 13），同比分别增长 26.6%、33.2% 和 21.1%。

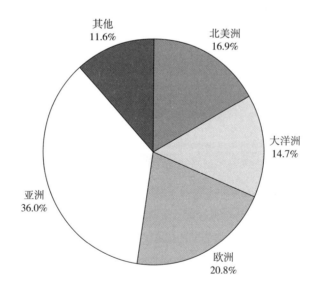

图 13　2019 年中国跨境电商进口各区域零售额占比

资料来源：海关总署。

总体而言，我国跨境电子商务保持了增长态势，增长动力、市场结构和发展模式呈现出了积极变化，表现出品牌出海、直播营销、社交获客和服务本土等新的特征。随着我国有关跨境电子商务相关政策的日臻完善，中国跨境电子商务仍将获得持续发展。

二 中国电子商务发展特征

（一）电子商务政策法规建设新举措频出，经营环境持续优化

伴随着 2019 年《电子商务法》的正式实施，一批电子商务标准立项、实施，与电子商务相关的法律法规逐步完善。2019 年商务部出台《关于加强电子商务统计监测分析工作的指导意见》，进一步推动省部电商大数据共建共享，促进电子商务高质量发展，全面提升全国电子商务统计监测工作水平。2019 年，有关部门还陆续发布《电子商务交易产品质量网上监测规范》、《电子商务数据资产评价指标体系》和《电子商务产品质量监测抽样方法》等标准，并在 2020 年开始实施，为电商行业的规范发展提供了支撑和保障。2019 年，中国电子商务信用体系建设也取得新的进展，政府陆续出台一批政策规范，加强电子商务公共服务。比如商务部制定了《电子商务企业诚信档案评价规范》，对电子商务企业诚信档案、评价指标、诚信体系建设等做出规范，大力推动电子商务企业开展诚信承诺，构建以信用为基础的新型监管机制。平台企业和电商经营者持续加强自身信用建设，行业组织积极推进诚信自律。目前，众多企业签署了《电子商务企业诚信经营承诺书》，并在平台上进行公示。中国网络社会组织联合会联合阿里巴巴、腾讯、京东等 31 家互联网企业，共同发布了《平台经济领域信用建设合作机制西安倡议》，信用建设合作机制开始进入平台经济领域。

在各级政府部门、平台企业和电商经营者的共同努力下，电子商务交易市场秩序得到了有力的维护，消费者和经营者等各方主体合法权益得到了切实的保护，网络购物消费环境得到了持续的优化。根据中国消费者协会发布

的数据，在 2019 年接到的各类服务投诉中，投诉量排名前三的分别是经营性互联网服务、网络连接服务和远程购物，与 2018 年相比，2019 年远程购物投诉量下降了 37.3%，从多年第一位退居到第三位，反映了网购环境持续优化（见图 14）。

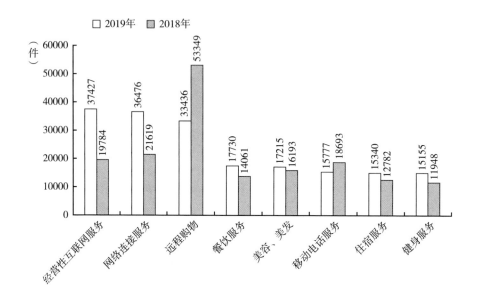

图 14　2018 年与 2019 年服务细分领域投诉量对比

资料来源：中国消费者协会。

（二）相关技术和模式推陈出新，直播电商和小程序网络零售掀热潮

创新是电子商务持续健康发展的关键因素，而新技术的应用和新模式的推广又促进了电商行业进一步革新。近年来，以人工智能、大数据和小程序为代表的新技术的快速普及和应用，催生了电商领域新业态、新模式和新销售渠道，其中直播电商和小程序网络零售是典型代表。

CNNIC 第 47 次《中国互联网发展状况统计报告》数据显示，截至 2020 年 12 月，中国网络直播用户人数为 6.17 亿，较 2020 年 3 月增加 5703 万，占网民总数的62.4%。其中，电商直播用户规模为3.88亿，较2020年3月增加1.23亿，占网民总数的39.2%。庞大的直播电商用户带来了销售额的快速增长。根据第三方机构数据，2019年直播电商总交易规模达4338亿元，同比增长226%；直播电商渗透率为4.3%，同比增长2.7个百分点。2020年，新冠肺炎疫情使大部分实体行业遭受打击，但直播电商却逆势上扬，成为众多行业复工复产、弥补销售损失的重要手段。2020年上半年中国直播电商交易规模已达4561.2亿元，超过2019年全年，渗透率为8.7%；2020年全年市场规模达到9610亿元，同比增长121.5%；渗透率达9.3%（见图15），预计2021年直播电商仍将维持较高速度增长，整体的市场规模将突破万亿大关。直播电商创新了线上消费方式，深度挖掘了消费潜力，提升了购物体验，成为备受青睐的电商营销新模式。

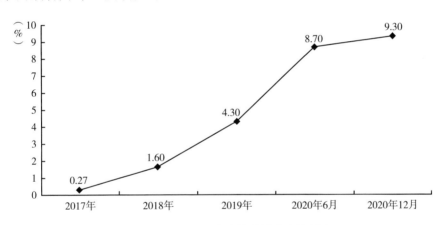

图15　2017~2020年中国直播电商渗透率

资料来源：艾瑞咨询。

除直播电商外，小程序网络零售逐渐成熟。第三方数据显示，2019年微信月活跃用户数量突破11亿，小程序日活跃用户超过3亿，小程序电商用户约2.40亿。在月活跃TOP100微信小程序中，网络购物小程序上榜率接近20%，数量位居第一。电商行业通过小程序深入用户社交生活和人脉圈，扩展线上销售范围；知名品牌企业通过小程序将线上平台与线下门店进行整合，拓展了线上销售渠道。

（三）农村电商政策一以贯之，模式演进更加多元

2019 年，《中共中央国务院关于全面推进乡村振兴加快农业农村现代化的意见》（中央一号文件）提出，要"继续开展电子商务进农村综合示范，实施'互联网＋'农产品出村进城工程"。《数字乡村发展战略纲要》《关于实施"互联网＋"农产品出村进城工程的指导意见》等相关政策措施陆续出台，数字乡村、物流体系和农产品供应链等农村电商发展政策体系和管理机制不断强化。

在一以贯之的电商政策的指导和保障下，农村电子商务市场吸引了越来越多资本的关注，互联网巨头、大型物流企业纷纷布局农村市场，建设农村电子商务网点、物流体系和农产品供应链，不断优化工业品下行和农产品上行通道，同时，大量农村居民利用互联网平台打开了农产品、传统手工产品进入国内大市场的渠道，实现了创业、就业。

目前中国农村电商经历了前期的市场培育，开始进入规模化、专业化发展的转型升级阶段，有效促进农村地区传统轻工业和手工业等产业要素集聚，带动农村地区居民增收和产业兴旺，推动农业高质量发展。

（四）跨境电商成为国产品牌出海新通道

经过十多年的快速发展，中国电商积累了大量经验，为电子商务跨境发展和成功出海提供了重要保障。2019 年以来，中国跨境电子商务快速发展，成为推动国内制造业转型升级的重要助力，为国内品牌打造提供了新渠道。比如安克创新（Anker）科技股份有限公司连续三年进入 BrandZ™ "中国出海品牌 50 强"榜前十强。Anker 发布的新产品覆盖音频、家居、办公等多个领域，受到了众多海外科技媒体的关注。2019 年，各主流平台也推出新一轮国货出海计划，众多国货成为海外畅销品。其中，国货美妆品牌出海成效显著，如 2019 年 3 月 11 日，美妆知名品牌膜法世家、一叶子、相宜本草等入驻速卖通，开启国货美妆出海新征程。随着国内电商企业借助跨境电商持续塑造品牌，海外平台上的国货销售量大幅提升。根据 Shopee 公布的

2019 年"双 11"成绩单，来自中国卖家的产品销量超过 2018 年同期 10 倍，卖出超过 8000 万件产品。

此外，服装行业的国货品牌如波司登、森马、李宁等，也将国内网络零售的成功模式复制到国外，助力"新国货"品牌出海。目前，在户外运动、家居用品、电子产品等在线消费领域，已有多个中国知名跨境电商品牌实现出海，国产品牌形象在国际上进一步提升。

（五）电子商务向产业链深度延伸，产业融合展现新进展

近年来，电子商务向智能制造领域深度延伸，产业融合在需求侧和供给侧展现新的进展。在需求侧，电商平台加速连接生产制造企业。比如各类 B2C 电子商务平台通过数据分析、社群运营、流量创新等多种方式获取消费者需求偏好，引导制造业企业设计、研发和生产市场需求的产品，定制爆款热销产品，满足用户个性化消费需求。

在供给侧，B2B 电商平台可在横向和纵向两个方向上与产业链各方建立数字化连接。具体来说，横向上，整合供应链服务技术、资金物流和加工等资源，推动订单数字化，提高供应链环节数字化运营效率。纵向上，深入上下游企业数字化改造，在供给侧推进智能制造和柔性供应链，提升产供销全线协同效率。电子商务通过产业链延伸和产业融合，使得生产和销售效率得到大幅提升，电商行业和制造业潜力均得到了充分释放。

（六）电子商务数字化变革进程加速推进

不论是电子商务业态模式的创新，还是电子商务与其他产业的深度融合，均离不开数字化技术的支持，而电子商务数字化变革进程也在加速推进。2019 年，商务部联合有关部门开展了电子发票录入归档试点，引导电子商务企业试点电子发票全流程和数字化管理。与此同时，商务部印发了《数字商务企业发展指引》，开展电子商务企业的遴选工作，并且选出了首批 60 家企业作为线上线下融合发展的数字商务企业。

数字化进程为电商企业发展提供了新机遇，电商企业通过数字化技术运

用，在库存、用户、营销等多个方面实现网购平台与线下门店同步运营；通过数字系统研发，实现加盟店、供应商、导购员等数字化管理；通过大数据分析，实现生产数据、消费数据与用户数据的智能匹配，数字化技术更好地帮助电商企业整合资源、扩大规模、提升效益。

三 中国电子商务发展存在的问题

（一）电子商务企业诚信缺失和不良竞争问题

诸如微商和电商直播等新型电商营销模式的兴起，在吸引众多消费者、带来惊人业绩的同时，也带来了新的诚信缺失和不良竞争问题，需要引起高度重视。一是刷单、炒作等风气盛行。当下一些直播、短视频平台存在刷单和恶意炒作等行为，通过刷单和虚假评论等方式，制造出产品销售火暴的假象，并诱导不知情的消费者下单购买。二是价格欺诈问题依然存在。根据北京市消费者协会 2019 年发布的《大数据"杀熟"问题调查报告》数据，44.14%的受访者有过购物软件或者网站大数据"杀熟"的经历，37.17%的受访者认为自己曾经被打车类软件或网站大数据"杀熟"，而 16.26%的受访者表示自己有被外卖类软件或网站大数据"杀熟"。大数据"杀熟"不仅违背了企业诚信经营的原则，而且损害了消费者的知情权和公平交易权。三是"低价引流"等不良竞争方式较为普遍。一些电商卖家为了提升店铺浏览量，采用以低价吸引流量的不良竞争手段。实际上，这些标价远低于商品的实际价格。

（二）售后服务补偿难

随着家电等高价值耐用消费品进入电商领域，售后服务不完善成为新的问题。中国消费者协会发布的《2019 年十大消费维权舆情热点》显示，央视 3·15 晚会曝光全国各地多个品牌家电特约售后服务中心高价推销不必要的配件、维修时候小病大修、虚假维修等行业乱象。虽然之后部分企业做出回应,但企业仅以处罚特约售后服务商草草了事,并未对遭受乱收费的消费者进行补偿。目前的家电行业普遍较为重视产品质量,但是对于售后维修服务缺乏必要的质量管理意识。不少企业出于成本考虑,将售后服务外包给第三方企业,但对其缺乏强制性的制度约束。

(三)消费者个人信息存在泄露风险

近年来,网购消费者信息泄露成为网络安全领域的重要隐患。消费者在网络购物过程中,主要可能在四种情况下泄露个人信息。第一种情况是经由第三方交易平台泄露。交易平台拥有买卖双方交易的完整信息,如果平台有意收集或者意外泄露信息,将损害双方利益。第二种情况是经由卖方泄露。卖家可能会以吸引眼球的方式发布商品的虚假信息吸引消费者,然后寻找理由结束交易,从而可以轻松获取买方的信息,再以一定价格出售给第三方牟利。第三种情况是经由物流企业泄露。网络消费需经物流企业送达消费者,物流企业的快递单上详细记录了消费者的个人信息。某些小型快递物流企业可能通过出售快递单赚取外快。第四种情况是技术窃密。一些网络黑客可以利用网络硬件和软件中的漏洞盗取消费者的个人信息。个人信息的泄露给消费者带来了潜在的风险,轻则频繁受到不良电商卖家的骚扰,重则遭受财产损失。

(四)制度法律环境仍需完善

近年来电子商务模式创新和规模的持续扩大给制度监管和法律法规建设带来进一步的挑战。社交电商是当下电子商务的重要组成部分,不同于传统电子商务以"货物"作为纽带、以网络平台作为营销渠道,社交电子商务人多以"人"作为关系纽带,以人际关系网络作为营销渠道进行商品或服务的交易。当下,微商和直播电商作为社交电商发展的产物,日益活跃,在电子商务交易中所占份额不断增加。随着社交电商的不断发展,新的问题逐渐显现。社交电商主体资格的科学认定、依法合理纳税问题、商业模式合法性问题、依法经营问题、消费者维权等问题需要具体明确和解决。直播电商

在运营过程中也存在诸多问题,如"博眼球""搏出位"等过激或违法违规内容频繁出现,主播重表演和解说、轻商品质量等问题也屡见不鲜。如上问题的解决都有待电子商务行业法律法规进一步出台和完善。

此外,跨境电商自2019年以来也呈现出高速发展态势,作为电商行业发展的新业态和新动能,跨境电商的法律治理是电子商务法律治理的重点,政府有关部门不断完善相关政策,优化发展环境。但跨境电商在发展过程中,仍然存在一定程度的知识产权保护、商品质量等问题,这要求政府部门不断完善相关法律法规,加强行业监管,加快电商业务流程标准化,推动跨境电子商务的国际合作,从而应对新业态发展带来的挑战,促进电子商务行业持续健康发展。

四 中国电子商务发展建议和"十四五"展望

(一)建议

1. 不断优化产业政策,推动电子商务高质量发展

当下,数字经济在中国蓬勃发展。作为数字经济最活跃、最集中的表现形式,电子商务在推动经济数字化转型、重塑产业链和价值链,带动经济体制增效方面发挥着非常重要的作用。在今后,应继续推动电子商务在各个传统行业全方位、全角度和全产业链的应用,加快数字经济与实体经济、线上和线下、国内外市场的融合发展,支持实体企业数字化转型升级,为传统产业发展、实体经济转型提供新动能。支持模式创新、技术创新,加快培育直播电商、生鲜电商等新业态和新模式。

为此,政府相关部门应不断优化产业政策,加强对于电商行业的监管,一方面要进行正面引导,加强电商行业诚信体系建设,推动电商企业履行诚信承诺,促进电商行业自律;另一方面要强化刚性的制度约束,制定完善电商行业相关法律规制,敦促电商企业合法合规经营,加快形成电子商务高质量发展的指标体系、标准体系、政策体系、绩效体系、统计体系和政绩考核

体系，打造稳定、透明和可预期的电子商务营商环境，推动电子商务在高质量发展上不断取得新进展。

2. 健全平台信用治理机制，提高信息安全保护水平

针对电商企业诚信缺失和不良竞争问题，各级电子商务主管部门应在《电子商务法》等法规的指导下，进一步建立健全电商平台的信用治理机制。具体地，应推动建立贯穿市场主体全生命周期，连接事前、事中、事后各环节的新型信用监管机制。在此监管机制下，各电商平台和各电子商务企业应承担起主体责任，建立健全全程信用管理机制，提升自身的信用管理水平。此外，针对公共信用信息本身具有交换共享和联动的特性，可尝试探索建立电子商务信用协同管理机制。除电商平台和电商企业外，电商行业组织与第三方服务机构均可积极参与到协同监管中来，形成主体自治、行业自律、社会监督和政府监管相结合的局面。

针对消费者个人信息存在泄露和被滥用的风险，应该从多个渠道加大对个人信息的保护力度，严格查处未经同意收集、使用或泄露消费者个人信息的行为，依法查处不履行个人信息保护义务、为网络违法犯罪提供支持的网络平台。可以预见，随着我国电子商务平台信用管理机制与个人信息和数据保护立法的建立和完善，电子商务行业的信用缺失和消费者信息泄露等问题可以得到极大的改善，未来电子商务可以实现进一步的持续健康发展。

3. 进一步补齐当前电子商务政策法规中的短板

当前中国电子商务行业仍处于快速发展的阶段，规模不断扩大，也不断有新模式和新业态产生，政策法规的制定可能滞后于行业发展的脚步。为此，我们需要持续完善政策法规体系，在产业促进、跨境电商、农村电商、创新创业等方面出台相关的政策措施，强化政策的监管和扶持力度；同时在制定相关政策法规后，应该深入宣传电子商务相关的政策法规，广泛开展相关的宣讲、培训和研讨等活动，引导各类电子商务相关主体加强自我管理，自觉守法经营。

在具体制定和设计新的政策法规时，应该明确指导思想、发展目标、主要任务和保障措施等内容。在宣传相关政策法规时，可以组织专家、学者进

行深入的解读，开展面向地方主管部门、电商平台和电商企业等的专题培训活动，在报纸、门户网站、自媒体等通道上进行展示和宣传，尽可能地加大普法宣传力度；同时也可与电子商务经营者进行座谈，制作宣传册，宣讲电子商务经营法律知识，督促电子商务经营者落实责任义务。

4. 完善人才培养机制，深化国际交流合作

任何行业的持续高效发展，都离不开源源不断的人才输送。在今后电子商务的发展过程中，应该格外注重对人才的培养。要加大电商人才培训力度，完善人才培养机制，加大对电子商务相关的学历教育、继续教育、技能培训等领域的投入，加强师资培训和管理，整合高校、协会组织、企业等各方面的资源，加强"政、校、协、企"合作，开展有针对性的电子商务专题培训和比赛等活动，促进电商人才培养，不断激发电子商务创新创业活力。

此外，对外交流合作也是一个行业持续发展的关键一环，对于电子商务行业更是如此，因为跨境电商近年来日益成为电子商务行业的重要组成部分，其高质量发展离不开国际交流与合作。为了促进跨境电商乃至整个电商行业更好发展，应该加强国际交流合作和区域经济协作，积极筹办论坛、峰会、展览等国际活动，在政策沟通、公私对话、行业互动、人员培训、能力建设等各方面开展深入的国际合作，如此方能不断地拓展中国电子商务国际发展空间。中国提出的"丝绸电商"概念，是深化与共建"一带一路"国家双边电子商务合作机制的有益尝试，不仅推动了"一带一路"商业模式的创新，而且极大地促进了我国服务电子商务的发展。在今后我们应该继续开展类似的电商国际交流合作。

（二）"十四五"展望

2020年是"十三五"规划的收官之年，也是全面建成小康社会的收官之年。展望"十四五"时期，在全球面临百年未有之大变局和我国经济进入新发展阶段时期，电子商务发展也将迎来新的战略机遇。总体来看，"十四五"期间，我国电商行业发展的总体目标是服务新发展格局，充分释放

电子商务在促进乡村振兴、发展智能制造、构建数字化生活上的动能,利用电子商务推动我国高水平对外开放,让电子商务在我国高质量发展中发挥更大作用,开创全球电子商务合作新局面。

具体来看,在"十四五"时期,可以预见,数字商务将深度融入经济社会发展的各个领域,成为产业数字化升级、就业创业、改善民生和经济增长的关键动能。电子商务自身的生态体系将日趋完善,创新创业成果显著,在行业规模上将进一步扩大和提高,根据目前电商行业的增长态势,预计到2024 年,我国电商行业的交易规模将超过 50 万亿元。

细分到电子商务的各领域,随着我国加快形成以国内大循环为主体、国内国际双循环相互促进的新发展格局,电子商务将持续培育出消费市场新动能,通过促进消费"量"的增长和"质"的升级推动消费"双循环"。在国内消费循环方面,随着下沉市场电子商务基础设施和服务不断完善,工业品和农产品在城乡间的商品流和信息流进一步实现高效畅通,城乡消费循环将进一步加快。在城乡消费循环加快的过程中,农业电商领域也将迅速发展,并成为产业中一支不可忽视的力量,其中重点包括农资、农产品和食材配送等内容,政策、新技术的发展为农业电商提供了新机遇,通过大数据和物联网等技术的深度融合,提升农业电商在金融、仓储和物流等领域的资源整合能力,提高农业生产和流通效率。在国内国际双循环方面,"十四五"时期,随着中国对外开放新格局的形成,跨境电商有望进一步发挥稳定外贸的作用。特别是,2020 年 11 月,《区域全面经济伙伴关系协定》(RCEP)完成签署,成为目前世界上经济规模最大的自贸协定。RCEP 首次在亚太区域内达成范围全面、水平较高的诸边电子商务规则,包括促进各国电子商务合作、保护在线消费者权益、完善监管政策等,在为跨境电商提供重大利好的同时,将进一步促进形成国内国际开放的双循环格局。

B.6
中国物流业发展"十三五"
回顾与"十四五"展望

龚 雪[*]

摘　要： 本报告分别从中国物流业运行情况、存在的问题、"十四五"发展趋势三个部分介绍和分析中国物流业的发展。第一部分全面介绍了"十三五"时期中国物流业的总体运行情况及特点，相较于"十二五"期间，"十三五"期间我国社会物流总额和社会物流总收入增长了近1/3，成功跨入物流大国行列。第二部分分析了当前物流业发展依然存在一些运行问题，包括物流需求结构性问题、社会总库存积压问题以及物流业成本上涨问题。第三部分对"十四五"时期物流业发展趋势做出预测分析，指出中国物流业应服务于构建新发展格局，统筹国际国内，统筹城乡，统筹当前与长远，紧紧把握新科技革命和产业变革的时代机遇，以"八大战略"引领物流业发展，构筑起面向未来的物流和供应链服务体系。

关键词： 物流业　现代化　"十四五"

一　"十三五"时期中国物流业运行情况分析

近年来，我国物流业迅猛发展，已成为现代服务业的一大支柱产业。据

---

* 龚雪，经济学博士，西华大学副教授，研究方向为物流经济。

统计结果分析，相较"十二五"期间，"十三五"期间我国社会物流总额和社会物流总收入增长了近1/3，成功跨入物流大国行列。一方面，物流产业规模的发展壮大，使得我国快递业务量、货物运输量等相关物流指标多年来稳居世界首位；另一方面，物流产业持续深化改革，加快了与制造业的有机融合以及产业供应链的创新和智慧物流等新技术的运用。两方面因素为我国全面建成小康社会提供了坚实的物流保障。其中，2019～2020年，由于新冠肺炎疫情和贸易保护主义的影响，全球经济增速持续放缓，经济下行压力加大。在国际国内大形势不容乐观的情况下，我国物流业总体发展态势良好，"质"与"量"兼顾，物流运行效率不断改善，物流需求规模稳步扩大。然而相比于国际先进水平，我们虽取得了很大的进步，但还是存在一定的差距。新冠肺炎疫情冲击之下，我们的应急物流、冷链物流、医药物流、国际物流与供应链等短板问题充分暴露。可以预见，要全面建成社会主义现代化强国，夺取第二个百年奋斗目标的伟大胜利，我们还需对起支撑作用的物流业加大发展与完善力度。

（一）社会物流需求平稳增长　物流规模再上新台阶

1. 社会物流总额平稳增长

从规模总量看，我国社会物流总额从2011年的158.4万亿元增加到2020年的300.1万亿元，翻了将近一倍，年均增长6.6%（见图1）。其中，"十三五"时期，我国社会物流需求总体保持平稳增长，社会物流总额从2016年的229.7万亿元增加到2020年的300.1万亿元，年均增长5.5%，增速有所趋缓，进入中高速发展阶段。

从"十三五"时期各年增速来看，2019年和2020年社会物流总额增速回落至6%以内，2019年为5.9%，2020年为3.5%，比2016年回落2.6个百分点，究其原因，受疫情影响较大（见图2）。2011～2014年，社会物流总额增速已连续高于GDP增速，2015～2019年，社会物流总额增速低于GDP增速，显示经济增长方式已从物化劳动为主向服务化劳动为主转变。

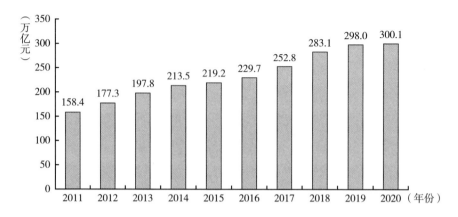

图1 2011~2020年中国社会物流总额

资料来源:《中国物流年鉴》(2012~2021年),中国物资出版社。

图2 2011~2020年社会物流总额与GDP增速

资料来源:《中国物流年鉴》(2012~2021年),中国物资出版社。

2.物流需求系数保持平稳

用物流需求系数在宏观层面判断GDP对物流的需求程度具有一定的合理性。根据有关数据测算,2011年以来,我国单位CDP物流需求系数基本保持在3.0以上,总体平稳(见图3),表明我国工业化、城镇化、国际化、市场化的发展及社会经济的发展对于现代物流产业的发展有较大的依赖性。

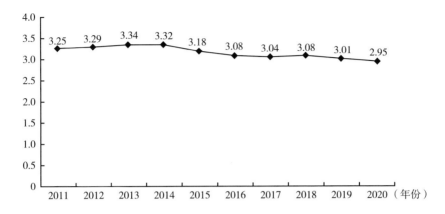

图3　2011～2020年单位GDP物流需求系数

资料来源：《中国物流年鉴》（2012～2021年），中国物资出版社。

3.物流总收入持续增长

"十三五"时期，我国物流业总收入稳步增长（见表1）。2020年物流业总收入10.5万亿元，比2016年增加2.6万亿元，年均增长7.7%，这反映出我国物流业发展态势良好，成为服务业支柱产业之一。

表1　2016～2020年物流业总收入及增长速度

单位：万亿元，%

年份	物流业总收入	物流业总收入增速
2016	7.9	4.6
2017	8.8	11.5
2018	10.1	14.5
2019	10.3	9.0
2020	10.5	2.2

资料来源：中国物流与采购联合会2015～2019年发布的《全国物流运行情况通报》。

4.快递业务量高速增长

从总量和增速来看，2011～2020年，我国快递业务量和快递收入均实现了飞速发展。其中，快递业务量从36.73亿件增加到830亿件，增长了近22倍，年均增长率为33.6%，我国已经连续7年保持全球快递业务量第一

的地位；快递业务收入从 757.99 亿元增加到 8750 亿元，增长了近 11 倍，年均增长率为 27.7%。就"十三五"时期而言，我国快递业务量年均增长 21.5%，快递业务收入年均增长 17.1%（见表2）。

2020 年，新冠肺炎疫情之下，线上消费火暴，带动快递业快速增长。快递需求增长也带动了全社会就业水平提升，由此新增 20 万个岗位需求，一定程度上缓解了疫情下严峻的就业形势。与此同时，"快递进村"工程在国家政策支持下取得了令人瞩目的成绩。对比 2020 年农村地区与城市地区收发快递数量可知，农村地区全年收发快件超 300 亿件，同比增幅较后者高 20 个百分点以上。快递网点乡镇覆盖率、村级网络覆盖率等各项指标数据快速提升，带动工业品下乡和农产品进城交易额累计超过 1.5 万亿元。

表2 2011~2020 年快递业务量和快递收入及增速

年份	快递量（亿件）	快递量增速（%）	快递业务收入（亿元）	快递业务收入增速（%）
2011	36.73	56.04	757.99	30.92
2012	56.85	53.79	1055.33	38.23
2013	91.87	60.58	1441.68	35.61
2014	139.59	50.95	2045.36	40.87
2015	206.66	47.05	2769.65	34.41
2016	312.83	50.37	3974.36	42.50
2017	400.56	27.04	4957.11	23.73
2018	507.10	26.60	6038.43	20.81
2019	635.20	25.30	7497.80	24.20
2020	830.00	30.80	8750.00	16.70

资料来源：国家统计局网站。

（二）物流需求结构优化调整，消费物流新动能不断壮大

从物流需求构成看，2011~2020 年，工业品物流总额从 143.6 万亿元增加到 269.9 万亿元，年均增长 6.5%；农产品物流总额从 2.6 万亿元增加

到 4.6 万亿元，年均增长 5.9%；单位与居民物品物流总额从 11.2 万亿元下降到 9.8 万亿元，年均增长 -1.1%（统计口径有所调整）；进口货物物流总额从 0.6 万亿元增加到 14.2 万亿元，年均增长 37.2%；再生资源物流总额从 0.2 万亿元增加到 1.6 万亿元，年均增长 27.1%（见表3）。

表3　2011～2020 年社会物流总额需求结构

单位：万亿元

年份	工业品物流总额	农产品物流总额	单位与居民物品物流总额	进口货物物流总额	再生资源物流总额
2011	143.6	2.6	11.2	0.6	0.2
2012	162.0	2.9	11.5	0.7	0.2
2013	181.5	3.1	12.1	0.8	0.3
2014	196.9	3.3	12.0	0.8	0.4
2015	204.0	3.5	10.4	0.9	0.5
2016	214.0	3.6	0.7	10.5	0.9
2017	234.5	3.7	1.0	12.5	1.1
2018	256.8	3.9	7.0	14.1	1.3
2019	269.6	4.2	8.4	14.3	1.4
2020	269.9	4.6	9.8	14.2	1.6

说明：2016 年、2017 年单位与居民物品物流总额、进口货物物流总额统计口径有调整。

资料来源：中国物流与采购联合会历年公布的《全国物流运行情况通报》。

就"十三五"时期而言，工业品物流总额从 214 万亿元增加到 269.9 万亿元，年均增长 4.8%；农产品物流总额从 3.6 万亿元增加到 4.6 万亿元，年均增长 5%；单位与居民物品物流总额从 0.7 万亿元增加到 9.8 万亿元，年均增长 69.5%（统计口径有调整）；进口货物物流总额从 10.5 万亿元增加到 14.2 万亿元，年均增长 6.2%；再生资源物流总额从 0.9 万亿元增加到 1.6 万亿元，年均增长 12.2%。其中，特别值得一提的是，2020 年新冠肺炎疫情之下，工业品物流总额同比增长 2.8%，其中高技术制造、装备制造等中高端制造物流需求全面回升，增速超过 10%。制造业服务化转型提速，带动制造业物流一体化、精益化、集成化发展，支撑实体经济稳定向好。农

产品物流总额增长 3.0%，单位与居民物品物流总额增长 13.2%，再生资源物流总额增长 16.9%；另外，进口货物物流需求增势良好，进口货物物流总额增长 8.9%，增速比上年提高 4.7 个百分点，原油、钢材、农产品、机电产品等重要原材料和零部件进口量保持较快增长，大宗商品物流全力保供，有力保障生产供应与国内经济正常运转。从不同货类看，原油、铁矿砂资源型产品进口量分别增长了 7.3%、9.5%，粮食、肉类农产品进口量分别增长了 28%、60.4%。

总体来看，"十三五"时期，民生物流年均增长 24.5%，成为助力形成强大国内市场的有力引擎。特别是 2020 年，内需驱动的民生物流成为疫情中的增长亮点，助力强大国内市场发展。无接触配送、社区电商物流、统仓统配等共同化多频次物流模式适应消费即时化、个性化、多样化需求转变。电商快递、冷链物流、即时配送等民生物流领域经受疫情考验仍保持较快增长。2020 年全年单位与居民物品物流总额同比增长约 13.2%，超过社会物流总额增速近 10 个百分点。

从社会物流需求构成来看，"十三五"时期，工业物流需求基本平稳，占了社会物流需求的绝大部分。2019 年工业品物流总额同比增长 5.7%，增速比上年同期有所回落，但仍是物流需求的主要力量。从需求结构来看，新兴的高技术产业、战略性产业进一步发挥支撑作用，持续的较快增长态势体现了我国产业结构调整方向的正确性。其中，2019 年全年战略性新兴产业与高端制造业物流需求同比分别增长 8.4%、8.8%，均快于工业品物流总额增长速度，前者高 2.7 个百分点，后者高 3.1 个百分点。2020 年，在坚持物流业结构调整的基础上，政府挖掘开发可引领行业的新动能，国际物流、网上零售物流等应需发展。在 2020 年后期复工复产的过程中，消费物流和民生物流需求飞速扩张，全年单位与居民物品物流总额比 2019 年同期增长约 13.2%，逆流而上的消费增长模式备受瞩目。此外，随着物流网点覆盖范围越来越广，服务越来越集中，农村物流发展进步喜人，2020 年消费品下乡与农产品进城产值破万亿元。

从变化趋势看，主要有三大趋势：（1）内需增长对物流需求增长起关键带动作用。工业品物流总额占比逐年下降，反映了工业物流需求对社会物流总需求的贡献率下降，内需扩张成为物流需求增长的主要来源。（2）新业态新模式引领消费增长。单位与居民物品物流总额占比持续上升。以2018～2020年为例，单位与居民物品物流总额占比分别为2.47%、2.82%、3.27%，占比逐年递增（见表4）。究其原因，新业态新模式是重要拉动引擎。2019年，大量电商跨界融合，出现了如生鲜电商、直播电商等，带动相关物流需求增长。（3）物流业转型升级可持续发展。进口货物物流规模保持扩大趋势，进口货物量质齐升。同时，物流企业响应政府政策号召，向绿色物流转型。

表4 2016～2020年社会物流总额构成

单位：%

年份	工业品物流总额占比	农产品物流总额占比	单位与居民物品物流总额占比	进口货物物流总额占比	再生资源物流总额占比
2016	93.16	1.57	0.30	4.57	0.39
2017	92.76	1.46	0.40	4.94	0.44
2018	90.71	1.38	2.47	4.98	0.46
2019	90.47	1.41	2.82	4.80	0.47
2020	89.94	1.53	3.27	4.73	0.53

资料来源：中国物流与采购联合会历年公布的相关数据。

（三）物流景气总体向好，企业盈利能力增强

根据表5和图4的数据，2016～2020年（"十三五"时期）我国物流业景气指数基本维持在55%左右的水平，最低水平出现在2020年2月，仅为26.2%，较同年1月回落23.7个百分点。这背后的一大原因，是受到了新冠肺炎疫情的冲击。新冠肺炎疫情突袭而至使得全国各行业大面积停工停产，物流业首当其冲。但当疫情防控形势逐渐好转之后，政府出台多项政策刺激居民消费，鼓励企业复工复产，全国各地分区分级开始有序恢复生产经营工作，物流景气指数也在经历短暂的低谷后回升，重新回到正常水平。

表5 2016年1月至2020年12月中国物流业景气指数（LPI）

单位：%

时间	物流业景气指数	时间	物流业景气指数
2016年1月	53.3	2018年7月	50.9
2016年2月	50.0	2018年8月	50.7
2016年3月	52.9	2018年9月	53.1
2016年4月	54.2	2018年10月	54.5
2016年5月	54.2	2018年11月	55.9
2016年6月	55.5	2018年12月	54.7
2016年7月	54.8	2019年1月	53.7
2016年8月	54.3	2019年2月	49.6
2016年9月	59.0	2019年3月	52.6
2016年10月	59.2	2019年4月	53.5
2016年11月	59.3	2019年5月	52.8
2016年12月	56.0	2019年6月	51.9
2017年1月	52.5	2019年7月	51.1
2017年2月	53.2	2019年8月	50.9
2017年3月	55.4	2019年9月	53.8
2017年4月	58.2	2019年10月	54.2
2017年5月	57.7	2019年11月	58.9
2017年6月	58.8	2019年12月	58.6
2017年7月	53.8	2020年1月	49.9
2017年8月	53.5	2020年2月	26.2
2017年9月	54.3	2020年3月	51.5
2017年10月	54.0	2020年4月	53.6
2017年11月	58.6	2020年5月	54.8
2017年12月	56.2	2020年6月	54.9
2018年1月	54.2	2020年7月	50.9
2018年2月	50.0	2020年8月	52.2
2018年3月	53.4	2020年9月	56.1
2018年4月	54.6	2020年10月	56.3
2018年5月	56.1	2020年11月	57.5
2018年6月	54.9	2020年12月	56.9

资料来源：中国物流与采购联合会。

2020 年全年中国仓储业务量指数平均为 52.5%，比 2019 年提高 1.2 个百分点，指数处于扩张区间，显示物流活动总体较为活跃，企业业务量水平均保持较好增长（见表 6）。

表 6　2016 年和 2020 年中国仓储业务量指数

单位：%

时间	仓储业务量指数	时间	仓储业务量指数
2016 年 1 月	47.7	2020 年 1 月	51.1
2016 年 2 月	46.4	2020 年 2 月	39.0
2016 年 3 月	53.8	2020 年 3 月	52.7
2016 年 4 月	51.0	2020 年 4 月	50.3
2016 年 5 月	51.2	2020 年 5 月	50.4
2016 年 6 月	50.6	2020 年 6 月	50.7
2016 年 7 月	53.7	2020 年 7 月	53.5
2016 年 8 月	53.0	2020 年 8 月	50.8
2016 年 9 月	50.6	2020 年 9 月	50.8
2016 年 10 月	50.7	2020 年 10 月	52.8
2016 年 11 月	54.5	2020 年 11 月	56.9
2016 年 12 月	52.7	2020 年 12 月	51.5

资料来源：中国物流与采购联合会。

（四）物流主体规模扩大，吸纳就业能力增强

据国家发改委介绍，截止到 2020 年 3 月，全国共有物流相关法人单位近 40 万家，从业人员超 5000 万人。一批实力强大的企业不断强化内部管理和服务，力争成为行业龙头。同时，物流业与汽车、电子、冶金等制造业加速深化融合，形成具有广泛影响的品牌标杆。受新冠肺炎疫情影响，部分中小微物流企业因抗风险能力不足，生存困难甚至退出市场。一批骨干物流企业迎难而上，市场集中度有所提升。截至 2020 年底，全国 A 级物流企业达到 6882 家，比 2016 年（3557 家）增加 3325 家，其中规模型 5A 级企业 367 家，比 2016 年（222 家）增加 145 家，50 强物流企业物流业务收入合计 1.1 万亿元，占物流业总收入的 10.5%，进入门槛提高到 37.1 亿元，比

2019 年增加了 4.5 亿元，同比增长 19%，比 2016 年（22.5 亿元）增加了
14.6 亿元。首批网络货运平台企业和供应链服务企业评估工作启动，星级
冷链物流、星级车队逐步形成规模。电商快递、零担快运、合同物流、航空
货运、国际航运、港口物流等细分市场集中度有所提高，涌现出一批规模型
骨干物流企业。企业间进行多种形式的联盟合作、重组整合，共御新冠肺炎
疫情风险，一批物流企业上市发展。传统物流企业逐步从物流提供商向物流
整合商与供应链服务商转变，物流核心竞争力显著增强。

此外，根据测算，2019 年末全国物流岗位相关从业者人数达 5191 万人，
比 2016 年增长 3.6%，年均增长 0.9%，且可预见未来人数还会呈上涨趋势。
物流业的快速发展为众多择业者提供了新的选择，缓解了就业压力。

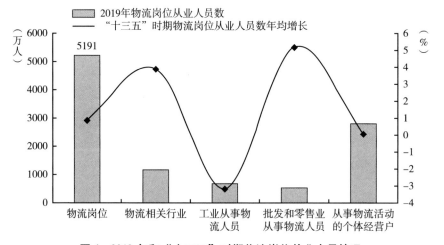

图 4　2019 年和"十三五"时期物流岗位从业人员情况

从就业结构的角度进行分析，我国物流业有以下特点：（1）从业人员
专业化程度及综合素质均有明显提升。目前，全国高校物流学科点超 2000
个，五年培养物流毕业生近 80 万人，高素质人才队伍逐渐补充完善。
（2）物流从业者大多集中在运输物流模块。其中，道路运输就业者增速较
快，铁路和水路运输增速趋缓。（3）多式联运等新型行业成为吸纳就业的
主要力量。"十三五"时期，多式联运及运输代理行业从业人数年均增长率
为 8%，高于行业平均水平。

（五）物流成本增势趋缓，物流运行提质增效

"十三五"时期，国家出台一系列降本增效、减税降费的政策，效果显著。2020 年社会物流总费用与 GDP 的比率为 14.7%，同上年基本持平，比 2015 年同期下降了 1.3 个百分点，物流效率进一步提升。其中，物流运输效率持续提高，运输费用结构趋于合理，具体表现为（相对费率较低的）铁路、管道运输费用占比上升，（相对费率较高的）道路运输费用占比下降。多式联运等高效连接方式的出现促进了运输结构的优化。然而，从近几年的趋势来看，物流成本由快速下降期转入平台期。2017 年之前，社会物流总费用与 GDP 的比率连续下降，2018～2020 年则有所提高。在未来一段时期，这一比率仍可能在 14%～15% 的区间波动。

表7　2011～2020年我国社会物流总费用及增速

单位：万亿元，%

年份	社会物流总费用	GDP	社会物流总费用同比增速	GDP 同比增速
2011	8.4	48.79	18.5	9.6
2012	9.4	53.86	11.4	7.9
2013	10.2	59.30	9.3	7.8
2014	10.6	64.36	6.9	7.4
2015	10.8	68.89	2.8	7.0
2016	11.1	74.64	2.9	6.8
2017	12.1	83.20	9.2	6.9
2018	13.3	91.93	9.8	6.7
2019	14.6	99.10	7.3	6.1
2020	14.9	101.60	2.0	2.3

资料来源：中国物流与采购联合会历年发布的《全国物流运行情况通报》、国家统计局网站。

从物流总费用构成来看，2011～2020 年，社会物流总费用占 GDP 比重从 17.8% 下降到 14.7%，下降幅度为 17.4%；运输费用占 GDP 比重由 9.3% 下降到 7.7%，下降幅度为 17.2%；保管费用占 GDP 比重由 6.4% 下降到 5%，下降幅度达 21.9%；管理费用占 GDP 比重由 2.1% 下降到 1.9%，

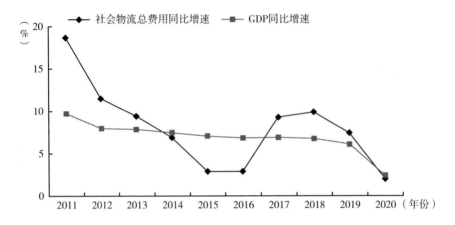

图5 2011～2020年社会物流总费用增速与GDP增速比较

下降幅度达9.5%，可见，保管费用的降幅远大于运输费用和管理费用，说明这一时期单位GDP物流成本的下降主要缘于保管费用的下降。其中，"十三五"时期，运输费用占GDP比重由8%下降到7.7%，保管费用所占比重由4.9%上升到5%，管理费用所占比重由2%下降到1.9%，说明这一时期运输费用和管理费用的下降对单位GDP物流成本的下降贡献最大。综上可知，运输费用、保管费用和管理费用在不同时期对社会物流成本变动的作用和影响不同，究其原因，不同时期物流业降本增效的侧重点不同，前期主要依靠物流企业经营管理水平的提高，后期则主要依靠运输供给市场的优化和政府制度环境的改善等。

表8 2011～2020年社会物流总费用及各分项费用占GDP的比重

单位：%

年份	社会物流总费用	运输费用	保管费用	管理费用
2011	17.8	9.3	6.4	2.1
2012	18.0	9.5	6.3	2.2
2013	16.9	8.9	5.9	2.0
2014	16.6	8.8	5.8	2.0
2015	16.0	8.5	5.4	2.1
2016	14.9	8.0	4.9	2.0

年份	社会物流总费用	运输费用	保管费用	管理费用
2017	14.6	8.0	4.7	1.9
2018	14.8	7.7	5.1	2.0
2019	14.6	7.7	5.0	1.9
2020	14.7	7.7	5.0	1.9

资料来源：中国物流与采购联合会发布的《全国物流运行情况通报》（2011～2020年）。

此外，多式联运与基础建设加快发展推进，着力打造"最先一公里"和"最后一公里"。同时铁路运输服务质量提升，2020年全社会货运量构成分布中，铁路货运量占比提至10%，增长贡献主要来自高铁快运、集装箱运输等愈加高效便捷的运输方式。

（六）传统物流基础设施与物流"新基建"投入保持高位运行

"十三五"时期，我国传统物流基础设施与物流"新基建"投入保持高位运行，物流运输基础设施和运输条件大为改善。从运输方式上看，我国已经逐步形成铁路、公路、航空、港口和海运有机结合的态势，交通运输条件的改善极大地促进了区域间资源流动，提高了物流运行效率。同时，铁路物流中心建设不断推进，物流园区基地、中心等物流设施发展较快。据中国物流与采购联合会调查统计，2018年全国运营、在建和规划的各类物流园区超过1600个。截至2019年底，全国铁路货运营业线路总里程达到13.9万公里，其中全国高速铁路突破3.5万公里。全国公路运营里程达到501.25万公里，比2012年底新增16.6万公里，其中高速公路里程增加0.7万公里。全国内河航道通航里程12.73万公里，港口万吨级以上船舶专用泊位2520个，定期航班及货运专用机场237个。全国水上运输船舶和道路客货运车辆分别达到13.16万艘和1165.49万辆。随着国内大量的集物流货运服务、生产物流服务、贸易物流服务和集成物流服务于一体的大型综合物流园区建成，一批功能集聚、资源整合、供求对接、集中运营的现代化物流服务平台陆续投入运营，同时现代化的仓储流通等基础设施和不断提高的

物流管理水平，为区域协调发展和产业转移提供了物质支撑与物流服务。2020年全年预计完成交通固定资产投资3.4万亿元，投产铁路营运里程4585千米，新改（扩）建高速公路约1.3万千米，智能快递箱超40万组。针对疫情防控中暴露的物流短板，首批17个国家骨干冷链物流基地建设名单发布，农产品仓储保鲜冷链物流设施建设得到支持，国家冷链物流网络开始搭建。第三批示范物流园区工作组织开展，铁路专用线建设得到政策支持。国家物流枢纽再添新成员，第二批22个国家物流枢纽建设名单发布。国家物流枢纽联盟组建运行，45家枢纽运营主体单位加入。智慧物流基础设施建设发力，智慧物流园区、智慧港口、智能仓储基地、数字仓库等一批"新基建"投入，促进通道＋枢纽＋网络的物流基础设施网络体系加快布局建设。

到"十三五"期末，我国高铁运营里程、高速公路通车里程均居世界第一。规模以上物流园区超过2000个，国家物流枢纽45个，骨干冷链物流基地17个。技术应用方面，物流机器人、无人机、无人仓、无人配送、无人卡车、无人码头等新型物流模式走在世界前列。

（七）数字化转型智能化改造加快　智慧物流发展迅速

"十三五"时期，我国物流业数字化转型智能化改造加快，智慧物流发展迅速，特别是新冠肺炎疫情加速行业数字化转型。2020年全年实物商品网上零售额增长14.8%，占社会消费品零售总额比重达到24.9%，比2019年提高4.2个百分点，占社会消费品零售总额比例首次超过1/4。传统企业积极向网上转移，带动传统物流向线上线下融合模式转变，全程数字化、在线化、可视化渐成趋势。头部物流企业加大智能化改造力度，物流机器人、无人机、无人仓、无人配送、无人驾驶卡车、无人码头等无人化物流模式走在世界前列。连接人、车、货、场的物流互联网正在加速形成，物流数据中台助力企业"上云用数赋智"（云服务支持、大数据融合运用、智能化改造）。网络货运日均运单量13万单，车货匹配向承运经营转变。运力服务、装备租赁、能源管理、融资服务等互联网平台服务中小物流企业，助推中小企业数字化转型。物流业作为现代信息技术应用场景最多的服务业，迎来了数字化转型的加速期。

（八）物流政策更趋完善，营商环境不断优化

近年来，国家有关部门连续出台相关政策措施，聚焦物流降本增效。2016 年 9 月，国家发展改革委出台《物流业降本增效专项行动方案（2016 - 2018 年）》，从简政放权、降税清费、补短强基、互联互通、联动融合等五个方面提出了 21 项降低企业物流成本、提高社会物流效率，大力推进物流业转型升级和创新发展的政策措施。2017 年 8 月，国务院办公厅印发《关于进一步推进物流降本增效促进实体经济发展的意见》，从七个方面提出了27 项具体措施，部署推进物流降本增效有关工作。2018 年 5 月，国务院常务会议确定进一步降低实体经济物流成本的措施，对物流企业承租的大宗商品仓储设施用地减半征收城镇土地使用税，对挂车减半征收车辆购置税，对货车年审、年检和尾气排放"三检合一"，取消 4.5 吨及以下普通货运从业资格证和车辆营运证，对货运车辆推行跨省异地检验，推动取消高速公路省界收费站。物流政策法规的接连出台，促使物流业营商环境持续优化。2019年，物流产业政策更具针对性和提升性，政府聚焦农村物流、产业融合、供应链创新等多角度，发布近 60 份相关文件。从量上而言，政策密集性出台促使物流业高质量发展；从质上而言，一系列降本增效的措施投入实践，助力企业转型升级，提高物流效率。

与此同时，在"放管服"的改革背景下，物流业营商环境不断优化。世界银行《2020 年全球营商环境报告》显示，我国营商环境排名跃升至第31 位，上升 15 位。

二 物流运行压力犹存，不稳定问题仍需关注

总体来看，"十三五"时期我国物流业发展虽有曲折，但总体向好，未来的发展也将保持较强韧性，可我们仍要重点关注目前尚存的一些物流运行问题。

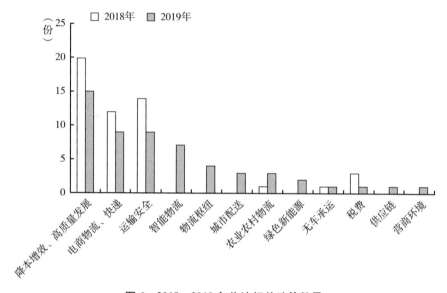

图6 2018～2019年物流相关政策数量

（一）物流需求结构性问题

自2020年以来，世界人民对新冠病毒的认识经历了一个动态的发展过程，无论不同国家在处置疫情的方式上有何差异，各国的防疫措施和体系都在日渐成熟完善。相对而言，经济各项秩序已大体运行正常，疫情对其影响将逐步衰减。但同时应注意到，当今全球正面临百年未有之大变局，国际形势错综复杂，国际政治力量分化，逆全球化趋势将长期存在。结合2020年数据来看，我国在防疫前提下的复工复产工作虽然助力物流业景气指数回升，但工业物流需求、传统制造业物流需求等增速快慢不一，可能造成结构失衡，未来这一趋势也许会更加明显。

（二）社会总库存积压问题

在供给侧结构性改革的背景下，"去库存"是我国经济改革的重点之一。受新冠肺炎疫情的影响一些企业停工停产，社会总库存大量积压，而我国应对措施到位，2020年中后期各行业经济重启，"去库存"得以加速推进，但与历史同期相比货物库存仍处于较高水平。以工业企业为例，2020

年12月末工业企业存货同比增长5.2%，存货周转天数升至17.9天。2021年这一趋势或将延续。

（三）物流业成本上涨问题

数据显示，2020年大部分物流企业的营业收入比上年同期略有下降，近半数企业处于亏损状态，利润率未达往年的50%。综合考虑各项因素，物流企业盈利能力偏弱主要有以下几方面原因。

第一，物流行业竞争激烈，物流服务价格指数表现低迷。2020年，物流服务价格指数除第四季度有所回升之外，前三季度持续走低，全年指数平均低于50%，同比下降5%。从类型划分来看，中国沿海（散货）运价指数全年平均为1039.1点，同比下降2%；公路物流运价指数全年平均为98.4点，低于历史基期价格水平。

第二，疫情防控需要推动企业运营成本升高。根据中央的疫情防控提示，相关部门对跨境物流、冷链物流等领域加强监管措施，接连发布《进口冷链食品预防性全面消毒工作方案》《冷链食品生产经营过程新冠病毒防控消毒技术指南》等文件，对货物仓储、运输、配送各环节严加规范，物流企业积极响应政策要求，开展预防性消杀、货物监测等工作。据不完全统计，该项费用支出超700亿元。出于防控需要，这部分成本短时间内可能继续保持增长态势。

第三，物流企业资金紧张。2020年下半年物流企业的经营状况比上半年有所改善，但许多小微企业仍存在资金周转困难，尤其是疫情影响导致供应链衔接出现问题，更加剧了企业困境。1~11月物流企业流动资金周转次数同比下降0.1次，应收账款回收期比上年延长12%。此外，疫情下企业经营成本普遍上涨，现金流持续流出，也给物流产业带来不小的冲击。

未来一段时期，我国将加快构建以国内大循环为主体、国内国际双循环相互促进的新发展格局。在新发展格局下，宏观经济将持续高质量发展，物流产业也将在持续扩大规模的基本方向上，深化产业融合、提高物流质量、改善运行效率，为我国的经济建设提供坚实的物流保障。

三 "十四五"物流业发展趋势

党的十九届五中全会审议通过了《中共中央关于制定国民经济和社会发展第十四个五年规划和二〇三五年远景目标的建议》，这是夺取全面建设社会主义现代化国家新胜利的纲领性文件。其中4次提到物流，8次提到供应链，包括"加快发展现代物流等服务业""完善综合运输大通道、综合交通枢纽和物流网络""构建现代物流体系""完善乡村物流等基础设施""提升产业链供应链现代化水平"等，物流业在国民经济中的基础性、战略性、先导性地位进一步增强。

对于我国的物流业发展而言，"十四五"时期依然是挑战与机遇并存的一个周期。我们应着力解决两大方面的问题：一是关注物流"卡脖子"问题，构建安全稳定、自主高效的产业链供应链。二是发展农村物流。近年来，虽然农村物流在服务网点、收发快件等方面有所进步，但要实现乡村振兴、提升农业质量效益与竞争力，尚存在很大的进步空间。

（一）"十四五"物流业发展面临的新形势

"十四五"规划纲要对现代物流的关注前所未有。通篇有21处直接提到"物流"，分布在深入实施制造强国战略、促进服务业繁荣发展、建设现代化基础设施体系、强化流通体系支撑作用、打造数字经济新优势、丰富乡村经济业态、实施乡村建设行动、提升城镇化发展质量、加快发展方式绿色转型、构建基层社会治理新格局、促进国防实力和经济实力同步提升等多个章节，全方位、多角度勾画出现代物流体系的建设蓝图。例如，在物流基础设施建设方面，要求"加快发展冷链物流，统筹物流枢纽设施……发展高铁快运等铁路快捷货运产品"，"建设现代化综合交通运输体系，推进各种运输方式一体化融合发展，提高网络效应和运营效率"，并在交通强国建设工程中专门列入"推进120个左右国家物流枢纽建设"。在产业物流方面提出，"聚焦增强全产业链优势，提高现代物流等发展水平"。在物流降本增效方面，要求"规范和降低港口航运、公路铁路运输等物流收费"。在智慧物流方面，要求"构建基于5G的应用场景和产业生态，在智能交通、智慧物流、智慧能源、智慧医疗等重点领域开展试点示范"，"深入推进服务业数字化转型，培育众包设计、智慧物流、新零售等新增长点"。在国际物流方面，要求"加强国际航空货运能力建设，提升国际海运竞争力，优化国际物流通道，加快形成内外联通、安全高效的物流网络"。在应急物流方面，要求"加快建立储备充足、反应迅速、抗冲击能力强的应急物流体系"。在绿色物流方面提出"推动城市公交和物流配送车辆电动化"。此外，还有多处对创新运用"供应链"提出了明确要求。

可以预见，"十四五"及未来更长一段时期，中国的工业化、数字化、市场化、城镇化、国际化、绿色化、多元化将持续推进，物流业发展的需求、技术供给、制度、资源环境均会发生重大变化。

工业化全方位、立体式推进，从工业2.0迈向工业3.0、4.0和5.0，驱动以往单一、各自发展的物流业态向连接、联合、联动、共利、共赢、共享的综合物流与一体化物流转变；新产业革命推动着中国从消费互联网大国向产业互联网大国迈进，加之消费升级和市场细分，电子商务物流、数字物流、智能物流、平台物流、协同物流、共享物流、末端物流、快递、配送等快速发展，数字驱动将成为物流发展的新模式。

随着市场体系完善与政府职能转变，市场将在更广领域配置资源，充分竞争的市场将提高物流产业集中度；要素成本上涨，土地、资源环境、安全约束加强，对精益物流、绿色物流提出迫切要求；迈向高收入国家，要求加快发展更好地服务于民、方便于民、施益于民的民生物流；中国推动着东西方互动的全球化，以"一带一路"物流为基础的全球物流和供应链服务体系建设将深入推进；区域全面经济伙伴协定（RCEP）生效将为国际物流突破发展带来重大推力；受新冠肺炎疫情的冲击，全球物流与供应链格局将发生重大调整，全球物流与供应链体系、结构与空间分布会有很大变化，供应链竞争将会更加激烈。

（二）"十四五"应以"八大战略"引领物流业发展

当前，中国物流业正处在国内外深刻变革的进程中，物流业的重要性更加凸显。改善物流绩效，增强物流能力，推动物流业由大变强，是应对全球变革的必然要求，对于提高经济运行效率和国家竞争力、调整经济结构和转变发展方式、扩大内需、繁荣市场、推进国际化、保障民生与供应链安全，构建新发展格局均有重大的意义。

为此，"十四五"中国物流业应服务于构建新发展格局，统筹国际国内，统筹城乡，统筹当前与长远，紧紧把握新科技革命和产业变革的时代机遇，以"完善体系，优化网络，调整结构、创造价值、整合资源、互联互通、融合发展、一体化运作、节能环保、惠及民生"为着力点，以更好的体制机制和政策为保障，构筑起面向未来的物流和供应链服务体系。

1．安全可控战略

今后一段时期，全球产业链供应链将加快重构。新冠肺炎疫情的暴发暴露了国际国内供应链弹性不足、控制力偏弱的短板。供应链核心企业将更加关注物流等"卡脖子"环节，加强物流集中管理，寻找可替代物流解决方案，增强供应链弹性和可靠性，延伸供应链，提升产业链现代化水平。物流业将深度嵌入产业链供应链，助力产业链供应链稳链；将增强供应链一体化服务能力，促进产业链供应链补链；将创造物流服务供应链新价值，推动产业链供应链强链。自主可控的国际物流资源积累和服务能力将得到加强，提升产业链供应链国际竞争力，维护经济社会安全稳定。

2．网络化战略

根据经济社会发展要求，完善和优化物流基础设施网络、组织网络、运营网络和信息网络，构筑统筹国际国内、东中西、沿海和内地、城市与农村、省市县乡、社会化与自营的不同层级、不同功能、有效衔接的现代物流服务体系。中共十九大提出要加强物流基础设施网络建设，2020年政府工作报告提出要重点支持"两新一重"（新型基础设施、新型城镇化以及交通、水利等重大工程）建设，将加快传统基础设施与新型基础设施的融合。

我国交通与物流基础设施投入加大，但城市群、都市圈、城乡间、区域间、国内外物流网络尚未全面形成，国家物流枢纽、区域物流园区、城市配送中心与城乡末端网点对接不畅，多层次、立体化、全覆盖物流基础设施网络还有较大发展空间。随着物流设施网络与区域经济的协同发展，物流基础设施补短板和锻长板将成为重要投资方向。5G网络、人工智能、大数据、区块链等现代信息技术与物流设施融合，实现线上线下资源共享，互联高效、网络协同的智能物流骨干网有望形成，并成为现代化基础设施体系的重要组成部分。

3. 精细化战略

满足不断分层化、分散化和精细化的市场，紧扣用户体验、产业升级和消费升级的需求，使物流服务精准定位、精细服务、精细管理、精确评价，精益求精、止于至善。当前，内需已经并将长期成为我国经济增长的根本支撑。培育完整的内需体系，有利于激发我国超大规模市场优势，稳住经济增长基本盘。物流业作为连接生产与消费的重要环节，将成为扩大内需的战略支点。与居民生活和食品安全相关的即时物流、冷链物流、电商快递、城市配送等领域仍将保持较快增长；共同配送、仓配一体、逆向物流等服务模式将快速发展；配送中心、智能快递箱、前置仓、农村服务站点、海外仓等民生物流配套设施投入力度加大，消费物流服务网络与服务能力加快形成。

4. 智能化数字化战略

把握新科技革命和产业变革的重大机遇，抢占未来发展的制高点。应用自动化、信息化、数字化、智能化技术，实现物流资源的全方位连接和安全、高效、灵敏、实时、可控、人性的智能物流服务。近年来，世界主要经济体正进入以数字化生产力为主要标志的全新历史阶段，我国以数字经济为代表的新动能加速孕育形成。传统物流企业数字化转型与新兴数字企业进入物流市场同步推进，物流商业模式和发展方式加快变革，拓展产业发展空间。现代信息技术从销售物流向生产物流、采购物流全链条渗透，将助力物流业务在线化与流程可视化，增强全链条协同管理能力。数据和算法推动物流大数据应用，传统物流企业加速数字化智能化网络化转型，智慧物流模式将全方位提升管理效能。依托新型基础设施，数字物流中台全面发展，智能

化改造提速，将带动传统物流企业向云端跃迁，上下游企业互联互通，中小物流企业加快触网，构建数字驱动、协同共享的智慧物流新生态，更好地实现与实体经济的融合发展。

5. 融合发展战略

着眼于物流业服务生产、流通和消费的内在要求，加强物流资源和供应链整合，提升物流服务和供应链管理能力，推动物流业与各次产业、地区经济互动协同发展，充分发挥物流业在国民经济中的桥梁、纽带、助推器、总调度等作用。我国作为世界第一制造大国，制造业智能化、服务化既是提升制造业质量效益的必然选择，也是构建现代产业体系的必由之路。物流业与制造业深度融合，将从简单的服务外包向供应链物流集成转变，通过内部挖掘降成本潜力、外部提升综合服务能力，增强产业链韧性；将从物流与制造空间脱节向制造业与物流业集群发展转变，发挥物流枢纽集聚和辐射功能，吸引区域和全球要素资源，带动区域经济转型升级；将从物流与制造资源分散向平台化智能化生态化转变，扩大企业边界，转变生产方式，优化资源配置，创造产业生态体系。工业互联网将带动物流互联网兴起，实现供应链全程在线化数据化智能化，助力智能制造创新发展，推动我国产业迈向全球价值链中高端。

6. 全球化战略

把握全球化和国际格局变化的新特点，本着"利他共生，共创共享，互利共赢"的原则，深化国际合作，打造全球物流和供应链体系，主动参与国际分工，提升中国在全球价值链中的地位、在全球供应链中的影响力，提升全球连接、全球服务、提供全球解决方案的能力。今后一段时期，我国第一货物贸易大国的地位将更加巩固，国内国际双向投资与世界经济深度互动，吸引国际商品与要素资源集聚，离不开全球物流服务的保驾护航。国际航运、航空货运等助力打通国际大通道，中欧班列、陆海新通道等国际物流大通道将加快建设，带来更高水平、更大范围、更深层次的物流开放新局面。国际航空货运、铁路班列受新冠肺炎疫情影响将进入快速发展期，并逐步与国内网络实现有效衔接和双向互动。国际快递、国际航运、国际班列服务商将加速向全程供应链物流整合商转变，提供供应链一体化解决方案。具有国际竞争力的现代物流企业日益增多，将跟随国内大型企业抱团出海，立足国际物流枢纽建设，加强境内外物流节点与服务网络铺设，参与国际物流规则制定，在全球物流与供应链网络中发挥更大作用。

7. 绿色可持续战略

着眼于生态文明、环境友好、资源节约和安全等，实现土地、能源、资源的集约和节约利用，减少污染、降低排放，最大程度减少物流活动的负面影响。我国在第 75 届联合国大会上提出，力争 2030 年前二氧化碳排放达到峰值，努力争取 2060 年前实现碳中和。这一减排承诺引发了国际社会的热烈反响，对持续改善环境治理提出了更高要求。物流业作为重要的移动排放源，环保治理压力将进一步加大，倒逼传统物流生产方式变革，绿色环保、清洁低碳成为其发展新要求。绿色物流装备将得到全面推广，绿色包装、绿色运输、绿色仓储、绿色配送等绿色物流技术将加快普及应用。集装箱多式联运、托盘循环共用、甩挂（箱）运输、物流周转箱、逆向物流等绿色物流模式得到广泛支持，绿色物流质量标准将严格执行，一批绿色物流企业加快涌现，推动经济社会全面绿色化转型。

8. 协同发展战略

"双循环"新发展格局将推动我国经济发展空间结构深度调整，促进各类生产要素合理流动与有效集聚，带动物流区域布局协同发展，物流要素区域集中化规模化趋势显现。中西部地区作为未来新型城镇化、新型工业化的主战场，物流资源将加速集中集聚，较快形成规模经济。东部地区物流设施现代化改造升级提速，物流布局与产业布局协同发展。粤港澳大湾区、"一带一路"、长江三角洲、京津冀、长江经济带等区域发展重大战略全面推进，将带动区域物流基础设施布局优化，区域覆盖全面、功能配套完善、技术水平先进的物流基础设施建设先行，将提升区域物流服务水平，释放枢纽经济红利，打造区域经济新增长极。

9. 优化营商环境战略

营造市场化、法治化、国际化营商环境是实现治理体系与治理能力现代

化的内在要求。物流业营商环境将持续改善，充分激发市场主体活力。混合所有制改革在物流领域将进一步深化，探索做强做优做大国有物流资本。企业兼并重组和平台经济将更加规范，防范垄断与资本无序扩张。物流降本增效深入推进，简政放权、加强监管、优化服务改革进一步深化，数字化监管与治理兴起，跨部门协同共治深入推进，更好地发挥全国现代物流工作部际联席会议机制作用，推动行业综合协调与机制创新。标准、统计、教育、培训、信用等行业基础工作稳步推进，行业社团组织协同治理体制将发挥更大作用，维护社会公共利益和会员正当权益，推动社会治理现代化发展，高效规范、公平竞争的物流统一大市场将加快形成。

参考文献

何黎明：《我国物流业 2020 年发展回顾与 2021 年展望》，《中国流通经济》2021 年第 3 期。

何黎明：《构建现代物流体系　建设"物流强国"——2020 年我国物流业发展回顾与展望》，《中国物流与采购》2021 年第 3 期。

荆林波、姜旭、于颖、张芸：《现代物流体系建什么》，《经济日报》2021 年 6 月 15 日。

魏际刚：《对"十四五"物流业发展的战略思考》，《中国远洋海运》2021 年第 4 期。

汪鸣：《把握好"十四五"我国现代物流体系建设方向》，《中国经贸导刊》2021 年第 7 期。

张俊勇、郭彩荔、陈艳春：《我国"十三五"物流业发展成就及"十四五"发展展望》，《铁路采购与物流》2020 年第 4 期。

龚雪：《供给侧结构性改革下物流成本降低的路径》，《甘肃社会科学》2019 年第 5 期。

王雪峰、荆林波：《构建"双循环"新格局　建设现代流通体系》，《商业经济与管理》2021 年第 2 期。

王颖澎、赵振智：《新发展格局下我国物流业发展的国际比较》，《山东社会科学》2021 年第 2 期。

B.7
中国零售业并购发展报告

李 丽　薛雯卓　李凌睿*

摘　要： 在全面深化改革，转变经济发展方式，强调扩大内需、刺激消费的背景下，本报告简要梳理了中国并购市场发展的整体情况，发现 2016～2020 年，中国并购事件数量有所波动，但进入相对成熟时期。中国零售业并购市场的发展情况与中国整体并购发展相协调，具有活跃、大规模的并购市场，同时具有并购进度快、成功率高、并购方式多样、以协议收购为主、并购目的多元化、以横向整合为主、并购透明度高、控制类并购数量多、线上线下相融合的特点。随着新冠肺炎疫情逐渐得到控制，预计 2021 年，中国零售业并购的数量和金额将会回升，新零售模式会进一步推动零售业并购市场的发展。

关键词： 零售业　并购　新零售模式　并购趋势

一　中国零售业并购研究背景

（一）新时期开放政策不断深化

"十三五"时期以来，为确保稳定实现经济发展目标，我国采取了更

---

* 李丽，经济学博士，北京工商大学贸易经济系教授，教学主任，博士生导师，研究方向为贸易经济；薛雯卓，北京工商大学经济学院 2020 级产业经济学研究生；李凌睿，史蒂文斯理工学院数据科学硕士。

深层次的开放政策：更广领域扩大外资市场准入，促进贸易和投资自由化、便利化，促进更高水平对外开放；坚持推动共建"一带一路"沿着高质量发展方向不断前进，既为世界各国发展提供新机遇，也为中国开放发展开辟了新天地；我国大力推动区域经济一体化，鼓励按区域集群发展，例如长三角一体化、大湾区、京津冀、成渝、西部走廊等一体化发展战略。对外开放和经济一体化等政策战略正在影响中国并购市场，推动中国企业不断提高自身竞争力水平，走出国门，走向世界。

（二）中国经济发展方式转变

改革开放以来，我国经济得到了飞速发展，人民财富快速积累，但这种粗放式、非均衡的发展模式也给中国带来了许多负面影响，如经济发展质量低，以牺牲环境换来的经济短期快速增长造成了严重的生态破坏和污染，产业结构不合理，且处于全球产业价值链的低端，产品附加值低，企业创新动力不足，发展韧性不足，阶段性的对外开放政策也带来了区域发展不平衡、东西部差距过大，城乡发展不平衡等一系列问题。"十三五"以来，为了转变经济发展方式，促进经济可持续发展，我国大力推动产业转型升级，强调推进高质量发展，提出并推进"供给侧结构性改革"和"三去一降一补"等政策，这些政策促进了企业完善自身组织结构，转变发展模式，给企业提供了新的并购重组的机会和空间。

（三）国内消费升级推动零售业发展

随着全球经济的不断升温，零售行业也迅猛发展。2018 年全球零售销售额达到 27.73 万亿美元，其中，中国社会消费品零售总额增至 38.1 万亿元；2019 年，我国社会消费品零售总额增加至 41.2 万亿元，同比增长 8%，消费成为拉动经济增长的主要动力。但随着居民可支配收入的不断提高，人们对产品的关注点不再局限于价格低廉，而是更注重对品质的追求，这将驱动零售行业转型升级，寻找新的发展模式，促进新零售与传统零售融合，而并购将成为主要的助推方式。

（四）宏观环境和政策推动并影响并购趋势

在政策层面，近几年国家及各地政府出台了多项促进零售业发展、刺激消费的政策建议，如印发《关于加快发展流通促进商业消费的意见》，顺应消费变革和消费升级趋势，引导电商培育新消费、拓宽生态产品线上线下销售渠道；印发《关于完善跨境电子商务零售进口监管有关工作的通知》，进一步扩大了跨境电商零售进口享受税收优惠政策的商品范围，提高了金额上限；同时鼓励国有企业积极参与境内并购交易活动。受到宏观经济环境的影响和国家政策的支持，中国零售业发展前景良好，零售并购越来越多地成为零售商对外扩张的重要手段。

二 2016~2020年中国并购活动整体发展情况

（一）中国并购活动的发展历程

20世纪90年代，随着社会主义市场经济的逐步确立完善，中国的并购活动开始了探索时期，并购的事件数量和并购总体金额有限；21世纪初期，随着改革开放不断深化和中国成功加入WTO，为满足规模扩张和行业整合发展，企业并购事件快速增加，并购金额迅速提升；2008年，由于美国次贷危机的影响，中国的并购事件和并购金额均有回落趋势；2013年以来，在转变经济发展方式和产业结构转型升级的高质量发展背景下，中国的并购活动趋于理性，并购事件的数量和金额呈现理性增长态势。

2016年，中国的并购数量有明显下降，这主要是因为出台了一些监管法规政策，包括6月出台的限制募集配套资金的金额及用途政策，9月修订后的新重组办法，严控规避借壳上市，既促进了资本市场的稳定，又完善了并购市场的制度。在对并购市场进行强力整肃之后，2017年政府又释放出鼓励并购重组信号，安抚市场情绪，并购数量从2016年的5367起激增到了

2017 年的 10051 起，增幅近 90%，但并购金额并未有大幅度反弹，2018 年以来，并购事件数量呈轻微下降趋势，但并购涉及的总体金额不断增加，2020 年达 85391.08 亿元，接近 2019 年并购金额的两倍。中国并购市场的整体发展情况见图 1。

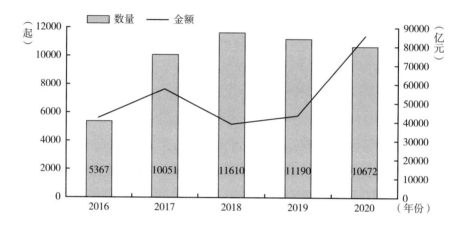

图 1　2016～2020 年中国并购市场整体情况

资料来源：WIND 资讯并购数据库。

（二）中国并购规模等级的数量结构

根据并购金额，可以将并购规模划分为未披露交易金额、1 亿元以下、1 亿元以上至 5 亿元、5 亿元以上至 10 亿元、10 亿元以上至 50 亿元和 50 亿元以上六个等级。2016～2020 年，中国的并购规模较小，并购金额以 1 亿元以下为主，其占比维持在 40% 左右；其次是 1 亿元以上至 5 亿元的并购规模，其占比在 10% 元以上至 20%；5 亿～10 亿元的并购规模占比在 3%～6%，10 亿～50 亿元的大规模并购事件占比在 4% 左右，50 亿元以上的超大型并购事件占比在 1%～2%。总体来看，并购数量占比随着并购规模的扩大而减少，但是大规模并购事件的数量具有增加趋势，并购规模也不断上升。但并购活动的透明度提高不明显，未披露金额的并购事件数量仍占有较大比重，且数量不断增加（见图 2）。

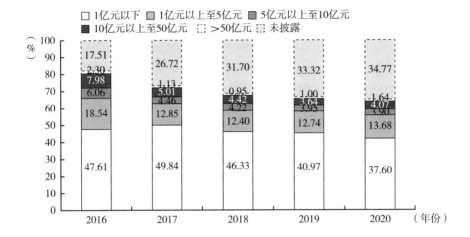

图2 2016～2020年中国并购规模等级的数量结构

资料来源：WIND资讯并购数据库。

（三）中国并购规模等级的金额结构

根据并购金额的等级划分，可以了解不同时期中国并购规模等级的分布情况。2016～2020年，中国的大规模和超大规模并购金额在并购总额中占有绝对主导地位，总体占比在80%以上，2020年，仅50亿元以上的并购规模在并购总额中的占比高达80.57%，这解释了2020年并购事件个数虽然较2019年有所下降，但并购总体金额是2019年的近2倍的原因。10亿元以下的并购虽然在数量上占有主导地位，但金额占比不足20%，说明中国并购市场进入由行业龙头带领的强强联合的理性并购时期（见图3）。

（四）中国并购数量区域分布

伴随着市场经济和改革开放的地区性推广和深化，中国的并购活动具有地域性差异，最早在东部沿海城市出现，如北京、上海、广东、福建等，随后在全国各地蔓延。2016～2020年，中国的并购活动发生频率最高的地区是华东地区，占比在40%左右，其次是中南地区和华北地区，分别占比

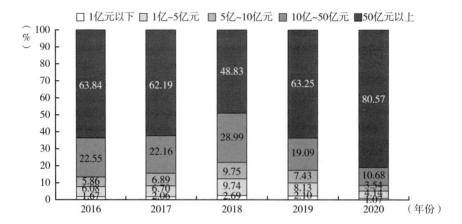

图 3　2016～2020 年中国并购规模等级的金额结构

资料来源：WIND 资讯并购数据库。

25%左右和 20%左右，经济较为落后的西北、西南和东北地区的并购活动
较不活跃。在该阶段，中国并购的地域分布情况比较稳定，东部经济发达地
区并购活动相对活跃，中部地区并购数量明显增加（见图 4）。

图 4　2016～2020 年中国并购数量区域分布情况

资料来源：WIND 资讯并购数据库。

（五）中国并购金额区域分布情况

早期并购金额主要集中在华东地区，但随着并购活动在全国范围的发展，华东地区不再是并购金额的绝对重心，2016～2020年，华东地区的并购数量占比虽在40%以上，但其金额占比仅在20%～40%，2018年占比最大，达到38.69%，2020年降为24.86%，金额占比波动较大。华北地区在2018年前后成为并购金额的绝对重心，随着并购活动趋于理性发展，其并购金额占比逐渐回落，稳定在30%左右。中南地区的并购金额占比呈现上升趋势，2018年超过华北地区，2020年达到31.28%，超过华北和华东地区，成为并购金额占比最大的地区（见图5）。

图5　中国并购金额区域分布情况

资料来源：WIND资讯并购数据库。

三　2016～2020年中国零售业并购情况

（一）中国零售业进入理性并购阶段

零售是向最终消费者个人或社会集团出售生活消费品及相关服务，零售

业是与居民生活关系最为密切的行业，20世纪90年代以前，中国零售市场仅有百货商店单一零售业态，对外开放以来，消费者的消费需求逐渐多元化，刺激了中国零售市场的发展，催生了大型超市、便利店等新型零售业态，扩大了中国零售业的发展规模。

伴随着零售业的发展，20世纪90年代，中国零售业并购逐渐出现，但数量和金额较低；进入21世纪后，零售业并购数量和金额稳步增加，2005年并购金额超过100亿元，被称为中国零售业并购元年，国际大型商场涌入中国市场；进入并购爆发期后，跨国零售商的并购范围从一、二线开放城市扩大到三、四线城市，国内中大型百货为应对外资的竞争，开始规模化发展，中国零售业的并购数量和金额成倍增长；十八大以来，随着供给侧结构性改革、经济结构调整等政策的提出，中国的并购活动激增，零售业的并购数量从2012年的37起增至2015年的160起，零售业并购金额增长近十倍。2016～2020年，在中国的第十三个五年规划期间，国家要求提高经济发展质量，从需求出发，扩大有效供给，这对企业的并购活动和规模扩张提出了质量要求。近年来，零售业并购数量平均在150起左右，并购金额均在1000亿元以上，特别是2017年，并购金额达5676.51亿元，从2018年起，虽然零售业并购数量和金额有所下降，但是在居民收入水平不断提高和消费升级的背景下，与其密切相关的零售业并购活动趋于理性化且稳定发展（见图6）。

（二）中国零售业并购活跃，以中小型并购为主

2016年，中国零售业公告并购事件数为120起，公布并购总金额为1308.67亿元，并购金额平均值为121173.21万元。其中，中小型并购活动（10亿元以下）的数量为84起，占年度并购数量的70%。2017年，中国零售业公告并购数为186起，公布并购总金额为5676.51亿元，并购金额平均值为344031万元。其中，中小型并购活动的数量为148起，占年度并购数量的79.57%。2018年公告并购数为155起，公布并购总金额为1207.31亿元，并购金额平均值为90097.84万元。其中中小型并购活动的数量为116起，占年度并购数量的74.84%。2019年，中国零售业公告并购事件数为154起，公布

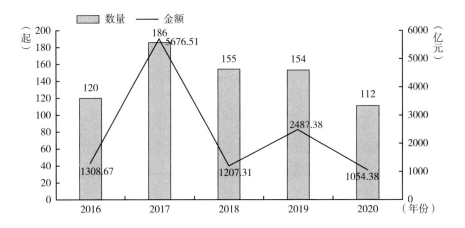

图 6　2016～2020 年中国零售业并购发展态势

资料来源：WIND 资讯并购数据库。

并购金额总数为 2487.38 亿元，并购金额的平均值为 216531.91 万元。其中，中小型并购活动的数量为 91 起，占年度并购数量的 81.98%。2020 年，受到新冠肺炎疫情的影响，中国零售业公告并购数量明显减少，仅有 112 起，公布并购总金额为 1054.38 亿元，并购金额的平均值为 133472.88 万元。其中，中小型并购活动的数量为 73 起，占年度并购数量的 80.91%。

总体来看，近五年，中国零售业并购活动的发展稳中有进，且中小型的并购活动占总并购数量的 80% 以上，成为并购活动的主体，大型及超大型并购数量变动较小，零售业整体并购市场较为活跃，并购活动趋于理性（见表 1）。

表 1　2016～2020 年中国零售业并购规模等级的数量

规模	2016 年		2017 年		2018 年		2019 年		2020 年	
	数量（起）	占比（%）	数量（起）	占比（%）	数量（起）	占比（%）	数量（起）	占比（%）	数量（起）	占比（%）
1 亿元以下	55	50.93	106	64.63	77	57.46	65	58.56	52	59.77
1 亿元以上至 5 亿元	23	21.3	34	20.73	24	17.91	21	18.92	13	14.94
5 亿元以上至 10 亿元	6	5.56	8	4.88	15	11.19	5	4.5	8	9.2

续表

规模	2016 年		2017 年		2018 年		2019 年		2020 年	
	数量（起）	占比（%）	数量（起）	占比（%）	数量（起）	占比（%）	数量（起）	占比（%）	数量（起）	占比（%）
10 亿元以上至 50 亿元	16	14.81	11	6.71	14	10.45	11	9.91	7	8.05
50 亿元以上	8	7.41	5	3.05	4	2.99	9	8.11	7	8.05

说明：0 并购金额起数未列入表中。

资料来源：WIND 资讯并购数据库。

（三）中国零售业大规模并购活动日益频繁

2016 年，中国零售业的最高并购金额为 395.28 亿元（海航并购 IMI100% 股权），50 亿元以上的超大规模并购金额为 855.75 亿元、占比为 65.39%，10 亿元以上至 50 亿元的大型并购金额为 327.51 亿元、占比为 25.03%，大型和超大型并购金额占比合计为 90.42%。2017 年最高并购金额为 5087.467 亿元（西维斯健康收购 Aetan100% 股权和债务），50 亿元以上的超大规模并购金额为 220.56 亿元、占比为 37.44%，10 亿元以上至 50 亿元的大型并购金额为 208.49 亿元、占比为 35.4%，大型和超大型并购金额占比合计为 72.84%。2018 年最高并购金额为 595.86 亿元（阿里巴巴收购饿了么部分股权），50 亿元以上的超大规模并购金额为 759.29 亿元、占比为 62.89%，10 亿元以上至 50 亿元的大型并购金额为 281.21 亿元、占比为 23.29%，大型和超大型并购金额占比合计为 86.18%。

2019 年最高并购金额为 923.84 亿元［亚马逊（AMAZON）并购 Whole Foods 部分股权］，50 亿元以上的超大规模并购金额为 2042.59 亿元、占比为 84.98%，10 亿元以上至 50 亿元的大型并购金额为 267.4 亿元、占比为 11.13%，大型和超大型并购金额占比合计为 96.11%。年度前三大并购事件分别是亚马逊（AMAZON）以 923.84 亿元并购 Whole Foods 部分股权、居然之家以 356.5 亿元并购居然新零售 100% 股权、阿里巴巴以 233 亿元并购菜鸟网络 12% 股权。2019 年零售业并购的透明度有所下降，但是超大规模并购数量明显增加,最大规模并购事件的金额超过 2018 年,且总体并购金额迅速增加。2020 年,最高并购金额为 274.616 亿元(阿里巴巴并购 Lazada 83% 股权),50 亿元以上的超大规模并购金额为 885.02 亿元、占比为 76.22%,10 亿元以上至 50 亿元的大型并购金额为 169.18 亿元、占比为 14.57%,大型和超大型并购金额占比合计为 90.79%(见表 2)。年度前三大并购事件分别是阿里巴巴以 274.616 亿元并购 Lazada83% 股权、亚马逊(AMAZON)以 141.62 亿元并购 Bharti Airtel 部分股权、RENT A CENTER 以 108.075 亿元并购 Acima 部分股权。由于国内国外疫情的影响,2020 年中国零售业并购的整体数量和金额规模较 2019 年都有明显下降,但大规模及超大规模并购事件的金额占比仍然达到 90% 以上,行业龙头企业在并购活动中有重要引领作用。

表 2　2016~2020 年中国零售业并购规模等级的金额

单位:亿元,%

规模	2016 年		2017 年		2018 年		2019 年		2020 年	
	金额	占比	金额	占比	金额	占比	金额	占比	金额	占比
1 亿元以下	13.96	1.07	24.92	4.23	13.02	1.08	10.55	0.44	11.45	0.99
1 亿元以上至 5 亿元	64.85	4.69	76.54	12.99	51.01	4.23	45.66	1.9	35.87	3.09
5 亿元以上至 10 亿元	46.61	3.56	58.53	9.94	102.79	8.51	37.3	1.55	59.68	5.14
10 亿元以上至 50 亿元	327.51	25.03	208.49	35.4	281.21	23.29	267.4	11.13	169.18	14.57
50 亿元以上	855.75	65.39	220.56	37.44	759.29	62.89	2042.59	84.98	885.02	76.22

资料来源:WIND 资讯并购数据库。

四　2016~2020 年中国零售业并购的特点

(一)中国零售业并购进度快、成功率高

企业并购一般需要经过达成转让意向、董事会预案、股东大会通过、签

署转让协议等几个阶段，中国零售业并购进度分布见表3。具体来看，2016年，完成58起，占比最高；2017年，并购完成数量翻倍，占比高达61.83%；2018年，处于董事会预案阶段的并购事件最多，达66起、占比42.6%；2019年，留存达成转让意向2起、占比仅为1.3%，董事会预案22起、占比14.3%，股东大会通过4起、占比2.6%，签署转让协议6起、占比3.9%，失败8起、占比5.2%，完成98起、占比达62.7%。2020年，留存达成转让意向3起、占比仅为2.6%，董事会预案31起、占比27.4%，股东大会通过4起、占比3.5%，签署转让协议5起、占比4.4%，失败仅2起、占比1.7%，完成36起、占比达31.8%（见表3）。可以看出，在整个并购过程中，董事会预案阶段的占比比较大，说明并购活动的进度受到董事会预案的制约较大，达成转让意向、股东大会通过以及签署转让协议占比均不大，这些并购环节进展较为顺利。最终失败的并购事件较少，失败率不断下降，完成率较高。

表3　2016~2020年中国零售业并购进度

单位：起，%

并购进度	2016年		2017年		2018年		2019年		2020年	
	数量	占比	数量	占比	数量	占比	数量	占比	数量	占比
达成转让意向	5	4.2	1	0.5	5	3.2	2	1.3	3	2.6
董事会预案	27	22.5	55	29.6	66	42.6	22	14.3	31	27.4
股东大会通过	8	6.7	2	1.1	11	7.1	4	2.6	4	3.5
进行中	3	2.5	6	3.2	6	3.9	13	8.4	29	25.6
签署转让协议	8	6.7	3	1.6	14	9.0	6	3.9	5	4.4
失败	11	9.2	4	2.2	6	3.9	8	5.2	2	1.7
完成	58	48.3	115	61.8	47	30.3	98	62.7	36	31.8

资料来源：WIND资讯并购数据库。

（二）中国零售业并购方式多样，以协议收购为主

在并购方式方面，中国零售业并购已有二级市场收购、发行股份购买资产、国有股权划转或行政变更、取得公众公司发行的新股、吸收合并、协议收购、增资、资产置换、司法裁定等多种并购方式。2016~2020年中国零

售业并购主要方式见表4。中国零售业第一种主要的并购方式是协议收购，2016~2020年协议收购的数量分别为71起、115起、103起、90起、84起，占比分别为59.17%、61.83%、66.45%、58.06%、75.68%，均在50%以上，说明协议收购在中国零售业并购方式中占据主导地位。第二种主要的并购方式是增资，2016~2020年增资的数量分别为24起、32起、29起、22起、16起，占比分别为20.17%、17.49%、18.95%、14.19%、14.41%。第三种重要的并购方式为发行股份购买资产，2016~2020年发行股份购买资产的数量分别为10起、2起、5起、9起、4起，占比分别为8.4%、1.09%、3.28%、5.81%、3.60%。虽然通过发行股份购买资产的方式进行并购的数量不多，但是涉及的并购金额较大，2016年10起并购金额为183.79亿元，到2020年，这一金额为142.85亿元。第四种重要的并购方式为二级市场收购，2016~2020年二级市场收购的数量分别为8起、22起、8起、27起、6起，占比分别为6.72%、12.02%、5.23%、17.42%、5.40%（见表4）。这种方式涉及的并购金额较少，由于资本市场的风险波动，企业采用这一方式较为谨慎。其他并购方式如要约收购、资产置换、取得公众公司发行的股票、司法裁定等数量和金额都较少。

表4 2016~2020年中国零售业并购方式

单位：起，%

并购方式	2016年		2017年		2018年		2019年		2020年	
	数量	占比	数量	占比	数量	占比	数量	占比	数量	占比
二级市场收购	8	6.72	22	12.02	8	5.23	27	17.42	6	5.40
发行股份购买资产	10	8.40	2	1.09	5	3.28	9	5.81	4	3.60
协议收购	71	59.17	115	61.83	103	66.45	90	58.06	84	75.68
增资	24	20.17	32	17.49	29	18.95	22	14.19	16	14.41

资料来源：WIND资讯并购数据库。

（三）中国零售业并购目的多元化，以横向整合为主

在并购目的方面，中国零售业并购有财务投资、垂直整合、多元化战

略、横向整合、业务转型、资产调整、战略合作、整体上市等多种并购目的。不同企业发展模式、阶段不同，并购目的不一，其中，最为主要的并购目的是企业通过横向整合，扩大规模，2016~2020年以横向整合为目的的并购活动数量分别为62起、81起、77起、39起、38起，占比分别为52.1%、44.26%、50.33%、25.16%、34.23%。近五年来，通过横向整合扩大规模的并购数量有所减少，但是仍然占有较大比重。第二种主要的并购目的是多元化战略，2016~2020年以多元化战略为目的的并购活动数量分别为27起、26起、30起、44起、49起，占比分别为22.69%、14.21%、19.61%、28.39%、44.14%。近两年来，以多元化战略为并购目的的并购活动数量逐渐超过横向整合，成为零售企业并购的主要目的。横向整合和多元化战略都是企业扩大自身规模的方式，说明中国零售企业并购以产业整合为主。第三个重要的并购目的是资产调整，2016~2020年以资产调整为目的的并购活动数量分别为16起、33起、18起、8起、3起，占比分别为13.45%、18.03%、11.76%、5.16%、2.70%（见表5）。资产调整主要是企业为了提高资源的配置效率，近年来，以资产调整为主要目的的并购数量不断下降，以垂直整合和战略合作为主要目的的深度整合并购数量有所增加，其他非主要并购目的如整体上市、财务投资、业务转型等，在中国零售业并购中起到补充作用。总体来说，自2015年开始，零售企业横向整合的案例数呈现下降趋势，我国零售企业的并购需求逐渐多元化。

表5 2016~2020年中国零售业并购目的

单位：起，%

并购目的	2016年		2017年		2018年		2019年		2020年	
	数量	占比	数量	占比	数量	占比	数量	占比	数量	占比
垂直整合	3	2.52	5	2.73	5	3.27	2	1.29	1	0.90
多元化战略	27	22.69	26	14.21	30	19.61	44	28.39	49	44.14
横向整合	62	52.10	81	44.26	77	50.33	39	25.16	38	34.23
其他	7	5.21	25	13.66	20	13.07	38	24.52	13	11.71
战略合作	0	0	5	2.73	1	0.65	20	12.90	7	6.31
资产调整	16	13.45	33	18.03	18	11.76	8	5.16	3	2.70

资料来源：WIND资讯并购数据库。

（四）中国零售业并购透明度高，控制类并购数量多

并购市场的透明度主要体现在对股权转让比例和并购金额的公示情况，若对股权转让比例和并购金额都予以公示，则被认为是并购全透明，若只对股权转让比例和并购金额公示其一，则被认为是并购半透明，若对股权转让比例和并购金额均未公示，则被认为是并购不透明。在2016～2020年所有的并购事件中，全透明的并购事件数分别为78起、145起、117起、98起、67起，占比分别为65.00%、77.96%、75.48%、63.64%、59.82%；半透明的并购事件数分别为40起、35起、31起、48起、33起，占比分别为33.33%、18.82%、20%、31.12%、29.46%；不透明的并购事件数分别为2起、6起、7起、8起、12起，占比分别为1.67%、2.23%、4.52%、5.19%、10.71%（见表6）。中国零售业并购的透明度整体较高。

表6　2016～2020年中国零售业并购透明度情况

单位：起，%

并购透明度	2016年		2017年		2018年		2019年		2020年	
	数量	占比	数量	占比	数量	占比	数量	占比	数量	占比
全透明	78	65.00	145	77.96	117	75.48	98	63.64	67	59.82
半透明	40	33.33	35	18.82	31	20.00	48	31.12	33	29.46
不透明	2	1.67	6	2.23	7	4.52	8	5.19	12	10.71

资料来源：WIND资讯并购数据库。

并购活动中的股权转让比例体现了并购方对标的企业的控制力，笔者认为，若股权转让比例小于等于10%，则为非控制类；若股权转让比例大于10%、小于等于30%，则为弱控制类；若股权转让比例大于30%，小于等于50%，则为强控制类；若股权转让比例大于50%，则为绝对控制类。在2016～2020年所有的并购事件中，非控制类的并购事件数分别为16起、31起、36起、38起、10起，占比分别为18.18%、19.38%、27.48%、28.36%、12.50%；弱控制类的并购事件数分别为18起、24起、19起、17起、18起，占比分别为20.45%、15.00%、14.50%、12.69%、22.50%；

强控制类的并购事件数分别为 5 起、21 起、14 起、18 起、9 起，占比分别为 5.68%，13.13%、10.69%、13.43%、11.25%；绝对控制类的并购事件数分别为 49 起、84 起、62 起、61 起、43 起，占比分别为 55.68%、52.50%、47.33%、45.22%、53.75%（见表 7）。可以看出，非控制类并购事件的数量和占比下降，控制类并购事件比例较高，绝对控制类并购事件占据主导地位。

表 7　2016～2020 年中国零售业并购控制力情况

单位：起，%

并购控制性	2016 年		2017 年		2018 年		2019 年		2020 年	
	数量	占比	数量	占比	数量	占比	数量	占比	数量	占比
非控制	16	18.18	31	19.38	36	27.48	38	28.36	10	12.50
弱控制	18	20.45	24	15.00	19	14.50	17	12.69	18	22.50
强控制	5	5.68	21	13.13	14	10.69	18	13.43	9	11.25
绝对控制	49	55.68	84	52.50	62	47.33	61	45.22	43	53.75

资料来源：WIND 资讯并购数据库。

（五）线上线下融合催生行业跨界并购新格局

近年来，随着互联网技术和数字经济的快速发展，线上、线下企业纷纷通过并购扩展版图，致力于形成全业态、全渠道的零售体系，同时消费者对品质型消费的需求越来越强烈，为中国零售业并购交易提供了内生动力，百货商超等传统零售消费品行业加速变革，促成了大型并购交易。比如苏宁易购打造线下渠道，2019 年 6 月以 48 亿元收购家乐福中国 80% 股权，为完善新零售业态，以 29.75 亿元收购天天快递 70% 股权；2018 年 9 月，阿里巴巴收购高鑫零售 26% 股权，同时，还入股几家快递公司；2019 年，亚马逊以 923.84 亿元收购线下商超 Whole Foods 部分股权。传统零售业和电商正在构筑线上线下融合的全品类、全渠道、全客群的消费场景。

五 中国零售业并购发展趋势

受到新冠肺炎疫情的影响，2020 年社会消费品零售总额 391981 亿元，同比下降 3.9%，但各类投资者对中国零售与消费品市场具有长期信心，对中国零售与消费品行业并购市场长期看好。中国应继续坚定推进不断扩大国内需求，充分发挥消费在经济增长中的拉动作用。在政策和投资需求的推动下，2021 年中国零售业并购将呈现以下趋势。

（一）并购数量和并购金额回升

近十年来，我国零售企业并购事件数量和金额总体呈现上升趋势，并购主要目的仍然为横向整合，排除大额交易案例，零售业并购的平均金额低于整体并购市场，说明中国零售业并购市场仍有较大发展空间。随着金融监管制度的不断完善，企业将有更多元、便利的融资渠道，为大规模的并购活动提供资金支持。

（二）"新零售"模式促进并购市场发展

虽然 2020 年传统零售及酒店旅游业受到疫情的冲击，但线上零售发展迅猛，2020 年全年全国网上零售额突破了 11 万亿元，比上年增长 10.9%，2021 年第一季度，实物商品网上零售额同比增长 25.8%，占社会消费品零售总额比重达 21.9%，线上零售企业与线下零售企业的并购合作意愿进一步增强。在全渠道布局、数字化技术支持、消费升级的零售新发展趋势下，中国零售并购市场将得到进一步发展，并购质量和价值进一步提升。

附表 1　2016 年度中国零售业主要并购事件

披露日期	交易标的	交易买方	交易总价值（万元）	币种	股权转让比例（%）	并购方式	并购目的	控制权变更
2016 年 1 月 1 日	深圳供应链	海航科技	613.97	人民币		协议收购	垂直整合	是
2016 年 1 月 7 日	仟禧堂	云南鸿翔一心堂	1800.00	人民币	100	协议收购	横向整合	是
2016 年 1 月 14 日	万鹏朗格	美福润	—	人民币	30	协议收购	横向整合	否
2016 年 1 月 23 日	长丰猎豹	湖南猎豹汽车	11830.72	人民币	10	协议收购	横向整合	否
2016 年 1 月 26 日	佛山睿优	东百集团	—	人民币	100	协议收购	多元化战略	是
2016 年 1 月 30 日	京城股份	北巴传媒	43672.26	人民币	9.3	协议收购	横向整合	否
2016 年 1 月 30 日	美国瑞富	云南鸿翔一心堂	1245.41	人民币	80	协议收购	横向整合	是
2016 年 1 月 30 日	瑞福祥经贸	云南鸿翔一心堂	1282.59	人民币	80	协议收购	横向整合	是
2016 年 2 月 2 日	广生堂医药	益丰药房	—	人民币	80	协议收购	横向整合	是
2016 年 2 月 11 日	SM娱乐 4% 股权	阿里巴巴	19500.00	人民币	4	取得公众公司发行的新股	横向整合	否
2016 年 2 月 13 日	Groupon	阿里巴巴	—	—	5.6	协议收购	横向整合	否
2016 年 2 月 16 日	欧祺亚	赫美集团	9000.00	人民币		协议收购	多元化战略	是
2016 年 2 月 25 日	悠游堂	蜜芽宝贝	4000.00	人民币		协议收购	多元化战略	否
2016 年 3 月 3 日	西藏红坤	东百集团	1155.58	人民币	88	协议收购	业务转型	是
2016 年 3 月 3 日	联金微贷	赫美集团	30228.75	人民币		增资	横向整合	否
2016 年 3 月 4 日	友宝昂莱	友宝在线	20000.00	人民币	20	协议收购	横向整合	否
2016 年 3 月 4 日	上海裕鬲	华联股份	20787.99	人民币	9.13	增资	横向整合	否
2016 年 3 月 5 日	晟达置业	漳州发展	13967.96	人民币	100	协议收购	横向整合	是
2016 年 3 月 10 日	上海香溢典当	香溢融通	10000.00	人民币		增资	横向整合	否
2016 年 3 月 22 日	合家康公司	合肥百货	1000.00	人民币		增资	横向整合	是

续表

披露日期	交易标的	交易买方	交易总价值（万元）	币种	股权转让比例（%）	并购方式	并购目的	控制权变更
2016 年 4 月 8 日	赛富高科	宏图高科	8215.00	人民币	16.43	协议收购	资产调整	否
2016 年 4 月 9 日	顺丰储运	洛阳中泉	838.06	人民币	100	协议收购	横向整合	是
2016 年 5 月 31 日	扬州百信缘	老百姓	13000.00	人民币	65	协议收购	横向整合	是
2016 年 6 月 9 日	惠州凯尔	阿瑞特光电	5600.00	人民币	80	协议收购	资产调整	是
2016 年 6 月 22 日	通卡公司	合肥百货	1673.00	人民币	10.77	增资	多元化投资	否
2016 年 6 月 29 日	深圳池衫	华联股份	10000.00	人民币		增资	横向投资	否
2016 年 6 月 29 日	黄山华绿园	北京华联集团	4345.43	人民币	65	协议收购	资产调整	是
2016 年 7 月 1 日	康盛人生集团	南京新百	8662.29	新加坡元	20	协议收购	横向整合	否
2016 年 7 月 27 日	吴江德宝	宝达股份	1008.62	人民币	100	发行股份购买资产	横向整合	是
2016 年 8 月 2 日	东海证券	华超进出口	40200.00	人民币	2.395	协议收购	资产调整	否
2016 年 8 月 26 日	首钢城运	北巴传媒	7212.06	人民币	20	增资	多元化战略	否
2016 年 8 月 27 日	上海铉镐	哈森股份	2500.00	美元	100	增资	多元化投资	是
2016 年 9 月 2 日	鹏鼎创盈	深圳元明科技	3600.00	人民币		协议收购	资产调整	是
2016 年 9 月 13 日	成都铁马	吉峰科技	1544.95	人民币	95	协议收购	横向整合	是
2016 年 9 月 15 日	东方汽车	大东方股份	35000.00	人民币		增资	横向整合	否
2016 年 10 月 22 日	广西朗邦	品尚汇	2415.00	人民币	60	发行股份购买资产	横向整合	是
2016 年 11 月 19 日	江苏化肥	弘业股份	12281.79	人民币	30	协议收购	横向整合	是
2016 年 12 月 13 日	东方汽车	大东方股份	5100.00	人民币	3.36	协议收购	横向整合	否
2016 年 12 月 21 日	豌豆荚	阿里巴巴	20000.00	美元	100	协议收购	多元化战略	是
2016 年 12 月 31 日	永辉超市	永辉云创	46000.00	人民币		增资	战略合作	否

附表 2　2017 年度中国零售业主要并购事件

披露日期	交易标的	交易买方	交易总价值（万元）	币种	股权转让比例（%）	并购方式	并购目的	控制权变更
2017 年 1 月 4 日	颖丰小贷	万杰实业	2511.88	人民币	40	协议收购	资产调整	否
2017 年 1 月 9 日	复地集团	浙江复星	8335.55	人民币	0.295	协议收购	资产调整	否
2017 年 1 月 10 日	跨境翼	跨境通	2000.00	人民币	1.5	增资	横向整合	否
2017 年 1 月 19 日	创建达一	昆源盛和	—	人民币	1.79	二级市场收购	其他	否
2017 年 1 月 19 日	合肥隆超市	合肥百货	8525.00	人民币	68.75	增资	横向整合	是
2017 年 1 月 23 日	魅力惠	阿里巴巴	—	—	100	协议收购	多元化战略	是
2017 年 3 月 1 日	车行天下	天行股份	206.81	人民币	100	协议收购	多元化战略	是
2017 年 3 月 1 日	童渠商贸	孩子王	1500.00	人民币	100	协议收购	横向整合	是
2017 年 3 月 14 日	上海馨途	赫美集团	8000.00	人民币	60	增资	垂直整合	是
2017 年 3 月 17 日	嘉跃实业	海南晨丰	5020.00	人民币	100	其他	资产调整	是
2017 年 3 月 21 日	大麦网	阿里巴巴	—	—	100	协议收购	多元化战略	是
2017 年 4 月 7 日	长沙银行	友阿股份	20111.18	人民币	7.38	增资	财务投资	否
2017 年 4 月 27 日	璀璨远见	有棵树	0	人民币	9.79	协议收购	横向整合	否
2017 年 4 月 28 日	恒天嘉信	华联股份	10000.00	人民币	100	增资	横向整合	否
2017 年 5 月 3 日	义乌都市	百联股份	97078.00	人民币	100	协议收购	横向整合	是
2017 年 5 月 6 日	友贝传媒	友宝在线	1796.40	人民币	15	协议收购	横向整合	否
2017 年 5 月 9 日	博通分离膜	汇禾生态	4675.00	人民币	55	协议收购	资产调整	是
2017 年 5 月 9 日	马上金融	重庆百货	26615.24	人民币	51	增资	横向整合	否
2017 年 5 月 15 日	欧派亿睿汇	友阿股份	16486.56	人民币	51	增资	垂直整合	是
2017 年 5 月 17 日	隆深机器人	友阿股份	10500.00	人民币	20	增资	财务投资	否
2017 年 5 月 23 日	收购玖小时	辣妈帮	—	—	15	其他	多元化战略	否

续表

披露日期	交易标的	交易买方	交易总价值（万元）	币种	股权转让比例（%）	并购方式	并购目的	控制权变更
2017年8月22日	迈莱灵动100%股权	神州通集团	14201.86	人民币	100	协议收购	资产调整	是
2017年8月26日	西宁大百	欧亚集团	15320.64	人民币	49.04	协议收购	战略合作	是
2017年8月29日	长兴奥长	大东方股份	4571.82	人民币	100	协议收购	横向整合	是
2017年9月12日	武汉小额	大连友谊	57566.00	人民币	30	协议收购	横向整合	是
2017年10月24日	东方股份部分股权	浙江银泰百货	14141.89	人民币		取得公众公司发行的新股	横向整合	否
2017年10月31日	德远商贸	德众股份	10000.00	人民币	100	发行股份购买资产	横向整合	是
2017年12月4日	泷澄建筑	漳州发展	10258.00	人民币	45	增资	横向整合	是
2017年12月5日	Aetna	西维斯健康	7700000.00	美元	100	其他	战略合作	是
2017年12月20日	上海华氏	华氏大药房	21810.06	人民币	100	协议收购	资产调整	是
2017年12月23日	红旗连锁	永辉超市	94656.00	人民币	12	协议收购	横向整合	否

附表3 2018年度中国零售业主要并购事件

披露日期	交易标的	交易买方	交易总价值（万元）	币种	股权转让比例（%）	并购方式	并购目的	控制权变更
2018年1月3日	红旗连锁	永辉超市	70992.00	人民币	9	协议收购	其他	否
2018年1月5日	上海信杰汽车销售服务	广汇宝信	8500.00	人民币	100	协议收购	横向整合	是
2018年1月6日	九州医药	益丰药房	16830.00	人民币	51	协议收购	横向整合	否

续表

披露日期	交易标的	交易买方	交易总价值（万元）	币种	股权转让比例（%）	并购方式	并购目的	控制权变更
2018年1月6日	国兴红旗	龙海股份	510	人民币	51	协议收购	横向整合	是
2018年1月11日	新疆南极人	南极电商	—	—	10	协议收购	横向整合	否
2018年1月23日	太极集团	九州通	36000.00	人民币	4.21	增资	横向整合	否
2018年1月30日	永辉云创	永辉超市；林芝腾讯科技有限公司	127500.00	人民币	15	增资	多元化战略	否
2018年2月1日	蚂蚁金服	阿里巴巴	—	—	33	协议收购	多元化战略	否
2018年2月1日	领蛙100%股权	便利蜂	—	—	100	协议收购	横向整合	是
2018年4月20日	盐城宝聚	江苏鼎龙	3376.00	人民币	100	协议收购	资产调整	否
2018年5月18日	联华电子商务	联华超市	2787.29	人民币	9.09	协议收购	横向整合	否
2018年8月31日	银祥豆制品	东方集团	10000.00	人民币	77	协议收购	垂直整合	是

附表 4 2019 年度中国零售业主要并购事件

披露日期	交易标的	交易买方	交易总价值（万元）	币种	股权转让比例（%）	并购方式	并购目的	控制权变更
2019年1月3日	骅威文化	杭州鼎龙	22190.03	人民币	5	协议收购	其他	否
2019年1月18日	天鹏菜篮子	汇鸿集团	10000.00	人民币		协议收购	横向整合	否
2019年1月23日	桂林市商业	桂林五洲	27894.28	人民币	100	资产置换	多元化战略	是
2019年1月24日	居然新零售	居然之家	3565000.00	人民币	100	发行股份购买资产	买壳上市	是
2019年1月25日	国际期货	中国中期	350099.48	人民币	70.02	发行股份购买资产	垂直整合	是

续表

披露日期	交易标的	交易买方	交易总价值（万元）	币种	股权转让比例（%）	并购方式	并购目的	控制权变更
2019年3月23日	首旅集团财务公司部分股权	首旅酒店；首府并；集团；王府井；首商股份；全聚德	127880.78	人民币		增资	其他	否
2019年4月10日	儋州欧亚49%股权	欧亚集团（600697.SH）	20950.00	人民币	49	增资	横向整合	是
2019年4月12日	三凤楼商业	大东方	19533.97	人民币	50	增资	其他	否
2019年4月16日	紫金信托	南京新工	12415.52	人民币	2.45	协议收购	其他	否
2019年4月17日	五星电器	京东集团	127000.00	人民币	46	协议收购	多元化战略	否
2019年5月2日	博颂国际	华普智通	27984.59	港币	100	发行股份购买资产	横向整合	是
2019年5月7日	徐州三胞医疗管理有限公司	南京新百	15000.00	人民币	20	协议收购	战略合作	否
2019年5月20日	荣恒公司；外贸公司；新联纺公司等5家公司	东方创业	251537.59	人民币	100	发行股份购买资产	战略合作	是
2019年6月19日	湘潭广场商业公司	步步高	64960.88	人民币	100	协议收购	其他	是
2019年6月22日	秦淮风光	南纺股份	27190.36	人民币	51	发行股份购买资产	战略合作	是
2019年6月24日	家乐福中国	苏宁易购	480000.00	人民币	80	协议收购	横向整合	是
2019年6月26日	商社集团	天津滨海新区物美津融商贸有限公司；步步高零售	864701.00	人民币	55	增资	其他	是

续表

披露日期	交易标的	交易买方	交易总价值（万元）	币种	股权转让比例（%）	并购方式	并购目的	控制权变更
2019年6月26日	重庆百货	重庆商社	103366.57	人民币	9.41	要约收购	其他	否
2019年7月5日	华威物流100%股权	东百集团	33435.00	人民币	100	协议收购	多元化战略	是
2019年7月6日	咸亨股份	臻致食品	17174.19	人民币	25.85	二级市场收购	其他	否
2019年7月11日	杉杉商业	唯品会	290000.00	人民币	100	协议收购	多元化战略	是
2019年7月25日	秦皇岛茂业	茂业商业	179026.92	人民币	100	协议收购	战略合作	是
2019年8月13日	三三工业	同达创业	505000.00	人民币	100	发行股份购买资产	买壳上市	是
2019年8月14日	申通	阿里巴巴	998200.00	人民币	31.35	协议收购	多元化战略	否
2019年8月14日	申通	阿里巴巴	466000.00	人民币	14.6	协议收购	多元化战略	否
2019年8月16日	鹏润时代物业	国美零售	58500.00	人民币	19.5	协议收购	战略合作	否
2019年8月24日	天津友阿	友阿股份	104595.00	人民币	36.56	增资	资产调整	否
2019年9月6日	网易考拉	阿里巴巴	200000.00	美元	100	协议收购	多元化战略	是
2019年9月6日	江苏欧飞	旗天科技	93050.00	人民币	100	协议收购	横向整合	是
2019年9月18日	纸联公司	汇鸿集团	15033.33	人民币	67.07	增资	横向整合	是
2019年10月2日	英之杰	永达汽车	83000.00	人民币	100	协议收购	横向整合	是
2019年10月12日	麦德龙中国	物美商业	100000.00	欧元	80	协议收购	横向整合	是
2019年10月26日	雪峰山森投；仰韶大峡谷；白天鹅生态；港泰渔业等	国恒铁路	727596.52	人民币		资产置换	多元化战略	是

续表

披露日期	交易标的	交易买方	交易总价值（万元）	币种	股权转让比例（%）	并购方式	并购目的	控制权变更
2019年10月30日	天玺大酒店	供销大集	35110.33	人民币	100	协议收购	战略合作	是
2019年11月7日	南通汇海大药房	大参林	12746.64	人民币	51	协议收购	其他	是
2019年11月8日	菜鸟网络	阿里巴巴	2330000.00	人民币	12	增资	多元化战略	否
2019年11月12日	Whole Foods	亚马逊	1320000.00	美元		协议收购	多元化战略	否
2019年11月22日	海科融通	翠微股份	194530.75	人民币	98.3	发行股份购买资产	多元化战略	是
2019年11月23日	恒天嘉信；安徽华联	华联股份	21168.67	人民币		协议收购	横向整合	否
2019年12月7日	慧园供应链	东百集团	25172.01	人民币	100	协议收购	战略合作	是
2019年12月10日	中百生鲜	中百集团	15300.00	人民币	16.33	增资	战略合作	否
2019年12月14日	华宇仓储	供销大集	13858.80	人民币	40	协议收购	横向整合	否
2019年12月14日	长春赛德	供销大集	13649.40	人民币	45	协议收购	横向整合	是
2019年12月14日	丰达置业	步步高	73500.00	人民币	100	协议收购	横向整合	是
2019年12月16日	百秋网络	刘志成；胡少群；赵羚；邱玉洪；上海百秋耐特尼企业管理中心（有限合伙）	49446.28	人民币		增资	战略合作	否

附表 5　2020 年度中国零售业主要并购事件

披露日期	交易标的	交易买方	交易总价值（万元）	币种	股权转让比例（%）	并购方式	并购目的	控制权变更
2020 年 1 月 7 日	天津保理公司	居然之家	56000.00	人民币	100	协议收购	多元化战略	是
2020 年 1 月 10 日	吉百兴食品	红旗连锁	800.00	人民币	20	协议收购	战略合作	否
2020 年 1 月 14 日	海曙香溢担保	香溢融通	7592.72	人民币	75	协议收购	横向整合	是
2020 年 1 月 22 日	国机财务	国机汽车	4256.00	人民币	1.64	协议收购	战略合作	否
2020 年 3 月 14 日	欧亚车百；吉林欧亚；通化欧亚；白城欧亚	欧亚集团	50000.00	人民币		协议收购	其他	否
2020 年 3 月 17 日	维多利集团	茂业商业	57750.00	人民币	15	协议收购	多元化战略	否
2020 年 4 月 4 日	咸亨股份	臻致食品	11972.57	人民币	18.8	协议收购	多元化战略	是
2020 年 4 月 24 日	厦门联胜	诚享东方	11868.89	人民币	100	协议收购	多元化战略	是
2020 年 5 月 7 日	新加坡安盛保险大厦	阿里巴巴	168000.00	新加坡元	50	协议收购	多元化战略	是
2020 年 6 月 2 日	居然小贷；居然担保；金融系统软件平台	居然之家	46900.00	人民币		协议收购	多元化战略	是
2020 年 6 月 4 日	Sino Legacy	集一控股	8985.60	港币	100	发行股份购买资产	横向整合	是
2020 年 6 月 5 日	Bharti Airtel	亚马逊	200000.00	美元		协议收购	多元化战略	否
2020 年 6 月 6 日	崇德物业	*ST 商城	79500.00	人民币	100	发行股份购买资产	多元化战略	是
2020 年 6 月 13 日	二百永新；商业物业资产	益民集团	138583.58	人民币	100	发行股份购买资产	横向整合	是
2020 年 6 月 13 日	友谊集团	广百股份	390982.88	人民币	100	发行股份购买资产	横向整合	是

续表

披露日期	交易标的	交易买方	交易总价值（万元）	币种	股权转让比例(%)	并购方式	并购目的	控制权变更
2020年6月26日	Zoox 部分股权	亚马逊	100000.00	美元		协议收购	多元化战略	否
2020年6月30日	宝川置业；步步高中煌	重庆百货	65595.56	人民币		协议收购	多元化战略	是
2020年7月7日	湖北步长九州通	九州通	2175.23	人民币	51	协议收购	其他	是
2020年7月11日	同济生殖	汉商集团	7130.00	人民币	31	协议收购	横向整合	是
2020年7月22日	五星电器	京东集团	—	—	54	协议收购	多元化战略	是
2020年7月29日	迪康药业	汉康大健康	90000.00	人民币	100	协议收购	横向整合	是
2020年8月1日	永辉云创	永辉超市	38002.50	人民币	20	协议收购	其他	是
2020年8月29日	Lazada	阿里巴巴	400000.00	美元	83	协议收购	多元化战略	是
2020年8月29日	陕西荣奥	王府井	80000.00	人民币	100	协议收购	多元化战略	是
2020年9月2日	仁和投资	茂业商业	24100.00	人民币	100	协议收购	多元化战略	是
2020年11月3日	Bio 60%	家乐福	6000.00	欧元	60	协议收购	横向整合	是
2020年11月3日	Kindred AI	奥克杜集团有限公司	26200.00	美元		协议收购	多元化战略	否
2020年11月3日	Haddington Dynamics	奥克杜集团有限公司	2500.00	美元		协议收购	多元化战略	否
2020年11月13日	陶铝新材料	大东方	30000.00	人民币	30	增资	战略合作	否
2020年11月16日	西友	KKR；乐天市场	160000.00	美元	85	协议收购	资产调整	是
2020年11月19日	南通星爱	爱婴室	11161.76	人民币	48.53	协议收购	横向整合	否
2020年11月20日	Longroot	MONAKER	—	—		协议收购	多元化战略	否
2020年11月20日	南纺运营	南纺股份	10239.92	人民币	51	协议收购	战略合作	是
2020年11月23日	Factor75	HELLOFRESH	27700.00	美元		协议收购	横向整合	否

续表

披露日期	交易标的	交易买方	交易总价值（万元）	币种	股权转让比例(%)	并购方式	并购目的	控制权变更
2020 年 11 月 25 日	维乐惠超市	家家悦	37500.00	人民币	70	协议收购	横向整合	是
2020 年 12 月 5 日	康健公司	东方创业	23304.12	人民币	100	协议收购	多元化战略	是
2020 年 12 月 5 日	苏高新商贸公司	东方创业	2000.00	人民币	33.33	增资	多元化战略	否
2020 年 12 月 5 日	普耀建材	三峡新材；湖北周正物流有限公司；新赛股份	8778.24	人民币		增资	其他	否
2020 年 12 月 6 日	美家买菜	京东集团	—	—	100	协议收购	多元化战略	是
2020 年 12 月 9 日	宏图地产	南京新百	169446.12	人民币	46.31	增资	多元化战略	否
2020 年 12 月 11 日	重庆重百	重庆百货	2200.00	人民币	30	二级市场收购	其他	否
2020－12－12	彩食鲜部分股权	永辉超市；宁波红杉彬盛股权投资合伙企业；启鹭厦门；广西腾讯创业投资有限公司；中金祺智（上海）股权投资中心（有限合伙）	100000.00	人民币		增资	其他	否
2020 年 12 月 15 日	Shoe Palace	JD SPORTS FASHION PLC	32500.00	美元		协议收购	横向整合	否
2020 年 12 月 21 日	Acima	RENT A CENTER	165000.00	美元		协议收购	横向整合	否
2020 年 12 月 21 日	人川大药房	老百姓	68000.00	人民币	100	协议收购	横向整合	是
2020 年 12 月 30 日	SSP 部分股权	世纪金花	1700.00	港币		增资	横向整合	否

产业要素分析

Business Factors Analysis

B.8

中国商业科技应用现状与发展趋势

钱慧敏　吴倩如*

摘　要： 2020 年，新冠肺炎疫情给中国商业发展带来了多方面的挑战和冲击，同时也凸显了数字化对于商业发展的重要性。在新冠肺炎疫情的影响下，为了能够更加灵活地适应市场的动态变化，不少企业加快数字化转型步伐，进一步推动各类新科技在业务中的应用。与此同时，政府也出台了一系列指导政策，鼓励企业积极开展新技术在商业领域的应用和创新，尤其支持中小企实现数字化转型，推出多项中小企业帮扶计划。本报告选取了几种主要商业应用技术，包括云计算、物联网、区块链、5G 网络、智能供应链（智能制造和智能物流）等，结合一些最新的应用案例，重点概述商业科技的应用现状、政策支持与未来发展趋势。

---

* 钱慧敏，冯氏集团利丰研究中心副总裁，研究方向为中国经济、中国商业、全球采购、供应链管理等；吴倩如，冯氏集团利丰研究中心高级研究员，研究方向为中国零售及消费业。

关键词： 科技应用 企业上云 智能供应链 产业数字化 5G

一 商业科技应用现状

（一）云计算

随着信息技术的发展，企业需要处理的数据信息量越来越大，对计算的需求大大增加，在这一背景下，云计算逐渐成为数字经济时代的新型信息基础设施。根据美国国家标准与技术研究院的定义，云计算是一种模型，它可以实现随时随地、便捷地、随需应变地从可配置计算资源共享池中获取所需的资源（例如网络、服务器、存储、应用及服务），资源能够快速供应并释放，使管理资源的工作量和与服务提供商的交互减小到最低程度。

云计算具有五个基本特征，包括自助服务、广泛的网络访问、资源池化、快速弹性、计费服务，与传统的 IT 资源获取方式（如购买计算机、服务器、存储设备等并自行集成使用）大有不同。

另外，云计算具有四种部署模式，分别是私有云、社区云、公有云及混合云。不同类型云的云端资源共享范围各有不同，私有云的云端资源只供一个组织机构内的用户使用，社区云专门供固定的几个组织机构内的用户使用，公有云开放给社会公众使用［如阿里云、腾讯云、微软的 Azure、亚马逊的 Amazon Web Services（AWS）等］，混合云则由两个或两个以上不同类型的云组成。

过去几年，中国云计算市场规模持续保持高速增长。根据中国信息通信研究院的数据，2019 年，中国云计算整体市场规模达 1334.5 亿元，同比增长 38.6%（见图 1）。其中，公有云和私有云市场规模分别达到 689.3 亿元和 645.2 亿元。2019 年公有云市场规模同比增长 57.6%，私有云市场同比增长 22.8%。2020 年，中国云计算市场整体规模达到 1781.8 亿元，同比增速超过 33%。预计 2023 年云计算的总市场规模将达到 3800 亿元左右，其中公有云市场规模将超过 2300 亿元。

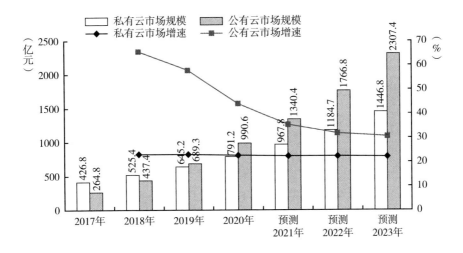

图1　2017～2023年中国云计算市场规模

资料来源：中国信息通信研究院（2020年5月），冯氏集团利丰研究中心整理。

新冠肺炎疫情的出现加速了远程办公、在线教育等服务的应用落地，云计算市场迅速发展，越来越多的企业逐步"上云"，公有云和私有云在传统行业的渗透率进一步提升。其中，公有云以低成本、无须维护、按需付费、高可靠性的优势，成为企业上云的首选。根据中国信息通信研究院的云计算发展调查报告，2019年国内已经开始应用云计算的企业占比达66.1%，较2018年上升7.5个百分点。2019年采用公有云的企业占比41.6%，采用私有云的企业占比14.7%，另有9.8%的企业采用混合云（见图2）。

许多零售企业受疫情影响严重，为了加速恢复销售业绩，纷纷选择依托云计算快速部署线上业务，向智慧零售转型。百货企业银泰在2019年就与阿里云合作，其零售运营已实现全面"上云"，成为全球首家完全架构在云上的百货公司。银泰百货的财务、门店POS、物流配送、App、会员、支付、营销等所有与零售相关的业务实现了云上统一处理。其中，银泰百货数据库上云对其业务发展提供了很好的支撑。上云后，数据库可以用相同的成本支撑三倍以上的业务量。在百货自营部分，银泰采用了SaaS（软件即服务）产品，通过整合原来的多套系统，提升运营效率；打造供应商整合平

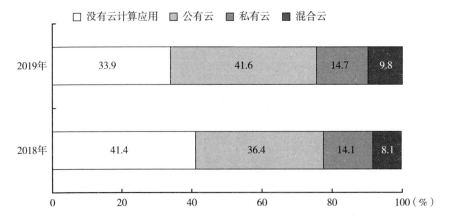

图2 2018年、2019年中国企业云计算使用情况

资料来源：中国信息通信研究院（2020年5月）。

台，提高采购效率；搭建物流跟踪体系，加强供应链管理。

SaaS是云计算的三种服务模式之一，另外两种包括PaaS（平台即服务）以及IaaS（基础设施即服务）。SaaS是将应用程序作为服务提供给客户，PaaS是将开发平台作为服务提供给用户，IaaS则是将IT基础设施（如服务器和虚拟机、存储空间、网络和操作系统）作为服务提供给用户。

美国著名IT研究与顾问咨询公司高德纳称，SaaS是云计算最大的细分市场，预计2021年全球市场将增长到1226亿美元，涉及领域包括企业资源管理、财务管理、协同办公、客服管理以及客户管理和营销等。服务于特定类型的行业客户的垂直型SaaS服务商凭借其对行业业务需求的理解和行业专业知识的掌握，着力于解决行业内关键生产领域的核心问题，例如工业领域的质量管理、供应链管理环节等问题。

然而，SaaS当前在中国的市场规模仍较小。根据中国信息通信研究院发布的《2020云计算发展白皮书》，2019年中国公有云SaaS市场规模为194亿元，与全球1095亿美元（约7079.83亿元）的市场规模差距明显。2019年中国公有云PaaS的市场规模为42亿元，在企业数字化转型需求的拉动下，未来企业对数据库、中间件、微服务等PaaS服务的需求有望持续维持高增长；公有云 IaaS 市场规模则高达 453 亿元，预计受新基建等政策影响，市场规模将持续攀高。

新冠肺炎疫情下，SaaS 服务企业用户认可度显著提升，预计未来市场的接受周期会缩短，将加速 SaaS 市场发展。IaaS 和 PaaS 服务初具规模效应，市场认可度高，也能够提供较为成熟的技术为 SaaS 应用快速开发部署提供基础。

（二）物联网

近年来，物联网的市场潜力获得普遍认可，发展速度逐渐加快，技术和应用创新层出不穷。2010 年，物联网就被写入国务院的政府工作报告，同时也被明确定位为中国新型基础设施的重要组成部分，成为数字经济发展的关键基础设施。

我国对物联网（IoT）的定义：是指通过信息传感设备［如射频识别（RFID）、红外感应器、全球定位系统、激光扫描器等］，按照约定的协议，把任何物品与互联网连接起来，进行信息交换和通信，以实现智能化识别、定位、跟踪、监控和管理的一种网络。物联网通过网络连接各种硬件，实现对物理世界和虚拟世界的沟通，在创建智能系统的同时，数以万亿计的设备接入网络产生海量数据有助于企业从中获得有效信息。对企业而言，物联网创造出连接客户和合作伙伴的新方式，同时有效收集、存储、分析数据。

基于这一定义，物联网技术在线下商业实体领域的应用被称为商业物联网。商业物联网主要连接 B 端商户和消费者，提供智能化的产品和服务，以提升顾客消费体验和企业管理运营效率。艾瑞咨询研究院的数据显示，2019 年，中国商业物联网整体市场规模达 1161 亿元，占全球市场 17.7%。艾瑞咨询研究院预计，受疫情影响，2020 年商户收入明显下降，导致软硬件支出回落。在疫情好转后，商业物联网将恢复增长，到 2023 年整体市场规模预计将达到 1438 亿元（见图 3）。

商业物联网的下游应用场景主要涉及零售、餐饮、本地生活门店等。终端的商业应用可以分为智能运营设备（如点单、面部识别、电子价格标签、

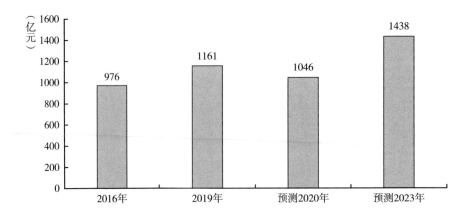

图3　2016～2023年中国商业物联网整体市场规模

资料来源：艾瑞咨询研究院（2021年3月）。

智能防盗设备等）和智能金融设备（如收银机、支付设备等）。这些应用帮助零售企业管理存货、改善客户体验、优化供应链并降低运营成本。例如，配备重量传感器和RFID识别技术的智能货架可以读取并收集商品信息，将数据发送至物联网平台，实现自动监视存货，并在货品不足时触发警报，使得零售商可以及时查找短缺商品的信息。

2019年，全球最大的超高频（UHF）射频识别（RFID）解决方案供应商艾利丹尼森与冯氏集团合作，在上海打造了一个智慧新零售店铺，通过服饰、鞋包、家居用品、食品等跨消费品类的广泛应用场景，客户可浸入式体验RFID技术实现万物互联的作用。店铺充分运用RFID技术独有的识别方式和技术特性，将每一件实体产品与其数字化信息进行匹配，实现产品的溯源和自动化管理；并通过对数据的实时统计、分析和用户交互，将线上服务、线下体验以及现代物流进行深度融合。

另外，苏宁全球首家智慧生活中心也在其上海的店铺内采用了电子价格标签系统（下称电子价签）。有别于传统纸质价签，电子价签的便捷性在于能够打通线上线下，连接线下场景数据库，实时显示商品价格信息，帮助店家对商品进行一键改价等操作，大幅降低店铺人力、时间、物料等运营成本，一次投入重复利用，节能环保。电子价签还可以帮助店铺员工快速定位商品，提高拣货效率；通过近场通信技术（NFC）帮助消费者进行商品溯源、领取优惠，简化购物流程，增加驻客时长、客户黏性。在成熟的智慧零售中，零售商可以利用电子价签的物联网特性，结合大数据分析和人工智能等技术手段，计算单品客流量、分析销量并做出陈列路径优化等企业决策。

事实上，人工智能与物联网在实际应用中的落地融合已相当普遍，被称为智能物联网（AIoT）。人工智能的高速发展和物联网的应用推广使得智能物联网在中国迅速落地发展。智能物联网的应用场景包括智慧医疗、智慧城市、智慧零售、智慧制造等。

艾瑞咨询的数据显示，2019年中国的智能物联网市场规模达3808亿元，预计2020年的增长率高达53%。由于智能物联网在落地过程中将重构传统产业价值链，预计未来几年发展节奏将较为稳定。预计疫情过后，到2022年企业会投资更多新技术，年增长率将再次上升。随着技术的不断进步以及相应商业模式的逐渐成熟，相信未来商业将会成为智能物联网落地的主战场。

（三）区块链

账本技术是金融科技的基石。从国际贸易到个人消费，其中的资金流转、资产交易都离不开记账这一操作。随着商业活动的规模扩大、参与者的数量增多，整个商业过程变得愈加动态和复杂，记账的难度也逐渐增大。于是，分布式账本技术应运而生。交易多方共同维护一个共享账本，打通了交易在不同阶段之间的壁垒，记账的规模、效率、可靠性以及合规性得到进一步提高。

区块链技术正是这样一种分布式账本技术，具有去中心化、共享的、不可篡改的特点。中国信息通信研究院对区块链的定义是：区块链技术是分布式的网络数据管理技术，利用密码学技术和分布式共识协议保证网络传输与访问安全，实现数据多方维护、交叉验证、全网一致、不易篡改。

去中心化是区块链的根本特征，这意味着区块链没有任何中心化的系统

控制者，不再依靠中央处理节点，数据在不同节点上分布式存储、记录与更新，实现多方共同维护。在交易被记录到共享账本之后，任何参与者都不可以篡改交易。区块链上存储了一系列自动执行的规则，称为"智能合约"，允许在没有第三方的情况下进行可信交易。自动执行的智能合约，加快了交易执行的速度，也降低了交易成本。同时，提高了安全性，有利于审计管理和账目清算。

赛迪顾问数字经济产业研究中心报告指出，2020年，全球区块链产业总体规模达到28.1亿美元；中国2020年区块链产业规模达到27.8亿元，增速为33.7%。

在区块链技术的众多应用场景中，金融是目前探索最多的领域，包括供应链金融、贸易融资、支付清算等。中国信通院的调查显示，截至2020年11月国内已备案的区块链信息服务中，金融领域项目数量排名第一，占比高达25%；供应链金融项目数量紧随其后，占比达11%；供应链与物流项目的占比则为6%。供应链被视为未来区块链技术应用最重要的领域。德勤预测，未来五年，区块链在供应链的商业应用比例将增长到54%。

近年来，随着消费者对产品来源的重视程度有所提高，供应链的可追溯性就变得愈发重要。根据苏宁和尼尔森2020年的调查，52%的消费者期待在实体店内进行商品扫码溯源。然而，国际供应链的流程复杂、单证繁多、涉及参与方众多，这在传统模式下需要进行大量的文书工作，使供应链的可追溯性变得相当难。根据联合国贸易和发展会议（UNCTAD）和联合国贸易便利化与电子商务中心（UN/CEFACT）的统计与测算，国际贸易中每单货物平均要涉及27个贸易参与方，40种单证，400份文件。利用区块链技术，供应链上下游可获得一个透明可靠的统一信息平台，将供应链的每一个环节串联起来，并可加密记录商品的信息，如原材料、供应商、生产、仓储、运输等，帮助企业实时掌握供应链其他参与者供给与需求信息，调整决策，以此降低成本，提高供应链管理效率。文书工作也可被数字记录代替，使得经手方无法肆意篡改。一旦发生纠纷，回溯与追查也变得更为容易。

此外，区块链与物联网技术的结合可以进一步实现供应链的全链条可视化。区块链为物联网提供安全的环境，确保数据安全。物联网则依靠应用物联网技术的传感设备将全链的信息和数据实时传输。除此之外，区块链还可与其他多种新技术融合，合作释放商业价值，如"区块链+大数据"挖掘数据价值，"区块链+人工智能"提升商业处理自动化程度，"区块链+云计算"降低区块链部署成本等。

（四）5G 网络

2019 年 6 月，工信部正式发放 5G 商用牌照，开启了中国的 5G 商用时代。5G 是第五代移动通信技术的简称。与 4G 比较，5G 的传输速率、时延、移动性及连接量等关键性能指标均有极大的提升。在速率方面，5G 的峰值速率是 10Gbps，特殊场景下是 20Gbps，分别是 4G 的 10 倍和 20 倍；5G 的体验速率是 0.1 ~ 1Gbps，是 4G 的 10 倍 ~ 100 倍。在时延方面，5G 时延的目标值是 1ms，只有 4G 的 1/10。在连接方面，5G 每平方千米可连接 100 万台终端设备，是 4G 连接量的 10 倍。

2020 年 3 月 4 日，中共中央政治局常务委员会召开会议，指出要加快 5G 网络、数据中心等新型基础设施建设进度。目前，中国 5G 建设已进入发展的关键阶段。2021 年 1 月 26 日，工信部发布的最新统计数据显示，中国已建成全球最大 5G 网络。截至 2020 年底，中国累计开通 5G 基站超过 71.8 万个，并实现所有地级以上城市 5G 网络全覆盖，预计 2021 年新建 5G 基站 60 万个以上。与此同时，中国 5G 的终端连接数正在快速增长。2020 年 6 月底，中国 5G 终端连接数达到 6600 万，到 2020 年底已超过 2 亿，位居世界第一。GSMA（全球移动通信系统协会）最新报告预测到 2025 年，中国 5G 连接数将超过 8 亿。

5G 网络部署带来众多创新应用，其中，无人驾驶、远程医疗、智能家居、智能制造、智慧城市建设等领域有望迎来爆发式增长。此外，5G 网络大带宽的特性将推动 4K/8K 超高清视频、增强现实（AR）、虚拟现实（VR）等新兴消费应用的发展，提升消费者在文化娱乐、在线购物等应用

场景下的体验。杭州的中国联通电商直播中心通过 5G 网络实现超高清 4K 画面，消费者能快速、清晰、直观地看到产品细节，直播过程也更加流畅。阿里巴巴打造的"智慧门店"解决方案，利用 5G 网络的"高速率、低延时、广连接"特性为商户提供数字化解决服务——店内智能摄像头对客流进行精准分析，结合虚拟云货架、AR 试妆镜、智慧交易服务等设施，为消费者提供更流畅的互动体验。

5G 亦进一步推动了中国制造业的高质量发展，让工业互联网成为现实。工信部信息通信管理局今年 6 月表示，目前，"5G + 工业互联网"在建相关项目超过 1500 个，服务于工业互联网的 5G 基站超过 3.2 万个。工业和信息化部于 2021 年发布了《工业互联网创新发展行动计划（2021－2023 年）》，明确 3 年内要在 10 个重点行业打造 30 个 5G 全连接工厂。

未来，中国将继续全力推进 5G 网络建设、应用推广、技术发展和安全保障。根据中国信息通信研究院预测，2020～2025 年，中国 5G 商用将直接带动经济总产出 10.6 万亿元，直接创造经济增加值 3.3 万亿元，间接带动经济总产出约 24.8 万亿元，间接带动的经济增加值达 8.4 万亿元，5G 成为全面构筑经济社会数字化转型的关键基础设施。

（五）智能供应链

"智能供应链"综合应用上述新兴科技，赋能产业数字化转型，在生产制造、物流、流通和消费等环节上，实现供应链的信息化、智能化、可视化、自动化等特征，帮助解决传统供应链所存在的问题，助力企业转型升级；后逐渐衍生出"智能制造""智慧物流"等概念。

1. 智能制造

根据工业和信息化部、发展改革委、科技部、财政部联合发布的《智能制造发展规划（2016－2020 年）》的定义，智能制造是"基于新一代信息通信技术与先进制造技术深度融合，贯穿于设计、生产、管理、服务等制造活动环节，具有自感知、自学习、自决策、自执行、自适应等功能的新型生产方式"。

《国民经济和社会发展第十四个五年规划和2035年远景目标纲要》强调，要深入实施智能制造和绿色制造工程，发展服务型制造新模式，推动制造业高端化智能化绿色化。

自"十三五"以来，中国的制造业数字化、网络化、智能化水平显著提升，发展态势良好。随着国家对智能制造的大力支持，中国智能制造行业增长速度加快，中商产业研究院数据显示，2019年中国智能制造装备行业的产值规模达17776亿元，2021年初步估计产值规模达22650亿元。另外，中国2018年的智能制造解决方案市场规模达1560亿元，预计至2020年末，市场规模将达到2380亿元。此外，各种新模式新业态，如流程型智能制造、网络协同制造、大规模个性化服务等陆续涌现。

在智能生产方面，企业将先进技术运用于生产过程中，形成高度灵活、个性化、柔性化、网络化的生产链。例如，阿里巴巴的犀牛智造借助尖端智能技术，大幅提高了制造效率，减少了生产时间和成本。相比传统模式，其交货时间由15天缩短至7天，每款的最小订货量由1000件减少至100件。

为加快推动智能制造发展，2021年4月，工业和信息化部会同有关部门起草了《"十四五"智能制造发展规划》（征求意见稿），提出要开展智能制造示范工厂建设，到2025年，建设2000个以上新技术应用智能场景、1000个以上智能车间以及100个以上引领行业发展的标杆智能工厂。同时，该意见稿指出，到2025年，要实现规模以上制造业企业基本普及数字化，重点行业骨干企业初步实现智能转型。到2035年，规模以上制造业企业全面普及数字化，骨干企业基本实现智能转型。

2. 智慧物流

智慧物流是一种以信息和技术为支撑，在物流的运输、仓储、包装、配送等环节实现系统感知和数据采集的现代综合智能型物流系统。它广泛应用物联网、人工智能、大数据、云计算等技术工具，使物流系统自我学习、分析判断并自行解决各种问题，能有效帮助企业管理其供应链、预测风险、降本增效，并提高服务客户能力。

根据前瞻产业研究院发布的《中国智能物流行业市场需求预测与投资战略规划分析报告》统计数据，从2012年到2019年，中国的智慧物流市场规模每年持续增长约20%，2019年的智慧物流市场规模达4872亿元，预计2020年市场规模将突破5000亿元（见图4）。

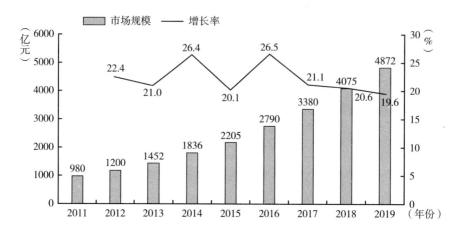

图4　2011～2019年中国智慧物流市场规模及增速

资料来源：前瞻产业研究院。

随着大数据、云计算、物联网、人工智能等技术的发展，物流行业在多个环节正逐步实现智能化。其中，智能分拣装备、智能机器人等自动化智能设备，大大提升了企业效率及节省了人力。中国物流与采购联合会发布的数据显示，预计到2025年，智慧物流每年将节省超过上万亿元的物流成本。

2020年8月，苏宁展示了首个5G无人仓。仓内整合了无人叉车、AGV机器人、机械臂、自动包装机等，实现商品从收货上架、存储、补货、拣货、包装、贴标到最后分拣全流程的无人化。其单个机器人工作台商品拣选效率达到一小时600件，比人工拣选效率高出5倍，从消费者下单到商品出库，整个过程最快20分钟就可全部完成。

新冠肺炎疫情发生以来，无人配送及自动驾驶技术在物流领域的应用进一步提升，主要应用于快递及物流最后一公里的配送。美团的室外低速无人配送车"魔袋"在 2020 年 9 月举办的国际服务贸易交易会上亮相，利用 5G 和大数据实现车路协同功能，满足多场景的配送需求。京东物流科技则于 2020 年 10 月宣布与江苏省常熟市合作，建设全球首个无人配送城，目前已在常熟市区运营 30 多台无人配送车，包含 5 种车型，满足不同场景的配送需求。2021 年 5 月，在第八届国际智能网联汽车技术年会上，北京市高级别自动驾驶示范区正式发布了中国首个《无人配送车管理实施细则》（试行版），首次给予无人配送车相应路权。京东、美团和新石器成为国内首批获得无人配送上路资质的 3 家企业。该《实施细则》的发布将进一步推动无人配送车技术创新，从场景应用加快走向商业化。

智慧物流不仅应用在硬件的仓储、分拣、运输、配送等环节，也用于物流供应链规划、智慧决策等软件层面的场景。预计智慧物流将逐步成为推进物流业发展的主要动力，下一步应思考如何更好地将技术与物流场景进行充分融合，更大规模应用智慧物流，以提升企业效率及降低成本。

二 政府携手平台及企业推进科技创新发展

（一）政府对科技创新的指导作用

党的十九届五中全会强调"坚持创新的核心地位，进一步加强创新驱动发展，加快建设科技强国"的战略发展目标。"十四五"规划纲要在第五篇"加快数字化发展，建设数字中国"中明确指出，要加快推动数字产业化，培育壮大人工智能、大数据、区块链、云计算等新兴数字产业；提升通信设备、核心电子元器件、关键软件等产业水平；构建基于 5G 的应用场景和产业生态，在智能交通、智慧物流、智慧能源、智慧医疗等重点领域开展试点示范。为进一步推动科技创新和科技成果转化，促进科技经济深度融合，实现科技创新引领产业升级，政府出台一系列指导政策，鼓励企业积极开展先进技术在商业领域的应用创新。

表 1　近年来政府出台的部分科技创新指导政策

发布日期	发布机关	政策文件	概述
2015 年 5 月 8 日	国务院	《中国制造 2025》	中国实施"制造强国"战略的首个十年纲领,明确了战略任务和重点,指导各部委和地方制定相关政策
2017 年 1 月 17 日	工业和信息化部	《大数据产业发展规划（2016 - 2020)》	针对大数据产业,具体设置了 7 项重点任务、8 个重大工程以及 5 项保障措施
2018 年 8 月 10 日	工业和信息化部	《推动企业上云实施指南（2018 - 2020 年)》	指导和促进企业运用云计算加快数字化、网络化、智能化转型升级;从实施上云的路径、强化政策保障、完善支持服务等层面为企业上云提供指导
2020 年 3 月 18 日	工业和信息化部	《中小企业数字化赋能专项行动方案》	提出 13 项重点任务和 4 项推进措施,为中小企业提供数字化、网络化、智能化扶持
2020 年 3 月 24 日	工业和信息化部	《关于推动 5G 加快发展的通知》	要求各地加快推进 5G 网络建设、应用、技术发展和安全保障,充分发挥 5G 的规模效应和带动作用,支撑经济社会高质量发展
2020 年 4 月 7 日	国家发展改革委、中央网信办	《关于推进"上云用数赋智"行动培育新经济发展实施方案》	大力培育数字经济新业态,推进企业数字化转型,加强对企业的扶持和支援,加快数字产业化和产业数字化
2020 年 4 月 21 日、2020 年 7 月 24 日	工业和信息化部	《中小企业数字化赋能服务产品及活动推荐目录(第一期)》《中小企业数字化赋能服务产品及活动推荐目录(第二期)》	征集筛选 8 大类服务商和服务产品及活动,鼓励各地中小企业结合实际需求,自助选择对接使用,服务商包括阿里巴巴、腾讯、京东等
2020 年 8 月 4 日	国务院	《新时期促进集成电路产业和软件产业高质量发展的若干政策》	为了优化集成电路和软件产业的发展,深化国际合作,政府制定了财税、投融资、研究开发、进出口、人才、知识产权、市场应用、国际合作等八个方面的政策措施

发布日期	发布机关	政策文件	概述
2020年9月21日	国务院办公厅	《关于以新业态新模式引领新型消费加快发展的意见》	提出15项针对性政策促进新型消费,包括加强信息网络基础设施建设、大力推动智能化技术集成创新应用等;目标是到2025年,培育形成一批新型消费示范城市和领先企业,"互联网+服务"等消费新业态新模式得到普及
2021年1月13日	工业和信息化部	《工业互联网创新发展行动计划(2021-2023年)》	确立三年工业物联网的发展目标,重点解决深层次的发展难点,带动数字产业化
2021年1月29日	商务部	《关于加快数字商务建设服务构建新发展格局的通知》	推动各地将大力发展数字商务纳入地方发展规划及年度工作计划;全面提升商务领域数字化、网络化、智能化水平,推动商务高质量发展
2021年3月12日	中共中央	《国民经济和社会发展第十四个五年规划和2035年远景目标纲要》	提出要坚持创新在现代化建设全局中的核心地位,深入实施科教兴国战略、人才强国战略、创新驱动发展战略,完善国家创新体系,加快建设科技强国
2021年4月14日	工业和信息化部	《"十四五"智能制造发展规划》(征求意见稿)	重点指导制造业的智能化发展规划;目标是到2025年,中国规模以上制造业企业基本普及数字化,重点行业骨干企业初步实现智能转型

资料来源:冯氏集团利丰研究中心根据公开资料整理。

(二)支持中小企业实现数字化转型

政府高度关注企业数字化转型,从中央到地方出台了多项支持企业数字化转型的政策措施,尤其关注中小微企业数字化升级的进程。目前,中小微企业占中国全部企业数量的99%以上,贡献了七成以上的技术创新成果,是中国产业结构转型升级的主力军。数字化转型成本较高,中小型企业普遍缺乏足够的专项资金及资源,因此政府携手头部互联网平台,推出多项中小微企业帮扶计划,为中小微企业数字化转型赋能。

工业和信息化部于 2020 年 3 月发布《中小企业数字化赋能专项行动方案》，明确将助推中小企业实现数字化管理和运营，提升中小企业在智能制造、上云用云方面的水平，同时促进产业集群数字化发展。2020 年 4 月，工业和信息化部印发《中小企业数字化赋能服务产品及活动推荐目录（第一期）》，118 家服务商入围，涵盖电商平台、疫情防控、数字化运营、上云用云、数字化平台、供应链对接、产融对接、网络和数据安全等 8 大领域，其中包括阿里巴巴、腾讯、京东等，合计提供 137 项服务产品及活动。工信部鼓励各地中小企业结合实际需求，自主选择对接有关服务商，使用所需的服务。2020 年 5 月，国家发展改革委联合中央网信办等 17 个部门、国家数字经济创新发展试验区等 145 家单位启动"数字化转型伙伴行动（2020）"。该行动提供政府支持和平台资源，首批推出 500 多项面向中小微企业的服务举措，从信息对接、开放资源、软硬件支持、供应链支撑、咨询服务、专业培训、平台基地建设、整体解决方案以及金融支持等方面帮助中小微企业实现数字化转型。

表 2　互联网龙头企业响应国家《数字化转型伙伴行动倡议》启动的部分帮扶举措

平台	扶持计划	技术/服务	内容概述
阿里巴巴	"繁星计划"	云服务、小程序云应用、流量扶持、创业补贴、培训认证	为中小制造企业提供产品研发、生产制造、销售、物流仓储、能源管理等供应链中所需要的应用和解决方案；阿里云数字工厂产品自使用之日起免费使用一年
京东	"新动力计划"	人工智能、云计算、区块链、大数据、采购数字化管理平台	免费提供各种技术领域的服务，如语音技术、图像及视频理解、自然语言处理等服务；为中小企业客户免费提供数字化采购、供应链管理和产品解决方案
百度	区块链、人工智能等扶持	区块链、云服务、人工智能	支持中小企业用云服务方式构建区块链应用；开放人工智能平台的技术供中小企业使用

续表

平台	扶持计划	技术/服务	内容概述
腾讯	"数字方舟""企复计划"	产业基地、云资源、在线办公应用、线上运营工具、引流拓客服务、数字化工具	重点帮助"农工商教医旅"六大领域数字化转型；限期免费提供云基础资源；为中小微企业开放企业微信、腾讯会议等在线办公应用

资料来源：国家互联网信息办公室及其他公开资料，冯氏集团利丰研究中心整理。

三　发展趋势

（一）新技术融合推动产业数字化

当前，数字化转型已经成为全球企业的共识，以云计算、物联网、人工智能、区块链等为代表的新一代信息技术蓬勃发展。其中，"5G + AI + 云"的融合创新发展将为产业数字化注入新动力。5G 的高速网络、云计算的海量算力、AI 的应用智能技术相互协同，深入各行各业，从工业自动化到智慧零售，创造出新的业务体验及行业应用。

其中，零售是最先受益于 5G 技术的行业。"5G + 云 + AI"将进一步助力零售企业数字化及智能化，提升消费者线上线下购物体验，并提高企业运营效率。例如，云店铺可以通过升级的 VR 体验及虚拟导购实现 24 小时营业。此外，"5G + 云 + AI"技术，如云货架、客户识别、智能导购、智能巡店等逐步应用到零售门店，让门店变得更加智能化，为消费者带来更好的消费体验。

"5G + AI + 云"这三项关键技术的配置亦将有效助力工业互联网落地。比如，华为工业互联网平台提供 5G + 机器视觉 + AI 的解决方案，解决生产线人工目测质检误差大的问题。在生产线部署工业摄像机，采集表面图像，通过 5G 网络实时回传云端，再基于高精度缺陷识别模型实时识别材料表面

缺陷。在云平台上经过训练的缺陷识别模型可达到生产线专家相同水平。除此之外，还可采用5G+RFID+AI智能溯源，实现原材料的可溯源、可视化；利用5G+红外摄像头监控、5G+机器人巡检、5G+电子围栏等，建立全方位预警机制，识别危险区域监控、违规操作等问题，大幅提升安全生产水平。

目前，5G+工业尚处于起步阶段，华为预测到2025年，每一万名制造业员工将和103个机器人协同工作，也就是说，每100个工人里就有一个机器人。预计工业5G行业将在2025~2030年进入完全互联和独立智能的阶段。

（二）云计算市场增长快速，云安全受重视

近年来，中国政府发布多项政策，支持云计算产业发展。国务院、工信部、发改委等提出推动中小企业业务向云端迁移。新冠肺炎疫情发生以来，企业纷纷加快数字化转型。《中国互联网发展报告（2021）》数据显示，2020年，中国云计算整体市场规模达到1781亿元，同比增速超过33%。中国信息通信研究院研究报告显示，2021~2023年，云技术将进一步普及，中国云计算市场的年均增速将在30%以上，应用范围不断扩大。

随着云计算市场的蓬勃发展，企业逐步上云，云安全的重要性越来越高。云资产、云工作易受到网络安全威胁。网络攻击者可以利用云安全漏洞发起攻击、破坏服务或窃取敏感重要数据。因此，强大的云安全系统对于保护数据、维护云平台正常运作至关重要。

业界普遍认为云安全应遵循共同责任制，即云服务提供商和用户共同担责。云服务提供商与第三方安全产品服务供应商合作，共同提供安全产品和解决方案。云服务提供商负责云服务自身的安全（如云存储服务、云计算服务、云网络服务等），而用户则负责云服务内部的安全（如访客操作系统、应用程序，数据等）。

根据赛迪顾问的统计，2019年中国云安全服务市场规模达到55.1亿元，同比增长45.8%，预计到2021年，中国云安全服务市场规模将突破百

亿，达到 115.7 亿元。

目前，中国云安全市场尚处于创新发展期，云安全支出占云 IT 支出比例尚处于较低水平。根据国际数据资讯（IDC）数据，2020 年全球云安全支出占云 IT 支出比例仅为 1.1%。随着云数据安全技术的成熟、企业对云安全的关注度进一步提升、行业监管及政策法规的逐步完善，云安全产品及服务市场将加速发展。

（三）新技术促进智慧城市建设发展

智慧城市是当前城市发展的新理念和新模式，以改善城市人居住环境质量、优化城市管理和生产生活方式、提升城市居民幸福感受为目的，是信息时代的新型城市化发展模式，广泛应用云计算、物联网、人工智能等科技。

自 2012 年起，国家采取分批试点的方式探索智慧城市的建设，并于 2014 年将智慧城市建设上升为国家战略。近年来，智慧城市的建设经过概念普及、政策推动、试点示范后，开始进入爆发式增长阶段。2020 年 4 月，住房和城乡建设部公布的智慧城市试点数量达到 290 个；加上其他相关部门所确定的智慧城市试点数量，中国智慧城市试点数量累计近 800 个，成为全球最大的智慧城市建设实施国。

随着各种新技术的蓬勃发展，中国的城市将逐步智能化。国际数据资讯（IDC）预测，到 2024 年，中国智慧城市与智慧社区相关的投资将超过 2300 亿元，重点投资公共安全、智慧交通、智慧政务、智慧环保、智慧应急等广泛领域；40% 的城市会通过物联网、人工智能等技术，实现物理世界与数字世界的融合；预计到 2026 年，40% 的城市产品和服务将通过数字化体验方式来提供。

未来，各种前沿信息技术将在公共服务、商业及生活等领域进一步落地实践，提升城市治理和服务水平，促进智慧城市的发展。

（四）科技创新促进可持续发展

大数据、云计算、人工智能等技术的发展进步不仅引领了新一轮的产业

升级与变革，还有效促进可持续发展。

埃森哲 2020 年针对规模最大的几家云服务提供商进行调查分析，结果显示，企业迁移到云上平均可使能耗降低 65%，碳排放量降低 84%。云服务使许多公司可以共享计算资源，甚至通过再生能源为数据中心供电，从而大幅减少对环境的影响。例如，2020 年在杭州建成的阿里云超级数据中心，部署了全球最大的液冷服务器集群，为数据中心节能 70% 以上。

新科技的应用亦有助于提高资源利用效率。比如，运用大数据预测客户需求，结合柔性供应链，实现按需生产，保持低库存，能有效避免浪费物料；通过云计算、大数据和人工智能等科技的应用，亦可更准确地监控商业活动对环境的影响。

未来，科技创新的重点将向更绿色、更高效、更可持续的方向发展。

四　结语

2020~2021 年，新冠肺炎疫情的暴发彻底改变了全球的商业格局。疫情突出了数字化的重要性，让企业在危机时期能灵活地适应市场的变化。疫情过后，数字化发展将会继续深化，企业将持续使用云计算、物联网、人工智能等新兴技术，这些新技术的不断进步也将继续推动产业数字化发展。此外，相关政策的指导及政企多方合作，将为商业科技发展插上翅膀，发挥可持续发展新优势，加快科技强国的建设。

B.9

中国电子商务物流发展"十三五"回顾与"十四五"展望

洪　勇*

摘　要： "十三五"以来，我国电子商务物流快速发展，规模稳步提升，政策环境不断优化，创新动能加速释放，市场集中度进一步提升。新冠肺炎疫情发生以来，电子商务物流企业发挥数字化优势，推出无接触配送等新模式新业态，创造灵活就业岗位，成为抗疫保供、复工复产的重要力量，为稳就业发挥了积极作用。尽管目前电子商务物流发展取得了一些成就，还是面临一些问题，如行业同质化竞争严重，跨境和农村电商物流配送时间过长，电商物流服务水平有待提升，电商物流基础设施不完善等问题。未来，我国电商物流将朝着规范化方向发展。电商物流的智能化水平将不断提升，"一带一路"跨境电商物流将蓬勃发展。

关键词： 电子商务物流　新冠肺炎疫情　低碳　智能化　冷链物流

一　电子商务物流发展现状

（一）市场规模持续增长

"十三五"以来，我国电子商务不断发展壮大。国家统计局数据显示，

---

* 洪勇，经济学博士，商务部国际贸易经济合作研究院电子商务研究所副研究员，研究方向为数字经济、电子商务。

2016～2020 年，全国电子商务交易额从 26.10 万亿元增长到 37.21 万亿元，年均增长率为 9.3%。我国连续多年保持全球规模最大、最具活力的网络零售市场。2020 年全国网上零售额达 11.76 万亿元，同比增长 10.9%，实物商品网上零售额达 9.76 万亿元，同比增长 14.8%，占社会消费品零售总额的比重接近 1/4。

电子商务物流是服务于电子商务的各类物流活动，近年来我国电子商务与快递物流之间的协同发展不断加深。随着电子商务规模效益不断提高，电子商务物流也迎来高速增长期。快递是电子商务物流的重要表现形式。根据国家邮政局统计数据，"十三五"以来，我国快递业务总量和收入规模不断扩大，屡创新高。2020 年快递服务企业业务量完成 833.6 亿件，同比增长 31.2%。其中，同城快递业务小幅增长，全年同城快递业务量完成 121.7 亿件，同比增长 10.2%；异地快递业务快速增长，全年异地快递业务量完成 693.6 亿件，同比增长 35.9%；国际/港澳台快递业务持续增长，全年国际/港澳台快递业务量完成 18.4 亿件，同比增长 27.7%（见图 1）。

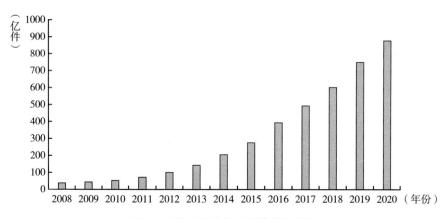

图 1　2008～2020 年中国快递业务量

资料来源：国家邮政局。

（二）增长速度稳中趋缓

"十三五"以来，随着我国电子商务和网上零售额同比增长速度持续走低，电子商务物流业务量和业务收入增长速度有所回落。2010～2013 年我国快递业务量和业务收入保持高速增长。"十三五"以来，我国快递业务量和业务收入增速明显回落，快递业务收入同比增长速度由 2016 年的 53.5%降至 2020 年的 17.3%，快递业务量同比增长速度由 2016 年的 51.4%降至 2020 年的 31.2%（见图2）。

图2　2010～2020 年快递业务量和业务收入增速

资料来源：国家邮政局。

中国物流与采购联合会与京东集团联合发布的"中国电商物流运行指数"显示，电商物流运行指数由 2020 年 2 月最低点 96.6 增至 2021 年 3 月 110.4（见图3）。

（三）政策体系不断完善

党中央、国务院高度重视电子商务物流。习近平总书记在河南光山县调研时指出，要积极发展快递业务，强调要注意节约环保，杜绝过度包装，避免浪费和污染环境。李克强总理在国务院常务会议上指出要积极推动海外仓发展，加强跨国物流领域国际合作，加快发展农村寄递物流，扩大"快递进村"。2021 年中央"一号文件"提出，加快完善县乡村三级农村物流体系，改造提升农村寄递物流基础设施，加快实施农产品仓储保鲜冷链物流设

图3　2016年10月至2021年3月中国电商物流指数

资料来源：中国物流与采购联合会。

施建设工程，推进田头小型仓储保鲜冷链设施、产地低温直销配送中心、国家骨干冷链物流基地建设。

政府各部门深入推进电商物流发展。在农村电商物流建设方面，交通运输部推进"交通物流＋电子商务"项目建设，鼓励电商物流企业加快装备升级改造。发改委支持建立完善适应农产品网络销售物流、仓储等支撑保障体系。商务部、财政部等部门开展电商进农村综合示范，支持示范县发展农村电商及物流体系建设，截至2020年底，共在1338个县开展电商进农村综合示范，实现国家级贫困县全覆盖。在跨境电商物流建设方面，国家邮政局、商务部、海关总署等部门支持企业设置海外仓，鼓励企业提供全程跟踪查询、退换货、丢损赔偿、拓展营销、融资、仓储等增值服务，支持跨境电子商务综合试验区所在地城市建设国际邮件互换局和快件监管中心。在电子商务物流数据共享方面，国家邮政局、商务部、海关总署等部门推动建立电商物流企业与政府间的数据交换机制，实现对电商物流环节数据的实时掌握。在总结电商物流协同发展经验方面，商务部、国家邮政局围绕完善基础设施建设、优化配送通行管理、提升末端服务能力、提高协同运行效率、推动绿色发展等方面，总结了12项工作任务的典型经验做法。

（四）创新动能加速释放

现代信息通信技术加速赋能电子商务物流企业，驱动电商物流向智慧化物流迈进。信息化管理系统、智能客服、无人车、无人机、无人仓等迅速普及，自动化分拣、扫描、称重设备占比稳步提高，物流需求预警、物流动态预测、供应链智能分仓、车辆路径智能规划等将成为行业热点。2020年，日日顺物流启用大件物流首个智能无人仓，京东物流落成亚洲首个全流程智能柔性生产物流园北斗新仓，菜鸟上线能打通商品存储到直接发货的全流程第三代无人仓。菜鸟供应链发布涵盖数智大脑系统、数智仓储运配服务、数智全案解决方案、商流联动产品等全链路、全场景的物流供应链服务产品体系。顺丰"小优"、阿里"小蛮驴"等都是智能配送机器人的代表，能节省配送时间和人力成本，提高配送效率。

（五）市场集中度进一步提升

近年来，我国电子商务物流市场集中度持续保持在高位。据国家邮政局数据，2020年我国快递服务品牌集中度指数为82.2。电子商务物流市场主流品牌仍然是京东、菜鸟、顺丰、"四通一达"等大公司。京东注重自有物流方面的建设，并且以送达速度快、服务品质好赢得了用户的好评。阿里加强物流体系上的建设和投资，依靠菜鸟，并通过投资百世、申通、圆通、中通、韵达等快递公司，来完成物流领域的布局。2015年，阿里巴巴联合云锋基金投资圆通快递；2018年，阿里巴巴以13.8亿美元投资中通快递；2019年3月，阿里巴巴投资46.6亿元，成为申通快递第一大股东，拥有45.59%的股份；2020年4月29日，阿里巴巴入股韵达，持有2%的股份。通过菜鸟的整合，阿里巴巴完成对整个物流网络的调度，进一步缩小与顺丰、京东之间在配送速度上的差异。

（六）电商物流低碳转型加快

电子商务物流是贯彻节能环保理念、助力我国实现"碳达峰""碳中

和"的重点领域。国家邮政局持续探索与推进快递包装绿色化，开展电子商务物流企业绿色采购试点和可循环中转袋（箱）全面替代一次性塑料编织袋试点。截至 2020 年底，我国电子运单使用率达 98%，电商快件不再二次包装率达 52%，循环中转袋使用率达 75%，设置符合标准的包装废弃物回收装置的邮政快递网点已达 3 万个。邮政、顺丰、申通、中通、菜鸟、京东等企业开展绿色包装行动，通过推广使用可降解塑料袋、无胶带纸箱、可循环中转袋等方式节能减排。国家发改委、生态环境部印发《"十四五"塑料污染治理行动方案》，明确到 2025 年，电商快件基本实现不再二次包装，可循环快递包装应用规模达到 1000 万个。

二 电商物流专业领域发展现状

（一）农村电商物流快速增长

"十三五"以来，随着电子商务进农村综合示范、快递下乡等工作深入推进，农村电子商务物流基础设施得到了一定程度的改善。我国农村电商保持快速增长，农村地区电商消费需求有效释放。2020 年全国农村网络零售额达 1.79 万亿元，同比增长 8.9%。2014 年至今，商务部等部门开展电商进农村综合示范工作，建设"县乡村三级物流体系"是电子商务进农村综合示范项目中央财政资金重点支持方向之一。截至 2020 年，中央财政共重点支持 1338 个县，实现 832 个国家级贫困县全覆盖。地方政府积极推进城镇乡村网点建设实现全区县覆盖。农村淘宝、苏宁易购、京东、拼多多等电商企业积极将电商物流向西向下布局。据《2020 年度快递市场监管报告》统计，全国乡镇快递网点覆盖率达 98%，基本实现"乡乡有网点"，建制村直投到村比例大幅提升。在 110 个脱贫摘帽县形成 122 个年业务量超 10 万件的"一县一品"项目。

（二）跨境电商物流发展迅猛

跨境电商等外贸新业态新模式快速发展，在疫情冲击下为稳外贸发挥了巨大作用。据海关统计，2020年我国跨境电商进出口额达1.69万亿元，增长31.1%，跨境电商成为促进我国经济转型升级的重要推动力之一。近年来，我国出台一系列政策引导跨境电商健康发展，规范跨境电商进出口行为，推动通关便利化。2012年8月政府首次批准郑州、杭州、重庆、上海、宁波5个跨境电商试点城市。2015年3月7日设立首个中国（杭州）跨境电子商务综合试验区。2020年6月批准北京、天津等10个城市纳入跨境电子商务企业对企业出口监管试点范围。2021年7月，在全国海关复制推广跨境电子商务企业对企业出口监管试点。随着跨境电子商务的高速发展，邮政小包、商业快递、国际专线、海外仓、中欧班列等跨境电商物流持续激增。据国家邮政局统计数据，2011～2019年国际及地区电商物流量从1.1亿件增至14.4亿件，增长速度明显高于国内快递业务。跨境电商物流企业通过海外仓物流资产投入、海外落地配团队的收购和搭建、海外物流服务延伸等方式，逐步完善全球供应链及物流基础网络。"一单到底"已成为跨境电商物流的主流模式，受到跨境买卖双方的欢迎。

（三）同城电商物流稳定增长

在新冠肺炎疫情的影响下，消费者对线上消费便捷性和安全性的认知不断强化，大量的消费需求从线下转到线上。分钟级时效诉求推动物流模式的迭代，外卖服务、即时配送等同城电商物流业务量和业务收入稳定增长。美团外卖、饿了么、闪送等同城电商物流企业得到消费者的认可。国家邮政局数据显示，2020年，同城业务量累计完成121.7亿件，同城业务收入765.2亿元（见图4）。"前置仓""店仓一体"等同城电商物流商业模式不断涌现。截至2020年9月，全国累计投放智能快件箱42.3万组，建成快递末端公共服务站10.9万个。

（四）冷链物流爆发式增长

冷链物流可以分为食品冷链物流、医药用品冷链物流、化工品冷链物流等。食品冷链物流是冷链物流最主要的运用。近年来，我国农产品冷链建设

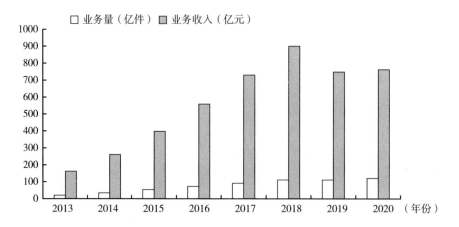

图4　2013～2020年我国同城快递业务量和业务收入

资料来源：国家邮政局。

持续加速。中央支持建设一批骨干冷链物流基地，电商平台也加大冷链投资力度，提供点到点、点到多点的冷链同城共配服务。2020年以来，由于受到新冠肺炎疫情影响，消费者网上购买生鲜的需求被激活，食品冷链物流规模呈现爆发式增长，吸引了大量资本进入冷链物流行业，推动了冷链物流行业发展。据中国物流与采购联合会统计，2020年，我国冷链物流总额为4.81万亿元，冷链物流总收入达2886亿元，同比增长20%以上。预计到2025年，我国冷链物流市场规模有望突破5500亿元。冷链基础设施设备水平进一步提升，我国冷库容量将突破7080万吨（折合1.77亿立方米），同比增长17.1%，冷藏车整体增速将达到21.7%，总量将突破26.1万辆。

三　存在的问题

（一）社会物流运行成本仍然偏高

"十三五"以来，我国社会物流总费用占国内生产总值（GDP）的比例持续降低，从2015年的最高点15.7%降低至2020年的14.7%（见图5）。

我国社会物流总费用占 GDP 的比例与国外物流先进水平相比还存在着一定的差距，我国社会物流综合成本偏高、物流运行效率低、物流服务有待改善，物流成本存在下降空间，亟须解决阻碍电子商务物流领域高质量发展的堵点和痛点。

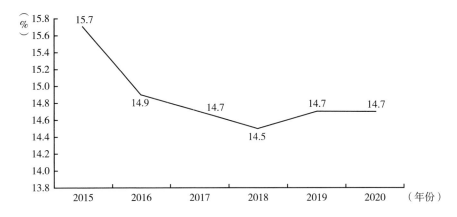

图5　2015～2020 年中国社会物流总费用占 GDP 比例

资料来源：国家统计局、中国物流与采购联合会。

（二）电商物流行业盈利能力持续下降

"十三五"以来，作为电子商务物流领域最重要组成部分的快递行业同质化竞争严重，产品的差异化程度低，营业成本居高不下。行业内企业均在采取"以价换量"的市场策略来保证不丧失市场份额，2020 年，虽然受到新冠肺炎疫情的影响，我国快递业务量仍保持平稳增长。但是快递件均收入降幅较大，2012 年至今，快递件均收入降低幅度超过 40%（见图 6）。特别是极兔快递等竞争者进入后，快递件均收入有加速下降趋势。为寻求差异化发展，头部快递企业开始寻找降本增效的新出路。一方面加大科研投入，致力于研发无人机、无人车等智能物流设施；另一方面布局新业务，拓展冷链物流、同城物流和国际物流。

我国电商物流盈利能力不高的原因有四个方面。一是电商物流作业人员

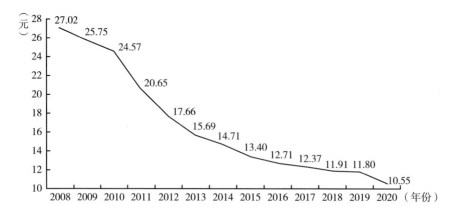

图6　2008～2020年中国快递业件均收入

资料来源：国家邮政局快递业业务量和收入数据。

缺口较大。随着劳动年龄人口数量的下降，潜在从业人员持续减少，电商物流人力资本增加。二是电商物流订单波动较大。"双十一""6·18"等节日期间电商物流仓库会出现快递包裹积压、订单交付时效不能保证等情况。作为同城物流的外卖领域也面临饭点订单急剧上升的挑战。电商物流公司需要加大科研和基础设施投入，提高消费者满意度。三是跨境电商物流业务能力有限。我国大部分跨境电商物流由亚马逊、联邦快递、UPS等国外物流企业提供服务。国内电商物流企业跨境电商物流业务经验较少，信息化水平不够，资源整合能力不强，与跨境电商企业要求还存在一定距离。四是新冠肺炎疫情导致电商物流资源短缺。跨境电商物流运力严重不足，跨境空运海运物流价格飙涨，部分航线航班停飞，海运货船数量远远少于需求，海外仓、公共仓等物流基础设施物流存储配送能力饱和。

（三）跨境和农村电商物流配送时间长

目前，我国国内大城市电商物流"次日达""次晨达""当日达""限时达"等多种时限性的物流服务已经大范围普及，但跨境电商物流市场和农村电商物流市场还面临渠道散乱、配送环节多、配送时间长等问题。在跨境电商物流方面，涉及国内外报关、保险、结汇、退税等多个环节，很多国家和地区之间存在政策、文化、习惯等差异，有些国家海关申报手续烦琐、时间长、费用高，经常发生进口国海关扣货查验的情况，长达数天、数周甚至数月的交货期大大降低了消费者的购物体验。在农村电商物流方面，农产品物流包括多个环节，各环节涵盖人力、物力、技术等多方面内容，存在物流基础设施不完善、物流整合程度不高等问题。2014～2019年，全国快递乡镇覆盖率从50%提高到96%，但快递止于乡镇、二次加价问题仍较突出。

（四）电商物流服务水平有待提升

我国部分第三方电商物流企业专业化程度较低。第一，缺乏服务与诚信意识。存在运输工具的选择以次充好、服务或投诉电话形同虚设、员工调包货物、泄露客户数据等物流乱象。第二，电商物流作业不规范。由于电商物流作业人员素质参差不齐、培训监管不到位等原因，电商物流货损、丢件等问题时有发生。第三，提供物流增值服务较少。电商物流公司缺乏代收货款，代购保险，代理报关报检、理赔，鉴别商品假冒伪劣或违禁品，帮助电商客户开拓新市场等方面的能力。

（五）电商物流基础设施建设不完善

第一，冷链物流基础设施建设薄弱。由于冷链设备购买和维护成本过高，我国冷链物流与发达国家存在差距，冷库、保温车及冷藏车比例偏低且基本集中在经济发达地区，农产品冷链运输比例低，冷链规范化不足、"断链"问题突出。一些企业不了解冷链物流专业特点，只关注全程冷链的制冷、温控，出现了很多误区，冷链物流企业缺乏相关低耗能技术。第二，海外仓服务功能不足。海外仓是跨境电商企业在境外实现本土化运营的重要依托。目前，各地跨境电商综试区企业已建设海外仓超1800个，服务范围覆盖全球。但大多数海外仓不能提供通关服务、供应链金融服务、售后服务、个性化服务等服务功能。第三，电商物流信息化水平不高。近年来，国内电商物流信息化水平不断提高，但一些国家物流信息技术落后，信息的交换和

查询相对比较困难，不利于对跨境运输物品高效实时的信息跟踪，导致跨境电商物流信息反馈缺失或滞后，货物的丢件率较高。

四　发展趋势展望

（一）电商物流将进入规范发展阶段

当前，我国电商物流行业还存在暴力分拣、快递员不上门等违规行为，以及协同涨价、限定交易等涉嫌垄断的违法行为。随着《电子商务法》的正式实施，电商物流相关配套政策加快研究制定并陆续出台，我国电商物流将进入规范发展新阶段。为规范快递企业经营活动，我国主管部门加大了对快递企业经营活动的规范力度。一是加大行政处罚。国家市场监督管理总局针对蜂巢技术处以 50 万元的反垄断行政处罚。二是制定行业规范。出台我国国内首个电商冷链物流配送标准《电子商务冷链物流配送服务管理规范》等行业规范。三是加强技术监管。拼多多上线新版电子面单，解决电商行业长期存在的虚假发货顽疾。

（二）电商物流智能化不断加强

近年来，随着信息通信技术快速发展，电商物流公司持续加大技术投入，构建电商物流信息平台，对物流资源进行整合，形成智能化、自动化和可视化的电商物流体系，从而迅速有效地处理物流信息，提升物流信息沟通效率，降低物流成本。通过智能规划，电商物流公司能在极短时间内完成物流规划方案；通过智能计划，电商物流公司能根据现有物流仓储资源告知供应商调配商品；通过智能调度，电商物流公司能根据车辆拥堵信息、物流资源来完成物流资源的调拨。新冠肺炎疫情以来，电商物流公司推广无接触配送，应用无人机、无人车等开展最后一公里配送。消费者逐渐习惯于使用智能快件箱收发快件，智能快递柜投放量和使用率高速增长。电商物流设备智能化共享进程加速。针对托盘行业标准化程度低、托盘使用成本高等问题，电商物流企业将标准化托盘搭载智能芯片，使得托盘从功能单一的物流载具变成了可追溯、易管理的"智能共享托盘"。

（三）"一带一路"跨境电商物流将蓬勃发展

跨境电商等新业态新模式为共建"一带一路"国家经济发展提供了新动力。全球化智库（CCG）发布的《B2C 跨境电商平台"出海"研究报告》显示，2010 年至今，跨境电商平台成交总额（GMV）进入前十的国家中，共建"一带一路"国家占比 38%。基于阿里巴巴跨境电子商务大数据编制的共建"一带一路"国家 ECI 跨境电商连接指数显示，东欧、西亚、东盟国家与中国跨境电商连接最紧密。未来，作为跨境电商物流经验最丰富的国家，我国将在共建"一带一路"国家建设海外仓、物流专线等，完善当地电商物流基础设施；另外，我国还将向共建"一带一路"国家输出跨境电商物流技术和标准，提高通关便利化水平。

参考资料

商务部：《中国电子商务报告（2020）》，2021 年 9 月。

国家邮政局：《2020 年邮政行业发展统计公报》，2021 年 5 月。

国家邮政局：《2020 年度快递市场监管报告》，2021 年 9 月。

《B2C 跨境电商平台"出海"研究报告》，全球化智库，2021 年 6 月。

B.10
中国互联网金融发展"十三五"
回顾与"十四五"展望

李立威 王 伟*

摘 要: 2020 年以来,国家继续加强对互联网金融领域的治理和监管,
在全国人大、国务院、中央部委、行业协会层面出台监管政策,
在监管中强化数字技术应用,全方位防控互联网金融风险,互联
网金融行业呈现出规范化发展态势,互联网金融行业集中度不断
提高。监管部门对 P2P、第三方支付、互联网借贷、互联网保
险、互联网存款等具体业务的监管继续收紧,蚂蚁集团 IPO 事
件、央行数字货币、传统金融机构数字化转型等成为行业发展热
点。目前,互联网金融发展过程中监管部门的协同性仍有待加
强,如何推动互联网金融服务小微企业、加强金融消费者信息安
全保护仍是亟待解决的重要问题。"十四五"时期,互联网金融
继续保持常态化监管趋势,金融科技在互联网金融行业的发展中
将起到重要支撑作用,互联网金融的普惠性继续增强。

关键词: 互联网金融 金融风险 金融监管 金融科技

---

* 李立威,博士,北京联合大学电子商务国家级一流本科专业建设点负责人,北京联合大学数
字经济与创新研究中心主任,教授,硕士生导师,研究方向为数字经济与电子商务、企业数
字化转型等;王伟,北京联合大学工商管理专业硕士研究生,研究方向为电子商务与企业数
字化转型。

一 互联网金融行业发展概况

（一）互联网金融行业规范发展态势加速形成

2016 年 10 月，国务院办公厅发布《互联网金融风险专项整治工作实施方案的通知》，自此以后互联网金融行业风险专项整治工作拉开帷幕。到 2020 年各方面整治工作取得良好效果，互联网金融行业风险显著收敛，行业规范发展态势加速形成。

1. P2P 网络借贷行业乱象得到整治

P2P 网贷行业乱象得到大力整治。自 2007 年第一家网络借贷公司"拍拍贷"上线以来，先后有近 10000 家 P2P 平台曾上线运营。行业发展高峰期甚至有近 5000 家 P2P 网贷公司同时运营，年均交易规模达到大约 3 万亿元，具有极高的坏账率。经过近四年的专项整治，P2P 行业乱象得到根本治理，P2P 网络贷款风险显著下降。

2. 继续对反洗钱进行强力打击

过去一年来对反洗钱的打击延续强有力的态势。2020 年中国人民银行面向金融领域开展了大范围的反洗钱专项检查，其中 537 家机构受到行政处罚，处罚金额 5.26 亿元。最高人民检察院、人民银行联合发布了 6 个惩治洗钱犯罪典型案例，涉及利用虚拟货币等新手段洗钱等。为了遏制扰乱金融市场秩序的洗钱活动，中国人民银行、中国银行保险监督管理委员会、中国证券监督管理委员会联合发布《互联网金融从业机构反洗钱和反恐怖融资管理办法（试行）》。

3. 强化消费者信息保护

为了保护金融消费者的权益，中国人民银行 2020 年 11 月施行《金融消费者权益保护实施办法》，主要在金融机构行为、保护金融消费者信息、解决金融消费争议三个方面加强监管。此外，各地金融局与国务院等部委也相继提出用户隐私保护、互联网保险销售等细分领域政策规定。2020 年颁布

的《民法典》明确了个人信息受法律保护，监管部门制定了金融数据安全保护条例，构建更加有效的保护机制，防止数据泄露和滥用。同时，《商业银行互联网贷款管理暂行办法》对于借款人数据来源、使用、保管等问题，对商业银行提出了明确的要求，特别对取得借款人风险数据授权进行了具体规定，同时严格禁止商业银行与有违规收集和使用个人信息、暴力催收等违法违规记录的第三方机构合作。2021年2月1起正式实行的《互联网保险业务监管办法》对保险机构及其从业人员的具体行为进行了严格规范，强化了对销售、服务和运营等方面的监管，对于消费者权益的保护具有非常重要的作用。

4. 暂缓头部互联网金融企业上市

2020年11月2日，中国人民银行、中国银保监会、中国证监会、国家外汇管理局监管部门约谈蚂蚁集团实际控制人马云、董事长井贤栋、总裁胡晓明。2020年11月3日，上海证券交易所发布决定，暂缓蚂蚁科技集团在科创板上市，该事件受到社会各界高度关注。公告称蚂蚁集团暂缓IPO的原因之一是，公司所处的金融科技监管环境发生变化。蚂蚁集团暂停IPO是近年来互联网金融发展历程中的一个重大事件。2021年4月2日，上海证券交易所发布公告称，京东数字科技控股股份有限公司撤回科创板上市申请，终止首次公开发行股票并在科创板上市的审核。两大头部互联网金融公司暂缓上市，促使市场主体加速适应监管环境，凸显了互联网金融行业规范性建设的趋势。

（二）互联网金融监管科技加速应用

中国人民银行金融科技委员会提出"要强化监管科技（RegTech），积极利用大数据、人工智能、云计算等技术丰富金融监管手段，提升跨行业、跨市场交叉性金融风险的甄别、防范和化解能力"。当下，我国监管科技体系建设逐渐完善，央行、支付清算协会纷纷开启了多项措施探索。

中国人民银行发布的《中国金融稳定报告2020》指出，2019年12月，北京市率先启动金融科技创新监管试点；2020年在上海市等城市相继扩大试点；2020年1月，中国人民银行营业管理部对6个拟纳入金融科技创新监管试点的应用向社会公开征求意见。在产业政策方面，我国已经出台多项金融科技支持政策，例如《关于金融支持海南全面深化改革开放的意见》指出，在依法合规、风险可控的前提下加强金融科技创新应用；《深圳建设中国特色社会主义先行示范区综合改革试点实施方案（2020—2025年)》提出，在中国人民银行数字货币研究所深圳下属机构的基础上成立金融科技创新平台；《加强科技金融合作有关活动的通知》指出要进一步推动科技和金融的深度融合。

（三）互联网金融集聚效应明显

随着互联网金融加快发展，互联网金融行业集中度不断提高，大批尾部平台将被淘汰，行业集聚效应将进一步加强，大型机构利用自身资源优势筑成行业壁垒，形成规模效应。集聚效应主要体现在平台聚集、交易集聚两个方面。

1. 平台集聚

蚂蚁金服获得了国内最全的互联网金融牌照，包括银行、保险、基金销售、第三方支付、个人征信等，互联网金融业务融入民众生活的方方面面。其他互联网金融公司也在不断扩大自己的业务领域。例如，京东数科获得了网络小贷、第三方支付、基金销售、保险等牌照，消费金融的牌照也在积极申请中。互联网头部企业的互联网金融公司，如百度旗下的度小满金融、苏宁旗下的苏宁金服、腾讯旗下的腾讯金融科技都在积极申请相关的业务牌照，寻求业务多元化发展。

2. 交易集聚

线上的互联网金融相关业务交易不断集聚。以互联网支付为例，支付宝和微信支付占据90%以上市场份额。以基金销售为例，截至2021年3月下旬，中国证券基金投资者人数超过1.8亿，除银行及证券公司渠道外的基金线上选购平台，月活跃用户峰值超5000万，互联网基金用户已经成为重要的线上金融投资消费群体。近五年基金离柜交易率持续快速提升，2020年超95%的基金投资者参与了线上选购基金，基金交易线上化进程接近完成。

（四）传统金融机构数字化转型速度加快

大数据、人工智能等信息技术的发展不断推动金融机构的数字化转型进程。2020 年暴发的新冠肺炎疫情让"非接触"金融服务成为"标配"，促使金融机构加快从传统网点走向线上。多家银行已将数字化转型作为其核心战略，在金融科技上的资金投入和人员配置持续加大，各大银行的金融科技主要投入方向为 IT 基础设施建设，例如工商银行主要投向领域为新型 IT 架构、大数据与人工智能服务平台、工行区块链＋、手机银行与物理网点两大金融服务主渠道的"融合式打通"等。在人员配置上，2020 年工商银行金融科技人员数量已达 3.54 万人，建设银行金融科技人员达 1.31 万人，其余银行也在持续扩充人才团队。

经过前几年的摸索式发展，监管部门对于金融机构业务互联网化发展态度更为明确，那就是在统一的业务规则管理下，明确金融机构开展互联网业务、数字化业务的边界，理清机构的权利和义务，规范行业健康发展。

二 互联网金融行业细分领域发展概况

（一）P2P 借贷

1. P2P 借贷平台数量大幅减少

《中国金融稳定报告 2020》指出，2019 年全国存续的 P2P 网络借贷机构数量和规模大幅缩减，非法集资等活动受到严厉打击，各类交易场所清理整顿稳妥有序推进。截止到 2020 年 11 月，中国的 P2P 机构已全部清零。P2P 产品在中国互联网金融市场消失，对于中国互联网金融的发展具有重要意义，对互联网金融行业高风险产品野蛮生长敲响警钟。

2. 稳步推进 P2P 网贷领域征信体系建设

2019 年 9 月 2 日，互联网金融风险专项整治工作领导小组、网贷风险专项整治工作领导小组联合发布《关于加强 P2P 网贷领域征信体系建设的通知》，支持网贷机构接入征信系统。2020 年 1 月 19 日，中国人民银行征信中心二代征信系统正式上线，多家网贷公司接入该系统。

3. P2P 借贷机构开始转型

2019 年 12 月 27 日，《关于网络借贷信息中介机构转型为小额贷款公司试点的指导意见》出台，该意见为 P2P 网络贷款公司转型为小额贷款机构提供了指导意见和落地方案。未来，部分 P2P 网络借贷平台也将转型为小贷机构。除了小额贷款机构外，助贷机构、消费金融公司及财富管理公司都是未来 P2P 网贷平台的转型方向。

（二）消费金融

1. 消费金融供给主体不断增多

随着消费金融政策的持续向好，无论是以商业银行、消费金融公司为代表的传统消费金融机构，还是以电子商务平台、分期购物平台、网络借贷平台等为代表的互联网消费金融机构都获得了快速发展。2020 年末，银保监会审批的持牌消费金融公司共有 27 家，行业整体盈利状况良好。在 2020 年，多家行业巨头进军消费金融行业，其中既包括传统银行业又包括互联网企业。2020 年 1 月 10 日，银保监会批复，同意光大银行在北京市筹建北京阳光消费金融股份有限公司；2020 年 1 月 17 日，银保监会披露，批复同意小米通讯技术有限公司在重庆市筹建重庆小米消费金融有限公司。图 1 所示体现了 2010～2020 年消费金融公司获批筹建数量。

受疫情影响，加之 5G、人工智能、大数据、物联网等技术在金融领域的应用，消费金融公司在未来的主要竞争点集中到线上业务。

2. 消费金融领域主要公司及产品

截至 2020 年 6 月末，消费金融公司已发展到 26 家，资产规模 4861.5 亿元，贷款余额 4686.1 亿元，服务客户数 1.4 亿人。消费金融行业主要公司和产品如表 2 所示。

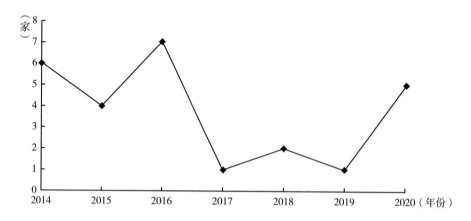

图1 2014～2020年消费金融公司获批筹建数量

资料来源：零壹财经，《消费金融行业发展报告2020》。

表1 主要消费金融公司和产品

公司名称	子公司/业务平台	产品
百度	度小满金融	有钱花/度小满钱包
阿里巴巴	蚂蚁金服	花呗、借呗
腾讯	腾讯金融	微粒贷
京东	京东数科	京东白条、京东金条
苏宁	苏宁金融	任性付
美团点评	美团金融	美团月付、美团联名卡
滴滴出行	滴滴金融	滴水贷

资料来源：零壹财经，《消费金融行业发展报告2020》。

3. 消费金融监管情况

2020年11月，中国银保监会办公厅发布了《关于促进消费金融公司和汽车金融公司增强可持续发展能力、提升金融服务质效的通知》，其监管支持政策主要为以下三方面：适当降低拨备监管要求，拓宽市场化融资渠道，增加资本补充方式。在市场化评级规范方面，2021年1月13日，中国银保监会公布《消费金融公司监管评级办法（试行）》，将消费金融公司监管评级结果分为1级、2级（A、B）、3级（A、B）、4级和5级，评级结果可以作为消费金融公司市场准入条件的参考因素之一，这进一步完善了消费金融公司监管规制，为强化分类监管提供制度支撑。

（三）互联网支付

1. 多家互联网公司获得支付牌照

2020 年多家互联网巨头获得支付牌照进军互联网支付领域。拼多多通过上海易翼信息科技有限公司控股付费通，获得第三方支付牌照；字节跳动通过关联公司完成了对合众易宝的并购，获得了互联网支付牌照，头条系产品都可接入支付业务；2021 年初华为通过收购深圳市讯联智付网络有限公司获取了支付牌照。在 10 年间，共有超百家支付企业违规被处罚，39 家支付机构被注销了支付许可，现存支付牌照数量为 232 张。无论是互联网和电商公司，还是硬件及手机厂商，都逐步通过"支付业务"搭建自己的金融通道和差异化应用场景以获得客户流量。

2. 移动支付业务量保持增长态势

中国数字经济之所以在全球领先，离不开中国的网络支付尤其是移动支付业务的快速发展。中国的移动支付普及率和规模居全球首位，存款、取款和汇款基本实现了实时到账。根据中国人民银行的《2020 年支付体系运行总体情况》，2020 年我国网络支付业务量、移动支付业务量继续保持稳定增长的态势。2020 年我国网上支付业务达到 879.31 亿笔、同比增长 12.46%，移动支付业务 1232.20 亿笔、同比增长 21.48%；从金额上看，2020 年我国网络支付金额 2174.54 万亿元、同比增长 1.86%，移动支付金额 432.16 万亿元、同比增长 24.50%。从数据看出，无论是业务笔数，还是支付金额，移动支付都保持着超过 20% 的增速。

3. 互联网支付监管严格

2020 年央行对支付行业保持了严格的监管态势，收紧了支付牌照的发放，重点打击违规支付机构，优化支付市场结构和发展环境。2020 年，共处罚银行、支付机构 336 次，罚没金额 2.8 亿元，其中单笔罚单金额高达 1.16 亿元，有力震慑支付市场违法违规行为。政策层面，2021 年 1 月，中

国人民银行发布《非银行支付机构条例（征求意见稿）》，强化支付领域反垄断监管措施，维护支付领域公平有序的竞争格局。

（四）互联网理财

1. 互联网理财市场规模逐年增长

2013 年余额宝的推出标志着国内互联网理财的序幕拉开，伴随着互联网的普及，国内互联网理财市场规模逐年增长，互联网理财受到越来越多的关注和参与。《第 46 次中国互联网络发展状况统计报告》显示，互联网理财用户规模呈现较大幅度增长，2020 年上半年我国互联网理财用户规模达1.5 亿，网民使用率 15.9%。

2. 互联网理财监管严格

2020 年互联网理财延续了过去强化监管的政策导向。第一，取消互联网理财平台代销资格。2020 年 12 月 25 日，银保监会制定发布了《商业银行理财子公司理财产品销售管理暂行办法（征求意见稿）》（下称《办法》），规定未经金融监督管理部门许可，任何非金融机构和个人不得直接或变相代理销售理财产品。市面上支付宝、京东金融等第三方互联网平台在现阶段不能代销理财子公司的产品。投资者仅可以通过理财子公司和银行的电子渠道购买理财产品。第二，打破刚性兑付。《办法》规定，由银行理财子公司和代理销售机构，即理财产品的发行方和销售方共同担责。刚性兑付违背了风险与收益相匹配的原则，在银行理财规模不断膨胀的情况下，金融体系的整体风险增加了。第三，清理互联网存款业务。2020 年 1 月，《关于规范商业银行通过互联网开展个人存款业务的通知》出台，该《通知》由中国人民银行、银保监会联合发布，规定存量业务持有到期后自然结清，预示着互联网存款产品正式成为历史。

3. 互联网理财产品探索转型方向

2020 年，传统的互联网理财产品例如互联网存款等基本退出历史舞台，互联网金融公司也在寻找新的成长机会。互联网理财开始从销售"宝宝"类货币基金、非标准化产品等向销售净值型产品以及综合平台转型。公募基金是目前互联网理财产品的发展方向，主要有两方面原因。第一，资管新规和反垄断整治并未影响互联网金融机构公募基金产品的在线化销售。第二，国家层面的支持。证监会提出 2021 年要促进居民储蓄向投资转化，发展权益类公募基金并加强养老保险体系与资本市场的衔接。

（五）数字人民币发展概况

2020 年，央行数字货币成为全球各国央行竞相关注的焦点。中国人民银行的数字货币项目（Digital Currency Electronic Payment，DCEP），一般译为数字货币电子支付工具。国家"十四五"规划明确提出，"稳妥推进数字货币研发"。这是迄今我国对数字货币顶层设计的政策文件。

数字人民币定位是 M0，是法定货币的数字化形态，不计付利息，央行也不对兑换流通等服务收费，由商业银行提供兑换数字人民币的职能。数字人民币的应用主要集中在零售支付领域，主要场景为生活缴费、餐饮服务、交通出行、购物消费等。目前数字人民币还处于试点阶段。工、农、中、建、交、邮储等中国六大国有银行已经在上海、长沙、深圳等部分试点城市推广数字人民币货币钱包。京东、美团等互联网头部企业已经开始建设数字人民币的使用场景。

三　互联网金融监管政策现状

自 2014 年政府工作报告首次提及"互联网金融"一词以来，"互联网金融"在 2014～2018 年连续五年被写入政府工作报告，对互联网金融的相关态度从松到紧，从鼓励发展演变为对风险的加强管控。2020～2021 年政府工作报告未明确提及"互联网金融"一词，从侧面反映了在 2016 年开始实施的互联网金融风险专项整治工作成果，互联网金融野蛮生长、监管缺位的时代逐渐终结，互联网金融进入合规发展和常态化监管阶段。

2020 年，互联网金融整治进入收官阶段，监管政策定位于建立长效监管机制，相关政策可分为全国人大、国家部委、国务院和行业协会四个层面的政策。

（一）全国人大层面关于互联网金融的监管政策

全国人大在 2020 年 11 月表决通过《个人信息保护法》草案，要求健全个人信息处理原则，完善个人信息跨境提供规则，明确有关侵害个人信息权益的民事赔偿责任，明确履行个人信息保护职责的部门。该草案的制定，为维护互联网金融消费者信息安全奠定了法律基础，也反映了监管政策定位的精细化、长效化。

（二）国家部委层面关于互联网金融的监管政策

2020 年，国家部委持续关注互联网金融发展，坚决防控互联网金融发生系统性风险。监管政策主要基于互联网金融风险持续收敛，对商业银行互联网贷款、网络小额贷款、大学生网络消费贷款等业务细分领域实施更加精细化的监管，进一步规范互联网金融业务和大型互联网金融平台，将互联网金融相关业务全面纳入监管体系。

商业银行互联网贷款。《商业银行互联网贷款管理暂行办法（征求意见稿)》2020 年 5 月出台，细化了对商业银行互联网贷款业务的审慎监管要求。

网络小额贷款。为了促进网络小额贷款公司规范和健康发展，防范业务风险，2020 年 11 月中国银保监会、中国人民银行出台《网络小额贷款业务管理暂行办法（征求意见稿)》。

大学生互联网消费贷款。为了规范大学生互联网消费贷款业务，2021 年 3 月 17 日银保监会办公厅、中央网信办秘书局、教育部办公厅、公安部办公厅、人民银行办公厅联合印发《关于进一步规范大学生互联网消费贷款监督管理工作的通知》。

（三）国务院层面关于互联网金融的监管政策

国务院层面出台的法律主要有两项文件和一次专题会议。第一，明确了对金融控股公司实施准入管理。为加强对金融机构的监管，防范发生系统性金融风险，国务院于 2020 年 9 月 13 日公布《关于实施金融控股公司准入管理的决定》，明确对金融控股公司实施准入管理，对金融控股公司的含义、类型以及申请设立金融控股公司的规定情形做出界定，也对设立金融控股公司的条件、程序和其他情况做出了说明。第二，发展绿色金融。2021 年 2 月 22 日，国务院发布《关于加快建立健全绿色低碳循环发展经济体系的指导意见》，指出要大力发展绿色金融。从绿色信贷、绿色融资、绿色债券标准、绿色保险等方面提出措施。第三，加强地方金融机构微观治理和金融监管。2021 年 4 月，国务院金融稳定发展委员会召开第五十次会议，研究加强地方金融机构微观治理和金融监管等工作。

（四）行业协会层面关于互联网金融的监管政策

互联网金融协会在 2020 年的监管工作主要针对反洗钱和反恐怖融资领域。2020 年 10 月 25 日，中国互联网金融协会发布《网络小额贷款从业机构反洗钱和反恐怖融资工作指引》（以下简称《工作指引》），该《工作指引》属于行业自律性组织发布的反洗钱领域的监管规定和要求，主要适用于经营小额贷款业务的企业和机构，明晰了从业机构在开展反洗钱业务时应当遵循的业务规范。该《工作指引》的主要内容包括客户身份识别、大额交易与可疑交易报告、客户身份资料和交易记录保存、风险管理与内控机制、合规管理和行业自律等。

四　我国互联网金融行业存在的主要问题

（一）监管部门协同性仍需加强

目前互联网金融行业的监管体系内部仍存在监管数据和资源共享不足的问题。

一方面，各种各样的信用数据分散在各个部门和各个企业，不同细分领域和行业的数据在管理上存在着很大的差异，不能得到有效的整合和利用。

各个监管部门之间应加强沟通和协作，界定互联网行业金融监管数据的开放、融合、协调、共享机制，促进数据跨行业、跨领域、跨部门的融合应用。在保证数据安全和监管效果的实践中保持动态平衡，加强监管的效力和效能。中国互联网金融协会金融科技发展与研究专委会编写的《金融业数据要素融合应用研究》提出，金融行业数据要素融合应用涉及不同细分行业领域的相关数据，不同行业和领域数据管理差异大，需进一步推动有关管理部门加强沟通，增强不同领域数据管理规定的协调性，促进数据跨行业跨领域安全合规融合应用。

另一方面，目前我国对互联网金融的监管仍然采用分业监管的体系，需要完善混业经营模式。分业监管模式监管标准不一致，监管协调成本高，造成互联网金融行业无人监管或者监管过度，难以有效防范互联网金融带来的系统性风险。例如，蚂蚁金服集团的业务和产品余额宝、招财宝、蚂蚁聚宝、网商银行、蚂蚁花呗、芝麻信用等子业务板块，涉及金融业务各领域，却没有受到相应的金融监管，形成了潜在的新型"大而不能倒"风险。2020年监管部门两次约谈蚂蚁集团负责人，在2021年4月，人民银行、银保监会、证监会等金融监管部门再次约谈蚂蚁集团负责人，要求其对金融业务整改，内容主要包括支付业务、个人征信、金控公司申请设立、金融产品杠杆和余额宝五大领域。监管的协同合作仍有待加强。

（二）互联网金融消费者信息安全保护不足

金融消费者信息被买卖、泄露等问题是阻碍互联网金融业健康有序发展的关键问题之一。2020年12月24日中国互联网金融协会公布的调查结果显示，绝大多数消费者认可数字金融的产品和服务，但认为在个人信息安全等方面亟须加强。在保护个人信息安全方面，22%的消费者认为企业可以提供充分保护，43%的消费者认为企业能够提供基本保护，近26%的消费者认为企业缺乏基本保护。此外，在是否遇到过"默认勾选"和"强制授权"的调查中，55%的消费者表示偶尔遇到，23%的消费者表示经常遇到，没有遇到过的消费者占比22%。调查的结果显示了消费者对个人信息安全和隐私的担忧。同时，各类金融信息安全问题频发，例如场景金融爆雷、大数据荐股骗局、网络互助保险欺诈等，2020 年银保监会开出涉及侵权问题的金融机构罚单，合计金额达到 9600 万元。互联网金融平台故意收集、买卖用户信息，违反了《网络安全法》关于信息收集处理的规定内容，反映了部分互联网金融平台对用户信息保护机制的缺位。身处数字化时代，消费者数字金融素养尚待培养和提高，亟待加强金融风险预警能力。

（三）互联网金融对小微企业服务不足

新冠肺炎疫情以来，按照"六稳六保"的要求，国家进一步加大对小微企业的支持，持牌金融机构在互联网金融和互联网服务方面取得进步。2020 年 3 月 1 日，中国银保监会、中国人民银行、国家发展改革委、工业和信息化部等部门联合印发《关于对中小微企业贷款实施临时性延期还本付息的通知》，指出对于一定期间中小微企业需要偿付的本金和利息，银行应当根据企业提出的申请，通过展期、续贷等方式为企业一定期限的暂缓还本付息做出妥善安排。但是由于小微企业的风险较高，存在着较高的行业壁垒，服务成本较大，针对小微企业的互联网金融服务目前仍旧不足。

五 "十四五"时期互联网金融发展展望

（一）互联网金融监管常态化

《中国金融稳定报告 2020》指出，随着互联网金融风险专项整治收官，长效监管机制建设扎实推进，互联网金融行业规范发展理念更加牢固，金融监管也将步入常态化。在顶层设计方面，2020 年 11 月，在国务院办公厅现行政策常规会议上，银监会表明将健全风险全覆盖的管控架构，提高管控的穿透力、统一性和公信力，依照互联网金融的特性，把全部的金融业主题活动列入统一的管控范畴。2019～2020 年，中国人民银行加快推动金融业自

主创新管控试点，为我国互联网金融管控与发展积累了工作经验。互联网金融的改革创新与风险相伴而生，我国金融体系监管将进一步加强统筹规划，健全相关法律法规管理体系，推动互联网金融进入更为井然有序发展的新时期。从清理中小互联网金融机构无序经营和无牌照经营行为，到将大型互联网平台的金融活动纳入监管框架，监管部门对互联网金融领域监管层层细化，坚持守住不发生系统性金融风险这一底线，推动互联网金融监管的常态化。

（二）金融科技将进入新的发展阶段

金融科技是技术驱动的金融创新。2019 年 9 月中国人民银行印发了《金融科技发展规划（2019－2021 年）》（以下简称《规划》）。首次在顶层设计上指明了金融科技发展的方向和未来。《规划》指出，到 2021 年要建立健全我国金融科技发展的"四梁八柱"，进一步增强金融业科技应用能力，实现金融与科技深度融合、协调发展，明显增强人民群众对数字化、网络化、智能化金融产品和服务的满意度，推动我国金融科技发展上升至国际领先水平。此外，《规划》还指出了发展金融科技，例如人工智能、大数据等，并介绍了技术相对应的应用场景。

从市场规模来看，赛迪顾问数据指出，2019 年中国金融科技整体市场规模超过 3753 亿元，预计到 2022 年，中国金融科技整体市场规模将超过 5432 亿元。从企业角度看，《2020 胡润全球独角兽榜》显示，我国 18 家金融科技行业独角兽企业估值 16340 亿元。金融科技在各领域的应用尚不足。投入产出比低、技术融合不足使得金融科技整体的应用有待加深。中国支付清算协会、社会科学文献出版社于 2020 年 11 月 4 日正式发布新版《金融科技蓝皮书》，指出 2019～2020 年金融科技的发展在惠企便民方面成效显著，传统和新兴金融机构利用互联网技术和数字技术大力建设云服务体系，开展授信授权、缴费支付、投资理财等业务，让百姓享受到金融基础设施建设带来的便利。随着金融科技在战略层面上受到国家重视，我国的金融科技发展也将迈向新阶段。

（三）互联网金融普惠性增强

随着互联网金融专项整治工作的结束，规范化发展成为互联网金融行业的主旋律，新阶段如何加强互联网金融的普惠性建设成为亟须解决的问题。互联网金融与传统金融服务相比，具备先天有利条件，能更加快速、有效地发挥出互联网的优势，将金融服务扩大到传统金融服务难以触及的领域。以中国银保监会批准、由招商银行与中国联通两家世界500强公司共同组建的招联金融为例，它坚持践行普惠金融使命，通过小额消费信贷服务促进消费升级，为用户提供纯线上、免担保、低利率的普惠消费信贷服务。2021年4月25日，中国银保监会发布《关于2021年进一步推动小微企业金融服务高质量发展的通知》，要求继续推动银行保险业对中小企业金融服务的支持，促进互联网金融普惠性加强。在服务乡村金融方面，随着5G、互联网、大数据、人工智能技术应用深化和新基础建设与乡村金融信息服务管理体系的健全，乡村地域金融信息服务的智能化水平将逐渐提高，互联网金融的普惠性将在乡村发挥作用。

参考资料

中国互联网金融协会：《中国互联网金融年报（2020）》，中国金融出版社，2020。

中国人民银行：《中国金融稳定报告（2020）》，http：//www. gov. cn/xinwen/2020 - 11/07/content_ 5558567. htm，2020年11月。

李伟、朱烨东：《中国金融科技发展报告（2020）》（金融科技蓝皮书），社会科学文献出版社，2020。

《互联网金融行业年度总结报告》，苏宁金融研究院，https：//sif. suning. com/article/detail/1610501958998，2021年1月。

孙国峰、王素珍、朱烨东：《中国监管科技发展报告（2020）》（监管科技蓝皮书），社会科学文献出版社，2020。

《金融消费者权益保护报告（2021）》，零壹财经，https：//www. waitang. com/report/30050. html。

《消费金融行业发展报告 2020》，零壹财经，https：//baijiahao. baidu. com/s？id =
1692685901571673344&wfr = spider&for = pc。

《2020 互联网金融年度报告：新互联网财富时代来临》，华宝证券，https：//
pdf. dfcfw. com/pdf/H3_ AP202105131491408846_ 1. pdf？1620896026000. pdf。

专题分析
Special Topics

B.11
中国百货业发展报告

李　丽　张兼芳　李凌睿*

摘　要： 百货业作为我国历史最悠久的零售业态之一，在经济持续高效发展的带动下，销售市场逐步繁荣，成为消费者购买商品、提升消费品质的重要渠道。然而，在2020年新冠肺炎疫情冲击下，中国百货业销售遭受重创，转型升级面临严峻挑战。为应对经济环境变化、电商发展冲击、行业竞争加剧及消费需求转变等挑战，百货业致力于创新升级，通过深化数字化发展、创新经营模式、实现产品差异化、加强体验式消费等发展方式，增加企业收益，提高企业核心竞争力。本文通过介绍百货业有关数字化转型、自营模式发展、会员营销创新、企业并购、门店改革升级等线上线下的发展现状，研究百货业发展趋势与特点，进一步分析百货业发展存在的主要问题，并就促进中国百货业高效发展，提出了相应

---

* 李丽，经济学博士，北京工商大学贸易经济系教授，教学主任，博士生导师，研究方向为贸易经济；张兼芳，北京工商大学经济学院2020级产业经济学硕士研究生；李凌睿，史蒂文斯理工学院数据科学硕士研究生。

对策建议。

关键词： 百货业　转型升级　自营模式　数字化　全渠道

一　百货业发展现状

2020 年我国社会消费品零售总额为 391981 亿元，比 2019 年的 408017 亿元下降了 3.9%，其中商品零售额也有所下降。2019 年限额以上零售业的四个主要业态中，超市的零售额增长最快，增长率为 6.5%。百货店增长最慢，增长率为 1.4%。专业店和专卖店的增长率分别为 3.2% 和 1.5%。与 2018 年相比，几种主要业态的增速不断下降。2020 年上半年由于疫情影响，除超市零售额增长 3.8% 外，其余业态零售额均有所下降。其中百货业下降幅度最大，为 23.6%，专业店、专卖店分别下降了 14.1% 与 14.4%。

（一）数字化转型取得一定成效

数字化转型是百货业发展的必然趋势。近两年受新冠肺炎疫情影响，百货业线下销售遭到了较大冲击，企业纷纷转战线上，加速推动百货业数字化发展进程。新冠肺炎疫情发生以来，百货店大力布局线上业务，不断探索全渠道融合发展，实现人、货、场的全面"在线"，降低了消费及运营成本，为顾客提供了优质与高效服务。

百货店通过自建 App、入驻第三方平台、创建微信小程序、开创公众号商城等渠道进行营销，整合百货店线上线下资源，使百货业线上线下融合取得了进一步发展。例如，2019 年天虹推出百货专柜到家业务，通过线上下单、线下送货的方式，满足消费者的"即时性消费"。疫情之后，天虹大力推动这一业务发展，仅用两个月时间，销售占比就实现了大幅度上升；王府井打造网上商城，通过微信端等多个入口，支持线上下单送货上门、到店核销、到店提货等消费方式，为消费者提供了便利；银泰建立了首个数字化门店仓，一个订单处理仅需十几秒，工作效率大幅提升。新冠肺炎疫情以来，银泰通过银泰喵街 App 和淘宝等平台进行直播，打造了一家"云上"百货，使消费者"云逛街"成为常态。

（二）转型发展自营模式

现阶段，我国百货业发展主要采取品牌联营的经营模式，其占比高达80%。联营模式相较于自营模式，有减少流动资金占用、降低劳务成本、去库存积压、及时调整品牌、降低经营风险的优势。但随着经济发展环境改变，消费层级分化，个性化需求提高，该模式的弊端也逐渐显露。一是百货业个性不突出，各大商场同质化严重，自身缺乏核心竞争力。二是管理困难，包括对工作人员的管理及商品售后管理等，导致百货业服务质量不稳定。三是联营模式下，百货业对商品无权定价且无法根据自身发展特色定制商品组合，在产业链中无法占据主导地位，利润收入被进一步压缩。经过不断探索，百货业创新发展自营模式，并取得了一定成效。据中国百货商业协会与冯氏集团利丰研究中心调查，受采访企业中有 71.1% 的企业表示当前采取自采自营模式，相比上年增加了 4 个百分点，且有 14.5% 的企业计划采取自营模式。

（三）企业并购持续发展

近两年是零售业并购活动活跃的时期，表1体现了 2019～2020 年全行业主要并购案例。其中并购手笔最大的是苏宁易购，2019 年 2 月出资 27 亿元收购万达百货全国 37 家门店，夯实线上线下融合；8 月收购 OK 便利店，其成为苏宁智慧零售全场景的重要部分；9 月出资 48 亿元收购"家乐福中国"80% 股份，推进全场景零售布局，智慧零售布局基本完成。

百货行业市场集中度较低，为降低采购成本，提高线上消费能力，增强自身竞争力，近年来并购重组事件频发且并购规模越来越大。其主要目的：一是提高行业集中度，发挥规模经济效应，增强企业竞争力。同时发挥协同效应，降低经营与交易成本，增加企业利润。二是整合线上线下资源，打通

线上线下连接渠道，对百货门店进行数字化打造，实现供应链的全方位融合，满足不断升级的消费需求。

表1　2019～2020年零售业主要并购案例

时间	内容
2020年11月24日	家家悦发布公告宣称，通过受让股权方式持有内蒙古维乐惠超市有限公司70%股权，拟出资3.75亿元
2020年10月19日	阿里巴巴在港交所公告，投资约36亿美元收购吉鑫控股有限公司总共70.94%股权
2020年7月22日	京东以14.53亿元完成对五星电器剩余54%股权的收购
2020年2月16日	家乐福集团发布公告称，其巴西子公司将收购荷兰SHV集团旗下万客隆在巴西的30家分店
2019年12月2日	曲江金控出资7136.81万港元收购世纪金花所持3.36亿股（占上市公司总股本29.24%）
2019年11月21日	家家悦发布公告，拟出资2.1亿元收购真棒集团相应资产重组后的淮北市乐新商贸有限公司75%股权
2019年11月8日	西安曲江文化控股人人乐。股份过户后，曲江文化在人人乐拥有表决权的股份合计为193617966股，占总股本的44%
2019年10月11日	物美宣布收购麦德龙中国80%的股权
2019年9月27日	家家悦出资3210万元收购山东华润万家100%股权
2019年8月5日	苏宁旗下苏宁小店公司收购利亚华南旗下广州区域的60多家OK便利店
2019年6月25日	重庆百货发布公告称，控股股东重庆商社（集团）有限公司混改方案确定，物美集团、步步高集团将入股。物美集团出资70.75亿元拿下重庆商社45%股权；步步高集团出资15.72亿元拿下重庆商社10%的股权
2019年6月23日	苏宁易购发布公告宣称，全资子公司苏宁国际拟出资48亿元收购家乐福（中国）80%股份
2019年4月17日	京东出资12.7亿元收购江苏五星电器46%股权
2019年5月22日	北京王府井东安集团将26.73%股份无偿划转给首旅集团。本次无偿划转后，首旅集团成为王府井控股股东
2019年3月	物美接管运营华润万家在京5大卖场
2019年2月12日	苏宁易购宣布正式收购万达百货全国37家百货门店

（四）会员营销不断创新

会员营销对百货业发展的促进作用主要体现在几个方面：一是提高企业

竞争力。现阶段百货企业的竞争不仅是商品与项目的竞争，也有会员的竞争。数字化时代背景下，会员营销策略、会员沟通方式、会员营销管理体系都发生了根本性变化，创新挖掘会员的存量价值是提升企业销售利润的关键。二是促进企业实现个性化消费。百货企业结合新型技术，通过会员营销实现智能化管理，实时掌握消费者喜好，制定专项消费策略，提高其消费体验。三是降低营销成本，提高企业口碑。对老客户的维护成本要远低于开发新客户的成本，会员营销能提高消费者的复购率，同时能形成良好的口碑，吸引更多消费者。因此，百货业对会员营销的创新及完善尤为重要。

2017 年步步高自主研发了 Better 购小程序，打造线上会员体系，至 2020 年 12 月底，步步高数字化会员达到了 2470 万，全年销售额增长了 16.7%，实现了数字化会员的有效沉淀。银泰百货"双重会员制"并行，积极拓展"联合会员"，线上线下并行开卡，全面吸纳会员，数字化会员逼近两千万。对于数字化转型发展，天虹自主研发 App 及小程序，为顾客提供信息服务交流，打造线上会员体系。天虹引入智能化客服工具"智齿"，全方位了解消费者的需求偏好，提供个性化服务。同时根据多维度数据指标，更立体地描绘客户画像，全面掌握顾客信息。至 2020 年底，天虹数字化会员已突破 3000 万。

（五）门店转型升级，提高线下消费

随着消费者的消费需求向个性化、多元化转变，线下商店为吸引更多客流，通过着力打造体验式场景、创新个性化 IP、创建主题风情店，提高与消费者的黏合度，打造全方位购物体验。商场引入餐饮、亲子、娱乐、科技等元素，增加消费者逗留时长，刺激消费者购物欲望。尤其是百货业自主创新个性化 IP，在一定程度上契合了年轻消费者的发展理念，吸引了更多新的消费者与会员。

2020 年端午节期间，北京赛特奥莱推出汉服打卡、投壶等传统活动，吸引消费者驻足消费。新世界百货 2019 年下半年全面启动升级版的 NUNUBEAR 4.0。以六种小熊形态代表六种不同业态以及敢于说 NO、敢于

表达内心想法的核心价值观，趣味化设计体验消费，刺激年轻消费者消费欲望。2020年，王府井打造王府井紫薇港购物中心，赋予全新时尚理念，增强消费者视觉交互体验。北京SKP-S以"数字-模拟未来"为主题，将火星元素贯穿其中，让消费者充分发挥想象力，畅游在充满未来感的商场，吸引更多高端及年轻消费者。

二 百货业转型主要做法和特点

（一）不断拓展线上业务，加速全渠道布局

受疫情影响，百货业线下销售遭受了较大冲击，企业纷纷转战线上，加大线上投资力度，加快了行业数字化转型步伐，提高了百货业线上线下全渠道融合发展速度。据中国百货商业协会与冯氏集团利丰研究中心的相关调查，超过73%的受访企业认为2021年的百货业应关注的发展方向是线上线下全渠道融合发展。

近年来，百货业大力发展线上业务，开发建设自有平台，并取得了一定成就。如图1所示，根据《2020-2021年中国百货零售业发展报告》统计，89%的受访企业开展了线上业务，其主要拓展模式为小程序/公号商城、直播、团购、到家业务、App等。其中采用最多的模式是小程序/公号商城，占比达到了94%。

随着数字化发展探索的不断深入，发展模式也呈现多样化、特色化的特点。新冠肺炎疫情以来，东百集团大力打造线上平台，各门店陆续上线云商城，通过直播、微信社群、发放优惠券等方式，推进会员、商品、导购三方面的数字化发展。2020年10月，东百集团与天猫合作，上线同城购业务，涵盖了服装、鞋子、美妆、数码等商品，同时还推出了"当日下单当日送达"业务，将线上线下业务紧密相连。

百联集团2015年开始部署商务电子化以及传统业务改革的发展路径，2016年5月，"i百联"正式上线，四年间不断搭建与完善技术和数据中台，

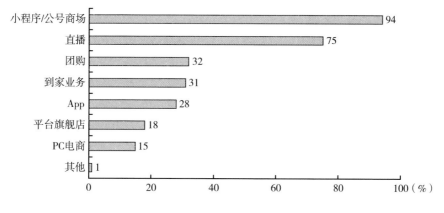

图1　样本企业线上业务模式

资料来源：中国百货商业协会、冯氏集团利丰研究中心问卷调查。

创新发展"百联到家"和"百联云店"等模式，打通线上线下业务，数字化发展初见成效。在2020年五五购物节中，百联通过"i百联"等平台向大众发放可以叠加使用的优惠券，并与淘宝、拼多多等平台合作，推出一系列活动，叠加优惠产生了"1＋1＞2"的成效，掀起了一波波购物浪潮。同时，"i百联"运用LBS技术与支付宝平台合作，使得距离门店一公里内的消费者能精准获取活动信息及领券信息。在购物节期间，百联集团与天猫合作开展了"云逛百联商场"活动，通过柜台直播形式，进一步提高线上线下资源的整合能力。百联始终以用户为中心，依托人工智能、大数据和云计算等新技术，不断完善电商平台，创新实现线上线下联动发展，提高供应链效率和运营效率，促进顾客、商品、场所、供应链、大中台等的数字化发展。

银泰在数字化全渠道布局方面做了充分的准备，取得了阶段性成果。2017年，银泰百货提出"从－1到0到1"的转型升级理念，依托阿里巴巴强大的数字支撑，实现经营模式和服务的全面升级改造，向商业智能和网络协同发展的前景迈进。银泰搭建喵街App，推动"人货场数字化"发展，基于当前消费者所处地理位置，汇集周边商品及优惠信息，提供便利的智慧逛街服务，实现线上到线下的引流。2020年"双11"期间，喵街定时达订

单是 2019 年的 3 倍，体现了新零售的快速发展。银泰在 2020 年实现了喵街无纸化收银，运用新技术不断创新，发展绿色环保工作，数字化发展得以深入探索。

（二）深耕会员私域流量，实现精准运营

在存量经济时代，优质会员群体是线下企业最为重要的私域流量，深层次挖掘会员价值，对提高企业的核心竞争力至关重要。随着数字化进程的加快，对消费者进行数据采集，通过刻画消费者形象，精准把握消费者需求，优化产品组合，向消费者提供个性化的服务，成为企业进行精准运营的重要方式。

据中国百货商业协会发布的《2020 年零售业会员发布运营报告》统计，在有关企业最核心的竞争力这一提问中，"拥有庞大的活跃会员群体"选择比例达到了 80%，会员对企业的发展愈发重要，得会员者得天下的发展趋势也愈发明显。报告对零售上市公司年报公布的会员数据进行了统计，其样本企业 2019 年增长率较 2018 年有所下降，但仍处于快速增长阶段，且 2018 年与 2019 年的会员销售额占比均为 60%，会员的精准化运营成为提高企业竞争力的重要组成部分。

据中国百货商业协会、冯氏集团利丰研究中心调查统计，98.8% 的样本企业通过不同的方式收集消费数据。其中最常用的收集方式是会员卡和会员计划，占比为 95.2%，如图 2 所示。其后依次为微信公众号及群组、线上商品购买历史信息、智能摄像头，占比分别为 86.7%、48.2%、14.5%。如图 3 所示，受访企业收集消费数据的最主要用途是了解消费者的消费偏好，占比达到了 90.4%。

（三）直播形式促进线上消费

直播是在技术变革与需求变革的共同驱动下，商家接触消费者的一种新渠道。直播销售打破了时间与空间限制，将线下商品进行多角度展示，与客户实现双向互动，加强了商家与消费者间的互动，是提高企业销售力的新运

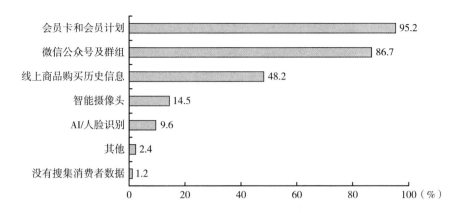

图2 百货店样本企业收集消费数据方式

资料来源：中国百货商业协会、冯氏集团利丰研究中心问卷调查。

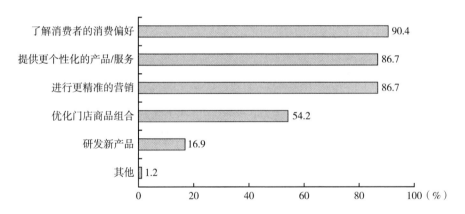

图3 百货店样本企业收集消费数据用途

资料来源：中国百货商业协会、冯氏集团利丰研究中心问卷调查。

营模式。

据艾媒咨询数据，中国在线直播用户规模不断增加，预计2021年、2022年也将呈增长趋势，中国直播电商市场规模也呈不断扩张趋势。近年来，直播电商火暴，凭借其传播路径短、效率高的优势，吸引了更多的行业采用这一新的发展模式。对于百货业来说，直播的销售模式具有流量、品牌、成本三方面的优势：百货业的直播可以获得更多的私域流量，提高会员的忠诚度，实现更大程度的转化；线下百货店品牌本身具有一定影响力，通过与线上直播相结合，品牌的影响力及可信度进一步加强了；同时，企业直播可以在门店进行，通过导购人员进行直播，成本大大降低。现阶段企业通过多种平台来进行直播，如图 4 所示，据《2020 - 2021 年中国百货零售业发展报告》统计，企业最主要的直播平台是微信小程序与抖音 App，在被访企业中所占比例分别为 77.1%、56.6%。

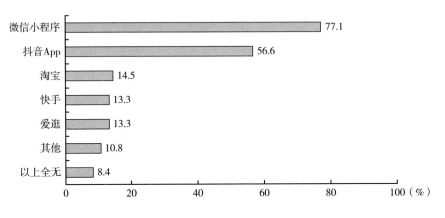

图 4　百货店样本企业直播平台

资料来源：中国百货商业协会、冯氏集团利丰研究中心问卷调查。

文峰集团在 2019 年开始了第一场直播，至今已直播 800 多场，其在百货美妆、服饰等品类做品牌专场，利用实体店优化直播场景，提高商品的信任度，促进线上线下融合发展。2020 年，文峰加强直播优势，创新直播发展，采取了多项措施：一是进行多店联播，通过总部、门店、专柜以及品牌方等多方联动，将效能发挥至最大。二是利用网红及明星效应。邀请明星、网红 KOL 加入直播间，提升人气。三是提升主播素质，如举办"主播创造营"等活动。文峰聚焦直播优化，紧抓直播带来的优势，促进了企业的全渠道融合发展。

新冠肺炎疫情以来，重庆百货以社群营销、直播带货等模式带动实体业优化发展。其 54 家店均已上线直播模式，累计直播上千场。2020 年 6 月 12 日上线了重百云购总部直播，共计 6 场直播，观看人数达 35 万以上，创造了上千万销售额，直播成果显著；银泰集团 2020 年"双 11"期间，开启了有 4740 位导购参与的 4000 场次的直播，首位虚拟"爱豆"银小泰进入直播间吸引人气，直播围观人次达 5.5 万。此次"双 11"期间，银泰百货线上线下大爆发，线上销售成绩斐然，增长率达 65%。

（四）强化体验式消费，抓住线下消费回流

由于疫情冲击，实体商店面临闭店、缩短营业时间、客流骤降等一系列难题。因此，为应对这场冲击，实体店利用现有技术，优化消费场景，加强体验式消费，增加消费者逗留时长，为商场带来大量客流。据中国百货商业协会与冯氏集团利丰研究中心统计，在受采访企业中，78.5% 的企业实体店注入体验元素，45.8% 的企业表示其体验元素较上年有所增加。如图 5 所示，在对体验消费形式的相关调查中，最受欢迎的体验形式是餐饮类与艺文类活动，均有 61.5% 的受访企业希望在消费环境中增加这两种体验元素，另外亲子活动也受到了百货业的青睐，52.6% 的受访企业表示希望添加这一体验元素。

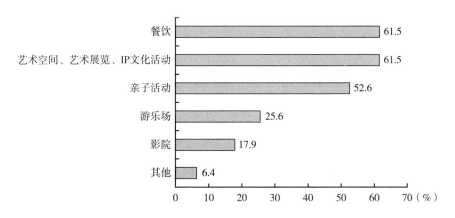

图 5　2020 年样本企业想要增加的体验元素

资料来源：中国百货商业协会、冯氏集团利丰研究中心问卷调查。

北京 SKP 在 2020 年 5 月与阿斯蒙迪合办"大·家"艺术展，展览主要分为雕塑展和油画双人展两个主题部分。其为大众提供了领略艺术风采的大

型平台，将艺术带入公众日常生活，使消费者在购物之余欣赏艺术作品，为消费者带来独特的感官体验。

王府井集团以"紫薇"为主题打造王府井紫薇港，创造沉浸式消费场景。其邀请国际顶尖设计团队，创新发展"微旅+游娱+共享+社交+主题"的运营模式，聚焦生态自然与时尚生活，创造原生态沉浸式"紫薇花海世界"、主题"紫薇星空婚礼殿堂"、"生态×艺术×科技"歌剧级、"山、水、花"互动艺术空间以及"一步一世界"的楼层主题景观带，实现全面升级转换，将生态自然与商业融合，打造"沉浸式"自然景观。同时，王府井致力于推出顶级IP大师打造的紫薇IP，将其引入充满体验感的商场，给消费者带来更强的愉悦感。

（五）强化商品能力，提高企业竞争力

从现阶段百货业的整体发展状况来看，由于联营模式的发展弊端、供应链不成熟、买手制不健全等影响，大部分百货业商品同质化严重，对消费者缺乏吸引力。然而企业竞争的核心就在于商品吸引力，因此通过拓展自营模式、创新自有品牌等方式强化产品能力，对百货业在后疫情时期成功转型并脱颖而出至关重要。

1. 转型拓展自营业务

联营模式是我国百货业的主要运营模式，这种发展模式能够大大降低企业采购与经营风险，并获取一定利润。但随着经济环境、消费观念等的转变，联营模式弊端逐渐凸显：个性不突出、产品同质化严重、服务质量难以保证、恶性价格竞争等，制约着百货业的升级转换进程。近年来，百货业逐步探索，积极提高自采自营业务，包括开设品牌集合店、发展小众品牌等方式，实现产品差异化发展，强化企业品牌形象。

近年来，百货业采取自采自营模式虽取得了一定进步，但仍在不断探索与发展中。如表2所示，采取自营模式的企业，超过一半企业表示自采自营比例不到10%。如图6所示，在自采自营形式中，2020年采取最多的两种方式为"自行开发经营自有品牌"和"区域代理或总代理"方式，占比均

为44.1%，较上年均有所下降。在自营商品种类方面，食品与化妆品位于前列，占比均超过了50%。其中，化妆品相比上年增长幅度较大，凸显出了现阶段化妆品正成为百货业主打品类的发展趋势。

表2　百货店样本企业自采自营的经营比例

自采自营比例	占比
≤10%	55.6%
11%～20%	13.0%
21%～30%	7.4%
31%～40%	3.7%
41%～50%	3.7%
>50%	16.7%

资料来源：中国百货商业协会、冯氏集团利丰研究中心问卷调查。

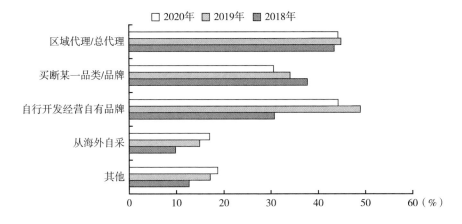

图6　2018～2020年样本企业自采自营形式

资料来源：中国百货商业协会、冯氏集团利丰研究中心问卷调查。

2. 创新发展自有品牌

新生代消费者更加注重个性化消费，百货业通过开发建立自有品牌，提供特色化产品，提升商品的独特性，从而满足消费者个性化需求。百货业发展自有品牌，省去了很多中间环节，节省了交易费用与销售成本，取得了较大成本优势。同时，企业拥有了制定商品价格的权利，从而提高了商品性价

比和企业毛利率。在竞争发展过程中，企业利用自有品牌优势，采取"错位竞争"，以特色经营规避同档次商场的"正面竞争"，取得产品差异化优势，大大提高了企业竞争力水平。

根据中国百货商业协会与冯氏集团利丰研究中心的研究调查，在调查的企业中，2020年有36.1%的企业已创新开发自有品牌，且66.7%的受访企业表示在未来12个月内会扩大自有品牌比例，比上年高出了9.6个百分点。如图7所示，2020年在开发自有品牌商品品类方面，其中占比最大的是食品类，所占比例为66.7%，较上年有所下降，之后依次为服装鞋帽、家居用品、黄金等饰品、化妆品，所占比例分别为36.7%、26.7%、26.7%、13.3%。其中化妆品占比上升幅度较大，上升8.5个百分点。

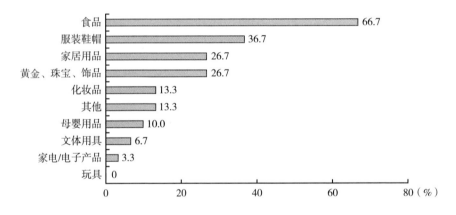

图7 2020年百货店样本企业自有品牌商品品类

资料来源：中国百货商业协会、冯氏集团利丰研究中心问卷调查。

信誉楼百货集团推出自有四大女装品牌，通过对时代前沿把握，将品牌定位于自然、随性、小清新的着装风格，与厂商共同研发，生产差异化产品，诠释女性的优雅与时尚，满足消费者个性化需求。其中"芳篇"是其推出的全新系列品牌，消费者定位于35~50岁知性、成熟女性，主要凸显浪漫主义，以高级感、优雅感的高性价比服装，满足女性的轻奢需求。

对于自有品牌的创新发展，现阶段仍存在较多困难。首先，开发自有品牌，获得市场认可时间较长。由于我国自有品牌发展时间短，消费者在很大程度上对我国自有品牌有廉价印象。因此，在较短时间内很难提高消费者的认可度。其次，发展自有品牌需要有力的资金支持。无论是对自有品牌的创新研发，还是对品牌的宣传促销，均需大量资金投入，无疑进一步增加了百货企业的资金压力。同时，在开发自有品牌方面还存在高库存、缺乏人才、企业决策层支持力度不够等难点，对自有品牌研发形成了一定阻碍。

（六）化妆品发展迅速，成为百货主打品类

2020年由于新冠肺炎疫情对各行业冲击，零售业增速呈下降趋势，而化妆品销售呈现上升趋势。2020年限额以上化妆品类零售总额为3400亿元，同比增长了9.5%。百货店作为中高端化妆品销售的主渠道，化妆品销售面积虽占其总体经营面积比重不大，但受消费升级等因素的影响，其销售占比突出，对百货业业绩有着很大贡献。现阶段，部分百货业以化妆品运营为突破口，来促进企业整体经营提升。

银泰百货2020年加强与香奈儿、Gucci美妆、TOM FORD等美妆品牌的合作，拓展美妆品牌，进一步促进化妆品品类的发展。同时银泰百货建立了专门的运营团队来实现美妆品牌与喵街的对接，打通美妆品牌线上线下的会员体系，扩展美容坊，扩大化妆品发展规模。2020年银泰百货美妆取得了13个品牌单柜销售全球第一、19个品牌单柜销售全国第一的佳绩；王府井化妆品销售额同比小幅增长，增长率为2.48%，在各品类发展中排名第一；新世界百货大丸主要是促进化妆品线上线下全渠道发展。线上通过直播形式，实现轮番实景模式，加强消费者在家消费的体验感。线下通过开设美丽课堂，提供用户与化妆品牌互动的场所。

三　百货业发展存在的问题

（一）数字化发展深度有待加强

受到数字化急速崛起及电商快速发展的冲击，百货业积极调整，进

行数字化战略改革。在近几年改革中，百货业数字化发展虽取得了一定成绩，但总体来说，百货业各企业间数字化进程存在较大差距，且数字化发展程度浅，有待加强。对于大型且发展成熟的企业，其实力雄厚，投入较大的人力、财力支持数字化发展并取得了一定成效。但对于中小型企业而言，由于现阶段数字化转型投资大，技术要求高且具有一定风险，大多处于观望状态，未实施有效措施，使各企业间发展水平拉开了较大差距。同时，百货业全渠道融合发展，仍存在专业技术欠缺、数字化成本高、数据收集分析系统不完善、专业运营团队欠缺、线下专业人才短缺等问题。

（二）商品同质化严重，制约百货业升级发展

目前，百货业商品同质化严重，无法满足消费者个性化、多元化需求。产生这一现象的主要原因是百货业大多采用联营模式。这一模式下，百货企业直接引入品牌商，商品由品牌商直接提供，企业自身缺乏对商品的创新以及凸显自身特色的商品，使得百货店商品样式、产品组合、管理方式、经营模式以及销售手段都高度相似。同时，企业为提高自身竞争力，大多会选择与知名度及影响力较高的品牌合作，在这一动力驱使下，各百货企业的品牌重合率极高。百货业为增强对消费者吸引力，只能降低商品的价格以及推出各种促销活动，从而形成了恶性竞争，挤压企业销售利润，影响百货企业发展。虽然现阶段部分百货业采取自营模式、发展自有品牌，但这一发展过程仍有很多现实困难，转型发展仍需时日。

（三）成本花费仍存在一定压力

据中国百货商业协会与冯氏集团利丰研究中心统计，所调查的 103 家样本企业（其中 100 家是百货业企业），2019 年管理费用、财务费用和销售费用三项费用总额相比上年下降了 2.9%，三项费用率较上年下降了 0.2 个百分点，其中人工成本下降较为明显，企业成本上升的压力有所缓解。但在企业进行升级改造过程中，对新技术的引进与研发、创新品牌的宣传、企业扩

展管理、门店调改等对百货企业来说仍需较大投入，因此百货业的发展仍存在较大成本压力。

（四）转型发展缓慢，转变经营模式困难重重

无论是转变经营模式、提高数字化发展水平，还是创新销售方式，均需有力的资金支持。近年来，由于百货业成本压力不断增加，加之新冠肺炎疫情冲击，部分企业获利甚微，甚至出现了亏损，仅能勉强维持现阶段经营发展。资金的短缺使企业无力转型，大多靠多方筹措资金，即使开始有创新意愿，转型发展也缓慢。其中经营模式转变是百货业发展面临的最大的问题。企业在自营模式发展过程中，由于买手制机制相对缺乏、培育专业买手团队成本高、承担较大资金周转风险、企业激励机制不完善以及消费习惯难以转变等因素，其自营发展仍处于探索阶段，需进一步提高企业核心能力，深化自营模式发展。

四　行业发展建议

（一）完善数字化发展，促进百货业转型升级

第一，推动百货业向数字化深水区发展。实现百货业全渠道数字化发展，推动人货场创新发展及处理好三者间关系至关重要。百货业可以通过创新发展 OMO 模式，通过全触点数据管理，实时了解消费者需求。通过线上个性化推荐与线下精细化沟通相结合，实现线上线下商店精准化合作，降低营销成本，提高企业销售质量。同时，通过全渠道购买人群特征，挖掘更多潜力客户。

第二，完善智慧物流体系构建。首先，对于线上订单处理，应完善信息化平台建设，使用企业内部标准密码，实现精准、快速、高效的订单处理、售后服务等业务。其次，完善线下物流体系。可以自行建设物流体系或者发展第三方物流，加强物流信息化平台建设，运用新型技术，实现智能搬运以

及智能物流配送服务等，降低人工成本，提高经济效率。

第三，加强人才培养。信息化平台、线上和线下融合发展、智慧物流体系等的建设，均需专业化人才进行创新。企业需充分应用内部资源，通过专业化培训、引进人才、与高校合作等方式，发展一批高素质、专业化人才，进一步促进百货业数字化发展。

（二）打造商品力，提高企业核心竞争力

一是打造自有品牌，促进自身特色化发展。我国部分百货企业已开发创新自有品牌，但其发展仍处于初级阶段，大部分拥有自有品牌的企业表示其销售额占销售总额的比例小于5%。因此，企业应利用现有信息技术，掌握消费者需求，紧随时代消费潮流，设计自有品牌，培育更多忠实客户。二是加强自营模式发展。百货业可以因地制宜采取不同的自营模式，逐步提高自营比例，减少对品牌商的依赖度，增强对商品的组合配置能力，提高企业商品差异化发展竞争力。三是线上线下采取差异化销售。线上可以销售一些比较实用的商品，线下可以销售体验感比较强的商品，减少线上销售对线下销售的影响。同时，百货业应注重线上线下价格的协调，避免因价格差异大，线上销售对线下销售造成较大冲击。

（三）强化体验式发展，增强线下消费能力

线上消费相比于线下消费，具有一定的优势，但不可能完全替代线下消费。线下消费可以实现与销售员面对面沟通、在现场观看商品，体验现场服务等活动，这些都是线上销售所无法比拟的。因此，百货业可以通过优化店面、提高服务质量、强化体验元素、增加设计感、提供更多便利等方式，抓住消费者体验与娱乐的消费倾向，提高线下销售的竞争力。

百货企业可以采取创新主题的方式，通过紧随现阶段社会发展热点、传播艺术文化、感受魔幻空间、释放消费者压力等形式，创新多方体验感空间，增强消费者体验，刺激其消费欲望。百货业同时可以根据自身情况培育自有IP，也可以嫁接别家IP，进行跨界合作，让圈层、粉丝线下互动体验、

产生共鸣，吸引新的客流量，增强消费黏性。百货业应加强对销售团体的专业化培训，把握服务细节，提高服务质量，满足消费者对服务的要求。同时销售员可以通过与消费者建立微信社群等方式，提供商店最新商品及促销活动信息，加强与消费者的互动交流。

（四）深挖会员发展潜力，深化私域流量发展

一是深入刻画会员形象。利用大数据等新型技术，通过交易活动，全面收集消费者数据，对其进行数据分析并分层，针对各个消费层的特征，提供差异化消费策略，进行精准化营销。二是实现全渠道的会员管理。首先要实现会员卡电子化发展，摒弃线下实体卡的方式。创新开发多个接触点，包括门店、线上商城、公众号、微信社群、第三方平台合作等，实现线上线下统一管理，提供统一、具有特色的消费体验，打造自身私域流量池。三是完善会员权益设计。对会员权益设计可以采用固定权益与非固定权益结合的模式，形成清晰的权益分层。同时，要从用户的兴趣点出发，设置企业核心权益，精细化会员权益，构建有价值的会员体系。

B.12
中国便利店发展现状及趋势

李 丽 张东旭*

摘 要： 2019年中国便利店行业保持了良好的增长势头，在实体零售行业总体遭遇发展瓶颈之时仍呈现出不错的增长趋势。2020年初，绝大多数行业受新冠肺炎疫情影响，线下实体企业尤其严重，便利店同样受到疫情冲击。新冠肺炎疫情初期，全国连锁店门店开业率不足74%。便利店企业积极采取数字化运营、零接触配送、社区团购等方式积极应对疫情。随着疫情得以控制和复工复产的推进，便利店迅速恢复大规模营业，增长态势迅猛。在数字经济时代，便利店要保持增长态势、谋求发展，还要继续推进数字化和连锁化转型以获得更多的市场空间。未来便利店要以消费者需求为中心积极调整产品结构，打造差异化自有品牌，打破线上、线下多场景边界，同时进一步强化社区团购的优势，通过数字化提升运营效率，并建设现代化数字供应链，进一步提升竞争力。本报告将从行业发展概况、区域分布与竞争格局、发展趋势三个方面对便利店行业发展情况进行分析。

关键词： 便利店 新冠肺炎疫情 数字化 多场景

---

* 李丽，经济学博士，北京工商大学贸易经济系教授，教学主任，博士生导师，研究方向为贸易经济；张东旭，北京工商大学经济学院2020级产业经济学硕士研究生。

一 概况

2020 年以来，零售行业各业态受到明显的冲击。虽然便利店的主要客源是购买日常生活必需品的居民，但疫情下对人员流动的限制，大大降低了消费者外出采购的频率。与此同时，线上购物平台的无接触配送又分流了大部分需求，导致便利店等线下实体零售受到很大影响。根据中国连锁经营协会及德勤财务咨询的报告，2020 年一季度约 38% 的便利店企业表示客源降幅超过了 50%，受客源下降的影响，便利店企业收入也随之下滑，约 50% 的便利店企业预计一季度收入跌幅在 30% 以内（见图 1）。

2020 年 8 月，中国连锁经营协会与毕马威联合发布《2020 中国便利店发展报告》，2019 年中国便利店行业实现销售额 2556 亿元，增速达 13%，虽然增速有所放缓但仍延续了 2015 年以来的快速增长势头。随着疫情的好转，便利店行业将快速恢复。商务部 2020 年发布的《关于开展便利店品牌连锁化三年行动的通知》提到，根据 2022 年全国品牌化便利店发展目标测算，便利店行业至少还有 120% 的增长空间以及 5000 亿元的增长规模，可见便利店行业将会继续保持高速发展（见图 2）。

根据统计结果，2019 年中国便利店门店数量达到 13.2 万家，同比增加 9%，增速有所减缓（见图 3）。2020 年上半年，受新冠肺炎疫情影响，便利店行业的店铺数量增速进一步放缓，行业进入阶段性调整期。

根据中国连锁经营协会发布的《中国便利店景气指数报告》，2020 年便利店行业景气指数为 62.87，高于荣枯线 50，但是相比前两年较低。可以看出，新冠肺炎疫情对整个便利店行业的冲击较大（见图 4）。

二 便利店区域分布与发展格局

当前中国便利店行业市场趋于饱和，行业集中度较高。根据《2020 年中国便利商店发展报告》，2019 年我国排名前十的便利店店铺数量占全国便

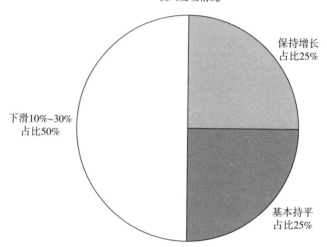

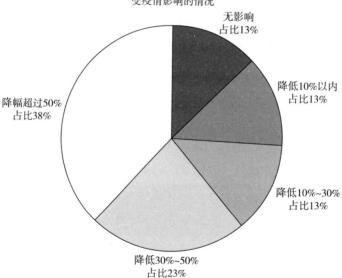

图 1　2020 年一季度便利店客源及企业收入受疫情影响情况

资料来源：中国连锁经营协会、德勤财务咨询。

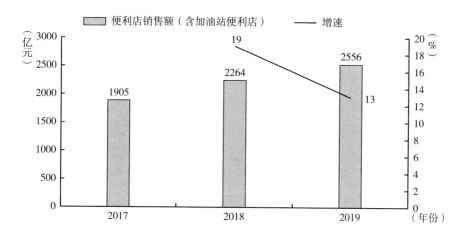

图2　2017～2019年中国便利店销售额及增长速度

资料来源：中国连锁经营协会、毕马威企业咨询公司。

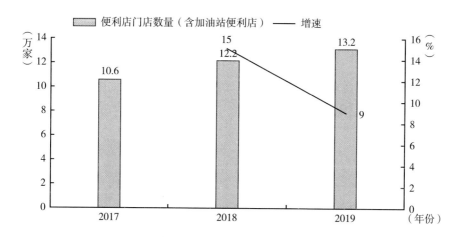

图3　2017～2019年中国便利店门店数量及增速

资料来源：中国连锁经营协会、毕马威企业咨询公司。

利店总量的68%，其中石油系便利店，如易捷、昆仑好客的占比合计36%，其他八家便利店仅占32%的市场份额。部分行业头部企业区域影响力大，在其深耕区域市场集中度高，如截至2020年12月美宜佳在全国共有超过22000家门店，其大部分分布在广东为主的南方地区，在广东占有65%的市

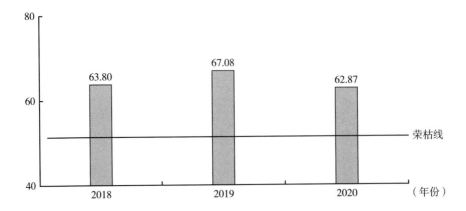

图4　2018～2020年便利店行业景气指数

资料来源：中国连锁经营协会。

场份额，而在北方省份则市场份额很低。我国小型便利店数量少，大多呈点状分布。与日本便利店行业呈现的寡头市场相比，我国的便利店市场发展仍有较大空间（见图5）。

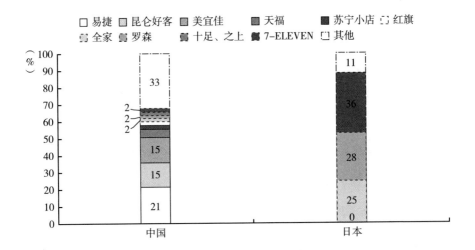

图5　2019年中国与日本便利店行业市场份额分布

资料来源：中国连锁经营协会。

"2020 年中国便利店 TOP100"中大部分是会员企业，其中排名前十的分别是易捷，美宜佳，昆仑好客，天福，全家，罗森，十足、之上，7 - ELEVEN，苏宁小店，见福。前三名品牌门店数均超过 20000 个，之后呈现断崖式下降，其余 7 家品牌门店数仅为 1000～5500 家不等。由此可以看出，我国石油系便利店遥遥领先，中石化的易捷及中国石油销售公司的昆仑好客位居前三。与国外品牌相比，国内品牌竞争力较强，前十便利店中国有品牌占 70%。国外的便利店以日本的品牌发展势头强劲，如全家、7 - ELEVEN 以及罗森。整体来看，排名前十的便利店品牌实力相差悬殊（见表 1）。

表 1　2020 年便利店运营商前十名（按门店数量排行）

排名	企业	便利店品牌	2020 年门店数(个)
1	中石化易捷销售有限公司	易捷	27699
2	东莞市糖酒集团美宜佳便利店有限公司	美宜佳	20706
3	中国石油销售公司	昆仑好客	20000
4	广东天福连锁商业集团有限公司	天福	5360
5	上海福满家便利有限公司	全家	2856
6	罗森(中国)投资有限公司	罗森	2707
7	浙江人本超市有限公司	十足、之上	2321
8	7～11 中国大陆	7 - ELEVEN	2147
9	苏宁小店	苏宁小店	1835
10	厦门见福连锁管理有限公司	见福	1719

资料来源：中国连锁经营协会，由冯氏集团利丰研究中心整理。

根据 2019 年中国连锁经营协会数据，我国便利店行业各区域发展情况良好，区域发展指数均高于荣枯线 50。其中华中地区和西南地区发展预期较高，其他区域紧随其后，各区域间的差距较小，竞争激烈（见图 6）。从区域各指数来看，华北区的企业发展指数最高，为 67.5。北京市场竞争较为激烈，区域垄断性企业较多。东北区由于经济发展滞后以及气候环境等原因，人才储备指数仅为 37.5。华南、华北和西南地区由于便利店市场已经较为成熟，发展空间较小。华中区综合发展指数最高，其原因是当地经济发

展水平、风俗习惯、人口数量等方面都为便利店的发展营造了良好的条件。西北区由于受制于经济发展水平及其他如地理环境因素，发展较为滞后。

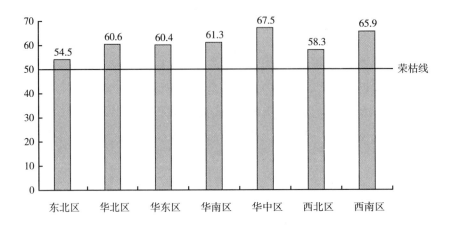

图6　2019年中国便利店区域发展综合指数

资料来源：中国连锁经营协会。

就城市发达程度而言，一线城市便利店市场较为饱和，北上广深四地中，北京的单店覆盖人口数最多，单店覆盖8889人，便利店分布密度最低。其次是上海，单店覆盖人口数3769人。广州位居第三，单店覆盖人口数为2803人。深圳的单店覆盖人口数最少，便利店密度最大。二、三线城市成为便利店行业扩张的新市场，如昆明、南宁等地的单店人口覆盖数居高不下，对便利店的需求仍然很大，具有很强的发展潜力。

《2019年中国连锁百强企业》排行榜显示，便利店行业毛利率平均为25%，夫妻店毛利率则仅有20%，低于平均水平，本土便利店品牌毛利率处于行业平均水平，领先便利店品牌毛利率则高于行业平均水平，达35%。不同类型的便利店之间的毛利率差距明显，本土便利店仍有很大的增长空间（见图7）。

2020年，中国便利店总体实现销售额增长78%，但从线上销售渠道来看，增幅仅为0.6%。从盈利能力来看，便利店毛利率26.3%，同比提高1.2个百分点。我国的领先便利店企业通过聚焦高毛利商品和成本优化提升利润率水平，如二线城市典型便利店企业美宜佳等。

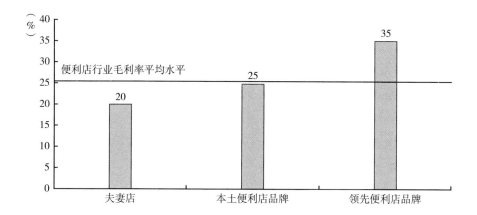

图7　2019 年中国便利店行业毛利率

资料来源：中国连锁经营协会。

不同类型的便利店毛利率不同主要是由于销售商品结构不同。夫妻店以销售烟酒、饮料为主，有 50% 的商品为烟酒，25% 的商品为饮料（见图 8）。本土便利店品牌则与夫妻店的销售结构大致相似，不同之处是前者有部分即食食品的销售，领先便利店品牌的即食食品占比 60% 以上。提升自有鲜食品牌经营效率将是便利店行业销售商品结构升级、销售模式转型的重要方向。

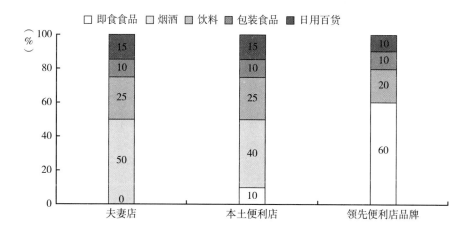

图8　2019 年中国便利店行业销售商品结构

资料来源：中国连锁经营协会。

数字化转型是便利店争先抢占市场的关键，也是未来便利店的发展方向之一。《2020 年中国便利店发展报告》显示，大部分便利店企业仍处于数字化转型初级阶段。有 16% 的企业还未开始进行数字化转型，仅有 27% 的企业数字化转型达到中期阶段，便利店整体数字化转型还处于起步阶段。很多便利店品牌积极开展智能物流、智能视频监控、无人店等数字化试点项目。其中，智能物流领域是各便利店涉足最多的，73% 的企业投入资金；其次是智能视频监控系统，有 33% 的企业开展此业务；而无人店仅有 15% 的企业进行尝试。

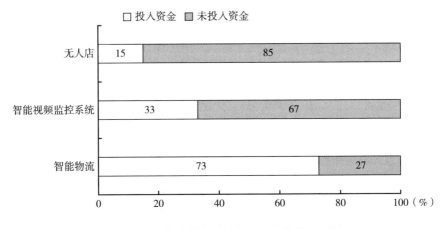

图9 2019 年中国便利店行业数字化转型项目

资料来源：中国连锁经营协会。

从数字化营销和客户服务的开展情况来看，开展社交媒体营销业务的便利店占 79%，开展差异化营销业务的占 62%，开展线上客户服务的则占 67%，便利店均在数字化营销上深度挖掘，开发了大部分市场潜力，但也仍有提升空间（见图 10）。调查数据显示，引入网络零售的企业比例从 2016 年的 29%，连年增加至 2019 年的 62%。开展移动支付业务的企业占比也是从 2016 年的 32% 增长到 2019 年的 92%。可以看出，移动支付方式已经成为我国便利店消费支付的主要方式。

根据《2020 年中国便利店发展报告》，便利店连锁化发展的扩张模式仍

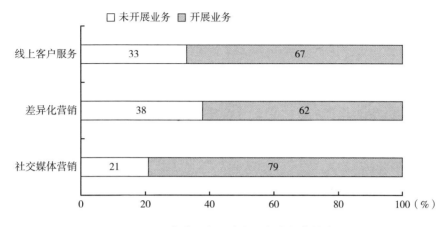

图 10　2019 年中国便利店行业数字化营销方式

资料来源：中国连锁经营协会。

然是特许加盟，疫情以来特许加盟体现出较高的抗风险能力，且便利店多销售生活必需品，所以受疫情冲击程度低于其他行业。根据调查结果，我国加盟店比例达到48%，但是与发达国家领先市场90%左右的比例相比，还有很大进步空间。2020～2021年，便利店受到疫情的冲击，其连锁化进程减缓了。连锁化发展的抗风险性在新冠肺炎疫情中得到了充分体现，当疫情得到控制后，连锁化便利店迅速恢复门店正常营业，2020年1～6月便利店新开门店总量达4746家，2020年5月实现了便利店100%的开门营业率（见图11）。

三　便利店发展趋势

（一）互联网企业助力供应链数字化转型

数字化时代促进零售业供应链数字化转型，以城市社区便利店为中心，涵盖订货、物流、营销、增值服务等的互联网一站式供应链平台，实现互联网对实体便利店的升级。其中阿里巴巴零售通与京东新通路是便利店行业数字化转型的领头项目。

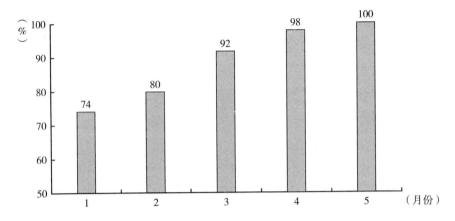

图11 2020年1～5月便利店门店开门营业率

资料来源：中国连锁经营协会。

阿里巴巴零售通是阿里巴巴B2B事业群新增的一个线下零售渠道，通过数字化技术手段帮助已有门店实现数字化转型。零售通依靠阿里强大的云计算、人工智能技术等进行品类陈列与管理，天猫货架会帮助选品和推荐，数字化物流将品牌商提供的货源发至零售终端。其次零售通打通线上的手淘、饿了么进行线上引流，并且在小店会员体系下进行管理和运营。零售通依靠数字化技术为传统便利店提供物流、金融、数据、营销系统等多元化的支持，以实现从传统零售小店到现代连锁便利店的升级，最终实现全数字化供应链的零售通商店。

在便利店数字化转型方面，京东推出了另外一条新零售渠道——京东新通路。与阿里零售通的"线上房地产"方式不同的是，京东新通路主要是打造以自营为主的线下智慧门店，即京东便利店。京东新通路基于原有的线上零售全面且强大的数字化供应链系统，搭建线下零售数字化供应链系统，即慧眼大数据系统。品牌厂商基于慧眼大数据平台筛选门店进行项目投放，同时监测规范执行情况，实施及时奖励机制，实现品牌任务的精准投放，反馈销售成果。厂商还可以借助大数据系统实现精准分销、货架陈列、助销传媒、促销执行、店主教育，为店主数字化赋能。同时京东专业的地勤团队为店主提供科学准确的陈列和促销建议，形成数字化的新零售模式。

（二）实体便利店拓展线上业务

近年来，便利店线上、线下融合发展态势迅猛，尤其是受疫情影响人员流动性大大降低，消费者从线下直接购物转向线上零接触采购，便利店为应对消费习惯的改变主动推出与网上超市合作、自营线上商城等业务，大大加速了线上业务发展。

1. "便利店 + 网上超市"模式

便利店满足日常少量便利商品的购买需求，大型超市满足家庭大量集中购物的需求，二者的结合满足了居民大部分生活用品需求。而"便利店 + 网上超市"模式更是将便利店与超市结合，顾客在网上超市订货后集中配送至便利店，顾客可以选择到便利店自提或由便利店送货上门。"便利店 + 网上超市"模式解决了传统生鲜电商"最后一公里"的配送成本高的问题，而网上超市低价且品种齐全为便利店吸引了更多的顾客。

2. 实体便利店推出自有线上商城

实体便利店也开始自建线上商城，打破便利店的地域限制，扩展外地市场，为实体店进入新地区提供用户基础。便利蜂作为北京本土便利店的代表企业，2020 年推出了"蜂质选"小程序商城，以 19 大自有品牌为核心产品，向全国各地推广。根据便利蜂披露的数据，其网上商城用户活跃度最高的前三个地区分别是黑龙江、山西、湖北，线上商城为便利蜂贡献了可观的销售额，未来还有很大的增长潜力。

（三）线下场景拓展成为城市活力新中心

便利店行业通过与线下其他业态、场景的跨界合作实现场景边缘不断扩大和模糊化，形成新的增长点。2019 年两部春节档大片《飞驰人生》和《新喜剧之王》同时选择和便利蜂合作，在店内设置纸质海报推介，还通过店内电子屏、App 等形式与消费者进行互动，甚至包括依托电影 IP 打造的

定制便当等产品开发，激起用户的情感共鸣。

便利店通过与地铁站、社区等线下场景融合，成为城市活力新中心。2021年北京市交通委交通工作报告提出将推动地铁站周边用地一体化综合开发，建设71个城市活力微中心，打造轨道上的都市生活。同时，还要做好站内客流组织和服务设施优化，增加便利店等增值服务。

（四）鲜食产品为主　推出自有品牌

电商对实体店的成本优势正在逐渐消失，随着线上流量增速放缓，发展空间压缩，电商巨头开始纷纷布局线下实体渠道。京东便利店、苏宁小店和天猫小店、顺丰优选等在各地纷纷开拓市场。不仅如此，传统零售企业也参与其中，包括永辉mini、大润发mini、盒马mini以及小宜家等小商超。还有像链家一样进行跨界涉足便利店的企业，其计划2021年在北京开设100家便利店。政府的大力支持也助推了企业自有品牌和连锁化的发展，力争到2022年全国品牌连锁便利店门店总量达30万家。

2020年国内便利店自有品牌增幅达到10.1%，越来越多的便利店企业开始着力发展自有品牌。但总体来说，国内便利店自有品牌的发展尚处在起步阶段，便利店企业在打造自有品牌过程中仍面临不少问题。中国连锁经营协会的调查显示，日系便利店在2016年自有品牌的销售占比就已经达到40%~50%，但2019年国内便利店自有品牌销售占比仅为5%。目前仅有16%的便利店自有品牌占比超过了10%，仅8%的便利店自有品牌占比超过了30%。除此以外，专业团队匮乏也是面临的一个难题，本土便利店几乎没有像日本一样完整的人才架构和体系。

尽管自有品牌开发依然处于初级阶段，但便利店的特性使得它在开发自有品牌方面有优势，门店面积小，SKU（Stock Keeping Unit）数量一般在2000~3000之间，单个产品更易被消费者关注到。另外，便利店距离消费者越近，营业时间越长，消费者进店频率越高，消费者消费习惯越易培养。

从自有品牌的未来发展趋势来看，自有商品在差异性以及供应链上的优势进一步凸显，高毛利作为自有品牌的优势之一，可以提高便利店盈利能力。不仅如此，好的自有品牌能够提升门店的品牌效应，提高竞争力。作为便利店的优势产品——鲜食类产品，更是自有品牌的一大主体，所以打造以鲜食为主的商品结构成为便利店行业的共识。在商品市场极大丰富的如今，便利店更需要进行品类细分，场景细分，满足个性化的需求。2020年新冠肺炎疫情突袭而至，使消费者的购物决策更谨慎，更有针对性，这一趋势将更有利于自有品牌发展。

（五）社区便利店及社区团购增强运营能力

社区便利店弥补了电商难以触及的空白地带。从供给端来说，电商要做到一小时送达需要很高的成本，而便利店与消费者之间的距离很短，成本低。社区便利店还可以24小时营业，它的便捷性以及对客户服务的响应速度，是任何电商都无法比拟的。从需求端来说，城市居民30% ~ 40%的消费支出都是集中于社区周边1公里范围之内，而社区零售商业以其及时性满足基本生活需求，而且业态极为多样，有着独特的商业价值。再加上疫情在数个月的时间内极大地改变人们的生活方式，依赖长期打造的鲜食供应链和零售云平台，社区团购有更高的运营管理能力和更充沛的货源，在第三方物流瘫痪的非常时期，能保持营业的都是拥有制造鲜食的工厂及配送链的便利店，而24小时"不打烊"的营业时间，更是大大方便了市民的生活。

除此之外，近段时间社区团购也引起很大的关注。多元化的商品，优惠的价格，合理时间的配送成为其迅速火暴的原因。在京东便利店和天猫小店已经遍布全国各地的情况下，要把连锁便利店实现社区拼团，团长的人选至关重要；其次，团购大众化的商品是关键，每日优鲜、叮咚买菜就是选择以销量高的商品为主；最后，借助社群引流，进行宣传或优惠活动，增加客流量。

四　结论

自2020年以来，全世界各行各业都受到疫情不同程度的冲击，便利店

行业进入阶段性调整期,增长速度有所减缓。便利店加大数字化技术应用推出无接触式运营应对疫情,同时也对运营模式数字化升级,进一步提高运营效率。随着国内新冠肺炎疫情得到有效控制,日常生产生活逐渐恢复正常,便利店行业也逐渐恢复增长。预计 2020 年及 2021 年便利店行业将恢复疫情前的增长水平并继续迅速发展,数字化转型将会是便利店行业未来重要的增长动力。目前便利店的数字化转型仍然处于起步阶段,主要依赖数字技术头部企业运用自身强大的云计算、物联网技术为传统便利店赋能,如京东新通路和阿里零售通。笔者认为,数字化转型将助力便利店行业进一步实现连锁化、规模化,提高便利店行业运营效率的同时更能满足消费者的个性化需求。

未来便利店将围绕人、货、场实现价值链重塑,不断转型升级。消费者在便利性、个性化、数字化体验方面对便利店企业提出更高的要求,因此便利店将采取推出数字化营销、自有品牌、社区团购等新方式实现服务模式升级;同时通过数字化手段打通供应链各个节点升级供应链模式,以实现便利店行业产品转型升级;在深耕大中城市市场的同时,便利店密度较低的地区仍有较大发展潜力,同时便利店与全渠道线上、线下多场景融合加深,以实现便利店行业市场升级。

B.13
中国百货零售业发展报告[*]

中国百货商业协会　冯氏集团利丰研究中心

摘　要： 近年来，线上业务蓬勃发展，中国百货零售业受到电商的持续冲击。与此同时，百货零售行业内部竞争愈发激烈，国内消费者的需求也在不断变化，这些因素都给百货零售企业的经营带来一定挑战。2020年初，新冠肺炎疫情的突袭使得百货零售业的运营受到严峻考验，社交隔离和防疫政策大大减少了百货零售门店的客流量。2020年下半年，随着疫情得到有效控制，消费者被抑制的消费欲望逐步释放，消费市场持续回暖。在此背景下，百货企业重新调整策略，加快数字化转型步伐，同时在线下引入各类体验式消费元素，吸引客流，增加游客在商场的逗留时间。本报告重点分析2020~2021年中国百货零售业总体运行情况、发展特点、行业发展存在的问题以及百货零售业转型及发展趋势。

关键词： 百货零售　转型升级　数字化　全渠道

一　百货零售业总体运行情况

（一）社会消费品零售总额下降，疫情后反弹明显

受新冠肺炎疫情影响，2020年中国社会消费品零售总额达39.2万亿

---

[*] 本报告内容来自中国百货商业协会与冯氏集团利丰研究中心共同发布的《2020-2021年中国百货零售业发展报告》。

元，同比下降 3.9%；其中商品零售额 35.2 万亿元，同比下降 2.3%。

新冠肺炎疫情初期，超市、百货、购物中心等停业，2020 年上半年社会消费品零售总额同比下降 11.4%。2020 年下半年，疫情逐渐缓和，企业陆续复市复工，政府也推出各项政策促进消费。2020 年 8 月，社会消费品零售总额实现 2020 年首次同比正增长，全年同比降幅进一步收窄至 3.9%。

（二）线上零售额占比提升，线上分流加剧

2015 年至今，实物商品网上零售额占社会消费品零售总额比例从 10.7% 上升到 24.9%。此外，因疫情影响，2020 年网上零售额占比的增幅达到了 4 个百分点。此前，网上零售额占社零总额的比例一般每年增长 2 个百分点左右。中国互联网络信息中心在 2021 年发布的一份报告中指出，中国已连续八年成为全球最大的网络零售市场。其中，家电品类的线上销售占比超过 50%，而家化家清、纺织服装、食品等品类的线上渗透率也相对较高，特别是吃食类商品，六年来网上零售额增幅大多在 30% 以上。由于这些品类也是线下零售企业的重点品类，因此在某种程度上，线上零售额的提升是造成目前大型超市出现经营困难的重要原因之一。另外，奢侈品类商品近年来线上消费也在快速增长。贝恩咨询公司（Bain & Company）预计，到 2025 年，电子商务将成为购买奢侈品的主要渠道。

从地区结构看，网上消费城市高、农村低，一、二线城市高，三、四线城市低。天猫每年发布的"双 11"城市成交额百强名单显示，一、二线城市排名较靠前。线下大型零售集团也多位于一、二线城市，受电商分流影响明显。

（三）品质消费提升，文娱消费占比增加

国内的消费结构在变化，消费者越发重视品质生活。商务部总结 2020 年的消费特点"商品消费持续回升，消费结构不断优化"。2021 年春节期间，服装、珠宝首饰、数码家电、健身器材等商品的销售额均有显著提升。此外，百货公司及商场也积极引进文娱方面的活动及项目，除了各类餐饮，

还引入影院、儿童娱乐、书店、健身馆、美容馆等设施，成功增加了大量客流。

二 百货零售业发展特点

（一）高端百货业绩突出

虽然受疫情影响，但是百货行业在 2020 年仍交出亮眼成绩单。例如，北京 SKP 在疫情冲击下仍实现销售收入 177 亿元，成功保持两位数增长。上海恒隆广场 2020 年零售额同比上涨 60%；杭州大厦在疫情后恢复营业当天 5 小时就创造过千万销售额。

这些企业的共同特点，都是奢侈品销售占比较大，对周边辐射能力强。例如，恒隆广场是上海顶级百货店之一，SKP 也是所在城市的奢侈品地标，吸引了所在城市及周边城市乃至周边省份的消费者前往消费。受益于奢侈品消费回流，这些企业的销售业务明显提升。

对于奢侈品而言，百货业的优势在于品类组合能力强、信誉度较高、品牌形象较好，与奢侈品的形象和定位相匹配，所以多年来，百货店是奢侈品布局的重要渠道。

近一两年，百货业出现了一些变化，包括升级改造、增强互动体验、开展全渠道营销，通过线上商城、直播、深度联营等方式改善与品牌商的关系。这些变化帮助百货业更好地成为奢侈品的渠道载体，吸引顾客，扩大消费，与品牌商实现双赢。

展望未来，各个零售业态都面临不小压力，而奢侈品的销售，在供需两个主要方面都较利好。从供应上看，国际市场的出行限制使得主要供应方来自国内高端百货，利于消费回流；从需求上看，国内消费者有消费升级的需求，具有较强的拉动作用。笔者预计，与奢侈品密切关联的高端百货仍值得期待。

（二）数字化进程提速

2020年，受疫情影响，很多企业加快数字化进程，拓展其线上业务。调查显示，近九成的百货企业开展了线上业务，其中包括小程序/公号商城（94%）、直播带货（75%）、到家服务（31%）等，并通过社群和私域营销等手段接触消费者。75%的受访企业表示会加快线上业务布局。66%的受访企业表示其线上销售额相较上年同期有所增加。其中，数字化成果较为突出的百货企业如银泰百货，通过淘宝直播、手机App等方式，积极开展"云复工"，助力品牌逆势增长，实现了防疫、生产两不误。

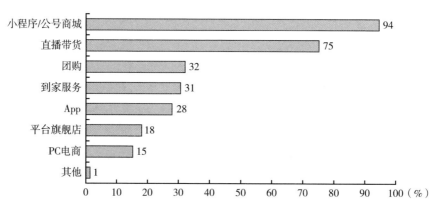

图1 企业线上业务模式

资料来源：中国百货商业协会、冯氏集团利丰研究中心问卷调查。

（三）化妆品成百货主打品类

过去两年，化妆品成为百货主打品类。其中，消费者，尤其是16~25岁的年轻消费群体的消费升级需求显著，他们在中高端化妆品方面的消费逐年增加。

化妆品类提升了百货店的时尚性，吸引年轻又追求时尚的消费者，同时起到促进其他时尚消费的作用。百货店大多处于商业中心位置，地理优势显著，加上百货企业给出的招商条件优厚，一般能够吸引中高端化妆品牌入驻。

如今，化妆品正逐渐成为百货店的当家品类。王府井 2020 年半年报显示，化妆品已成为其百货业态第一大品类，报告期内销售额占比达到23%。东百集团 2020 年半年报显示，其核心品类化妆品的销售同比增长20.17%。

贝恩报告显示，中国奢侈品美妆品类全年线上渗透率将从 2019 年的28%左右攀升到 2020 年的 38%左右。Euromonitor 预测到 2024 年，化妆品线上渠道销售占比将超过 50%。

化妆品线上渗透率上升，一方面，因为品牌商加大了线上渠道的推广力度，在各大社交媒体平台开设官方账户。例如，迪奥 Dior 加入微信视频号阵营，还成为首个入驻哔哩哔哩和抖音两个平台的奢侈品牌；另一方面，因为百货店通过小程序商城、直播、社群营销等手段，加大品牌宣传，提升销售业绩。

（四）重视会员和私域流量

中国百货商业协会发布的《2020 零售业会员运营报告》中的一项关于"当前企业核心竞争力"的调查显示，80%的高管认为会员群体是百货企业的核心竞争力（见图2）。相比获取成本高、获取难等的公域流量，以会员为核心的私域流量成为百货企业的宝贵资产。

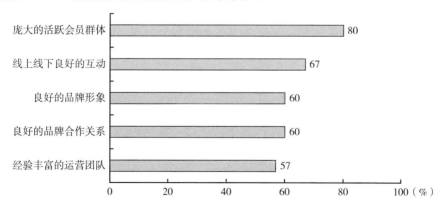

图 2　当前百货企业的核心竞争力

资料来源：中国百货商业协会《2020 零售业会员运营报告》。

无论是直播、社群营销还是流量转化，私域流量是核心和基础。零售企业逐渐意识到，借助微信公众号、抖音、快手、微博等新媒体手段，打造属于自己企业的私域流量尤为重要。

2020年的疫情，促使品牌商、百货店、购物中心等很多业态都尝试进行直播。企业在实践的过程中发现，公域流量（如抖音、快手等直播流量）的转化率要远远低于私域流量。公共大平台上的用户数量虽多，但不一定是自己的客群，而私域流量虽然人流少，但大多数是企业的忠实顾客，转化率较高。

这些线上营销对后疫情时代的消费恢复作用明显，消费者从在线上种草到到店消费，拉动了企业的消费回升。

三 百货零售业发展的主要问题

（一）疫情影响业绩

大部分百货企业受疫情影响明显。2020年前三季度，A股上市的42家以百货经营为主的企业，营业收入实现正增长的只有3家，其余均有比较明显的下降。总体上看，营业收入同比下降超过60%的占45%，同比下降40%~60%的占19%，同比下降20%~40%的占19%，同比下降10%以内的占10%。

（二）商品力亟须提升

商品力是零售企业经营能力的核心体现，让消费者持续买到优质的商品是零售商持续发展的动力。综观业绩较好的百货店，如北京SKP、汉光百货、杭州大厦等，其核心都是商品力。但是，整体来看，由于中国百货企业一般采取联营或经销代理模式，大部分百货店缺乏商品力，店与店之间的产品同质化程度高，产品缺乏吸引力。此外，相较电商平台，百货企业在经销代理模式下的中间环节多，导致终端产品缺乏价格竞争力。一般来说，能够引进具有独特性和差异化产品的百货企业，一般业绩较为理想。与此同时，扩大自营自采、实现线上线下同价等也是增加百货企业竞争力的有效手段。

（三）转型升级需求迫切

百货店大多位于城市核心地段的黄金位置。但过去十年电商的持续分流、品牌自建线上销售、直播生态的发展等催生了新的销售模式，商业地产持续高速发展，削弱了百货店既有商圈优势。过去几年，百货企业意识到自身危机，纷纷进行升级改造。其中，北京自2016年起实施了"一店一策"试点政策，推动了北京多家知名百货企业，如王府井、天虹百货等商场由传统购物中心向更为贴近居民生活消费需求的社区型购物中心转型。这些社区型购物中心集合多元化的活动项目，以一站式的消费服务，延伸社区居民生活空间的同时，有效拉动更多消费。当然，改造升级也存在一定风险，企业需要考虑优化其业态、对其产品服务进行重新定位、优化其设施及布局等。

（四）数字化存在障碍

百货行业的线上业务总体上仍然处于初级阶段，数字化发展存在诸多障碍。一是思想不统一，推进困难。对数字化建设的目的、方式等，企业内部的认识和接受程度不一致，转型过程中也难免会触及部分现有部门的利益而导致执行受阻，制约数字化全面推进。二是系统太多，打通困难。数字化需要兼容百货企业之前的系统及平台，也需要不同的系统服务商团队进行配合，时间和经济成本较高，难度较大。三是投入产出无法量化，难以决策。企业普遍对于投入产出难以衡量评估，因为数字化的效果往往需要一段时间才能逐步体现到销售额上，导致决策者难以下定决心投入资金。四是人才匮乏，组织架构不适应。随着消费倾向年轻化，企业需要能理解年轻消费群体的运营人员，也需要了解和跟踪新的技术实现方式的技术人员。目前实体零售的这些专业人才相对匮乏，人员结构也相对传统，组织架构也不适应数字化全渠道发展的需要。

（五）自采自营挑战多

目前，中国百货企业基本上采取联营模式，从事自营的百货企业占比平均不到10%。联营的优势是百货企业不用在库存上占压资金，人工成本低，这也是百货行业得以渡过疫情难关的重要因素。然而，联营也削弱了百货店的商品经营能力。

针对百货企业开展自采自营业务中出现的挑战（见表1），要做好这块业务，百货企业需要具备以下几项能力：有充足的营运资金进货和周转、培养或聘请一批既熟悉产品又有敏锐市场触觉的专业买手团队、拥有成熟的供应链、建立合适的激励与试错机制等。过去一年在疫情的冲击下，由于不少百货企业的收入骤减，资金紧绌，因此资金问题成为百货店开展自采自营模式的首要压力。

表1　百货店样本企业开展自采自营业务的难点

困难程度排名	具体难点
第一名	资金占用多,压力大
第二名	难以培养专业买手团队
第三名	找不到合适的供应商或品牌商不配合
第四名	消费者需求难以把握
第五名	企业管理水平跟不上,经验积累不够
第六名	难以保留买手人才
第七名	现有公司体制限制

资料来源：中国百货商业协会、冯氏集团利丰研究中心问卷调查。

四　百货零售业转型及发展趋势

（一）调改升级加速，新增长点逐步显现

2020年初，受新冠肺炎疫情影响，商场暂时关闭，新开业的购物中心

数量大幅下降。相较之下，消费者需求明显升级，商场及百货企业调改升级项目数量大大增加。尽管调改升级步伐加快，但大多数百货企业并没有大幅调整当前业态，而是从空间布局、硬件提升等方面着手，希望能给消费者带来耳目一新的感受和视觉冲击，从而带动消费者到店消费，增加客流，聚集人气，刺激消费。据赢商大数据不完全统计，2020年改造项目达37个，该数据是2018年的两倍左右。

表2 2020年部分百货企业调改升级项目

百货名称	调改升级项目
王府井集团	伴随王府井集团的整体转型，其旗下的东安市场也开始转向年轻化；并将全面提升购物环境，增添艺术装置，力争成为地标商场
天虹百货	2020年上半年天虹百货老店进行升级调整或积极转型，其中南昌中山天虹调整升级，已与多个国际一线护肤品牌完成签约。百货将通过主题街区、欢乐体验和街区化项目提升顾客体验
豫园商城	2020年10月，位于上海豫园商城内的"豫园百货"改造后全新亮相，汇聚了大量国潮品牌，成功打造了深受年轻人喜爱的潮流街区。此外，豫园商城内标志性的建筑也将进行调改。豫园商城将进一步丰富商圈内的活动，助力消费市场复苏与豫园品牌升级
翠微集团	2019~2022年，翠微集团配合北京"一店一策"政策，持续统筹推进门店调改升级，加速向新商业模式迭代升级，打造时尚和社区两大生活中心。自2019年甘家口店启动调改升级后至2022年，将陆续完成翠微百货翠微店，当代商城中关村店、鼎城店的调改工作

除了百货企业调改升级，另有一些地产开发商和电商平台，如万达集团、万科、唯品会等相继入局。调改升级计划的参考价值越来越大，将进一步吸引更多企业参与，促进行业升级。

（二）线上线下融合提速，人货场全渠道布局

线上线下的全渠道融合发展目前已成为主流趋势。受疫情影响，百货企业线下销售受到严重打击，消费者加速向线上转移。因此，线上线下协同融合发展，将会成为百货业优胜劣汰的重要举措。国家统计局数据显示，2020年全年网上零售额增长10.9%至11.76万亿元；实物商品网上零售额增长

14.8%至9.76万亿元，占社零总额比重为24.9%，较上年提升4.2个百分点。疫情推动消费线上化，并使得线上渠道快速向下沉市场渗透。各大百货企业借此机会加大力度布局线上业务，实现人、货、场的全面"在线"。其中，根据笔者的调查结果，73.2%的企业表示融合线上线下全渠道业务是百货业应该关注的发展方向（见图3）。

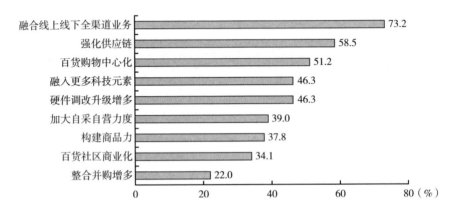

图3 未来12个月百货企业关注的方向

资料来源：中国百货商业协会、冯氏集团利丰研究中心问卷调查。

除了发展线上业务，在后疫情时代，提升线下购物体验及吸引人流、抓住回流商机仍是百货零售业的首要目标。引入多样化的体验式消费场景元素，如餐饮、儿童、娱乐、艺术文化活动等，能够有效帮助百货店延长顾客逗留时间、拉动销售、加强差异化及建立商场形象。根据笔者的调查，78.5%的受访企业表示当前在实体店设有体验式消费元素。在众多消费体验元素中，餐饮、文艺娱乐、儿童类活动以及美妆、健身、美容等提高自身形象类活动是最多百货企业考虑增加的元素。

（三）提高商品力，构建商品差异化

随着政府出台各类刺激消费市场的政策，百货零售企业将提高商品力、形成商品差异化作为其在众多竞争者中脱颖而出的重要指标。其中，提高商品力的主要方法包括开拓自采自营及发展自有品牌等业务。

1. 进一步开拓自采自营业务

品牌联营模式是中国百货业的主流经营模式。这种模式帮助百货企业有效规避经营风险，保障一定利润，但对商品渠道的掌控有限，易错失市场良机。近年来，一些百货零售企业尝试通过自采自营的模式寻求新机会，通过自己的采购团队在全球各地采购厂家货品、开设品牌集合店、引入独立设计师及小众品牌等，增加商场的吸引力以实现差异化竞争（见图4）。

调查显示，71.1%的受访企业表示当前采用自采自营的模式，不过百货店自采自营总体规模较小，超过一半的企业表示其自采自营业务的比例不超过10%。此外，近一半的企业表示，未来12个月内会扩大自采自营比例。

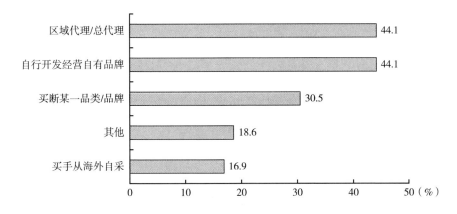

图4 百货店样本企业自采自营的经营模式

资料来源：中国百货商业协会、冯氏集团利丰研究中心问卷调查。

2. 开发自有品牌

随着消费需求日渐多元，一些百货企业陆续尝试开发自有品牌，一方面希望能提升及强化其品牌形象，另一方面能和对手形成差异化竞争。在同等品质下，自有品牌有助于零售商突破毛利瓶颈。企业直接对接制造商可节省各类成本，因此在定价方面有更大的自由和弹性空间。同时，企业也能进一步了解商品的品质与特点。从消费者的角度而言，自有品牌也符合他们对高性价比和差异化商品的需求，有助于提高用户黏性。

调查显示，已开发自有品牌的受访企业占36.1%；有计划在未来开发

自有品牌的企业占 26.5%。在已开发自有品牌的企业中，六成受访企业表示当前自有品牌商品占总销售额的比例在 5% 以下。此外，有 46.4% 的企业表示相较上年同期，2020 年的自有品牌比例有所增加。在品类方面，当前自有品牌商品主要包括食品（66.7%）、服装鞋帽（36.7%）、家居用品（26.7%）、黄金珠宝首饰（26.7%）等。当然，开发自有品牌也存在一定困难（见表3）。

表3　百货店样本企业开发自有品牌的难点

困难程度	具体难点
第一名	获得市场认可时间长
第二名	资金占用多
第三名	库存风险
第四名	消费者需求难以把握
第五名	没有合适的人才去开发设计自有品牌商品
第六名	企业决策层支持不足

资料来源：中国百货商业协会、冯氏集团利丰研究中心问卷调查。

总体而言，虽然许多百货企业都开展了自采自营业务及开发了自有品牌，但所占业务比例相对较低。个别企业（如信誉楼及新世界百货）和个别品类（如食品及化妆品）的自营业务及自有品牌占比相对较高。由于从事自营业务和开发自有品牌方面仍存在上述诸多挑战，大部分百货企业目前在这方面还处于探索试验阶段。

3. 把握国潮消费趋势

近年来，国潮迎来高光时刻，各个商品类型都涌现出一批优秀的国潮品牌，受到消费者的追捧，趁势入驻百货商店，为百货店的经营增加了活力。笔者认为国潮热不是暂时现象，而是中国文化自信的具体表现，也是产业链发展成熟的必然结果。百货店应借助新机遇，与品牌互相借势，引领国潮消费破浪前行。

（四）深化供应商合作，提高数字化水平

在竞争激烈的电商时代，百货零售企业深化与供应商及品牌商的合作变得越发重要。其中，单品管理备受重视（见图5）。随着商品越来越丰富，零售渠道愈加透明化，百货零售企业需掌握单品的销售趋势，了解哪些单品的消费者认知度更高，哪些单品出现滞销。单品管理需要零售商与供货商或品牌商一起合作，提高精细化运营能力，逐步实现深度联营。例如，银泰百货和某化妆品品牌商联手合作，通过数据共享，对用户、品牌及商品进行更精准的分析，为消费者匹配推荐相应的产品，从而提高了产品打开率，到店人数、销售额因而也显著提升。

除了稳固与现有的供应商关系并加深合作，零售商还可寻找机会发展新的供应商，以此扩展客户群体。对于百货零售商而言，拓展线上业务的商品供应，引入场外品牌进行产品互补，将有效增加销售。例如君太百货在线上商城补充超市生鲜品类，引入线下没有的化妆品牌、服饰品牌等，既提升了数字商城的活跃度，又带来了增量销售。

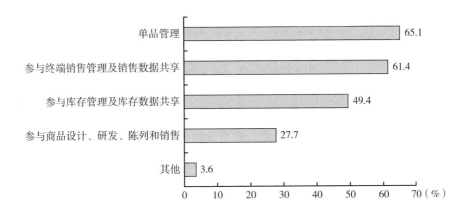

图5　百货店样本企业与供应商和品牌商加深合作的方式

资料来源：中国百货商业协会、冯氏集团利丰研究中心问卷调查。

（五）实现精准营销，拥抱社交电商和直播带货

随着互联网的飞速发展，网络营销已经进入精准营销时代，消费数据采集及分析成为零售商深挖消费需求、优化商品组合、为消费者提供更符合其品位的产品的重要手段。98.8%的受访企业表示，当前通过各种方式，如会

员卡和会员计划、微信公众号及社群，以及线上商品购买历史信息收集消费
数据（见图6）。这些消费数据将主要用于了解消费者的喜好、提供更具个
性化的产品和服务、进行更精准的营销以及优化门店的商品组合。自疫情暴
发以来，更多百货零售企业通过微信公众号或群组将一群对自己公司品牌认
可的消费者聚集起来，与客户群体保持及时沟通，并通过各种活动及内容维
持用户黏性，实现更为精准的营销转化。

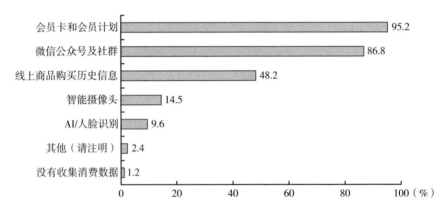

图6　百货店样本企业收集消费数据的方式

资料来源：中国百货商业协会、冯氏集团利丰研究中心问卷调查。

　　除了用作营销，社交媒体也是百货企业进行销售的重要平台（见图7）。
其中，社交电商已成为中国电商领域的驱动力。其特点在于，用户能够在社
交群组中进行互动，建立、维持彼此的关系。社交电商尤其受到年轻消费者
的青睐，他们喜欢互相推介产品、分享购物心得，同时也更易受到名人、网
红等"意见领袖"的影响，购买其推介的产品。随着社交电商消费者的不
断增长，社交电商将继续成为推广产品及服务的有效渠道。

　　疫情影响下，线下业务加速向线上转移，直播电商市场在2020年呈
井喷式增长。艾媒咨询数据显示，中国直播电商市场规模2020年达到
9610亿元，同比猛增121.5%。2021年直播电商整体规模预计继续保持
高速增长。直播电商的火爆吸引越来越多零售商、品牌商参与直播电商
行业。调查显示，超过九成的受访企业已开始开展直播带货业务。其中，

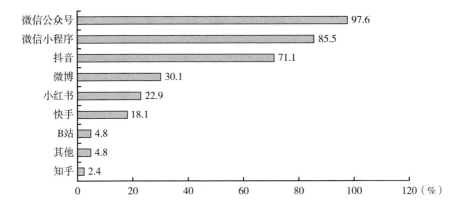

图7　百货店样本企业进行销售和营销的社交媒体平台

资料来源：中国百货商业协会、冯氏集团利丰研究中心问卷调查。

微信小程序和抖音是最主要的两大直播平台，分别占 77.1% 和 56.6%（见图 8）。

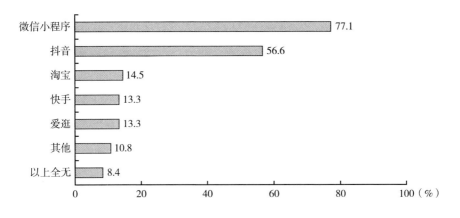

图8　百货店样本企业进行直播的平台

资料来源：中国百货商业协会、冯氏集团利丰研究中心问卷调查。

百联、银泰、新世界、重庆百货、金鹰国际集团等百货商店纷纷联合各大电商及社交平台等推出特色直播活动，吸引顾客，拉动销售。百联集团与阿里巴巴共同开启"云逛百联，直播上海"活动，围绕上海"五五购物

节"，针对消费者需求，在天猫平台举办商场直播日。百联集团亦积极参与上海商务委举办的"11直播月"系列活动，联合百联百货到家、淘宝、抖音等直播平台推出了近40场特色直播活动。银泰百货线上平台喵街在"双11"期间，有4740位导购参与直播，直播场次达4000场。

（六）运用科技提升互动，积极探索新技术应用

科技的发展革新改变了百货零售企业业务开展的方式。根据调查，表示增加店内科技应用元素而有效提高客流及销售业绩的受访企业约占七成。另外，表示会在未来12个月内引入更多科技应用元素的受访企业占近八成。

此外，百货企业纷纷在线下实体店中采用多种科技应用，希望能通过这些科技应用提升消费者的购物体验，同时获取与消费相关的信息数据。新冠肺炎疫情以来，百货企业上线多种智能化服务，如"无接触式支付"、智能导购服务等，希望能让消费者在安全的环境下放心购物。其中，自助收银系统是百货企业普遍使用的，顾客通过在自助收银机或微信小程序内自助结算，大大减少了轮候结账的时间，同时亦有效提高了收银效率和消费者的购物体验。商家也可以更精准地统计商品销售量，记录会员消费数据，实现智能、数字化的会员管理。

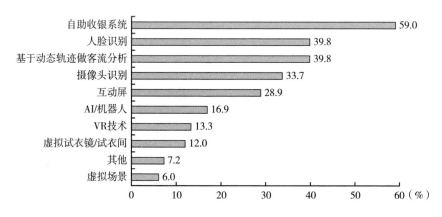

图9　百货店样本企业的科技应用情况

资料来源：中国百货商业协会、冯氏集团利丰研究中心问卷调查。

五　结语

对于百货零售业而言，过去两年无疑充满挑战。新冠肺炎疫情和居家隔离政策对依赖客流量的百货业造成重创，百货企业营收和利润普遍大幅下滑。

尽管疫情使得百货零售业的整体增长放缓，但得益于中国在2020年上半年有效控制疫情，下半年消费持续恢复，各大百货商场陆续开始重新营业，同时百货企业通过线上渠道积极自救。疫情迫使百货企业加快开展线上线下融合的全渠道业务，企业加快了数字化转型进程，百货企业通过社交电商、直播带货等模式对接消费者，并利用各类平台搭建私域流量。此外，消费者对提高生活品质类的消费需求不断增加，不少百货企业开始大力布局商场美妆区。

后疫情时代仍有不少商机，百货企业应根据自身情况重新调整策略，继续推进数字化进程，同时升级硬件设施，增强互动体验，提高商品组合的价值，如通过开拓自采自营业务、开发自有品牌、引入国潮品牌等，增加自身的竞争力。

B.14
中国免税商业发展报告

钱慧敏　陆佳迪*

摘　要： 随着新冠肺炎疫情在中国逐渐受控，中国经济在 2020 年下半年呈现"V"形复苏轨迹。其中，消费作为拉动中国经济增长的"三驾马车"之一，迅速带动经济恢复，仍是中国经济发展的第一增长动力。"十四五"规划纲要提出，要培育建设国际消费中心城市，在这过程中将大力发展免退税经济。全球疫情暴发后，中国消费者出境游受阻，不得不将目光投向国内市场，免税购物因此逆势爆发，尤其是海南离岛免税购物。离岛免税购物新政的实施，将进一步引发免税购物热潮。随着各种政策措施的相继出台，中国免税行业进入更加开放的"有序竞争"新阶段，趋势长期向好。本报告重点介绍中国免税市场概况、竞争格局、政策影响和发展趋势。

关键词： 免税商业　旅游零售　离岛免税　海外消费回流

一　中国免税市场概览

（一）免税品定义及种类

根据《口岸出境免税店管理暂行办法》，免税商品是指免征关税、进口

---

* 钱慧敏，冯氏集团利丰研究中心副总裁，研究方向为中国经济、中国商业、全球采购、供应链管理等；陆佳迪，冯氏集团利丰研究中心高级研究主任，研究方向为中国零售及消费业、电子商务。

环节税的进口商品和实行退（免）税（增值税、消费税）进入免税店销售的国产商品。

国际免税市场上的销售模式主要分为免税购物和退税购物。免税购物是指消费者可以直接以免税价格购买商品，一般免征商品进口关税等税费。退税购物是指消费者在购物时预先缴纳商品的含税费用，然后在离境时凭证对满足退税金额且在可退税名单内的货物退还增值税和消费税。两者在税种、税率和退税商品等方面都有所区别。

退税购物的税收减免程度通常低于免税购物，因为这种模式不退关税、有起征点且需支付手续费，流程较为复杂。退税购物在欧洲、日本等地较普遍，中国离境退税涉及商品金额较少，免税店的运营模式主要为免税购物。

免税店大多设置于边境口岸，或是市内由海关实施进出口监管的特定区域，在税收管理上属于国境以内关境以外，因此免征关税和进口环节税。另外，免税品的销售对象主要为出境、过境旅客，旅客办完离境手续走出海关后，已经离开本国政府的公共服务范围。同时，他们购买的商品会带到海外使用。因此也无须缴纳消费税、增值税等。

免税业是旅游行业的子行业，属于旅游零售服务业务。全球各个国家和地区按照相关法律和规定，向国际旅客或特定旅客出售免税商品。免税商品品类主要包括烟酒、香水、化妆品、服装、腕表、珠宝、玩具、食品、保健品、地域特产等。

国内免税店都是国资背景，商品以直采为主，保证正品，且购物性价比较高。因此，一般情况下，免税商品的价格优势显著。

（二）免税业发展历程

中国免税行业的发展已有 40 多年历史。随着行业越来越规范，免税业的销售规模持续扩大。近年来，中国免税政策逐渐宽松，部分出入境免税店向市场放开招标，同时增设和恢复口岸进境免税店，并提升口岸进境免税店的免税购物额。2020 年在新冠肺炎疫情冲击下，全球边境关闭，国际旅行按下暂停键。中央政府力图疏通消费的堵点，通过放宽海南离岛免税政策，

推广国内免税销售,并通过线上消费等多元渠道创造出新的消费场景。未来,免税市场继续扩容已成为业内共识,这意味着中国免税业将继续释放市场潜力,并朝着国际化发展的方向前进。

表1 中国免税业发展历程

起步阶段	1979年,为顺应改革开放后日益增多的外国旅客的购物需要,开拓旅游购物消费市场,吸引更多外国游客,国务院批准并授权中国旅游服务公司下设免税处,在全国范围内开展免税业务
	1980年1月,深圳市免税商品供应总公司[深圳市国有免税商品(集团)有限公司前身]成立。同月,深免在深圳罗湖桥头创办罗湖免税店并对外营业,标志着中国第一家免税店的诞生
	1983~1984年,中国出国人员服务总公司和中国免税品公司[中国免税品(集团)有限责任公司前身]先后成立
规范阶段	1990年,中国第一家市内免税店——北京市内免税店对外营业
	1994年中国开始实行分税制财政体制改革,1995年中央加快对进口税收政策进行调改,免税业开始逐步走向市场化。在这过程中,行业整体实力、购物环境、经营模式、商品结构等方面都有显著提升
	1997年,免税店开始销售国产商品,免税渠道成为中国向全球来华旅客展示国货精品的平台
	1999年6月,日上免税行成立,迅速占领北京和上海两个空港,第一次为机场带去零售业态
	2000年,财政部等四部委联合发布《关于进一步加强免税业务集中统一管理的有关规定》,构建了中国免税经营的基础性制度,强调要坚持统一经营、统一组织进货、统一制定零售价格、统一制定管理规定的"四统一"方针
提速阶段	2000年以后,中国经济增长稳定,出入境旅游发展迅速,基建设施不断升级。受这些利好因素带动,中国免税业进入提速发展阶段
	2009年,中国免税业产值突破10亿美元(约64.11亿元人民币),是2004年的三倍,年复合增长率达25%,远高于全球10%的水平
开拓阶段	2011年,为推进海南国际旅游岛建设,海南开始实施离岛旅客免税购物政策,中国免税行业实力迅速提升
	2014年,中免集团三亚国际免税城对外营业,成为全球最大免税综合业态,同时也是中国免税商业史上最多品牌、最高档次的大型免税主题商场
综合发展阶段	2020年,中央放宽海南离岛免税政策,进一步促进海外消费回流,推广国内免税销售

（三）免税市场规模

过去几年来，全球免税市场持续平稳发展。瑞典研究机构 Generation Research 的数据显示，2010~2019 年全球免税及旅游零售销售额从 432 亿美元增长至 864 亿美元（约 5556.95 亿元人民币）（见图 1）。2020 年，新冠肺炎疫情突如其来，旅游业持续低迷，全球免税市场尤其是机场渠道受到严重的冲击和挑战。Generation Research 预计，2020 年全球免税及旅游零售销售额同比下降 65%~75%。疫情造成的影响巨大，短期内无法完全恢复。该机构认为，全球免税及旅游零售市场要到 2023 年之后才有可能恢复到 2019 年的销售规模水平。

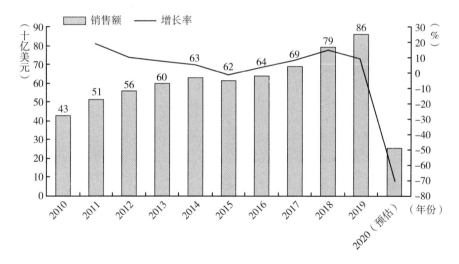

图 1 2010~2020 年全球免税及旅游零售消费额和增长率

资料来源：Generation Research；2020 年数据为预估值。

另外，以中国为核心的亚太市场越来越重要。根据海关统计，2019 年中国免税市场销售额达 538 亿元，同比增长 36.7%，近 10 年的年均复合增长率约为 23%，增速大大超过全球平均水平。然而，和中国消费者庞大的境外消费额相比，未来增长空间仍然较大。世界免税协会数据显示，2019 年中国人消费了全球 40% 的免税品，其中境外免税品消费规模超过 1800 亿元。

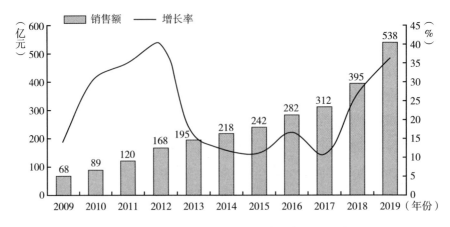

图2 2009～2019年中国免税业销售额和增长率

资料来源：前瞻产业研究院。

奢侈品是中国人在境外消费的主要免税商品。2020年中期，疫情在中国得到有效控制，境内奢侈品销售也迎来强势反弹。由于全球仍在疫情笼罩下，出境活动受阻，中国消费者不得不寻找其他满足购物需求的替代渠道，境外奢侈品消费开始向境内回流。免税与外流消费的群体重合度高，奢侈品消费的回流将大大带动境内免税品的销售。咨询机构贝恩预计，到2025年，全球奢侈品市场可回归到疫情前水平，而中国境内市场则有望成为全球最大的奢侈品市场，免税市场也将因此受惠。

除此之外，2020年7月开始实施的海南离岛免税新政，大大增强了离岛免税购物的吸引力，对引导海外消费回流起到积极作用。据中国海关统计，2020年全年海南离岛免税总销售额达274.8亿元，同比增长103.7%。这一快速增长也使得海南离岛免税市场逐渐成为全球免税行业的发展重心和关注焦点。

因此，从中长期看，中国旅游业和免税业长期向好的趋势没有改变。奢侈品消费的回流及海南自贸区建设的加速实施将带动中国免税市场持续增长，加上国民的高品质消费需求旺盛等因素，未来发展前景广阔。咨询公司弗若斯特沙利文（Frost & Sullivan）预计，中国免税市场规模到2025年有望增长至1817亿元，占全球免税市场的31.7%。

二 中国免税市场竞争格局及特点

（一）免税店的主要分类

目前，中国的免税店大致可分为四大类，针对的消费对象及具体政策各有不同，分别为口岸免税店、市内免税店、运输工具免税店以及特供人群免税店（见表2）。市内免税店可另细分为三种，包括离岛免税店、出境前市内免税店和入境后市内免税店。

表2 中国免税店的分类

免税店分类		针对人群
口岸免税店	机场免税店	已办妥出境手续，即将登机、上船、乘车前往境外的旅客
	边境免税店	
	客运站免税店	
	火车站免税店	
市内免税店	离岛免税店	年满16周岁，已购买离岛机票、火车票、船票，并持有效身份证件，离开海南本岛但不离境的国内外旅客，包括海南省本地居民
	入境后市内免税店	年满16周岁，持有180天内中国内地出入境记录的中国籍旅客
	出境前市内免税店	即将出境并持海外护照的境外人士
运输工具免税店	机上免税店	乘坐国际航班的旅客（烟酒限定18岁以上）
	游轮免税店	乘坐国际游轮的旅客（烟酒限定18岁以上）
特供人群免税店	外轮供应免税店	国际船员
	外交人员免税店	外交人员

资料来源：兴业证券、中免集团、国家税务总局，冯氏集团利丰研究中心整理。

其中，口岸免税店是全球免税市场的主要线下销售渠道。口岸免税店可分为口岸出境免税店和口岸进境免税店。口岸出境免税店设立在口岸的离境区域，主要面向离境的国内外游客；口岸进境免税店则设立在口岸的进境区域，面向入境旅客。已办理出境手续和尚未办理入境手续的人员，可以凭借

交通工具的搭乘凭证及出入境有效证件前往免税店购物。在 2016 年之前，中国的口岸免税店主要为出境免税店。2016 年 2 月，《口岸进境免税店管理暂行办法》发布，开始增设和恢复口岸进境免税店。中国最为人所熟知的口岸免税店是占领两大门户机场——上海浦东国际机场及北京首都机场的日上免税行。

除了口岸免税店，另一个热门渠道则是离岛免税店。旅客可在实施离岛免税政策的免税店内或经批准的网上销售窗口购物付款，然后在机场、火车站、港口码头等指定离境隔离区提货离岛。目前，中国仅在海南设立了离岛免税店，面向年满 16 周岁，并且已经购买机票、火车票、船票离岛不离境的国内外旅客，包括海南当地居民。

（二）主要的免税店运营商

中国的免税行业实行国家特许经营，国家集中统一管理、发放经营牌照。免税品经营资质须经财政部、国家税务总局、海关总署等部门审核批准，因此牌照极具稀缺性，行业准入壁垒高，市场集中度高。此外，国家规定凡经营离境免税业务企业需按免税商品销售收入的 1% 向国家上缴特许经营费；经营离岛免税业务企业则需按免税商品销售收入的 4% 上缴特许经营费。目前，中国仅有十家公司拥有免税牌照（见表 3）。

表 3　中国免税运营商概况

公司	主要控股股东	免税店类型	经营区域
中国免税品（集团）有限责任公司（中免）	国务院国资委	机场、口岸、市内、离岛	全国、柬埔寨
日上免税行（日上）	中国中免	机场	北京、上海
海南省免税品有限公司（海免）	中国中免	离岛、机场	海南
深圳市国有免税商品（集团）有限公司（深免）	深圳国资委	口岸、机场	深圳、陕西西安、云南瑞丽、新疆霍尔果斯
珠海市免税企业集团有限公司（珠免）	珠海国资委	口岸、机场	珠海、天津

续表

公司	主要控股股东	免税店类型	经营区域
中国出国人员服务有限公司(中出服)	国药集团	市内、机场	全国
中国华侨旅游侨汇服务总公司(中侨免)	中国旅游集团	市内	哈尔滨
海南旅投免税品有限公司(海旅投)	海南省国资委	离岛	海南
全球消费精品海南发展贸易有限公司(海南发展)	海南省国资委	离岛	海南
王府井集团(王府井)	首旅集团	未知	未知

资料来源：国务院、财政部、商务部、公司官网，冯氏集团利丰研究中心整理。

这十家公司被允许经营的免税店类型不尽相同。中免是唯一一家在中国具有免税全牌照的运营主体，可以经营机场、口岸免税店，离岛免税店及市内免税店。中免于2017年和2018年分别收购日上（中国）和日上（上海）51%股权，由此取得北京首都机场、上海浦东和虹桥机场国际区的免税经营权。2020年中免又收购海免51%股权，为日后扩大其海南离岛免税业务规模做准备。日上和海免的股权收购，进一步奠定了中免在免税行业的龙头地位，其市场占有率高达91%。全球旅游零售权威媒体《穆迪戴维特报告》称，2020年中免成为全球营业额最高的旅游零售商。

近年来，免税运营商的地域、类别限制逐渐放开。2019年发布的《口岸出境免税店管理暂行办法》提到，放开对原本就具有免税品经营资质且近五年有连续经营口岸或市内进出境免税店业绩的企业的地域和类别限制，准予这些企业平等竞标口岸出境免税店经营权。这意味着未来深免、珠免、中出服、中侨免等有机会参与全国范围内的口岸免税店竞标。

此外，百货企业王府井于2020年获得免税品经营资质，打开了免税专营商垄断免税牌照的局面。继王府井后，多家上市公司宣布正在申请免税牌照，包括上海百联股份、武汉武商集团、辽宁大商股份、长春欧亚集团等地方龙头百货公司。

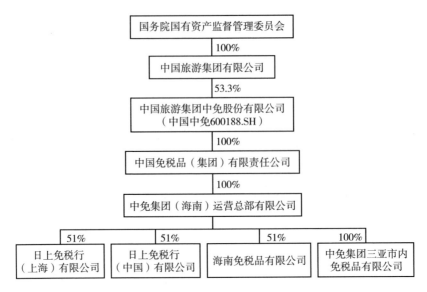

图3　中免股权结构

资料来源：天眼查，冯氏集团利丰研究中心整理。

业内普遍认为，未来一段时间内，国家免税政策将继续放开。事实上免税业务基于国家在税收上采取的优惠政策，必定会带来一定国家财政收入的损失。为了弥补损失，免税行业依然会保持国家特许经营模式，发放的牌照数量也不会有很大的增量，未来只有经营优良的国有大型百货企业才能申请到免税牌照。

（三）免税渠道与有税渠道的价格差异

据海关总署的资料，中国以一般贸易方式进口的奢侈品、高档商品，综合税率一般在20%～30%，其中香化产品的综合税率为35%～40%，烟酒、手表等品类的税率更高。

除了关税，许多奢侈品以往对中国市场采用高定价策略。德勤的一项调查发现，2016年中国境内市场奢侈品的定价较法国市场的定价高41%。近年来，虽然国际奢侈品在中国市场的定价逐步降低，政府也多次下调各项税率，但奢侈品的定价在境内外仍存在一定差异，这也是免税市场、海外代购、跨境电商等业务兴起的主要原因。

免税渠道在品牌商内部往往由一个专门的团队独立负责，自成一套体系，与有税的专柜、电商平台等渠道策略完全不同。免税商店一般由品牌直供免税商品，免去许多中间环节。由于同业竞争与供应链渠道不同等原因，不同的免税店的价格也不同。在众多免税店中，机场免税店日上的商品价格优势最为明显，许多香化产品的价格几乎为全世界最低。海南离岛免税的价格优势则一般，常常需要买到一定额度才能获得较大的优惠。但对于普通游客旅游消费的需求而言，特别是在新冠肺炎疫情以来，离岛免税消费还是具有较高的性价比。

表4 同一商品有税与免税渠道价格对比

单位:元

商品名称	天猫旗舰店价格	三亚国际免税城价格	日上价格
汤姆福特桃涩花蜜香水(50ml)	￥2500	￥1916	￥1888
乔治阿玛尼臻至丝绒哑光唇釉405号(6.5ml)	￥310	￥227	￥200
雅诗兰黛特润修护精华眼霜(15ml)	￥520	￥385	￥390
麒麟18k玫瑰金钻石翡翠葫芦项链	￥16200	￥12950	￥10500
尊尼获加黑牌调和威士忌(1000ml)	￥319	￥236	￥243
中华(硬)(10盒装)	￥450*	不在离岛免税商品品种内	￥325
蔻驰TABBY 26号单肩包(深蓝色抛光鹅卵石纹皮革)	￥4500	￥3850	￥3800
浪琴心月系列瑞士自动机械女士腕表	￥13100	￥11400	￥10200

＊天猫不设烟草购买渠道，该价格为官方建议零售价。

说明：数据收集截至2021年5月27日。

三 中国免税政策调整

免税业务具有较强的政策属性，其本质上是中央让渡部分税收利益，让居民享受实惠的商品价格。免税相关政策由商务部、财政部、国家税务总局、海关总署、国家文化和旅游部等多部门联合制定颁布。自免税业务发展

以来，相关政策根据国家发展需要及经济环境变化时紧时松。近年来，随着居民消费能力的提升，中央为吸引消费回流，持续放宽免税政策，主要体现为渠道拓展和额度调升。

表 5 　中国主要免税相关政策汇总

时间	政策文件	发布机构	适用范围	具体内容
2000 年 1 月	《关于进一步加强免税业务集中统一管理的有关规定》	财政部、海关总署、国家税务总局、国家旅游局	全国	构建了中国免税业务集中统一经营管理的基础性制度，进一步贯彻"四统一"方针
2004 年 12 月	《免税商品特许经营费缴纳办法》	财政部	全国	进一步加强免税商品经营管理，免税商品经营企业按年销售收入（额）1% 向国家上缴特许经营费
2005 年 11 月	《海关对免税商店及免税品监管办法》	海关总署	全国	规范海关对免税商店及免税品的监管
2010 年 12 月	《关于在海南开展境外旅客购物离境退税政策试点的公告》	财政部	海南	首次提出在海南省开展境外旅客购物离境退税政策试点
2011 年 3 月	《关于开展海南离岛旅客免税购物政策试点的公告》	财政部	海南	明确离岛免税政策的相关规定，包括适用对象需年满 18 周岁，免税商品限定 18 种，每人每次免税购物限额为 5000 元以内
2012 年 10 月	《关于调整海南离岛旅客免税购物政策的公告》	财政部	海南	政策适用对象调整为需年满 16 周岁，免税品类增至 21 种，免税购物每人每次的限额调整为 8000 元
2014 年 8 月	《关于促进旅游业改革发展的若干意见》	国务院	全国	提出扩大旅游购物消费。在具备条件的口岸可设立出境免税店，优化商品品种；研究境外旅客离境退税政策；研究新增口岸进境免税店的可行性

续表

时间	政策文件	发布机构	适用范围	具体内容
2015 年 1 月	《关于实施境外旅客购物离境退税政策的公告》	财政部	全国	完善离境退税的相关政策
2015 年 2 月	《关于进一步调整海南离岛旅客免税购物政策的公告》	财政部	海南	增加 17 种离岛免税商品品种,放宽 11 种热销商品的单次购物数量限制
2015 年 8 月	《关于进一步促进旅游投资和消费的若干意见》	国务院	全国	提出实施旅游消费促进计划,培育新的消费热点,包括增设口岸进境免税店,加快实施境外旅客离境退税政策
2016 年 1 月	《关于进一步调整海南离岛旅客免税购物政策的公告》	财政部	海南	取消非岛内居民旅客的购物次数限制;免税购物限额每人每年累计调整为 16000 元;允许三亚海棠湾免税店和海口美兰机场免税店开设网上销售
2016 年 2 月	《口岸进境免税店管理暂行办法》	财政部、商务部、海关总署、国家税务总局、国家旅游局	全国	增设和恢复口岸进境免税店;居民旅客进境物品的免税限额维持为 5000 元,允许其在口岸进境免税店增加一定数量的免税购物额,但连同境外免税购物额总计不得超过 8000 元
2017 年 1 月	《关于将铁路离岛旅客纳入海南离岛旅客免税购物政策适用对象范围的公告》	财政部	海南	将通过铁路离岛的旅客纳入离岛免税政策适用对象范围
2017 年 12 月	《海南省旅游发展总体规划(2017～2030)》	海南省人民政府办公厅	海南	继续优化免税购物政策,提升限额,扩大商品种类;优化离岛免税店布局;争取引入国际免税运营商,支持线上免税平台建设

续表

时间	政策文件	发布机构	适用范围	具体内容
2018年4月	《关于支持海南全面深化改革开放的指导意见》	中共中央、国务院	海南	提出未来将实施更加开放便利的离岛免税购物政策;提高免税购物限额等
2018年11月	《关于进一步调整海南离岛旅客免税购物政策的公告》	财政部、海关总署、税务总局	海南	每人每年累计免税购物限额增至3万元,不限次;商品品类增加部分家用医疗器械商品
2020年6月	《关于海南离岛旅客免税购物政策的公告》	财政部、海关总署、税务总局	海南	免税购物限额每人每年累计增至10万元且不限次;商品品类增加7类;取消单件商品8000元的限额规定;化妆品单次离岛限制从12件提高到30件等
2021年2月	《关于增加海南离岛旅客免税购物提货方式的公告》	财政部、海关总署、税务总局	海南	离岛旅客可选择邮寄送达方式提货,岛内居民可选择返岛提取

可以看到,2011年后,中国的免税相关政策主要集中在海南离岛免税政策的放宽,分别对购物限额、购买对象、购物次数、商品种类、提货方式等进行调整,进一步释放政策红利,助推中国免税业跳跃性发展。

时至今年,海南离岛免税政策已实施10年。海南省商务厅的最新数据显示,截至2021年4月19日,海南在过去10年间共销售免税品约980亿元,购物人数超2500万人次,购物件数约1.2亿件。2020年7月起,离岛免税政策再次放宽使得境外消费进一步回流。据海关统计,2020年海南离岛免税全年总零售额274.8亿元,同比增长103.7%。其中,上半年全省离岛免税品零售额为85.72亿元,下半年零售额则接近200亿元,由此可见离岛免税新政的效果立竿见影。

表6　2020年海南离岛免税新政实施前后的变化

类别	实施新政前	实施新政后
每人每年免税购物额度	3万元	10万元
单件商品限额	8000元，超过需缴纳行邮税	不限
商品品类	38种	45种
每人每次商品限购数量	每种商品各有不同的限购件数规定，其中化妆品限购12件	化妆品限购30件 手机及手持(包括车载)式无线电话机4件 酒类1500毫升 其他不限
免税店运营商	中免、海免等具有离岛免税经营资格的公司	具有免税品经销资格的经营主体可按规定参与海南离岛免税经营

资料来源：财政部、冯氏集团利丰研究中心。

2020年底以前，海南离岛免税业务主要由中免及其控股的海免经营，经营的免税门店仅四家。2020年12月下旬，财政部、商务部、海关总署、税务总局联合批复，同意海南新增6家离岛免税店。2020年12月至2021年1月，海南新开业5家离岛免税店，运营门店总数达到9家，离岛免税正式进入多元主体适度竞争新格局。2021年初行业再次迎来政策利好，旅客可选择以邮寄的方式提货，海南本岛居民则可返岛提货。

表7　海南离岛免税门店汇总

类别	免税店名称	运营商	地址	开业时间
原有门店	海口美兰机场免税店	海免	海口市美兰国际机场T1航站楼	2011年12月
	三亚国际免税城	中免	三亚市海棠湾区海棠北路118号	一期2014年9月 二期2019年12月
	海口市内免税店	海免	海口市日月广场西区	2019年1月
	博鳌免税店	海免	琼海市博鳌亚洲论坛景区	2019年1月

续表

类别	免税店名称	运营商	地址	开业时间
新增门店	三亚海旅免税城	海旅投	三亚市迎宾路 303 号	2020 年 12 月
	三亚国际免税购物公园	中出服	三亚市解放一路鸿洲广场	2020 年 12 月
	三亚机场免税店	中免	三亚市凤凰机场 T1 航站楼	2020 年 12 月
	海控全球精品（海口）免税城	海南发展	海口市日月广场东区	2021 年 1 月
	海口观澜湖免税城	深免	海口市羊山大道观澜湖新城	2021 年 1 月
	海航中免美兰机场免税店	中免	海口市美兰国际机场 T2 航站楼	尚未开业
	海口市国际免税城	中免	海口市西海岸新海港东侧	尚未开业

注明：资料收集截至 2021 年 7 月 13 日。

四　中国免税业发展趋势

（一）境外消费回流，促进免税销售额扩大

随着进口关税下调以及奢侈品境内外价差缩小，2015 年以来，更多中国消费者开始考虑在境内购买奢侈品。另外，2020 年在疫情冲击之下全球人员往来近乎停滞，出境消费受到严重影响，境外消费更是显著回流。回流的主要是奢侈品、高级化妆品等高端消费品，与免税业所销售的产品具有较高的重合度，因此境内免税购物将成为承接境外消费回流的主要业态之一。

根据贝恩的报告，疫情导致出境游受阻，中国消费者无法出国购物，不得不把目光投向国内市场。贝恩数据显示，2020 年境内市场在中国消费者全球奢侈品消费中的占比增长至 70%～75%。2020 年前，这一比例通常在 20%～35%。

商务部新闻发言人高峰表示，目前中国消费者的消费需求，特别是中西

部地区和三线、四线城市的消费需求不断提升，越来越多的消费者希望能在中国境内购买优质进口产品。

后疫情时代，人们愈发注重自身健康和生活品质，进一步带动消费升级。同时，随着进口贸易便利化以及进口关税下调带来的效应逐步显现，预计境外消费回流将继续呈现增长态势。贝恩预计，到2025年，中国消费者在境内的奢侈品消费占比将提高至55%以上（见图4）。

在境外消费回流的过程中，免税业因其产品结构以及相对于传统零售渠道的价格优势对游客的吸引力，将继续承担起吸引境外消费回流的重任，免税市场规模有望进一步扩大。

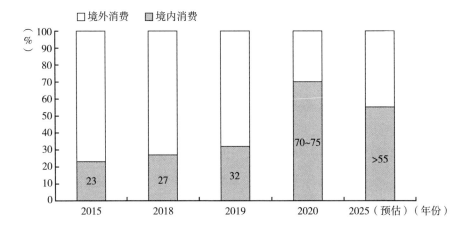

图4　2015～2025年中国消费者奢侈品消费渠道细分

资料来源：贝恩咨询《2020年全球奢侈品行业研究报告》。

（二）免税店线上业务进一步发展

近几年，无论是机场免税还是离岛免税，免税运营商在线下积极拓展，同步布局线上业务。

免税店的线上生意一般为"线上预购＋机场提货"的模式。早在2016～2018年，中免与海免就积极布局三亚和海口免税的线上服务，不断丰富线上商品种类，扩大免税电商销售。中免开通了各大机场免税店

的线上预购服务，消费者在出境前的一定期限内可以先预购下单，在机场离境时办理提货。通过线上平台预购可以加强消费者出行前和离岛前的线上推广，让消费者提前详细了解商品信息，做好预定准备，以此有效提高免税电商业务。

新冠肺炎疫情造成全球机场大面积停工，国际客流骤减，2020 年上半年免税市场业绩大幅下滑。为消化库存、回笼资金、提振疫情下的市场，海南在 2020 年 3 月推出"离岛免税补购"服务。搭乘飞机离开海南的旅客可在 180 天内于线上以免税价格下单购买商品（部分航空公司除外），商品将以邮寄的方式送到消费者手中。乘船或火车离岛且在岛内购买过免税商品的旅客也可享受这一政策福利。

日上上海和日上北京的直邮业务也在 2020 年陆续上线。日上上海的线上业务采用一般贸易模式，类似"会员电商"，属于含税商品销售，无须出境记录，消费者只需通过日上会员 VIP 账户在日上会员 App 下单，或使用微信小程序、浦发信用卡、携程平台购买直邮券下单，单次最多购买 20 件，无额度限制。

日上北京的线上业务则采用跨境电商模式销售。与免税渠道不同，跨境电商商品进口后先放置于保税区，订单生成后需要缴纳增值税和消费税。日上北京的线上平台要求消费者拥有会员积分和 90 天内入境航班的记录，额度上采取跨境电商一年 26000 元的个人自用额度，并限制单件商品最多购买 8 件，单次购买金额 5000 元以下。

日上上海和日上北京的线上业务，均会产生税费，分别由日上上海和日上北京缴纳。虽然补税带来了额外成本，但由于线上交易无须向机场缴纳高额的抽佣，再加上免税店公司本身具备的供应链成本优势，依托日上强大的品牌合作关系，公司拿货具有一定价格优势，使得线上业务的商品价格与线下免税店基本一致。

中免在 2020 年 5 月表示，线上销售额已经占比 50%，未来将继续整合中免、日上、海免的会员体系，发力电商渠道。

中免 2020 年年报显示，公司有税商品销售收入同比增长

1612.72%，主要是报告期内公司创新线上业务发展模式，积极拓展线上有税商品销售，实现了公司线上有税业务的转型升级和逆势增长。未来将加快线上一体化平台建设，探索新零售模式下免税服务创新，线上线下齐联动。

（三）海南离岛扩容

海南离岛免税购物新政实施后，免税销售额大幅增长。新免税牌照的发放，预计将进一步加强消费回流。未来，海南离岛免税相关政策有望进一步放开。

首先，离岛免税店数量可能继续增加，范围将遍布全岛。从2020年12月至2021年1月，海南陆续新增5家免税店，另有若干免税店预计于2021～2022年开业。新增门店与原有门店在地理分布上形成了一定的差异，从而可以有效覆盖更多的游客和本地居民，在竞争的同时也进行互补，以提升海南离岛免税整体的转化率。未来新增门店可能分布在岛上各大知名旅游景点、酒店和交通关口附近。

国家政策上，考虑到最新的离岛免税政策已将免税购物额度提高至10万元，短期内再大幅提高额度的可能性较小，但仍有望继续增加热点商品种类，满足消费者日益升级的消费需求。针对岛内本地居民的政策也可能继续放开，岛内居民有望在不离岛的前提下享受免税购物政策。2020年6月国务院在《海南自由贸易港建设总体方案》中提出"对岛内居民消费的进境商品，实行正面清单管理，允许岛内免税购买"，预计细则也会在近期内出台。除了政策上的利好，基建设施、配套服务以及监管措施预计也将逐步完善。

（四）市内免税店政策放开

在2020年7月1日海南离岛免税新政实施后，市场对于免税行业充满期待，除了聚焦新牌照的发放之外，同时也关注市内免税店政策未来的变化。

相比其他免税店，市内免税店的优势包括：面积更大、消费者购物时间更充裕、排队时间更短、购物体验更好。但中国市内免税店相较于其他类型的免税店发展较慢。目前，出境前市内免税牌照仅有中免一家拥有，入境前市内免税店的运营牌照则只有中出服和中侨免拥有。市场普遍预期新取得牌照的王府井将从市内免税店入手，切入免税市场。

2019 年，中侨免接连在北京、大连、青岛和厦门市内开设免税店。2020 年 3 月，23 个部门联合出台了《关于促进消费扩容提质加快形成强大国内市场的实施意见》，其中明确提出要完善市内免税店政策，包括建设一批中国特色市内免税店；鼓励有条件的城市对市内免税店的建设经营提供土地、融资等支持；在机场口岸免税店为市内免税店设立离境提货点等。此外，该《意见》还提出，根据居民收入水平提高和消费升级情况，应适时研究调整免税限额和免税品种类。

2021 年 9 月，《上海市建设国际消费中心城市实施方案》发布，其中特别提到将大力发展免退税经济，包括支持企业申请免税品经营资质，增加并扩大退税商店数量、类型、覆盖地域范围等。随着免税政策的放宽，中国的市内免税市场有望在购买资格、购买限额、经营品类等各个方面有所提升，免税市场将加速发展。

五　结语

在新冠肺炎疫情影响下，各国边境管制严格，国人出境活动受到限制。出入境旅客数量的大幅减少，导致依赖出入境旅客的免税店业务受到打击，机场免税店和口岸免税店的销售额下滑。

2020 年下半年，中国境内疫情逐渐稳定，消费力强劲的中国消费者在国内寻找满足购物需求的替代渠道，离岛免税成为其中一个重要载体。海南离岛免税购物的利好政策，促使当地免税销售额急速增长，加速海外消费回流。预计未来，消费者对国内免税店的优势将愈发熟悉，在国内免税店购物的习惯有望在疫情缓解后维持。

另外，面对疫情，各行各业都意识到了数字化转型的重要性。免税运营商也开始开展线上业务，在推广线上预购、机场提货的模式的同时，深入跨境电商领域。笔者认为，兼顾线下和线上两种模式会使整个中国免税市场的渗透率得到较大提升。

B.15
中国社区团购发展报告

钱慧敏　陆佳迪*

摘　要： 电商的高速发展逐渐改变了中国消费者购买生鲜食品的方式，而新冠肺炎疫情以来所提倡的"无接触"配送进一步促进了生鲜电商的高速增长。其中，作为社交电商和新零售融合的产物，社区团购为消费者带来了生鲜食品"线上预售＋集中配送＋社区自提"的消费新体验，发展势头正劲。本报告重点介绍中国社区团购发展的概况、商业模式、面临的挑战以及未来的发展趋势。

关键词： 社区团购　生鲜电商　社交电商　下沉市场　集中配送

一　社区团购概况

社区团购是一种以居民社区为单位，通过社交软件进行拼团购买，并在社区内提货的零售消费方式。平台售卖的产品包括生鲜、休闲食品、日用品等，主要针对家庭消费者的日常需求，更加注重为居民提供快速、便捷、低价的消费体验，因此被认为是注入电商基因的社区商业。与传统电商不同的是，在社区团购的模式中，除了平台与消费者，还有一个核心角色——社区团长。社区团购模式下，团长集结社群成员，根据他们的消费需求推荐商

---

* 钱慧敏，冯氏集团利丰研究中心副总裁，研究方向为中国经济、中国商业、全球采购、供应链管理等；陆佳迪，冯氏集团利丰研究中心高级研究主任，研究方向为中国零售及消费业、电子商务。

品，消费者在平台下单的商品将被配送至团长处，团长负责收货并通知消费者提货。

（一）社区团购发展历程

社区团购作为一种新型生鲜零售模式，其发展历史并不长，但发展速度极快。社区团购的兴起最早可追溯到 2014～2015 年，其后大批参与者在短短几年内快速涌入，又迅速离场。目前，社区团购行业已进入精细化运营的阶段（见表1）。

表 1　社区团购发展历程

起步阶段	2014～2015 年，移动支付、微商渠道兴起，"互联网 + 农业"创业孵化平台"农特微商"加上拼多多的拼团模式，初具社区团购模式的雏形
	2016 年，社区团购的模式在湖南长沙萌芽。连锁便利店品牌"芙蓉兴盛"试图通过生鲜代购为便利店业务引流，孵化了业内公认的社区团购鼻祖"兴盛优选"。依托线上的微信群、QQ 群和线下的社区实体便利店，提供"预售 + 自提"的服务。由此，社区团购最基本的模式诞生
发展阶段	2016～2017 年，社区团购的商业模式在区域内跑通，并被复制至其他城市。行业内涌现出一大批参与者，供应链各环节逐步完善，商品品类更加丰富，线上下单渠道向微信小程序转移。社区团购开始迅速拓展
	2018 年，社区团购迎来了高速发展，并获得资本市场的认可。下半年行业融资额高达 40 亿元，你我您、食享会、呆萝卜、十荟团、小区乐等平台获千万到亿元级别融资不等，但行业内仍未有龙头出现
	2019 年，互联网巨头相继入场。1 月，阿里在手机淘宝、菜鸟驿站，开辟驿站团购入口，在江苏无锡等地开启试水；苏宁通过旗下的社区便利店"苏宁小店"切入市场，手机 App"苏小团"完成内测正式上线。5 月，兴盛优选获腾讯战略投资部产业共赢基金投资，腾讯由此正式入局社区团购
调整阶段	巨头和资本的涌入在推动社区团购高速扩张的同时，也加速了行业洗牌以及头部玩家之争，市场集中度逐渐提高，行业进入冷静调整期。据报道，2019 年八成以上的平台被兼并或退出市场
扩张阶段	2020 年，在新冠肺炎疫情的催化下，线上业务急速发展，社区团购也重获关注。许多互联网巨头将社区团购视为战略级发展方向。6 月，滴滴在成都试水"橙心优选"，截至 12 月已在 20 多个省份上线。7 月，美团成立"优选事业部"，推出"美团优选"，在山东、湖北、广东等地启动。8 月，拼多多在江西南昌和湖北武汉试点"多多买菜"，并迅速在全国铺开。同期，阿里巴巴直营批发业务"零售通"联合线下大卖场大润发成立社区团购项目组。11 月，阿里旗下的"盒马优选"正式上线武汉。12 月，京东创始人刘强东亲自带队，重组电商拼团业务"京喜"进入社区团购

理性发展阶段	2020年底开始,社区团购行业迎来更深度的洗牌。同时,随着监管加码,社区团购正趋于理性,资本开始退潮。2021年3月,国家市场监管总局对五家社区团购企业不正当价格行为做出行政处罚。4月,食享会江苏地区的业务并入十荟团,其他部分地区的业务陆续退出。5月,国家市场监管总局对十荟团做出150万元的顶格处罚。7月,同程生活宣布破产。9月,阿里巴巴将社区电商事业群的盒马集市和零售通整合升级为新品牌"淘菜菜"。10月,京东将自营社区平台"区区购"并入"京喜拼拼"

(二)社区团购的市场规模

社区团购售卖的产品目前以生鲜为主打爆款,具体包括蔬菜、水果、肉类、水产品、禽蛋、奶类等,同时也售卖休闲食品、日用品等标品。生鲜具有低价、刚需、使用频率高等特点,是消费者最常购买的产品。社区团购利用生鲜培养用户使用平台的习惯,以高频产品带动低频产品消费,实现业务更迭和盈利增长。

随着生活水平的不断提高,中国居民消费的生鲜食品总量逐年上升,生鲜市场发展空间广阔。中国统计年鉴数据显示,全国居民人均生鲜食品消费量由2013年的195.8千克增长至2019年的220.1千克。其中,鲜菜占消费量比重最大,2018年达43.3%;鲜瓜果占比提升最为明显,由2013年的19.3%增长至2019年的23.4%。从市场交易规模来看,按亿元以上食品交易市场摊位分类成交额口径统计,全国主要生鲜食品品类成交规模由2014年的1.9万亿元增长至2019年的2.76万亿元。其中,干鲜果品交易额增速最快,与居民生鲜食品消费情况相符,表现出居民的食品消费由生活必需的食物向更高品质、多样化的消费结构升级的趋势。

虽然生鲜是万亿级的市场,但是目前的零售渠道仍然较为单一,以农贸市场为主。同时,整体市场较为分散,一般根据区域各自为营,未出现较大的龙头企业。主要原因包括,产业链环节过多,供应链低效导致损耗大;生鲜产品保质期短,库存管理难度大;单店盈利水平较低,门店难以实现快速规模化扩张等。

2020 年，突袭而至的新冠肺炎疫情对各行各业造成重大冲击，而生鲜电商却逆市而行出现爆发式增长。究其原因，一方面生鲜是事关民生的"菜篮子"产品，另一方面则是线上业务全面向好。Fastdata 极数数据显示，2020 年上半年中国生鲜电商交易额达到 1821.2 亿元，同比增长 137.6%，超过 2019 年全年交易额。布瑞克咨询预测，按照生鲜交易规模年均 7% 的增速，2020 年中国生鲜电商渗透率将超过 13%。

目前，生鲜电商具有多种运营模式，如店仓一体模式、前置仓模式等。每种模式各有优劣，比如从购物体验和配送时效来看，具备线下门店的店仓一体模式和配送链条短、送货上门的前置仓模式更有优势，最典型的例子便是盒马鲜生和每日优鲜；但从门店成本和配送成本来看，依靠团长和社区小店的社区团购则更有优势。

与其他生鲜电商模式相比，社区团购的利润空间更大。因为商品被集中配送至团长处，所以物流成本低于其他送货上门的生鲜电商模式。同时，社区团购依靠社区消费者口口相传的推荐，获客成本也较低。因此市场普遍认为，社区团购模式是电商平台打入生鲜市场的一个突破口，也是生鲜电商最有可能盈利的一种模式。

根据艾媒咨询的行业专题研究报告，在疫情的刺激下，2020 年社区团购市场规模达到 720 亿元，同比增幅高达 112%。随着行业的不断发展，诸多企业、资本都在积极开拓市场、深化布局，社区团购市场规模将继续保持高速增长趋势，预计到 2022 年中国社区团购市场规模将超过 1020 亿元（见图 1）。

二 社区团购商业模式

（一）社区团购运作流程

社区团购本质上是以生鲜产品为主，依托社区进行区域化、本地化商品流通的社区新型零售模式。社区团购的运作模式大致是，平台以社区为单位

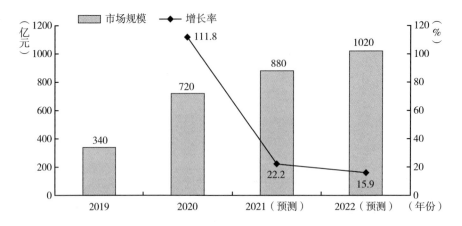

图1　2019～2022年中国社区团购市场规模及增长率

资料来源：艾媒咨询，冯氏集团利丰研究中心整理。

招募团长（多为社区便利店店主、小卖部店主、社区内的家庭主妇）负责该社区范围内的团购服务，向团长支付佣金。团长组建维护微信群，在社区内拉新客入群，同时在群内介绍推广产品。消费者下单购买商品，团长汇总订单，平台根据订单向供应商（产地基地）采购。供应商将商品运输至中心仓，仓库分拣并将商品配送至网格仓，网格仓再发送至团长处，团长验收商品，消费者前往团长处自提取货。有一些平台的团长会负责分配送货，但对于单价较低的货品，常常需要消费者自提。

社区团购以微信社群或小程序为载体，整合多个社区团长、社群资源，形成由商家集中化管理运营的"预售＋团购"的社区商业模式。主要销售场景是由各社区便利店、社区物业、业主等发起的社区微信群，每个群都相当于一个社区店。团长是连接平台和消费者的重要一环，也是完成"最后一公里"配送的关键人物。通过团长，商家降低了人工、租金和物流成本，以此让利至商品，提高商品性价比，吸引更多消费者。

团长作为社区便利店或小卖部的店主，与周边社区的居民相熟，自带人脉。通过团长的人脉关系和人带人的方式，可以高效地实现裂变营销，快速拉新。同时，便利店和小卖部为消费者上门提货提供了天然、共享的自提

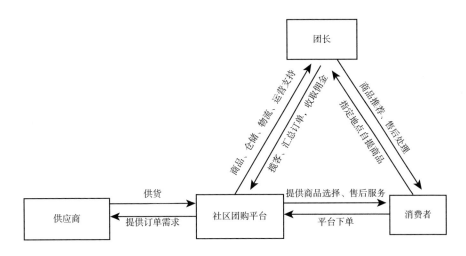

图2 社区团购的业务流程

资料来源：艾瑞咨询、国信证券，冯氏集团利丰研究中心整理。

点，实现了过去需要大投入才能够完成的物理网络。微信社群、微信小程序等社交工具也为社区团购带来管理灵活、沟通及时等优势，提高了订单管理的效率。如今，零售业的核心在于快速匹配"人、货、场"，而社区团购在一定程度上就提升了这种匹配的效率。

（二）社区团购特点

1. 低成本高周转

社区团购业务前端的固定资产投入较少，模式较轻，相比其他生鲜电商模式，有较低的引流成本。同时，商品一般次日就能送达，周转率高。

- 采购成本：社区团购采用"预售＋拼团"模式。预售使其具有强劲的现金流，可以为供应商现结，由此可获得一定进价优惠。同时，社区团购的商品品类集中，产生团购效应，可以积累海量订单，进一步降低采购成本和商品价格。此外，采用预售方式实现最大化"以销定采"，降低了生鲜库存损耗，减少供应链中的长鞭效应。
- 终端物流成本：社区团购采用"次日达＋自提"模式，其配送时效

介于传统电商与前置仓之间，但订单集中、配送集中，自提省去了最后一公里的交付，有效降低物流成本。

· 运营成本：社区团购通过发展团长来承担"销售+门店交付"的职责，团长承担多重任务，除了建设维护社交群、推荐商品，还需要承担收货、分拣、交付、售后等工作。依托团长现有的便利店、快递站点等作为线下提货点，平台不需要额外的门店投入，理论上具备更低的运营成本。

· 其他履约成本：团长佣金和物流仓储是社区团购的主要履约成本，基本不需要支付租金、店员员工费用、折旧费用、水电费用等其他履约费用。

2. 流通体系高效

社区团购的兴起主要得益于其低成本的优势，而低成本的特性则受惠于其构建的新的商品流通渠道。

传统流通渠道下，生鲜品需要依赖多级产销地批发市场实现全国范围内的分销流通，因此生产者与消费者相隔多层分销环节。据《中国物流统计年鉴》统计，中国生鲜流通环节一般在5个之上。烦琐的供应链条削弱了各环节从业者的盈利能力，生产者通过提升品质、建设品牌建立终端竞争力的能力也受到大幅限制。

相比传统流通渠道，生鲜电商模式减去中间环节，实现降本提效，尽可能做到直采和直配。社区团购更是在此基础上，强化供应链管理能力，将原本5个以上的流通环节缩减，进一步降低了采购成本和各种履约成本。而次日达的模式，让整个周转效率维持在24小时内。

零库存和次日达的模式使得社区团购对人工分拣和货品流转效率的要求较高。社区团购的仓配流程主要包括，供应商发货至中心仓，中心仓集中处理订单，交付至网格仓，网格仓进行区域订单分拣，配送至团长自提处。

中心仓是平台负责仓储物流配送的起点，功能包括收货、存储、生产加工和出库，其中生产加工主要是水果蔬菜的加工。中心仓一般辐射周边

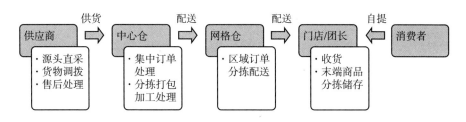

图3　社区团购仓配模式

资料来源：发网、橙心优选、中信证券、国信证券，冯氏集团利丰研究中心整理。

100～200公里内的网格仓，具体承载的网格仓数量由中心仓覆盖半径和出货量决定。网格仓是连接中心仓和自提点的中转站，一般通过加盟方式运营。网格仓的作用是按照不同的线路（团）进行产品分拣和进一步运送。网格仓大幅降低了平台自主搭建仓配物流基础设施的成本，提高了物流配送效率，是社区团购业务的创新点之一。

3. 熟人网络拓宽社交空间

微信是社区团购火爆的必要条件。社区团购通过微信群、小程序等工具与社区内的消费者建立连接、互动，这个超级流量入口使其拥有庞大的用户基础。相比传统电商平台的高昂获客成本，社区团购的获客成本低得多。基于小区邻里的半熟人关系，团长将朋友、邻居拉到团购社群中，转化为平台的用户，这种开发新客户的成本几乎为零。

借助社区这个稳定的场景，切入的是小区业主这个"轻社交"的关系链，裂变和传播的效率大大提高。同时由于社交关系加持，成单率会大大提高。同时这种熟人社交群的形式更利于平台发展高复购率的"回头客"。

另外，微信支付在三线、四线城市和中老年用户间的普及也是一个重要因素，这些用户正是社区团购的目标消费群体。艾媒咨询的数据显示，各线城市的受访用户更偏好使用微信进行小额支付，同时三线、四线城市的受访用户更偏好微信支付。

4. 符合下沉市场消费需求

社区团购的主要消费人群居住在三线及以下城市（见图4），具有下沉

市场的特有属性特征。他们的生活节奏较慢，对产品价格较为敏感，愿意比价挑选产品，同时邻里关系更加紧密。

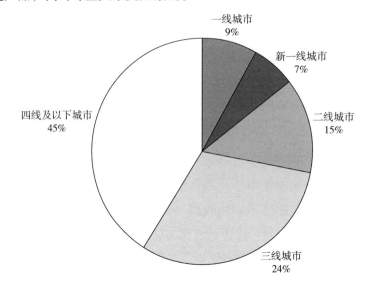

图4 社区团购消费人群所居城市分布

资料来源：新经销调研，冯氏集团利丰研究中心整理。

下沉市场消费者的购买力相对较弱，一日三餐占日常支出的比重较高。社区团购凭借生鲜切进消费者的日常生活中，并慢慢占领下沉市场。目前，下沉市场的人口众多，移动设备用户的增速加快，市场规模和增长潜力巨大。但下沉市场的商品服务供给仍处于不足的状态，缺少优质产品的可获取渠道，缺乏各类新零售业态，因此社区团购在下沉市场的发展空间极大。

从家庭规模看，三四线城市的家庭人口相对较多。根据2019年全国人口变动情况抽样调查样本数据，北京的平均家庭人口为2.56人/户，江苏（二线城市较多）为2.97人/户，河北（三线及以下城市较多）达3.1人/户。而社区团购的定位正是满足家庭日常生活消费。

（三）社区团购主要参与者和竞争格局

社区团购市场目前主要参与者可分为三类，分别是原生性社区团购平台、综合性互联网平台和线下传统超市。另有一些其他模式的生鲜电商也在孵化旗下的社区团购平台。

原生性社区团购平台通过前期探索，已搭建较为成熟的商业模式和经营链路。它们在区域内深耕起家，在地方拥有一定知名度，但随着竞争白热化，资金规模各有不同，行业内分化较为明显。行业先行者兴盛优选目前是国内最大的社区团购平台。根据兴盛优选官网数据，2020 年公司商品交易总额（GMV）达 400 亿元，团长数量超过 18 万人。主要产品类型为水果生鲜，占近一半。兴盛优选目前已经覆盖湖南、广东、江苏、四川等 16 个省市。因其物流仓储均为自营，因而能够实现对服务流程的把控。作为社区团购领先企业，兴盛优选多次获得资本青睐，2018 年以来融资多次。

表 2　社区团购主要参与者及其市场布局

企业			市场布局
线上	互联网巨头	阿里巴巴	"饿了么"上线"饿了么社区购"；投资十荟团；成立 MMC 新事业群，由零售通和盒马集市两大部门人员合并组建而成；整合 MMC 事业群为新品牌"淘菜菜"
		京东	推出"友家铺子""小七拼""京喜拼拼"等项目；战略投资兴盛优选；将"区区购"并入"京喜拼拼"
		腾讯	微信群组、微信小程序、微信支付为社区团购提供技术支持；参投兴盛优选、食享会
		美团	成立"美团优选"事业部
		拼多多	上线"多多买菜"，战略投资"虫妈邻里团"
		滴滴	上线"橙心优选"
		苏宁	上线"苏小团"
	生鲜电商	每日优鲜	孵化"每日拼拼""每日一淘"
		百果园	并购"一米鲜"进军社区团购
	原生性平台	兴盛优选	辐射全国 16 个省市、1000 多个地（县）级城市和 60000 多个乡镇和农村；完成 D 轮融资
		十荟团	覆盖全国 34 个省区市、2000 多个市县；完成 D 轮融资
		虫妈邻里团	以上海浦东地区为大本营，涵盖 100 个小区，获拼多多战略投资

续表

企业			市场布局
线下	传统超市	物美	与多点 Dmall 合作推出"多点拼团"
		永辉	上线"永辉心选拼团"
		美宜佳	上线"美宜佳选"

资料来源：冯氏集团利丰研究中心根据公开资料整理。

十荟团则于 2018 年成立，后于 2019 年收购"你我您"。十荟团紧抓微信小程序渠道，把握流量红利，并从 2019 年开始进行团长直播带货，将产品筛选过程、制作工艺及厂房等展现在消费者面前。另外，十荟团与阿里巴巴开展业务层面合作，包括接入 1000 家零售通小店和部分菜鸟驿站，提升末端物流密度和履约能力。在疫情刺激下，十荟团的业务急速增长，2020年网上成交金额（GMV）达 100 亿元左右。官网数据显示，十荟团目前覆盖全国超过 200 个城市，团长数量超过 20 万人。

另外几家原生性平台则未能幸存于激烈的市场竞争。食享会江苏地区业务由十荟团接手，另有个别地区关站；美家优选更名为美家买菜，在 2020年底被京东收购。

2020 年在疫情的催化下，阿里巴巴、美团、拼多多等互联网巨头纷纷涌入社区团购，成立相应团队专攻这一赛道。互联网巨头资金实力充足，消费者认知度高，因此能够快速抢占市场。

美团同城零售业于 2020 年 7 月宣布成立"美团优选"，正式入局社区团购业务，重点针对下沉市场，采取"预购 + 自提"的模式，为家庭日常消费提供服务。年报显示，至 2019 年底美团优选已进入 20 多个省市，覆盖全国90% 以上的市县。其他互联网巨头的布局也逐渐扩大。拼多多凭借自己在下沉市场的用户资源优势和农产品供应链优势于 2020 年 8 月上线"多多买菜"，已进入 28 省区市，覆盖 218 个城市。滴滴于 2020 年 6 月正式推出"橙心优选"，目前覆盖全国 20 个省区市。另外，阿里内部兵分多路试水社区团购业务，旗下四大事业团队——盒马、饿了么、菜鸟和零售通各自探索发展路径。2021 年 3 月，阿里成立 MMC 新事业群，由零售通和盒马集市两大部门人员合并组建而成；9月，将MMC事业群整合升级为"淘菜菜"。

互联网巨头除了通过成立新的自营部门进军社区团购，也通过投资、收购等方式加码布局。阿里自2018年开始，四次投资十荟团；腾讯参与兴盛优选多轮融资，并曾参投食享会；拼多多在"多多买菜"上线前曾参与"虫妈邻里团"天使轮融资。

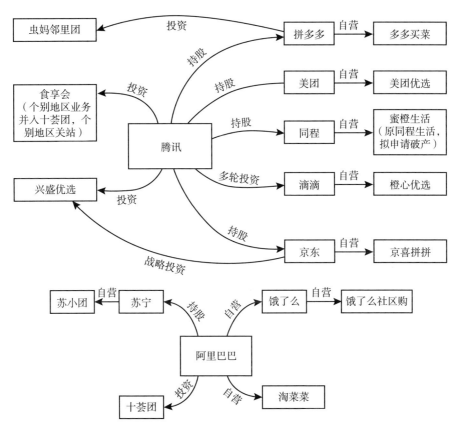

图5　腾讯和阿里巴巴在社区团购上的市场布局

说明：资料收集截至2021年9月16日。

从2018年起，多个超市行业的公司也开始先后试水社区团购业务，永辉推出"永辉社区GO"，大润发创立"飞牛拼团"，步步高则成立"小步优鲜"。虽然传统超市开始涉足社区团购，但这一业务并非传统超市的主要发力点。"永辉

社区 GO"小程序上的 SKU 极少,"小步优鲜"的小程序则已停止运营。

可以看到,传统超市目前主要将社区团购作为门店销售补充,以及强化与消费者沟通的渠道。传统超市一定程度上受到了社区团购的冲击,但凭借其商品丰富度以及线下购物场景,仍具有一定优势,后续可积极追踪传统超市在社区团购上的探索和应对。

三 社区团购面临的挑战

(一)生鲜品类难以保证品质稳定

社区团购主打低价、高性价比的生鲜产品。在以往的线下选购中,消费者可以亲自挑选自认为品质优良的生鲜产品,但社区团购模式下,他们无法感知生鲜质量。生鲜是易耗品,保质期较短,又相对脆弱,运送途中的操作不当容易造成生鲜产品质量不合格。因此,菜不新鲜、水果不熟、海鲜和肉产品品质不佳成为消费者的普遍吐槽点。另外,在过去的供应链模式中,中间批发商常常充当生鲜品质"把关人"的角色,为生鲜分等级。社区团购去掉了这一环节,也使得生鲜的品质缺少严格监督,可能出现以次充好的情况。

(二)团长服务难以进行标准化管理

团长是社区团购业务的关键人物,也是最可能出现问题的一环。团长并不属于平台的员工,入门门槛低,流动性大,存在不可控、不稳定、忠诚度低的特点。市场上经常出现团长被对手平台挖走或者团长私下代理多家平台的情况。当平台过度依赖团长创造业绩时,损失一个金牌团长,将给平台带来巨大打击。一些团长不懂运营和服务,会影响消费者的购物体验。

因此,平台应该在团长服务方面多做投入,比如在选品和运营方面为团长提供指导,或根据合理的分佣体系激励团长,或从招聘、培训、考核绩效等多方面对团长进行规范管理,以此强化团长作用。另外,平台还需要加强对社群的直接运营管理,以此摆脱对于团长的过度依赖。

（三）恶性竞争降低行业整体盈利能力

社区团购目前的主打品类生鲜以当地采购的方式为主，平台与平台之间的品类相似，各个平台的进货价也没有较大的差距，因此商品毛利率在短期内都将维持在较低水平。长期来看，平台通过灵活的商品运营，提升各个品类的毛利率，有望追平传统连锁超市龙头，但整体仍具有不确定性。

另外，社区团购市场仍处于发展初级阶段，各平台前期围绕增量逻辑，通过简化 SKU 以及提供高额补贴，来提升交易规模和渗透率。随着更多参与者的入局，市场竞争愈发激烈。现阶段，大部分市场参与者暂时仍无法盈利。从采购端来看，供应商供货的方式无法降低成本。从仓储配送端来看，同质化的概率偏高。从消费端来看，用户对于价格的敏感性较高，客单价提升难度较大。

未来，如果互联网巨头之间的恶性竞争进一步加剧，将导致社会资源、人力资源挤兑，平台不得不大幅提高资本投入，影响平台长期盈利能力和现金流回报。

（四）行业模式较易复制，壁垒性偏弱

社区团购的模式较易复制。从 2015 年发展至今，行业参与者在商品供应、仓储、运输、社群运营上没有太大区别，没有形成核心差异化壁垒。同样的，在用户端，所有平台依靠团长的熟人关系，市场极其依靠社区关系、地域特征。换言之，到目前为止，社区团购仍然是依托人的新零售业态。专家认为，未来完整的供应链体系和仓储体系将会成为社区团购企业构筑差异化竞争壁垒的关键。

四 社区团购发展趋势

（一）经营模式演变成为区域零售形态

关于社区团购行业的终局，考虑到在当前农产品分销体系下供应链无法

形成一家独大的局面，目前市场比较主流的观点是行业将维持多强并存、区域割裂的竞争局面。自 2020 年起，互联网巨头相继进入市场，借助资本力量烧钱补贴赢取流量。一些中部平台由此开始大幅度缩减运营点，关闭部分城市的业务。对中部平台而言，做好区域、提高用户净价值、提供关联的增值服务成为其防守头部玩家"攻城掠地"的关键，也是它们精细化运营的路径。不少中部平台目前的业务更多地集中在某一个或者几个特定省份，在当地区域市场占据一定优势，比如虫妈邻里团聚焦上海浦东新区，考拉精选深耕湖南、湖北、广东、山西四省。头部企业也拥有各自的主导区域，滴滴的橙心优选在四川优势明显，美团在广东发展强劲，兴盛优选则已在湖南等地深耕多年。

另外，不同地区的消费者具有不同的生鲜消费需求，对应不同定位的社区团购平台。行业内根据性价比和品质，将生鲜电商平台大致分为 L1 至 L4 四层（见图 6），L4 为性价比最高，L1 为品质最高。不同分层的平台具有不同的市场策略和竞争优势，服务不同的消费者。消费者一旦对某一分层的平台形成价格惯性，很难向其他分层的平台转移。因此预测行业最终较难被某一互联网巨头垄断，更可能演变为区域零售、平分市场的情况。

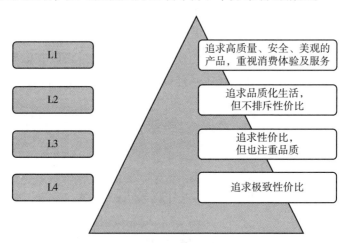

图6　基于消费者生鲜消费需求的电商平台分层

资料来源：商业观察家、中信证券、冯氏集团利丰研究中心整理。

（二）各平台将依据自身特色和目标发展业务

除了原生性的社区团购平台，如兴盛优选和十荟团，其他类别的公司投入社区团购领域都有着不同的愿景和目标。在看好这一市场未来发展的基础上，大多数互联网巨头希望能借此进一步打开下沉市场，从中发现新的流量与增长点。

传统电商平台看重的是下沉市场仍没有变成电商平台活跃用户的人群，希望通过社区团购引流到各自的电商平台。例如，京东希望挖掘出下沉市场中还未被阿里和拼多多占领的用户心智。

而拼多多在其最新的业绩报告中，将其定位从"快速增长的新型电商平台"改为"中国最大的农业交互商业平台"，入局社区团购正是建立在拼多多长期发展农业供应链的基础上的，是其对于新目标的进一步实践。

非传统电商平台如滴滴和美团则希望通过社区团购先聚集用户，再丰富商品，以此寻找机会培育出一个新的电商平台。美团当前的定位是集餐饮、酒店、到家、到店等业务为一体的生活平台。在这些业务中，社区团购是离消费者最近、最高频的消费场景之一，是美团做本地生活的其中一种表现形式。对滴滴而言，社区团购供应链中的物流及履约能力是其破局的切口。滴滴的橙心优选依靠滴滴过去在物流、配送端的积累。另一方面，2021年6月底赴美上市的滴滴也需要一个高增长业务来支撑自己的估值。

（三）加强供应链建设，保持稳定成熟

社区团购的供应链管理主要涉及消费者运营、选品采购、仓储物流和商品交付几大环节。社区团购的消费者运营主要由团长负责，由于团长的忠诚度现阶段无法保证，因此供应链的强化被视为社区团购业务的"护城河"和未来的发展重点。

选品采购方面，如需最大化压缩流通成本，社区团购平台可将供应链向生产端延伸，自建生产基地，或者与农户建立长期稳定的合作，从开端把控

产品品质，建立完整的生鲜产业链，掌握优质的产品资源，有助于提高顾客留存率，最终将价格竞争转化为产品差异化竞争。除此之外，平台也可整合经销商资源，避免直营带来的生产环节亏损风险，同时有助于优化成本管控，提升利润空间。社区团购平台也可与更接近生产端的大型经销商建立长期合作，获得稳定的优质产品供给。

仓配物流方面，可采用智能监控系统，提升冷链物流配送效率，更好地管理把控生鲜产品质量。另外，随着社区团购渗透率上升，中心仓的需求有望迎来增长，承上启下的网格仓也有望迎来标准化的建设、管理和运营。团长处提货点未来也必定是向标准化程度高、人为因素少、可快速复制的提货模式发展，如终端自提冷柜等。

（四）政府推出更多新政加强监管工作

2020年12月起，随着互联网巨头相继投入大量资源入局社区团购业务，政府开始逐渐重视对于相关业务的监管。12月11日，《人民日报》发表评论员文章《"社区团购"争议背后，是对互联网巨头科技创新的更多期待》，提及"别只惦记着几捆白菜、几斤水果的流量"。12月15日，国家市场监管总局在官网公众留言页面回应"社区团购低价补贴是否扰乱市场秩序和不正当竞争"的提问，表示"将密切跟踪研究社区团购价格行为的影响，分析论证行为是否存在不正当因素"。同日，南京市场监管局发布《电商"菜品社区团购"合规经营告知书》，明确要求社区团购电商平台经营者，不得以低于成本的价格实施低价倾销，排挤竞争对手独占市场，扰乱正常经营秩序。12月22日，国家市场监管总局联合商务部召开规范社区团购秩序行政指导会，阿里巴巴、腾讯、京东、美团、拼多多、滴滴6家企业参加。会议要求互联网平台企业严格遵守"九不得"，包括不得通过低价倾销、价格串通、哄抬价格、价格欺诈等方式滥用自主定价权；不得违法达成实施固定价格、限制商品生产或销售数量、分割市场等任何形式的垄断协议；不得利用数据优势"杀熟"，损害消费者合法权益；不得非法收集、使用消费者个人信息，给消费者带来安全隐患等。可以看到，社区团购在早期阶段就迎来较为密集的监管。监管部门的各类指导和要求旨在重塑社区团购的市场竞争秩序，对行业发展进行有效引导，并非阻挠社区团购这一业态发展。

预计未来监管部门将继续遏制非良性扩张和不正当竞争，重在防范平台以低于成本价抢占市场，保障经营者更自由地选择平台，平衡各方利益，尤其是最大限度确保消费者权益，通过有效监管促进行业更为有序健康地发展。同时，随着监管者对单纯价格竞争采取越来越强硬的态度，线上零售的低价竞争有望逐步得到缓和。

五 结语

2020年初的新冠肺炎疫情推动了"宅经济"的发展，为社区团购业务的发展提供了契机。社区团购依托社区住户间的联系实现用户扩张，具有一定社交性。同时，这种模式通常以销售生鲜食品为主，注重为居民提供快速、便捷的消费体验，满足了一定范围内的即时消费需求，是融入电商基因的社区商业。

社区团购的本质是以低价获取线上流量，实现商品销售的过程。当前市场竞争日趋激烈，参与者倾力布局社区团购。虽然终局仍具有不确定性，但随着竞争进入中场阶段，未来核心价值将会从流量获取逐渐转化为供应链的加强、技术手段的提升、物流配送网络的优化、SKU的改善等。同时，政府的监管加强有利于保护市场公平竞争，预防制止平台的垄断行为，维护消费者权益和社会公共利益，促进行业更为有序健康地发展。

B.16
中国直播电商发展报告

钱慧敏　庄　骁*

摘　要： 近年来，直播电商以更加立体、感性的商品展示方式和互动式的线上购物体验吸引了消费者的注意力，以高性价比的折扣刺激消费，行业巨头纷纷入局。经过几年的发展，这个新兴行业成为促消费、拉动经济内循环、振兴地方经济的新引擎，在各地方政府的优惠政策鼓励下，获得了爆发式的发展。2020年初在新冠肺炎疫情背景下，用户线上购物需求激增，传统行业纷纷转战线上，进一步促进了这种新型消费方式的发展。商务部数据显示，2020年中国重点监测电商平台累计直播场次超2400万场，直播电商市场规模直达万亿元大关。本报告将阐述直播电商近年来的发展概况，介绍行业生态现状，浅析对品牌和商家的启示，并对直播电商的未来发展趋势做出分析预测。

关键词： 直播电商　商业模式　商业生态

一　直播电商发展概况

（一）直播电商发展历程与背景

直播电商是数字经济时代发展出来的众多营销方式之一，是主播在网络

---

* 钱慧敏，冯氏集团利丰研究中心副总裁，研究方向为中国经济、中国商业、全球采购、供应链管理等；庄骁，冯氏集团利丰研究中心高级研究主任，研究方向为中国零售及消费业。

平台上，借助直播形式，对商品或服务进行介绍、展示、说明、推销，与终端用户观众进行沟通互动，展示购买链接，从而达成交易的一种商业活动。

如果要追溯直播电商模式的由来，一方面，基于电商平台的商品呈现形式不断升级，从简单的图文，到内容更加丰富的短视频，再到电商平台开通直播间，逐渐满足消费者追求更加真实的商品展示的购物诉求，以及回归到更立体的、"有人"互动的、"有温度"的购物体验，满足消费者购物时的情感需求，进一步引入内容创作者，通过直播为电商带来流量，从而达到增加销售的目的。这类"电商＋直播"模式中最为典型的代表莫过于淘宝直播。另一方面，则是抖音、快手为代表的内容创作平台，以及蘑菇街、小红书为首的导购社区上的内容创作者，经历了直播打赏、内容付费等变现方式后，接入第三方电商平台，进一步通过直播推广来实现粉丝流量变现，帮助商家客户实现从"种草"到"拔草"的闭环，获得相应的推广收入，实现了"直播＋电商"的模式。

直播电商的发展大致可以分为三个阶段。

萌芽探索期（2016～2017）：2016年是直播带货的发展元年，蘑菇街、淘宝、京东试水直播购物。

高速增长期（2018～2020）：2018年以来的三年间，越来越多的平台纷纷加入直播电商行业，以高性价比的折扣刺激了消费者的购买欲，直播电商的成交量爆发。同时，得益于内循环消费增长、智能手机的普及、互联网基础建设持续升级，广东、浙江、四川等地方通过优惠政策积极鼓励引导这一新型业态发展以振兴经济拉动消费，直播电商行业蓬勃发展。2020年初，新冠肺炎疫情推动直播电商发展，从线上蔓延到了线下。商场总经理、专柜导购变身带货主播，挽救受疫情重创的实体商业；蔬菜大棚变成直播间，市县长上线当主播为滞销农产品找出路。从电商到新零售，如《中国商业地产行业2020/2021年度发展报告》提到，"直播带货从线上到线下，对运营能力提出新要求"。直播购物进一步影响了整个零售行业的经营理念以及营销和运营模式。

规范发展期（2020年以来）：2020年下半年，继首部全国性社团标准《视频直播购物运营和服务基本规范》发布并实施之后，市场监管总局发布

《关于加强网络直播营销活动监管的指导意见》，明确了对网络直播营销角色和行为的相关定义、监管与规范，直播带货进入有序发展阶段。各地政策持续加码，据中国市场学会、阿里研究院联合淘宝直播出版的报告统计，2020 年全国有 33 个地区（含省、市、区）出台了直播电商扶持政策，而浙江、广东、上海凭借扎实的产业基础、丰富的 MCN 机构和达人资源、完善的直播生态，位列全国直播电商百强区域前三。

表 1　直播电商发展相关政策及平台重要事件

类别	年份	政策	传统电商平台	内容/导购/社交平台
萌芽探索期	2016		2016 年 3 月，淘宝直播频道试运营　5 月，更名为"淘宝直播"　9 月，京东直播上线	2016 年 3 月，蘑菇街上线直播购物功能
	2017		2017 年底，推出"超级 IP 入淘计划"	2017 年中，快手开始尝试直播带货
高速增长期	2018		2018 年 3 月，淘宝直播入口转移至首屏　2018 年"双 11"全天 GMV 超 3 亿，李佳琪直播间 15 分钟售出 15000 支口红，薇娅直播间 2 小时销售额达 2.67 亿元，至此，直播电商正式进入公众视野　2018 年 11 月，京东上线购物圈小程序	2018 年 3 月，抖音购物车上线　2018 年 5 月，抖音小店上线　2018 年 6 月，快手小店上线，与淘宝、有赞、魔筷合作

续表

类别	年份	政策	传统电商平台	内容/导购/社交平台
高速增长期	2019		淘2019 年 2 月，淘宝直播发布独立App，品牌直播日上线 淘2019 年 4 月，淘宝发布村播计划 JD.COM 2019 年 7 月，京东投入 10 亿推动"红人孵化计划" 2019 年 11 月，拼多多在"百亿补贴"专场首次上线直播卖货	2019 年 4 月，抖音与京东、网易考拉、唯品会等打通 2019 年 6 月，快手打通拼多多、京东，并通过"魔筷"精选在微信卖货 2019 年 7 月，微博推出电商服务平台，与淘宝打通直播电商
	2020	2020 年 2 月，广州市发布《直播电商发展行动方案（2020～2022 年）》；5 月广东省出台《关于进一步规范视频直播活动促进农产品直播营销健康发展的通知》。 2020 年 4 月，上海、四川发布《促进在线新经济发展行动方案（2020～2022）》 2020 年 5 月，山东、福建、重庆多地发布《直播电商行动方案（2020～2022 年）》	2020 年 1 月，多多直播上线	2020 年 1 月，"看点直播"小程序推出"引力播"计划，助力平台商家商业变现 2020 年 2 月，企业微信发布"群直播"功能，助力复学、复工、复产 2020 年 3 月，"微博小店"上线，全面支持电商推广 小红书2020 年 4 月，小红书上线直播 2020 年 5 月，快手与京东零售达成战略合作，享受京东物流和售后服务

续表

类别	年份	政策	传统电商平台	内容/导购/社交平台
规范发展期	2020	2020年6月,浙江发布《直播电子商务服务规范（征求意见稿）》,北京、杭州、义乌等地发布《政策助力直播》。 2020年7月,中国商业联合会《视频直播购物运营和服务基本规范》开始执行,中国广告协会发布《网络直播营销行为规范》;同时,石家庄发布《直播人才成长计划》。 2020年11月,市场监管总局发布《关于加强网络直播营销活动监管的指导意见》	2020年"618"期间,淘宝邀请300多位明星直播带货 2020年9月,京东直播宣布推出"超级直播日"系列活动,打造"品牌总裁＋超级明星"的直播形式	2020年6月,抖音成立"电商"部门 2020年8月,微信小商店对企业、个体、个人全面开放,助力其实现"云摆摊"和直播卖货
	2021	2021年3月30日,广州市商务局发布全国首个《网络电商直播常见法律纠纷处理指引》。 2021年4月,上海市商务委员会发布《上海市推进直播电商高质量发展三年行动计划（2021－2023年）》。 2021年4月23日,国家互联网信息办公室、公安部、商务部、文化和旅游部、国家税务总局、国家市场监督管理总局、国家广播电视总局等七部门联合发布《网络直播营销管理办法（试行）》,自2021年5月25日起施行	2021年4月,淘宝星盟"星X计划"2.0开启,免除内容场景专项软件服务费和取消内容库入库门槛	携程、去哪儿、美图秀秀、QQ音乐甚至各大新闻门户App,都加上直播功能

资料来源：毕马威、36氪，冯氏集团利丰研究中心整理。

（二）直播电商市场规模

疫情加速了用户线上消费习惯的养成，直播电商成为一种新兴购物方式。2020 年 3 月，中国互联网络信息中心（CNNIC）首次统计电商直播用户数。根据 CNNIC 第 47 次中国互联网络发展统计报告，截至 2020 年 12 月，中国电商直播用户规模为 3.88 亿，较 2020 年 3 月首次统计以来增长了 46.4%，占全体网络直播用户的 62.8%，占网民整体的 39.2%（见图 1）。其中，在电商直播中购买过商品的用户占整体电商直播用户的 66.2%。尽管用户规模庞大，但还是有进一步成长的空间。

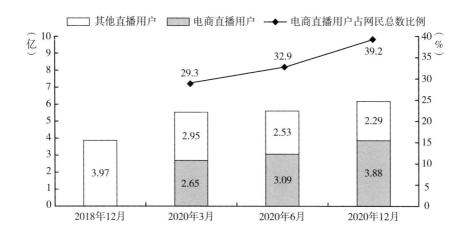

图1　电商直播用户规模及占比

说明：CNNIC 自 2020 年开始统计电商直播用户规模，因此 2018 年没有相关数据。
资料来源：中国互联网络信息中心，冯氏集团利丰研究中心整理。

此外，CNNIC 的统计报告还发现，手机网民经常使用的各类 App 中，网络直播类 App 的使用时长逐渐增加，从 2018 年底的每周 1.52 个小时上升 24.3% 至 2020 年底每周 1.89 个小时。

庞大的用户体量及其投入的更多时间成为直播电商发展、变现基础和动力。根据毕马威联合阿里研究院发布的报告，2020 年直播电商整体市场规模达 1 万亿元，同比增长 142%，对比 2020 年 11.76 万亿的网络购物市场规模，直播电商在整体电商市场中的渗透率仅为 8.6%，仍有很大的增长空间。报告预测，2021 年直播电商将继续保持高速增长，市场规模将接近 2 万亿元，在电商市场中的渗透率达 14.3%（见图 2）。

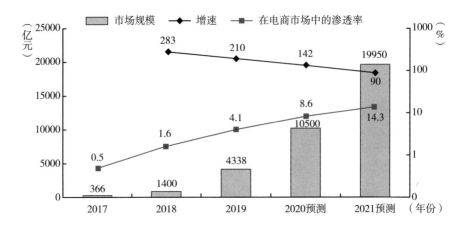

图 2　2017～2021 年直播电商市场规模、增速、渗透率

资料来源：毕马威，冯氏集团利丰研究中心整理。

二　直播电商行业生态

直播电商经过几年的发展，生态体系日益壮大，除了商家、主播、直播平台基础三件套，还衍生出了 MCN 机构、供应链服务商、数据营销服务商、综合技术解决方案提供商等各类角色，为直播电商平台和商家提供进一步的专业化服务。各种角色相互合作，形成一个快速发展、充满活力的生态环境。

（一）直播电商上下游产业链

直播电商产业链结构按照商流方向指定上中下游：上游为货源，中游为售卖场景，下游为终端消费者（见图 3）。

上游的货源主要来自商家，包括品牌商、代理商、经销商和制造商，

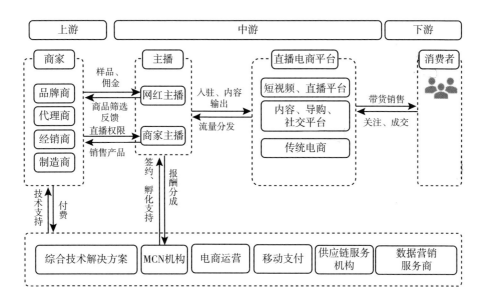

图 3　直播电商产业链

是在直播活动中销售商品或者提供服务的电子商务经营主体。从商家的角度出发，为商品销售引入更便宜、更精准的流量，是其思考的主要问题。

　　中游主要为主播、直播平台，通过直播内容连接上游的商家和下游的消费者，为商家提供流量，收取坑位费、佣金、技术服务费、平台推广费等，为下游的消费者提供购物推荐。其中，主播包括以李佳琦、薇娅为代表的网红主播，李湘、王祖蓝等明星主播，董明珠、罗永浩等"总裁"主播以及品牌自己的商家主播。MCN 机构的角色在于培养孵化主播，以合同形式和主播形成利益共同体。许多头部网红主播成名后，往往会从 MCN 机构里脱离出来自建团队，从而在销货佣金分配规则中占据主导地位。

　　下游为直播终端用户，即消费者。根据中国消费者协会于 2020 年 2 月组织开展的直播电商消费者满意度调查和购物体验活动调查结果，消费者选择观看直播最主要的原因是想要了解某一商品的详细信息和商家做活动的优

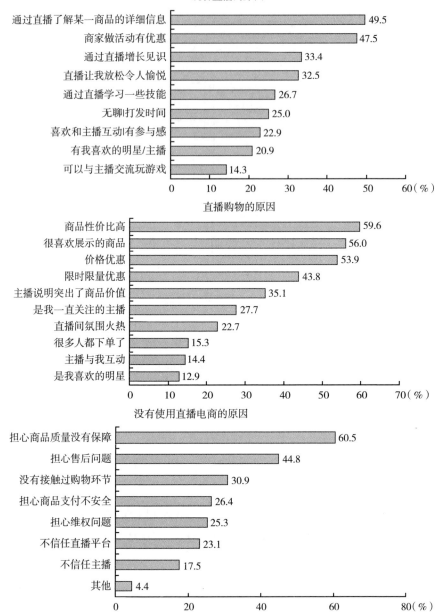

图4 直播电商消费者满意度调查和购物体验活动调查结果

资料来源：中国消费者协会《直播电商购物消费者满意度在线调查报告》。

惠信息,能够吸引消费者购物的主要原因还是在于商品本身的性价比、对商品的喜欢程度和价格优惠程度。"担心商品质量没有保障"和"担心售后问题"是消费者不喜欢直播电商购物的两个主要原因。

(二)直播电商主要平台和商业模式

从行业竞争格局来看,直播电商行业"淘""抖""快"三足鼎立,且头部效应显著,三家在 2018 年、2019 年、2020 年总共占据 78.6%、80.6%、90.6% 的市场份额。

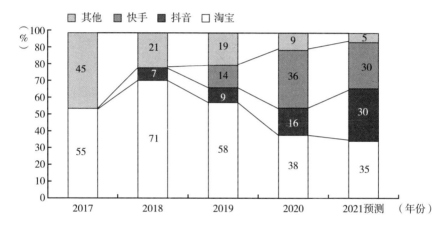

图 5　2017 ~ 2021 年主要平台市场规模占比

鉴于平台商业属性、流量分发逻辑和用户画像的差异,淘宝、快手、抖音的直播电商各具特色(见表 2)。

表 2　2020 年三大主要直播平台比较

类别	淘宝直播	快手	抖音
2020 年商品成交金额(GMV)	超 4000 亿元,占总 GMV 的 6.1%	3812 亿元	1700 亿元
2020 年日活用户数量	2 亿	2.6 亿	2.5 亿 ~ 2.6 亿

续表

类别	淘宝直播	快手	抖音
用户画像	男50.6%/女49.4%，20~40岁，二、三线城市和"十八线"小镇用户	男58.1%/女41.9%，24岁以下为主，北部地区，新二线、三线及以下城市用户	男47.7%/女52.5%，25~35岁为主，东、中部地区，一、二线城市用户
产品	美妆、服饰、珠宝等	美食饮品、日用百货、护肤品，主打高性价比的"源头好货""工厂直销"	美食饮品、服饰、护肤品等，主推品牌商品
均价区间	范围较广	37~177元	43~293元
收费	技术服务费、佣金，取消部分内容平台佣金	技术服务费、佣金	广告、技术服务费、佣金
流量逻辑	公域流量分发、寡头效应	去中心化流量分发——"社交+兴趣"，社交属性更强	中心化的流量分发——"内容+用户"、精准推送
特色	完善的电商生态、成熟的平台治理	主播自建供应链/工厂货	爆款效应，品牌阵地，营销工具成熟

资料来源：公司财报、淘宝内容电商事业部、淘榜单、面朝研究院，冯氏集团利丰研究中心整理。

1. 淘宝直播

淘宝直播自2016年5月正式上线以来，凭借多年的经验积累和完善的电商生态，已经成为直播电商行业的领头羊，在2020年占据38%的直播电商市场份额，GMV超4000亿。但是直播电商只是诸多淘系销售场景之一，其GMV仅占阿里巴巴中国零售市场GMV的6.1%，仍有较大的成长空间。

作为传统的电商平台，淘宝用户男女比例均衡，收入水平略高于抖音和快手，具有较强的购买倾向，加上淘宝直播的转化链路相对于其他内容、社交平台较短。毕马威和阿里研究院的报告显示，淘宝直播到店转化率超60%。鉴于直播间的点击率、停留时长、转粉率等因素直接影响淘宝直播的流量流向，淘宝一度呈现李佳琦、薇娅等头部主播强者恒强的局面。另外，商家自播也不断发展，淘宝直播中商家自播的占比近90%。商品品类上，美妆、服饰、珠宝行业名列前茅。

2. 快手

快手自 2017 年中开始尝试直播带货，2019 年中开始转型电商垂直内容，如今占据 36% 的直播电商市场份额。与其他平台不同的是，快手的男性用户居多，占 58.1%；30 岁以下用户占比近 80%，且多处于北部地区或下沉市场，75% 的用户月收入在 5000 元以下。快手使用去中心化的流量分发体系，基于用户社交关注和兴趣推送，且头部内容限流在 30% 左右。主播家族化运作特征显著，如辛巴家族、散打家族、驴家班等，以短视频种草、达人直播、打榜、连麦等形式为主，经营粉丝经济，借助主播的人气卖货。美食饮品、日用百货、护肤品等品类和高性价比的"工厂直销"类商品最受欢迎。在此基础上，有实力的主播自建供应链，推出自主品牌。但一些不良风气和货不对板事件，如"糖水燕窝"事件等，频频引发舆论监管压力，迫使快手加快规范化。

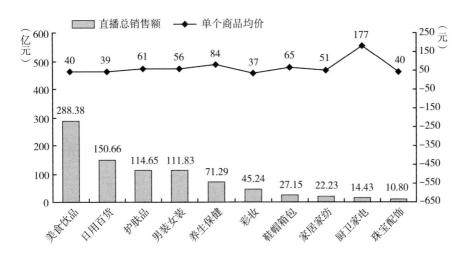

图 6　快手直播带货商品销售额 TOP10 类目

资料来源：面朝研究院《2020 年直播电商数据报告——抖音 vs 快手》。

3. 抖音

2020 年，抖音在直播电商的市场份额为 16%。虽然和快手同属于"直播 + 电商"模式，但是其在流量算法上更加像淘宝直播，属于中心化的公域流量分发，将内容和用户进行匹配。其精准的用户推送，更容易带来"爆款效应"。抖音直播以"优质内容"为抓手,一方面引入罗永浩、张庭、陈赫、王祖蓝等名人配以流量倾斜,使得商业直播兼顾收看人数、收看时长和高黏性;另一方面,使用返点等政策推动太平鸟、李宁、花西子、三只松鼠等品牌入驻。截至2021年2月,抖音平台上企业号占比53%。从用户属性上看,30岁以下用户占比近80%,主要位于一线、二线城市,68%的用户月收入在5000元以下,52.5%的用户为女性。从商品品类上看,美食饮品、男女服饰、护肤品占据前三。

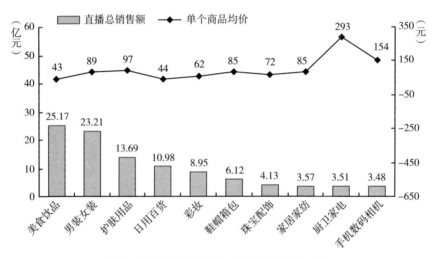

图 7 抖音直播带货商品销售额 TOP10 类目

资料来源:面朝研究院《2020 年直播电商数据报告——抖音 vs 快手》。

除此之外,随着公域流量价格上升,微信作为最大的私域流量平台,凭借"视频号+直播+微信小店+微信小程序"的运营模式,未来有望成为直播电商行业第四极。各种类型平台之间的良性竞争有利于推进直播电商行业快速发展。

三 直播电商赋能零售——对于品牌和商家的启示与挑战

如今,"短视频预热+话题参与+直播带货"已经成为品牌和商家的一个常规套路,直播电商正在走向一个常态化阶段。

（一）直播电商的娱乐性、互动性和排他性

1.直播娱乐大众，自带流量

直播自带娱乐属性，拿起手机观看一场内容丰富的直播购物，已成为不少人消遣减压的一种方式。在传统渠道获客成本越来越高的时代，品牌和商家致力于找到更便宜、更精准的流量，而直播恰好带来了品牌和商家需要的流量。

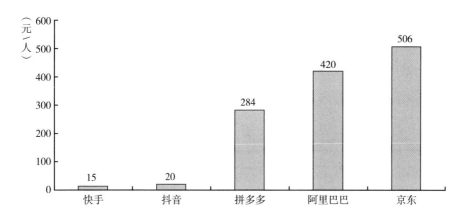

图8　2019年各平台用户获客成本对比

资料来源：光大证券研究所。

2.直播中互动，优化消费者体验

在传统电商平台上，品牌和商家输出内容的方式是单向的。商品介绍较为官方及书面化，图片、文字、预录短视频承载的信息量有限，不够达意；图片甚至视频往往经过美化，"卖家秀"与"买家秀"之间存在差异；了解消费者对商品介绍的反馈难度较大，迭代不及时，客服的套路回答让消费者难以快速获取有效信息且有距离感。与之相比，视频直播维度丰富，所看即所得，还有主播讲解示范，将信息全面传达给消费者。同时，直播也带来了有效的互动，主播及时解答观众问题，提供与线下商场导购相同的服务。品牌和商家亦可以即时收到消费者对于商品及其信息呈现的反馈，这些近乎零

成本的消费者洞察对于产品研发、市场策略等意义非凡。

3. 直播排除干扰，完成消费闭环

在传统电商平台上，消费者决策历程较长，存在流失风险。比如，消费者在社交平台上看到帖子被"种草"，在购买前或先到各个不同电商平台上进行比价，在跳转网页的过程中可能被其他东西吸引，注意力转移，这一直以来是令品牌和商家头疼的问题之一。然而直播电商具有排他性——在手机狭小的屏幕上，消费者比较专注于直播购物这件事，而且因为直播间的商品展示具有顺序性，在限时条件的驱动和主播营销的影响下，消费者的产品比较和决策成本一定程度上降低了，快速促成交易。消费者决策历程都在直播间里完成，对品牌和商家则意味着收集到完整的行为链路数据，为下一步的营销规划提供指导。

（二）推荐时代的精准化营销

如果说传统零售是货架逻辑和店铺逻辑，传统电商里的用户在店铺和货架上自行"搜索"所需商品是"人找货"的过程，那么直播带货中主播将商品"推荐"给用户就是"货找人"的过程。如何选择合适的主播实现精准的推荐，成为商家面临的一个最大挑战。在数据赋能下，品牌和商家选择能精准触达目标客群的主播，或者孵化自有主播，不断积累和优化，从而有效提升电商转化率与成交额。

1. 数据驱动

选择主播最重要的一个考量因素就是其粉丝画像和品牌的契合。一边是直播电商监控着主播和直播商品销售数据，得出主播带货能力、商品售卖趋势、粉丝画像等洞察，另一边则是品牌或商家参照多年来在广告投放端和消费端积累的目标消费者数据。市场上已出现一些数据营销服务商，他们会根据上述信息为品牌或商家的主播投放和直播规划提供全方位的数据支持，帮助品牌或商家精准匹配主播，提升商品被选中的概率，有效提升投产比。

2. 主播专业化

毕马威联合阿里研究院发布的报告提及，"2020 年的直播电商中，今天卖口红，明天卖零食，大后天卖不粘锅的跨行业现象将成为过去时"。直播电商的主播逐渐向垂直领域的专业化和精细化方向发展，如母婴、酒水、二手奢侈品、医疗器械等。比如人称"快手酒仙"的李宣卓，单场交易总额最高纪录为 9652 万元。李宣卓曾花两年时间跑遍全国各大酒厂，依靠专业的酒类知识深耕酒水行业。他深刻了解不同消费场景下的消费者需求，站在消费者的角度，介绍和种草产品，促进销售。他的背后有一个庞大的团队——招商团队，该团队有 70 多人，选品 30 人，客服 200 人，服务品牌商家和消费者，精心运营，提升服务质量。

3. 孵化自播

自播是一个直接触达品牌和商家自有粉丝的有效路径，可以通过和自己的粉丝直接沟通和互动，提升粉丝活跃度，沉淀私域流量，促进成交与复购。但是很多品牌和商家表示对直播电商的运营模式不够了解、缺乏直播经验。品牌和商家如果自建直播团队，要从基础开播、内容把控、权益设计等方面进行学习，利用平台或第三方提供的数据进行分析，不断优化直播内容与玩法。品牌和商家也可以与第三方运营服务公司签订协议进行代播，尤其是与平台方推荐的优质服务商密切合作。

（三）理性思考直播带货策略

随着直播电商的流量红利趋于理性，走向一个常规化阶段，痛点也逐渐凸显，品牌和商家开始审视当前直播电商的策略。

一些主播因为带货量可观，可以帮助品牌和商家在短期获得超高的品牌曝光和流量，具有超强的议价能力。比如高端户外品牌——始祖鸟曾经以非常优惠的价格在李佳琦直播间捕获新客流量，但此举同时伤害了忠实顾客的心，被认为不符合品牌调性。短期内"全网最低价"可以作为噱头，拉动销量，但是新客能转化为长期的回头客、实现消费者的有效留存并进行复购，值得品牌商深思。

另外，据《2020 年中国直播电商行业研究报告》，直播电商平均退货率
为 30%～50%，高于传统电商退货率 10 个～15 个百分点，是品牌官方电商
销售渠道退货率的 2～3 倍。商品质量、消费者冲动性消费是导致退货的主
要原因。此外，部分主播刷单冲量制造"虚假繁荣"以达成保底业绩或拉
高平台曝光的搜索权重，直播后再进行退货，也是导致直播带货退货率高的
另一个原因。高退货率也造成售后、物流等运营成本提高。因此，品牌和商
家要对直播电商有更加清晰的认识并建立合理的目标，不要过度依赖这个单
一渠道，要考虑做好其他销售渠道的建设，掌握好各个渠道之间的平衡，以
支持企业的长远发展。

四　直播电商发展趋势

直播电商虽然已经不是一个新风口，但在科技创新的赋能下，一直在持
续成长中。

（一）科技创新赋能直播电商发展

随着 5G 的普遍应用，AR 和 VR 技术的逐渐成熟，直播间可以通过这些
新技术，提升用户体验，优化运营。

1. 虚拟主播

自 2020 年 3 月汰渍在京东直播间首次邀请虚拟人物洛天依进行直播后，
虚拟主播已经在各大直播电商上多次登场，如太平鸟、九阳、三只松鼠等。
根据淘宝直播 2020 年下半年数据，在虚拟主播直播场次逐步增长的同时，
其单场引导的消费金额也在稳步提升中。

使用虚拟主播主要有三个好处：其一，虚拟人物主播可以通过多人值
班，延长直播时长，甚至达到 24 小时不间断直播，满足不同消费者不同时
间的导购需求；其二，可以避免负面新闻或人设崩塌，影响带货效果；其
三，二次元已然是不可忽视的新生力量，虚拟人物主播正是契合了年轻的二
次元用户的喜好。

目前来看，虚拟主播需提前通过 3D 建模实现，会额外产生 10 万～50 万元的成本，使大多数品牌和商家不敢贸然尝试。但相信随着科学技术的成熟，虚拟主播在未来会更加普及。

2. 5G 网络助力

中国已建成全球最大 5G 网络，实现所有地级以上城市 5G 网络覆盖，5G 终端连接数超过 2 亿。5G 具有高速率、低时延、广连接三大特征，成为 4K/8K 超高清视频与 VR/AR 应用的底层技术基础，提升消费者体验，为直播电商注入新动能。

（1）5G Ｘ 4K 呈现超高清视界

早在 2019 年中期，淘宝主播"大大大雪梨"在杭州滨江即实现全国首场 5G 电商直播。超高清 4K 画面让消费者快速、清晰、直观地看到产品细节，减少线上与线下购物体验的差别，提供更好的"云逛街"体验。

（2）5G Ｘ 虚拟现实/增强现实/混合现实（VR/AR/MR）技术

VR/AR/MR 技术现阶段在直播场景的运用主要有两种：一种是将文字、表情、图片、音频、视频、3D 空间场景、动画等不同的产品表达形式展现在直播间内，让观众沉浸在直播间的场景中，减少页面的切换和观众流失，如 2020 年"6·18"期间，长虹直播中运用 AR 动画展示电视参数。

另一种是 VR/AR/MR 技术可以通过直播间场景和商品进行建模，打造身临其境的购物体验。这些技术打破直播空间的限制，随处可播，且有效降低实景搭建、商品运输损耗等成本，一次搭建、多次使用，大大提升了直播效率，比如海尔打造虚拟家居场景。

随着 VR/AR/MR 技术的逐渐使用、5G 的应用普及、AI 的成熟化，直播间未来将通过新技术进行感官互动，提升用户体验。用户可以在直播间内进行口红试色，或者拖拽直播间内的沙发就能看到其在自己家中的呈现效果等，相信技术革命将带给直播电商无限的可能。

（二）扶持发展，创新监管

直播电商行业虽然已经初具规模，但是与整个电商行业的市场规模相

比，渗透率仍较低，尚处于快速发展期。这意味着直播电商领域还有极大的发展空间。2020年以来，一方面，各地发布利好政策，扶持直播电商有序发展，推动消费、促进就业，以直播电商撬动地方经济增长；另一方面，多项新政亮剑整顿行业乱象，从商品质量、恶性竞争、数据造假等方面进行全方位的管控升级。

2021年4月10日，阿里巴巴因为对平台内商家提出淘宝或京东"二选一"而被责罚，处以其2019年中国境内销售额4557.12亿元4%的罚款，共计182.28亿元。这种疑似"二选一"的打擦边球现象在直播电商行业中并不少见。可以预见的是，未来相关部门对互联网平台的监管将越来越严格，企业的这种不当行为将有所收敛。

监管直播电商相关政策法规的密集落地体现了政府部门对社会热点问题的及时反应。遵循法律法规的指引，才能为直播电商行业未来的健康发展打下更加扎实的基础。

表3　直播电商相关政策法规

发布日期	发布机构	发布文件	相关措施
2020年6月24日	中国广告协会	《网络直播营销行为规范》	对于直播电商中的商家、主播、直播平台、MCN机构、供应链和数据营销服务商的行为均作了全面的定义和规范
2020年11月6日	国家市场监督管理总局	《关于加强网络直播营销活动监管的指导意见》	明确直播带货相关主体的法律责任，直播带货的范围和广告发布审查，对直播带货中的侵犯消费者合法权益、不正当竞争、产品质量问题、侵犯知识产权等八种违法行为进行查处
2020年11月13日	国家互联网信息办公室	《互联网直播营销信息内容服务管理规定（征求意见稿)》	明确直播营销平台应当防范和制止违法广告、价格欺诈等侵害用户权益的行为，直播人员不得虚构或者篡改关注度、浏览量、点赞量、交易量等数据

续表

发布日期	发布机构	发布文件	相关措施
2020 年 11 月 23 日	国家广播电视总局	《关于加强网络秀场直播和电商直播管理的通知》	网络电商直播平台要对开设直播带货的商家和个人进行相关资质审查和实名认证
2021 年 3 月 15 日	国家市场监督管理总局	《网络交易监督管理办法》(《新办法》)	针对网络直播、社交电商这类新型商业模式下的主体性质及责任界定,规定平台不得通过搜索降权、下架商品、限制经营、屏蔽店铺等方式,强制经营者"二选一"
2021 年 3 月 26 日	广州市司法局、广州市商务局、广州市律师协会、广州市直播电子商务行业协会	《网络电商直播常见法律纠纷处理指引》	重点阐述了对于从事直播电商营销活动中各主体之间的常见纠纷责任划定以及解决机制,如在直播购物中消费者遇到的产品质量问题等,填补了国内在直播电商领域法律纠纷处理指引的空白
2021 年 4 月 23 日	国家互联网信息办公室、公安部、商务部、文化和旅游部、国家税务总局、国家市场监督管理总局、国家广播电视总局等七部门	《网络直播营销管理办法(试行)》	明确直播电商营销活动各类主体的权责边界,进一步落实各方责任,完善了民事、行政和刑事法律责任相衔接的体系化规定

五 结语

作为网络零售的新兴业态,直播电商成为扩大内需、主推内循环的重要引擎,尤其在 2020 年新冠肺炎疫情以来,赋能传统线下实体企业数字化转型升级,持续推动经济发展。直播助农也有效促进了乡村振兴。直播电商催生出海量的新型人才需求,主播、助播、选品、运营、场控等衍生职业百花齐放,带动百万就业。在新经济环境下,相关领域的标准建立、法律法规逐渐完善,持续加强科技研发创新能力,参与者共同理性维护产业生态,将继续推动直播电商行业高质量和可持续发展。

B.17
中国消费群体特征及发展趋势

程 敏*

摘　要： 2020 年初期，由于新冠肺炎疫情的影响，消费需求大幅下降，但刚性需求比较稳定，消费大量转到线上，促进消费形式不断创新。2020 年后期由于疫情防控工作到位，消费需求强势反弹，升级型、接触型消费迅速恢复。疫情催生"宅经济"，互联网＋消费模式借机崛起，生鲜电商、线上教育、数字文娱、互动体验式消费增长迅速。后疫情时代，线下体验式消费回流，人们普遍更为重视健康投入，但消费者也更为理性，在追求消费升级的同时也出现消费降级。从个人特征看，"Z 世代"开始引领新消费方向，而新女性是消费的主力，中产阶级更向往品质生活。从地域看，城乡消费差距趋向进一步缩小，下沉市场消费兴起。近期，由于境外疫情输入压力较大，消费市场发展存在一定不确定性。未来，随着经济发展和中产阶层的扩大，升级型消费需求有较大上升空间；随着新农村建设加快，农村消费潜力将进一步释放；随着新基建持续推进，消费模式将不断创新；随着老龄化的加剧，我国智慧养老消费发展潜力巨大；随着电商产业进一步规范，消费环境将持续优化；随着理性消费、绿色消费等概念深入人心，消费理念持续升级。

关键词： 消费群体　Z 世代　新女性　中产阶级　老龄化　数字消费　体验消费

---

* 程敏，博士，曲阜师范大学副教授，研究方向为流通贸易。

一 中国消费总体特征

总体上来看，2020 年，消费市场受到新冠肺炎疫情严重冲击，但由于我国疫情防控工作到位，经济稳步恢复，扩内需促消费的政策效果显现，消费环境大为改善，促进了消费市场的稳定复苏，并在 2021 年实现快速增长。

（一）消费需求大幅下降，后期强势反弹

新冠肺炎疫情对我国消费市场造成巨大冲击。由于疫情的影响，2020 年我国经济增长率下滑较大，居民工作和生活受到严重影响，导致消费需求大幅下降，社会消费品零售总额比上年下降 3.9%，是近 20 年来首次出现下降（见图 1）。特别是 2020 年第二季度，消费对经济增长的贡献率是 −73.3%，成为拖累经济增长的主要因素。为此各级政府都发布了促进消费的政策，4 月商务部发布《关于统筹推进商务系统消费促进重点工作的指导意见》；5 月中央文明办明确，在 2020 年全国文明城市测评指标中不将马路市场、流动商贩列为文明城市测评考核内容，以鼓励地摊经济。各地商务部门也通过各类平台发放消费券、折扣券，协同各商场和平台开展"五五购物节""双品购物节"等活动，以促进消费。而且由于疫情控制措施得力，居民工作与生活也逐步恢复。在此背景下，居民消费意愿缓慢回升，到 2020 年第四季度，消费对经济增长的贡献率又实现反弹。尤其是 2021 年后，伴随着经济快速回升，消费强势反弹，3 月，社会消费品零售总额 35484 亿元，同比增长 34.2%，消费重新成为拉动经济增长的主引擎。至 5 月，全部商品类别零售额均已实现两年平均正增长（见图 2、图 3）。

（二）刚性消费需求稳定，后期升级类消费恢复性增长

受疫情影响，居民收入增长速度放缓，消费支出在近 20 年来第一次出

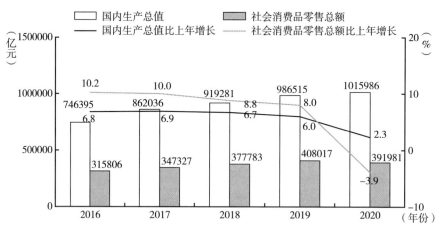

图1 2016～2020年国内生产总值与社会消费品零售总额及同比增速

资料来源：国家统计局。

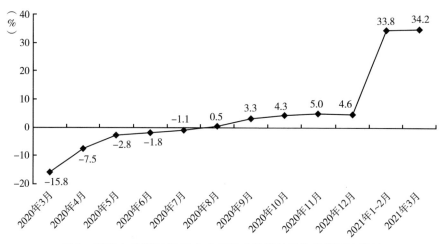

图2 2020年3月至2021年3月社会消费品零售总额同比增长

资料来源：国家统计局。

现下降。2020年人均消费支出21210元，比上年下降1.6%（见图4），扣除价格因素，实际下降4.0%，特别是2020年第一季度，下降了12.5%（见图5）。但其中粮油、食品和中医药等生活必需品消费需求增长保持稳定，截至2020年底粮油、食品类零售额达到15283亿元，较上年增长9.9%，高于社会消费品零售总额增速13.8个百分点。从增长趋势看，疫情

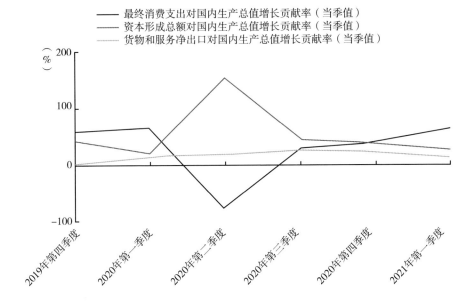

—— 最终消费支出对国内生产总值增长贡献率（当季值）
—— 资本形成总额对国内生产总值增长贡献率（当季值）
—— 货物和服务净出口对国内生产总值增长贡献率（当季值）

图3　2019年第四季度至2021年第一季度三大需求对国内生产总值增长贡献率

资料来源：国家统计局，http://www.stats.gov.cn/。

以来升级类消费品大多呈现负增长，但到2021年第一季度，随着我国统筹疫情防控和经济社会发展取得显著成效，娱乐、奢侈品等升级类消费品需求迅速回弹，其增长率全部由负转正，达到50%左右，其中金银珠宝类商品零售额同比增长80%以上（见图6）。这又推动人均消费支出累计增速由负转正，达到17.6%，超过收入增长速度。但与2019年一季度相比，全国居民人均消费支出两年（2020、2021）平均实际增速低4.0个百分点，除粮油食品等必需品外，其他商品零售额基本回到2019年同期水平。至2021年5月，升级类消费品如文化办公用品类、体育娱乐用品类和化妆品类商品零售额两年平均分别增长7.4%、19.6%和13.7%，增速加快。

（三）线上消费占比增长，后期线下接触型消费明显复苏

近年来线上消费稳定增长。疫情防控期间，由于倡导网络购物、在线办公、远程教学、直播卖货等无接触消费，因此在消费整体疲软的情况下，线

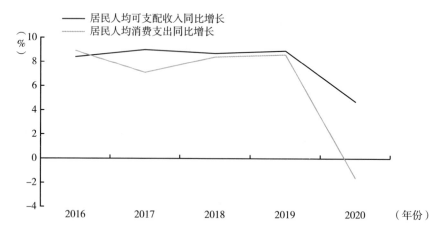

图 4   2016~2020 年居民人均可支配收入与消费增长

资料来源：国家统计局。

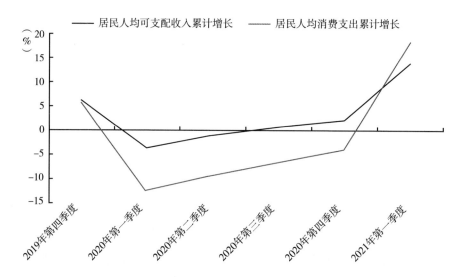

图 5   2019 年第四季度至 2021 年第一季度居民人均可支配收入和消费支出累计增长

资料来源：国家统计局。

上消费仍然逆势增长，占总体消费的比例不断上升。2020 年，全国网上零售额 11.8 万亿元（见图 7），占社会消费品零售总额的比重为 30.1%，比上年提高 4.12 个百分点，2021 年仍然保持增长，1~5 月，全国网上零售额达

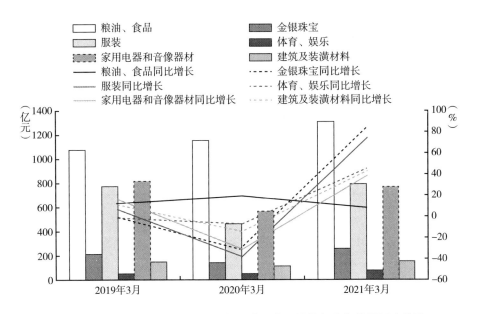

图6　2019年3月至2021年3月部分类别商品零售额当期值及同比增长

资料来源：国家统计局，http：//www.stats.gov.cn/。

4.8万亿元，累计增长24.7%，其中实物商品零售额同比增长19.9%，两年平均增长15.6%。新冠肺炎疫情以来线下聚集型、接触型消费如餐饮娱乐、旅游、住宿、影院等受到巨大冲击，2020年餐饮收入同比下降16.6%（见图8）。但随着国内疫情的好转，相关的限制逐渐放开，这类消费降幅缩小，特别是到2021年，消费额迅速上升。2021年第一季度，餐饮业收入同比增长91.6%，后期虽然增长率有所下降，但总体呈增长趋势。同时，旅游、观影的需求也全面恢复，更多的人开始重新在实体店购买商品（见图9）。这说明线下消费在迅速恢复。

（四）消费形式不断创新，"互联网＋"消费模式加速发展

2020年9月21日国务院办公厅发布《关于以新业态新模式引领新型消费加快发展的意见》，提出"以新业态新模式为引领，加快推动新型消费扩容提质"，有序发展在线教育，鼓励发展智慧旅游，大力推进在线医疗，创

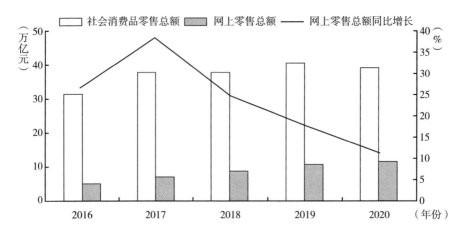

图7 2016~2020年社会消费品零售总额与网上零售总额及增速

资料来源：国家统计局。

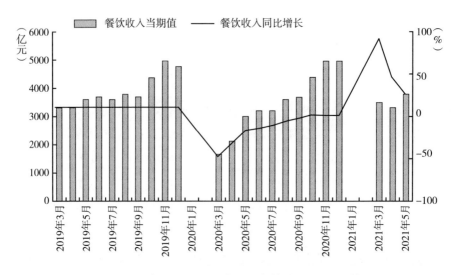

图8 2019年3月至2021年5月餐饮收入及同比增长

资料来源：国家统计局。

新无接触式消费模式，鼓励实体商业开启直播等新模式，从政策角度推动消费模式创新。消费加快速度向线上转移，无接触型服务不断创新，催生新消费形式。"宅经济""云习菜""云逛街""云上课""云办公"等新形式层出不穷，"互联网+消费"模式加速成长。鉴于抗疫的需要，许多线下服务

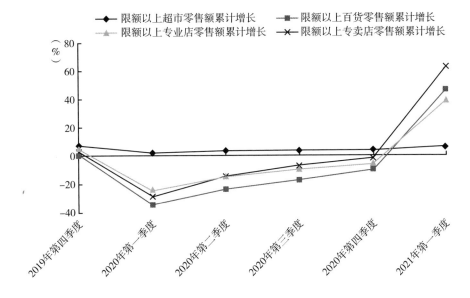

图9　2019年第四季度至2021年第一季度限额以上零售额累计增长

资料来源：国家统计局，http://www.stats.gov.cn/。

转到线上，传统服务业与互联网加速融合。例如餐饮业发展线上点餐、线下配送的模式，2020年5月，限额以上住宿和餐饮业企业通过公共网络实现的餐饮收入同比增幅超过20%。企业不断创新服务形式，开展了自助服务、无接触点菜外带和配送、食材代加工等各种服务（见图10）。

二　疫情时代消费群体特征

"宅经济"催生了新的消费需求。新冠肺炎疫情以来，"宅"成为人们生活状态的代名词，由此改变了人们的消费习惯，"云消费"全面激活，"互联网＋"进一步融入生活。

（一）生鲜电商需求激增

由于出行受限，居民更多从线上购买食物和生活必需品，"云买菜""云逛街"等网上采购成为人们的生活日常。针对这一需求，各大平台纷纷

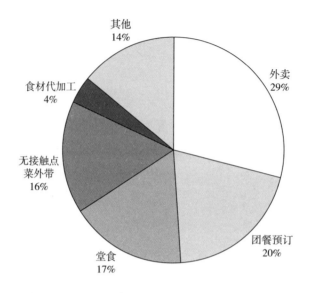

图10　餐饮企业经营方式占比

资料来源：中国饭店协会：http://www.chinahotel.org.cn/。

推出各自的"互联网＋生鲜"、社区团购等模式，盒马鲜生、京东到家、每日优鲜等生鲜电商需求激增。2020年春节期间，盒马鲜生在广州等地线上订单量是平时的5～10倍，京东到家成交金额同比增幅超374%，美团买菜订单环比增幅达到200%，叮咚买菜用户规模同比增长195.92%，使本来经营困难的生鲜电商行业重新获得加速增长（见图11）。疫情导致更多的人自己下厨，甚至95后也开始自己做饭，但他们又没有时间或没有能力，因此半成品菜和预制菜受到欢迎，盒马鲜生数据显示，95后购买半成品菜的比例是65后的两倍。

（二）线上教育需求爆发式增长

为保障新冠肺炎疫情发生时"停课不停学"，线上学习和办公软件用户增长。钉钉、腾讯会议、腾讯课堂、雨课堂等大量"云上课"和"云办公"软件市场规模迅速扩大，其中钉钉用户突破3亿。"互联网＋教育"模式不断创新，大量在线教育平台层出不穷。2020年3月，教育部发布《关于加

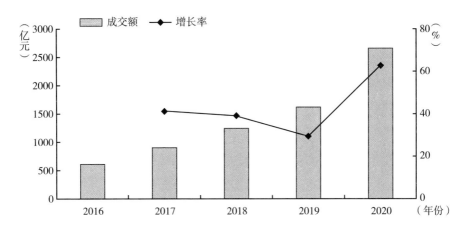

图 11　2016～2020 年生鲜电商成交额及其增长率

资料来源：CBNDData，https：//www.cbndata.com/report/。

强"三个课堂"应用的指导意见》，进一步推动"互联网＋教育"平台建设。而且父母对孩子的培养更为重视，"鸡娃"的家长对早教和课外学习需求大增，带动线上线下课外教育机构迅速增加。特别是线上课程价格相对线下更为低廉，时间和地点也不受限，更受到家长的欢迎，推动线上教育产业不断增长。2020 年中国在线教育行业市场规模达 2573 亿元，同比增长35.5%，在线教育及其关联产业市场规模已达 5000 亿元以上。学而思、猿辅导、作业帮和高途等一大批在线教育机构借机快速成长，2020 年中国在线教育的销售额同比增幅超过 140%。根据预测，2020～2025 年我国线上教育的销售规模年均复合增长率将达到 43.35%，至 2025 年实现收入 6840 亿元。

（三）数字文娱消费迅速崛起

"宅经济"推动"互联网＋文娱"产业发展。首先，旅游与互联网进一步融合，云游博物馆和虚拟景区等新兴数字文旅消费形态受到时下年轻人的追捧。多家博物馆在抖音、淘宝等平台开启直播，2020 年 2 月 20 日，"在家云游博物馆"在抖音平台直播，三天播放量超过了 3 亿次。其次，数字阅读发展迎来新机遇。2020 年网络文学创作逆势增长，2020 年第一季度，阅文集团平台新增作品数量超52万部,同比增长约1.5倍,读者用户规模不断扩大,截至2020年12月,中国网络文学用户规模达4.6亿。再次,大家不能去线下影院消费,导致对网剧、网络综艺的消费需求上升,2020年上半年,我国网剧市场增长率由负转正,共上线356部网剧,同比增长29%(见图12)。最后,网络游戏市场规模增速明显提升,2020年上半年我国游戏市场用户规模为6.6亿人,同比增长1.97%,实现营收1394.93亿元,同比增长22.34%(见图13)。

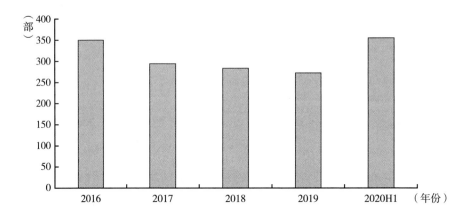

图12 2016年至2020年上半年中国网剧上线数量

资料来源:前瞻产业研究院:https://www.qianzhan.com/。

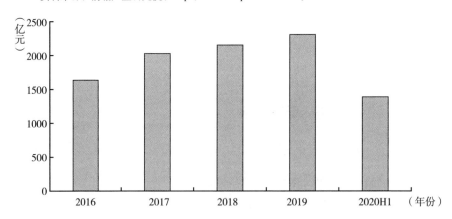

图13 2016年至2020年上半年网络游戏营收规模

资料来源:中国互联网络信息中心,http://www.cnnic.net.cn/。

（四）线上互动体验式消费受众扩张

疫情导致大众消费方式变革，消费者向线上寻找购物体验，2020年实物商品网上零售额97590.3亿元，占社会消费品零售总额的比重比上年提高约4.0个百分点。各类互动式消费获得增长机遇，其中"直播带货"凭借其直观性、互动性、分享性和体验性，迅速成为人们购物需求释放的重要平台。2020年淘宝直播日均活跃用户同比增长100%，由此推动直播行业爆发式增长。商务部发布的数据显示，2020年重点监测电商平台累计直播场次超2400万场，截至2020年12月31日，淘宝直播带来的成交总额超过4000亿元，年成交增速超过100%。另外，由于"Z世代"消费者更注重消费体验，网络文娱业也越来越呈现出互动和表达倾向，弹幕、书评等各种互动盛行，2020年，阅文全平台"本章说"数量近亿条。

三 后疫情时代消费群体特征

2020年三季度后，国内疫情防控形势持续向好，疫情防控常态化，经济逐渐恢复，人们消费预期与信心明显修复，后疫情时代消费需求逐渐恢复，甚至在某些时期呈现爆发式增长，消费结构出现新调整。

（一）线下体验式消费回流

由于疫情防控得力，线下体验式消费需求有所回升，旅游、影视娱乐消费逐渐恢复。中国的旅游消费需求一直比较旺盛，但受疫情防控压制，2020年线下旅游市场基本停滞，全国旅行社亏损71.77亿元。后期疫情防控常态化下，特别是国家推动全民接种疫苗后，人们旅游的信心明显加强，2021年"五一"假期，国内旅游出游2.3亿人次，恢复至疫情前同期的103.2%，仅5月1日一天全国铁路就发送旅客1882.6万人次，比2019年同期增长9.2%，出游人数创新高。影视娱乐需求更为高涨，2021年"五

一"期间票房收入达 16 亿多元，也创下同期新纪录。这说明消费者对线下体验性消费的需求仍保持较高水平。

（二）健康消费受到重视

疫情让人们重新审视健康问题，诸如健康焦虑、养生、中药、亚健康、失眠等话题受到更多关注。而且宅后的新一轮减肥健身也使主动式健康生活理念逐渐形成，自律健身、中医养生、科学护肤、天然的健康食品受到关注。首先，CBNData 的报告显示，近八成人觉得疫情后更重视也更愿意运动了，Keep 等健身 App 大受欢迎，2020 年 2 月有 7.8 亿用户进行线上"云运动"。除健步走路外，年轻人则更偏好健身减脂，30 + 岁女性每月平均使用健身类 App 8.9 天，偏好瑜伽等运动。其次，健康饮食也受到人们重视，除传统滋补品如即食阿胶和燕窝等外，健身运动商品和器材如运动手表、健身弹力带，养生产品如养生壶、养生茶和辅酶 Q10，健康食品如低脂鸡胸肉、有机食品等产品销量都有上升，淘宝直播中有机蔬菜消费年复合增长率达 460%。再次，中式养生重新受到关注。近两年，中医药重新受到关注，中药调理、中式药膳、针灸推拿等中医养生方式受到青睐。我国老龄化日益严重，而且生活压力大，导致很多疾病越来越年轻化，居民对医疗咨询和保健类产品需求增加，在线医疗患者咨询人次同比增长 73.4%。传统品牌适应需求不断创新，东阿阿胶等产品不断推陈出新，适应年轻人的口感。淘宝补益用药类目季度复合增长率突破 689%，传统滋补类目复合增长率 35%。有意思的是，年轻一代反而对自身的健康问题更为焦虑，健康自评得分更低，天猫上保健品的购买者中有 40% 左右是"90 后"和"Z 世代"。

（三）消费升级与消费降级并存

由于疫情的影响，人们意识到收入的不确定性，消费更趋于理性，在消费升级的同时也出现了消费分级趋势。一方面消费升级需求仍然较强，人们更注重生活品质，特斯拉汽车、高端 5G 手机和智能家居等新产品的需求旺盛，例如，2021 年第一季度，金银珠宝类零售额同比增长 83.2%，汽车类商品零售额增长了 48.7%（见图 14）。另一方面，在生活必需品上，消费以实用为主，人们更倾向性价比高的商品，特别是可选消费品，例如对更为经济的麦类食品的消费上升了 15.1%。特别是三线以下城市，更偏好拼多多等低价团购 App。人口老龄化越来越严重，也可能在一定程度上抑制消费升级。

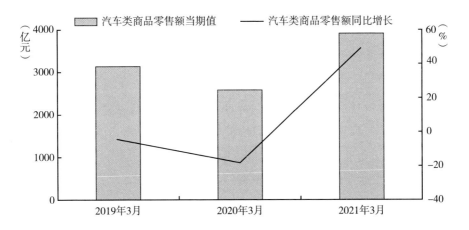

图 14　2019 年 3 月至 2021 年 3 月汽车类商品零售额及增长

资料来源：国家统计局官网，http：//www. stats. gov. cn。

四　基于个人特征的消费群体特征

（一）"Z 世代"引领新消费方向

新冠肺炎疫情以来，举国上下一心共同抗击疫情，涌现出大量感人事迹，体现了我国制度的优越性，进一步增强了人们民族自信心和文化认同感，其中"Z 世代"更是表现出强大的爱国热情和文化自信。中国"Z 世代"有约 2.6 亿人，"Z 世代"是出生在互联网时代，伴随着中国经济与技术的高速发展成长起来的一代，相比其他世代，他们经济上更宽裕，作

为新消费人群消费能力较高，相关消费市场达到4万亿元；而且他们接受了良好的教育，有更多的机会和渠道了解世界，他们更注重身份认同，偏好中国传统文化，呼应主流价值的趋向尤甚。因此，"Z世代"对民族品牌充满自信，更容易接受本土品牌，偏好国潮服饰、彩妆等产品。李宁、大白兔、回力鞋等经典品牌重新受到追捧，文创IP如故宫、敦煌等概念大火，国货品牌国内市场占有率不断提升，2020年中国品牌市场渗透率高达91.4%。他们对新锐品牌的接受度更高，在购买新锐国货品牌的消费者中其占比超过一半。完美日记、花西子、元气森林、钟薛高等新国货品牌迅速发展，例如完美日记在2020年"双十一"的销售额达5亿多元，上升到彩妆行业第一。他们是时尚消费的引导者，大量品牌为贴近"Z世代"的需求而改变设计营销等一系列产品方案。"Z世代"更愿为"惊喜"和情怀消费，盲盒成为众多年轻人追捧的商品，2010年创立的泡泡玛特市值已过千亿元。"Z世代"更受社交圈影响，对KOL和明星的带货比较追捧，"某某同款"仍然引领单品购买趋势。

（二）新女性是消费主力

"乘风破浪的姐姐"等30+女性节目的大火，反映了新时代"姐姐"们更为独立自主的形象，"大女主"概念崛起。这部分女性有稳定的工作，收入增长较快，与男性的收入差距缩小，是家庭消费的主力军，中国女性消费市场超过了10万亿元。首先，她们的消费更追求舒适自在和方便，特别是都市女性，希望从家庭工作中解脱出来，40.1%的女性更愿意使用智能家电，对影视、旅游、艺术等升级性消费更愿意体验，也更注重品质，平均每月3.4天使用奢侈品类App。其次，这些女性更注重悦己型消费，由此带动了中国女性彩妆的消费稳定增长，形成"中国风妆"中女性更为独立、不趋从于男性审美的形象，并快速向其他国家传播。再次，他们更愿意为"颜值"消费，45%的女性每年护肤品花费超三千，带动护肤、美容和健身等产业稳定增长。最后，大多数女性更注重自我，不再为家庭付出一切，特别是85后和95后妈妈，大部分给孩子的支出仅占家庭总支出不到40%。

（三）中产者向往品质生活

中国中等收入人口数量已超过 4 亿，可支配收入不断增长，支付能力更强，其消费观正从生存型过渡到发展型，在很大程度上影响着中国消费市场。居民消费结构不断升级，人们在住房、汽车、教育、保险等方面投入越来越高（见图15）。不过，由于物价与房价波动，消费受到一定程度的抑制。值得注意的是，越来越多的 35 岁以下的年轻人也进入中产行列，新中产对消费也有新的影响。总体来说，他们更重视生活品质，96％的人认为正在进入人机合作时代，代表品质生活的智能生活商品，例如智能扫地机等更受到他们青睐，家庭实现智能互联。中等收入人群更追求精神层面成长，2020 年新中产用户关键词阅读量中"个人成长"同比增长90％。因此，他们对高品质服务的需求较高，例如对定制化的健康保险、医疗服务等更为关注，导致保险市场规模持续扩大（见图16）。

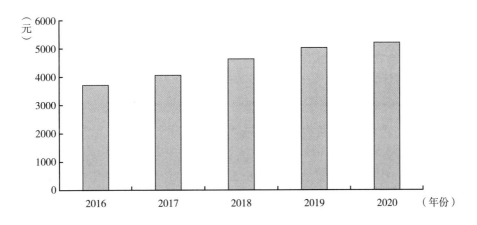

图15　2016～2020 年人均居住消费支出

资料来源：国家统计局。

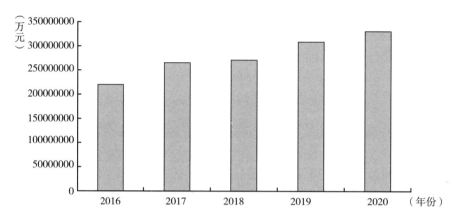

图 16　2016～2020 年人身险保费收入

资料来源：国家统计局官网，http：//www. stats. gov. cn。

五　基于地域的消费群体特征

（一）城乡消费差距趋向缩小

脱贫攻坚战打响以来，各级政府提供政策支持，各电商等平台下沉到农村地区，积极参与精准扶贫事业，开发农村地区的特色产品，践行乡村振兴战略，2021 年 2 月 25 日，习近平主席在全国脱贫攻坚总结表彰大会上宣布，中国已消除绝对贫困。在此背景下，农村人均收入迅速增长，增长速度快于城镇，人均消费支出也始终保持快于城镇的增长速度，虽然疫情导致消费支出总体下降，但疫情对农村消费的影响相对较小，农村居民消费支出下降幅度小于城镇。2020 年全国居民人均消费支出同比下降 1.6%，其中，城镇居民人均消费支出下降 3.8%，而农村居民人均消费支出却增长 2.9%（见图 17）。2021 年第一季度消费普遍增长，但农村消费支出增长速度仍然高于城镇，农村消费支出累计增长 21.1%，高于城镇 5.3 个百分点。

虽然城乡收入差距仍然比较大，但农村消费升级速度并不比城镇慢，各

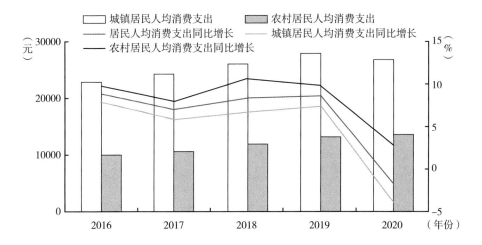

图17　2016~2020年城乡居民人均消费支出增长率

资料来源：国家统计局官网，http://www.stats.gov.cn/。

项升级消费支出增长速度与城镇基本一致，疫情发生时受影响最大的是教育文化娱乐消费，一旦情况好转，这部分消费需求也立即反弹，城乡间差距总体来说在缩小。不过，如果用2021年一季度与2019年同期相比，城镇教育文化娱乐消费的恢复速度高于农村，且后者还没恢复到疫情前的水平，可见农村消费还有很大提升空间（见图18）。

（二）下沉市场消费兴起

2018年，我国三线城市及以下地区人口已达9.3亿，占全国人口66.6%，形成庞大的下沉市场，消费潜力巨大。下沉市场消费需求快速增长，2018年其社会消费品零售总额已达17.2万亿元，占总体的45%，特别是三线、四线城市，消费力正在爆发。2020年6月，三线、四线城市及城镇居民消费对中国快消费品牌销售额增长贡献率达到76.8%。随着经济的发展，下沉市场消费者收入稳步增长，年收入14万~30万的人口占30%以上，而房贷等压力却比一线、二线城市居民小，消费升级需求不断扩大，2020年下半年，他们在抖音搜索奢侈品的人数是上年同期9倍。特别是三线、四线城市年轻人即"小镇青年"，人均消费已超过一线、二线城市，对生活品质要

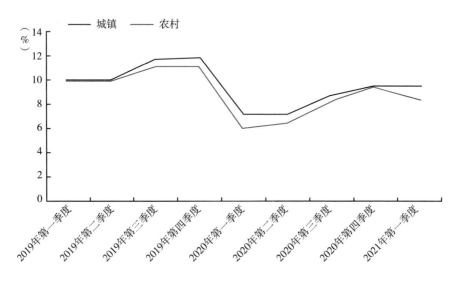

图18　2019 年至 2021 年第 1 季度城乡居民人均消费支出中
教育文化娱乐消费支出占比

资料来源：国家统计局官网，http：//www. stats. gov. cn/。

求更高，越来越偏好如激光电视、洗碗机、美容仪等高品质商品，注重享受生活，平均一年出境游 2 次。下沉市场成为消费增长的新引擎。

六　消费发展趋势分析

总体来说，我国最终消费率只有 55.8%，仍低于与我国发展水平相近的国家，消费潜力仍待进一步挖掘。2021 年 4 月，我国社会消费品零售总额为 33152.6 亿元，同比增长 17.7%，远低于 3 月份，消费持续增长动力不足，促进消费任务仍然比较重。《中共中央关于制定国民经济和社会发展第十四个五年规划和二〇三五年远景目标的建议》提出，要"以新业态新模式为引领，加快推动新型消费扩容提质"。在国内大循环背景下，仍需加强促进消费的政策，利用新基建，挖掘新领域，改进消费环境，发展消费新模式。但境外疫情输入压力依然较大，对促进消费市场发展带来不确定性。

（一）智慧养老消费潜力大

第七次人口普查结果显示，我国60周岁及以上人口2.64亿，占总人口的18.7%，中国人口老龄化问题加剧。发展老龄产业市场潜力巨大，到2020年我国老年消费市场规模达到3.79万亿元。一方面，数字技术的进步推动智慧养老发展，通过远程传感监控、健康监测等科技手段，实现信息化养老、智慧养老。2017年2月发布的《智慧健康养老产业发展行动计划（2017－2020年）》，提出要建设500个智慧健康养老示范社区。另一方面，老年人也更多利用数字技术实现便捷生活。老年人对互联网的使用越来越频繁，占了全体网民的13.6%，其移动设备用户规模超过1亿。在更多使用视频服务的同时，他们对移动购物App的使用也在增加，42.3%的人用淘宝进行过购物。这在一定程度上增强了他们的消费倾向，数据显示，2020年5月，他们在移动购物细分行业中，对综合电商的活跃渗透率达67.2%，与上年同期相比，他们对1000元以上的商品的消费也在增加，说明其消费潜力开始有所释放。随着理念的更新，老年人在美容美发、健身娱乐、培训学习等方面也开始有更多涉及，携程数据显示，老年人旅行频次较高，5%的受访老年用户每年出行3次以上。中国式智慧养老成为经济发展新增长点。

（二）升级型服务消费需求仍有较大上升空间

随着经济发展，人们消费的需求由"量"向"质"转变，教育文化娱乐等服务需求增加。2019年服务消费占居民消费支出比例已超过50%，疫情虽然抑制了人们的消费，但2021年一季度各类商品消费水平均有大幅提升。不过，如果以2019年为基准进行分析，可看到2021年一季度居民消费支出中服务消费占比低于2019年，说明服务消费还没有完全恢复，其中娱乐及其他服务消费相比2019年仍是负增长，升级性消费未来仍然有很大修复空间（见图19）。

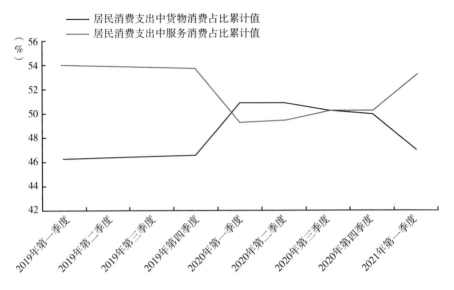

图 19 2019 年至 2021 年第 1 季度居民消费支出中货物与服务消费占比累计值

资料来源：国家统计局官网，http://www.stats.gov.cn/。

（三）农村消费潜力有待进一步挖掘

县乡人口占我国总体一半以上，其消费潜力巨大。国家出台多项政策，发展"三农"建设，国务院总理李克强 2021 年 4 月 27 日主持召开国务院常务会议，提出要改善县域消费环境、促进农村消费潜力释放。新冠肺炎疫情以来，各地政府更是联合多个平台，组织电商助农 + 消费扶贫活动，多地书记、县长亲自上直播带货，极力推广各地方产品，地方特色农产品和小品牌成为受消费者喜爱的特色新产品。随着新农村建设的进一步加快，农村与县镇居民的收入预计能较快增长，消费扩大与升级将加速。数据显示，城乡居民家庭恩格尔系数虽然受疫情的影响有所上升，但总体均呈下降趋势（见图 20），升级型和服务型消费总体增加，说明城乡消费结构都具有显著的从生存型向发展型过渡的持续升级特征。2021 年 3 月，乡村消费品零售额同比增长 34.9%，增速比 1～2 月份加快 5.8 个百分点。随着新农村建设进程的加快，农村有望成为消费新增长点。

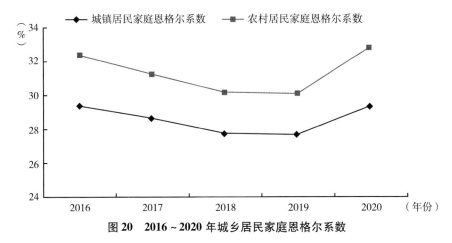

图20　2016～2020年城乡居民家庭恩格尔系数

资料来源：国家统计局官网，http://www.stats.gov.cn/。

（四）新基建带来消费新模式

《2020年国务院政府工作报告》提出，重点支持"两新一重"建设。随着5G、物联网、大数据等新型基础设施建设持续推进，中国消费市场将加速转型升级。"新零售"进一步发展，实物消费进一步虚拟化，更多的线下商场、农贸市场等传统商业主体将对接线上平台，实现线上线下的联动，利用大数据、VR等技术进一步实现"云逛街"等新消费模式。医疗、娱乐、教育等服务消费进一步实现线上线下深度融合，智慧旅游、在线体育等体验式消费不断创新。对品质生活的需要推动服务创新，"生鲜农产品互联网平台＋物流"模式更受家庭欢迎，农产品"生鲜电子商务＋冷链宅配""中央厨房＋食材冷链配送"等服务新模式不断出现。新基建将缩短供应链距离，整合资源，实现"云制造"，实现客对厂、对农模式，产品定制实现高度匹配，让消费者精准消费。

（五）消费环境不断优化

电商和电商平台的快速发展也带来了一系列问题。首先，大平台滥用市场支配地位，不正当竞争、售假等问题突出，对其加强监管，规范市场运行

势在必行。2019 年 1 月 1 日起,《电子商务法》正式施行,2021 年 4 月 10 日,市场监管总局对阿里巴巴集团滥用市场支配地位行为做出处罚,共罚款 182.28 亿元。直播行业大爆发的同时,直播售假事件频出,《关于加强网络直播营销活动监管的指导意见(征求意见稿)》,明确针对网络直播营销中售卖假冒伪劣产品等问题做出相关规定,直播行业将更为规范。其次,疫情以来线上教育快速增长,但也出现滥发广告、师资造假等诸多问题,造成大量负面舆论。针对这些问题,2021 年 3 月 16 日,网信办和中国网络社会组织联合会成立了在线教育专业委员会,倡议加强行业规范。各种"鸡娃"式教育也带来了大量社会讨论,又带动《小舍得》等相关周边影视文艺作品大行其道,各部门纷纷发文整顿课外培训市场,提醒家长与机构遵守教育规律。未来在线教育市场在准入标准、办学质量上都会受到更严格监管。可以预期的是,消费环境将持续优化。

(六)消费理念持续升级

国家大力宣传理性消费、绿色消费、低碳消费和可循环消费等理念,居民消费理念持续升级。国家主席习近平宣布中国力争于 2030 年前二氧化碳排放达到峰值、2060 年前实现碳中和。为实现这个目标,各部门合力倡导科学、合理、绿色消费,2020 年 3 月,中共中央办公厅、国务院办公厅印发《关于构建现代环境治理体系的指导意见》,提出要"引导公民自觉履行环境保护责任,逐步转变落后的生活风俗习惯,积极开展垃圾分类,践行绿色生活方式,倡导绿色出行、绿色消费"。各地相继制定并实施垃圾分类政策,特别是上海的"垃圾分类",掀起讨论热潮,成为热门话题。各地还相继开展"杜绝浪费,光盘行动"活动,宣传节约粮食,制止餐饮浪费行为。

B.18
中国新发展格局下外贸企业
出口转内销面临的机遇与挑战*

钱慧敏　倪颖**

摘　要： 新冠肺炎疫情暴发至今，全球范围的经济及供应链都遭受严重打击。随着全球需求减弱、地区互通受阻，全球化进程放缓，各行各业或多或少受到疫情影响，尤其是出口业，有部分出口订单被延迟甚至取消，外贸企业也愈发难以拿到新订单。此外，中美贸易摩擦等问题给全球市场注入不确定性。在这个大环境下，中国的"双循环"新发展格局应运而生，旨在加快构建"以国内大循环为主体、国内国际双循环相互促进的新发展格局"，积极扩大内需，刺激消费，从而保障经济复苏以及可持续增长。本报告将重点探讨在"双循环"新发展格局下，外贸企业出口转内销的一些机遇与挑战。

关键词： "双循环"　外贸企业　出口转内销

一　外贸企业出口转内销背景

（一）全球贸易和出口市场增长放缓

加工贸易是中国对外贸易和开放型经济的重要组成部分，对中国经济发

---

* 本报告部分内容来自冯氏集团利丰研究中心发布的《"双循环"系列报告》。
** 钱慧敏，冯氏集团利丰研究中心副总裁，研究方向为中国经济、中国商业、全球采购、供应链管理等；倪颖，冯氏集团利丰研究中心高级研究经理，研究方向为中国零售及消费业、商业政策。

展贡献巨大。改革开放 40 多年来，加工贸易实现了跨越式发展，带动就业并促进产业结构升级。外贸企业从外国进口原材料、零配件及半成品，在国内加工后，再把成品运到国外销售。这种"两头在外，大进大出"的出口导向型经济发展模式取得了巨大成功，中国由此发展成为世界上最大的制造国，更被称为"世界工厂"。

近年来，基于国内外环境发生深刻变化，中国加工贸易规模和占比也有所下降。1998 年加工贸易占外贸总值的 53.4%[①]，2020 年底这一比例降至23.8%[②]。在国内劳动力成本上升以及全球市场萎缩的外部环境下，尤其是2008 年金融危机之后，欧美等国外市场增长放缓。中国政府提出要从出口导向型经济向内需主导型经济转型，经济增长由主要依靠投资、出口拉动，转向依靠消费、投资、出口"三驾马车"协调拉动、共同推进的更为平衡的发展模式，以支撑经济的长远可持续发展。

2020 年初，新冠肺炎疫情的暴发及蔓延导致全球供应链受损，经济下行风险加剧，进一步削弱了外部需求。同时，地缘政治紧张局势加剧，贸易保护主义抬头，导致全球化速度放缓。世界贸易组织报告显示，受新冠肺炎疫情影响，2020 年全球货物贸易量下滑 5.3%。[③]

在需求端和供给端的"双向挤压"下，外贸企业意识到仅靠出口市场无法保证长期可持续发展，希望通过开拓国内市场或增加内销比例，减少对出口市场的依赖。实际上，自 2008 年金融危机之后，中国政府便开始鼓励外贸企业出口转内销。2020 年，为应对新冠肺炎疫情影响，中央及地方政府分别出台了一系列帮助外贸企业出口转内销的政策措施。外贸企业在服务国际市场的同时，也开始着力出口转内销，尝试"两条腿走路"。

① 商务部：《任鸿斌出席国新办联防联控机制发布会介绍稳外贸相关举措》，http://www. mofcom. gov. cn/article/i/jyjl/e/202004/20200402954392. shtml。

② 国务院新闻办：《国务院新闻办就 2020 年全年进出口情况举行发布会》，http://www. gov. cn/xinwen/2021－01/14/content_ 5579875. htm。

③ 世界贸易组织："World trade primed for strong but uneven recovery after COVID－19 pandemic shock"，https://www. wto. org/english/news_ e/pres21_ e/pr876_ e. htm。

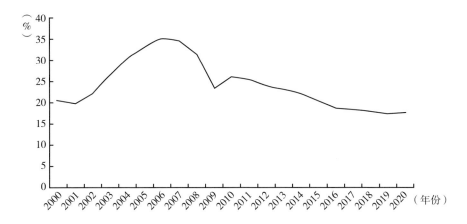

图1　2000～2020年中国出口总额占GDP的比例

资料来源：国家统计局。

（二）"双循环"新发展格局下扩大内需成为中国经济发展的主要方向

在全球受到疫情冲击、世界经济衰退、产业链供应链循环受阻的大环境下，中央提出"双循环"新发展格局，旨在加快形成"以国内大循环为主体、国内国际双循环相互促进的新发展格局"，培育强大的国内市场，充分利用国内市场各种资源，坚持扩大内需，全面促进消费，并建立以国内市场为立足点的新增长模式，以支撑经济复苏和持续增长。

2020年10月，党的第十九届五中全会通过《中共中央关于制定国民经济和社会发展第十四个五年规划和二〇三五年远景目标的建议》。会议提出，要"坚持扩大内需的战略基点，加快培育完整的内需体系，把实施扩大内需战略同深化供给侧结构性改革有机结合起来，以创新驱动、高质量供给引领和创造新需求"。

过去几年，中国加速经济转型升级，中产阶级日益壮大，人民对美好生活品质追求持续提升，这些都为国内市场发展提供了强大动力。国家统计局数据显示，2020年中国经济总量突破100万亿元大关，达到101.6万亿元，较2019年增长2.3%，也是全球唯一完成全年经济正增长的主要经济体。

此外，中国人均 GDP 也连续两年超过 1 万美元。① 北京大学国家发展研究院
名誉院长林毅夫在中国发展高层论坛 2021 年会上表示，预计到 2025 年，中
国人均 GDP 将超过 1. 24 万美元，跨过高收入国家门槛，进入高收入国家行
列；到 2030 年，中国有望超越美国，成为全球第一大经济体；到 2035 年，
中国人均 GDP 将比 2020 年翻一倍，达到 2. 3 万美元。②

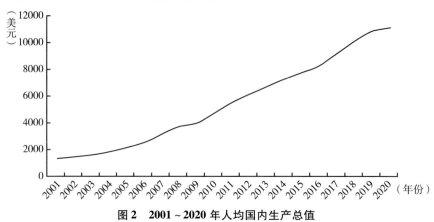

图 2　2001～2020 年人均国内生产总值

说明：人均国内生产总值按 1 美元 = 6. 47 元人民币汇率计算。
资料来源：国家统计局。

　　另外，尽管受到新冠肺炎疫情的冲击，2020 年我国最终消费率③仍然达
到 54. 3%（见图 3），为近年来的较高水平，全年社会消费品零售总额亦达
39. 2 万亿元④（见图 4），消费依旧是经济稳定运行的压舱石⑤。中华全国商

---

① 国家统计局：《2020 年国民经济和社会发展统计公报评读》，http：//www. stats. gov. cn/
xxgk/jd/sjjd2020/202102/t20210228_ 1814167. html。
② 夏旭田：《林毅夫：未来 15 年中国 GDP 有望保持 5% –6% 的增速，2035 年人均 GDP 将翻
番达到 2. 3 万美元》，21 世纪经济报道，https：//m. 21jingji. com/article/20210321/
herald/d719affbf1632e2e03e2528e88c9d546. html。
③ 最终消费率，是指一个国家或地区在一定时期内的最终消费（用于居民个人消费和社会消
费的总额）占当年 GDP 的比例，反映了当地生产的产品用于最终消费的比重，是衡量国民
经济中消费比重的重要指标。
④ 国家统计局：《 2020 年 12 月份社会消费品零售总额增长 4. 6%》，http：//www. stats.
gov. cn/tjsj/zxfb/202101/t20210118_ 1812428. html。
⑤ 国家统计局：《国家统计局局长就 2020 年全年国民经济运行情况答记者问》，http：//www.
stats. gov. cn/tjsj/sjjd/202101/t20210118_ 1812480. html。

业信息中心预计 2021 年我国社会消费品零售总额将增长 10% 以上。①

未来，居民收入的增长将进一步带动消费市场的发展。由此可见，中国不仅是一个生产制造大国，也是一个潜力巨大的消费大国，强大的国内市场及消费意愿将是中国未来经济发展的主要动力。

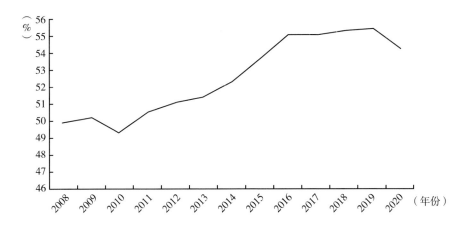

图 3　2008~2020 年中国最终消费总额占 GDP 的比例

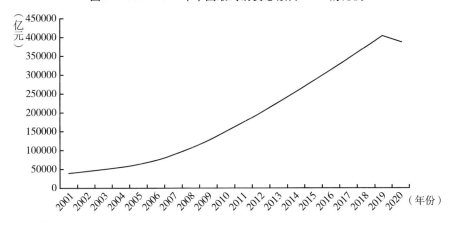

图 4　2001~2020 年社会消费品零售总额

资料来源：国家统计局。

---

① 王琳：《中华全国商业信息中心：今年社会消费品零售总额预计增长超 10%》，《新京报》，https：//www. bjnews. com. cn/detail/161916516415646. html。

二　外贸企业开拓内销市场的挑战

（一）出口贸易和内销商业模式不同

国内国际"双循环"新发展格局及中国市场的崛起为加工贸易企业进入国内市场提供了一个良好的契机。但是，长期以来，国内外市场在业务模式方面存在差异。例如，从事出口业务时，外贸企业一般以代工和订单生产为主，企业只需根据买家提出的要求负责生产制造即可，无须承担库存及市场风险。然而，内销模式一般要求工厂先提供产品样品，买家确认样品后才根据需求下单。除此之外，在国内销售时，企业还常常需要直接面对市场，承担产品营销者的角色。因此，除了生产，外贸企业从事内销时，还需具备一定程度的产品研发、设计、销售、营销等能力。

此外，欧美市场的供应链体系由品牌和零售商主导，交易模式相当规范成熟。而中国内销市场的流通环节则相对复杂。国外的传统采购模式较有规划性，国内订单则相对碎片化、多批少量。另外，国内的主要渠道商，如百货店、电商和新零售平台等，一般采取延后结账模式，回款周期较长，对企业的资金周转也会造成一定影响。

以下是外贸企业从事出口和内销业务在商业模式、订单规模、交货周期、库存风险和付款方式方面的主要差异（见表1）。

表 1　外贸与内销的模式比较

类别	出口贸易	国内销售
商业模式	一般采取订单制,工厂根据买家要求负责生产	一般工厂需要先提供产品样品,然后买家根据需求购买货品
订单规模	大批量,少批次:买家提前与出口商签订采购合同,一般订单规模及金额较大	小批量,多批次:订单规模较小且分散,不易进行规模生产,成本较高
交货周期	较长	较短

类别	出口贸易	国内销售
库存风险	先下单后生产,根据买家的订单量生产产品,买家承担库存风险	先生产后下单,卖家承担库存风险
结算付款方式	一般采取"预付订金 + 货到付尾款"的模式,有信用证、保理等贸易融资方案支持	通常采取赊销模式,先拿货后付款,账期由 30 天到 6 个月不等,占用资金多,风险相对较高

资料来源:冯氏集团利丰研究中心。

(二)外贸企业转向国内市场面对的挑战

除了上述提及的国内与国外市场商业模式方面的差异外,外贸企业在出口转内销的过程中还会遇到不少其他难题和挑战。以下是外贸企业在出口转内销过程中经常会遇到的一些问题。

·没有内销权

"三来一补"企业[①],如来料加工企业,一般没有法人地位和内销资格,须向政府有关部门申请转为三资企业[②]并取得法人资格后,才能在国内进行销售。由于申请涉及多个部门的审批,可能需要较长的时间。

·税务成本增加

目前外贸企业可以享受出口退税政策,但如果企业将出口产品转内销,则无法享受此项优惠,并需对原来保税进口的原材料履行完税手续后才能进入国内市场销售。除此之外,制成品在国内市场销售时,还需缴纳增值税。各种额外的税费叠加,往往会造成中国制造产品在国内市场的价格高于国际市场。

---

① "三来一补",是指来料加工、来样加工、来件装配和补偿贸易。"三来一补"企业是由中国的企业法人与外商签署合作合同,并以中方的名义设立的工厂营业登记,该工厂并非企业法人,也不是有限责任公司。

② 三资企业,即在中国境内设立的中外合资经营企业、中外合作经营企业、外资企业三类外商投资企业的合称。

·国内和国外市场采用的商品检测和产品认证标准不同

由于国内和国外市场采用不同的商品检测和产品认证标准，符合国外标准的产品并不一定符合国内标准，但是产品转内销必须通过国内的检测认证。例如，玩具及电器产品等 17 大类 103 种产品须获得强制性产品认证证书后才可以在国内销售。这些测试和认证都会增加成本，某些认证还需要较长的时间才能完成。

·缺乏融资和信贷支持

由于国内销售一般采取赊销模式①，账期由 30 天到 6 个月不等，回款周期长对企业的资金周转会造成一定影响，企业须承担的风险亦相比从事出口业务时高。此外，由于国内贸易信用体系尚未完善，贸易融资渠道不够成熟，企业的融资成本相对较高，尤其对于中小企业来说，融资困难是他们转内销时面临的一大挑战。

·缺乏对国内消费习惯和喜好的认识

由于国内外消费者的消费习惯、需求和偏好不同，在国外市场受欢迎的产品不一定在国内市场卖得好。例如，出口欧美的服装在尺码、款式的消费偏好上与国内市场差异较大，为了迎合国内消费者的需求，外贸企业需要调整和改进其产品。此外，国内消费者的需求不断趋向个性化，外贸企业必须加强产品设计及市场营销能力，以留住消费者。

·缺乏对国内渠道了解和销售经验

相比出口市场，国内市场的竞争更加激烈，流通渠道较复杂且分散。外贸企业进入国内市场，需要建立自己的分销渠道及销售网络，建立供应链上下游各个环节的能力以及专门的销售和营销团队，这对于缺乏国内市场经验的外贸企业来说是一大挑战，需要企业长期的耕耘和努力。

·缺乏知识产权及品牌建设方面的经验

多数外贸企业没有自己的品牌，一般是贴牌生产，只需做好生产环节即

---

① 赊销模式，是信用销售的俗称，以信用为基础，卖方与买方签订购货协议后，买方取走货物，按协议在规定日期内付款或以分期付款的形式付清货款。

可，无须处理市场营销等其他环节的事项。但当外贸企业转型内销时，由于业务模式上的差异，外贸企业需要逐渐建立供应链上下游其他环节的能力。此外，外贸企业若开发自有品牌，还需进行商标注册，而中国的商标注册过程耗时较长，平均注册周期为一年。国内市场对于知识产权保护方面的力度较弱，市场一旦出现新产品，仿制及假冒品也蜂拥而至，这也会在一定程度上打击企业开发市场和建立品牌的意愿。

综上所述，外贸企业转内销之路并不平坦，从市场准入到产品进入国内市场销售的过程存在各种挑战，企业不仅需要适应国内的销售环境，更需要扩充自身的知识和能力、积累经验，探索之前未曾涉及的研发、设计、销售、营销等领域。此外，转内销后企业所需花费的时间和成本会比只从事出口业务时增加不少，他们需要生产符合国内消费者喜好的产品，同时需要满足国内一系列测试和认证标准，其他的成本（如税务成本等）也会有所增加，因此转型内销对企业的人力和财力也有一定要求。

三　助力外贸企业出口转内销的各类措施

（一）政府最新扶持政策

为妥善处理传统型外贸企业转内销时面临的各种挑战，中央和各级地方政府制定出台相应的政策措施，从而助力外贸企业扩展内销渠道，融入内循环发展战略中。

2020 年 6 月 22 日，国务院办公厅颁布《关于支持出口产品转内销的实施意见》[①]，针对外贸企业出口转内销时面对的各种挑战，推出相应的支持性政策，保障供应链及产业链运转畅通。比如，允许受疫情影响转为内销的商品，如符合出口目的国生产标准同时达到中国强制性标准，企业可以做出相关书面承诺，通过自我符合性声明的方式在国内进行销售。政府也承诺将

---

① 国务院办公厅：《国务院办公厅关于支持出口产品转内销的实施意见》，http://www.gov.cn/zhengce/content/2020 - 06/22/content_ 5521078. htm。

继续深入进行强制性产品认证制度改革，简化出口转内销产品的认证程序，缩短办理认证的时间。

此外，商务部、财政部等有关部门也采取了不少措施，有效解决外贸企业出口转内销过程中面临的各种挑战，对相关企业进行帮扶纾困。针对内外销税制不一致，知识产权保护不严，内销融资难、成本高等难点，各级政府部门加大政策扶持力度，施行办税程序简化、加工贸易内销申报纳税办理时限进一步放宽、暂免征收内销缓税利息等措施。在知识产权保护上，将为外贸企业专利申请及商标注册推出更为便捷的支持性措施。除此之外，政府还将进一步加大对出口转内销融资的支持力度，鼓励金融机构对出口转内销产品提供融资支持，缓解企业资金压力。

表 2　2020 年政府关于支持出口产品转内销的主要政策

时间	相关政策	发布机构
2020 年 4 月	《关于扩大内销选择性征收关税政策试点的公告》 （财政部公告 2020 年第 20 号）	财政部、海关总署、税务总局
2020 年 4 月	《关于暂免征收加工贸易企业内销税款缓税利息的通知》 （财关税〔2020〕第 13 号）	财政部
2020 年 4 月	《关于暂免征收加工贸易货物内销缓税利息的公告》 （海关总署公告 2020 年第 55 号）	海关总署
2020 年 6 月	《关于支持出口产品转内销的实施意见》 （国办发〔2020〕第 16 号）	国务院办公厅
2020 年 7 月	《关于调整加工贸易内销申报纳税办理时限的公告》 （海关总署公告 2020 年第 78 号）	海关总署
2020 年 7 月	《关于精简优化出口转内销产品强制性产品认证程序的通知》 （国认监〔2020〕第 5 号）	认监委
2020 年 9 月	《关于贯彻落实〈国务院办公厅关于支持出口产品转内销的实施意见〉的公告》 （国家市场监督管理总局公告 2020 年第 39 号）	市场监管总局

表3 外贸企业出口转内销的主要挑战与政府的相关扶持政策

出口转内销的挑战	政府扶持政策
外贸企业没有内销权	政府将简化对出口企业从事内销业务的审批程序
国内和国外市场采用的商品检测和产品认证标准不同	在2020年底前,市场监管总局对依据出口目的国家标准生产且达到中国强制性标准要求的出口产品,如因疫情影响需要转内销的,允许企业通过自我声明形式进行销售。* 企业可通过企业标准信息公共服务平台,或以产品说明书、出厂合格证、产品包装等形式对产品符合强制性国家标准做出声明。** 为配合鼓励企业转内销,一些地方(如南昌市)已将相关政策期限延长至2021年底 ***
CCC认证程序烦琐	CCC认证机构应对出口转内销产品认证程序做出合理精简优化,通过开辟绿色通道、拓展在线办理服务等措施,缩短认证证书办理时间、减少认证证书数量等。同时,针对中国已加入并能够承认相关检测、检查、认证结果的国际多边、双边合格评定互认体系,CCC认证机构应接受或承认转内销企业和产品相关的评定结果,避免重复评价,降低认证成本。此外,CCC认证机构将为外贸企业提供政策及技术培训,安排专门人员跟踪认证流程,提供服务及技术支持,并合理减免转内销产品的认证费用 ****
税务成本增加	为减轻企业负担,自2020年4月15日起,将扩大内销选择性征收关税政策试点至所有综合保税区。***** 区内企业可根据自身情况,自主选择按进口料件或按成品缴纳关税。由于进口料件和成品对应的关税税率不同,企业可通过该方法合法降低企业税负。此外,海关总署发文通知,自2020年4月15日至2020年12月31日,暂免征收加工贸易货物内销缓税利息。****** 同时,为支持加工贸易企业开拓国内市场,海关总署允许符合条件可集中办理内销征税手续的加工贸易企业,由按月办理内销申报纳税手续,调整为最迟可在本季度结束后15天内完成申报 *******
缺乏融资和信贷支持	为了更好地满足国内商业模式的融资需求,政府鼓励各类金融机构对出口产品转内销提供融资支持,并进一步扩大对外贸企业特别是中小微企业的信贷支持,以便其进行内销业务。政府亦提出要加大对出口产品转内销的保险保障力度 ********
缺乏知识产权方面的经验	政府支持外贸企业与品牌商协商出口转内销产品涉及的知识产权授权,以便在国内销售被外国品牌取消的订单。另外,政府亦将为外贸企业提供培训指导,帮助他们做好专利申请、商标注册和著作权登记等工作,并继续加强对知识产权的保护 *********

* 《国务院办公厅关于支持出口产品转内销的实施意见》,http://www.gov.cn/zhengce/content/2020-06/22/content_5521078.htm。

** 《国家市场监管总局关于贯彻落实〈国务院办公厅关于支持出口产品转内销的实施意见〉的公告》,http://www.cnca.gov.cn/zw/gg/zjgg/202009/t20200908_63992.shtml。

*** 南昌市人民政府,http://www.nc.gov.cn/ncszf/zcjd/202102/0c51f233d64f476f833c7a2f1425b733.shtml。

续表

    **** 《认监委关于精简优化出口转内销产品强制性产品认证程序的通知》,http://www. gov. cn/zhengce/zhengceku/2020 – 07/08/content_ 5525174. htm。

    ***** 《财政部、海关总署、税务总局关于扩大内销选择性征收关税政策试点的公告》,http://gss. mof. gov. cn/gzdt/zhengcefabu/202004/t20200414_ 3498086. htm。

    ****** 《关于暂免征收加工贸易货物内销缓税利息的公告》,http://www. customs. gov. cn/customs/302249/302266/302267/3025853/index. html。

    ******* 《关于调整加工贸易内销申报纳税办理时限的公告》,http://www. customs. gov. cn/customs/302249/2480148/3167697/index. html。

    ******** 《国务院办公厅关于支持出口产品转内销的实施意见》,http://www. gov. cn/zhengce/content/2020 – 06/22/content_ 5521078. htm。

    ********* 商务部召开《国务院办公厅关于支持出口产品转内销的实施意见》网上专题发布会,http://www. mofcom. gov. cn/xwfbh/20200630. shtml。

由于各地外贸产业结构不尽相同,除了上述国家部门推出的扶持政策外,各地方政府也因地制宜,出台针对性配套措施,推动出口产品转内销。例如,广东省作为出口大省,积极制定转内销扶持政策,其中包括搭建出口产品转内销线上平台、加大电商营销力度、帮助外贸企业拓展线上渠道等。① 另外,广州市对加工贸易前50强企业实行"一企一策""一事一议"服务,协助建立内销服务网络。②

(二)电商平台助力外贸企业开拓销售渠道

除了上述提到的市场准入等难题之外,开拓合适的渠道进行销售是外贸企业进入国内市场最大的挑战之一。中国的流通格局变化快且传统渠道费用高企,外贸企业构建自己的渠道及销售团队需要较长时间的积累,电商平台因此成为一种具有极高性价比,可以直接接触消费者且最为快捷有效的销售推广方式之一。国务院办公厅于2020年6月颁布《关于支持出口产品转内销的实施意见》,鼓励外贸企业联手电商平台,参与各类网上购物节,开设

---

① 广东省人民政府:《广东出台13条措施支持出口转内销 鼓励电商平台设外贸转内销专区》,http://www. gd. gov. cn/zwgk/zcjd/snzcsd/content/post_ 3105265. html。
② 商务部召开《国务院办公厅关于支持出口产品转内销的实施意见》网上专题发布会,http://www. mofcom. gov. cn/xwfbh/20200630. shtml。

外贸产品专区专栏。各级地方政府也配合出台相关政策帮助企业通过电商平台拓展内销渠道。

中国电商蓬勃发展，电子商务成为拉动经济增长的新引擎。根据商务部发布的数据，"十三五"期间，全国电子商务交易额年均增长率为11.6%①。国家统计局数据显示，实物商品网上零售额占比不断上升，2020年全国实物商品网上零售额达到9.76万亿元，同比增长14.8%，占社会消费品零售总额的24.9%。②

电商平台的受众群体广，具备流量和营销优势，还可通过各种推广手段如直播带货、社交互动等助力外贸企业更为快速直接地接触国内消费群体。因此，对于外贸企业而言，通过电商平台转内销是最为便捷有效的手段之一。

针对外贸企业订单骤减甚至被取消，导致库存积压、线下销售渠道受阻等问题，淘宝、京东、拼多多等多家电商平台旋即响应政府号召，出台多项帮扶举措，旨在利用平台自身的流量和营销优势，帮助外贸企业顺利完成产品转内销的过渡。2020年4月，阿里巴巴重启扶助中小微企业的"春雷计划"，旗下国内贸易平台1688推出"一键外贸转内销"解决方案，开设数字化"外贸专区"，帮助外贸企业迅速开拓国内批发市场。此外，阿里还将帮助没有线上经营经验的外贸企业成为天猫超市、淘宝心选供货商；并计划在中国创建10个产值过百亿的数字化产业带集群、全国产业带聚集省，每个省打造100个淘宝直播产业基地。③京东旗下的社交电商平台京喜推出了"产业带厂直优品计划"，通过与地方政府专项合作，创建产业带直播新生态，推进产业带和原产地的零售新基建，

---

① 商务部：《"十三五"期间电子商务成经济增长新引擎》，https://dzswgf.mofcom.gov.cn/news/42/2020/12/1609120181262.html。

② 国家统计局：《2020年12月份社会消费品零售总额增长4.6%》，http：//www.stats.gov.cn/tjsj/zxfb/202101/t20210118_1812428.html。

③ 阿里研究院：《阿里启动春雷计划2020，全力帮扶中小企业》，http://www.aliresearch.com/ch/information/informationdetails?articleCode=60618677040582656&type=%E6%96%B0E9%97%BB。

助力打造新型数字化产业带，并帮助外贸企业搭建转内销的通道。① 拼多多则升级了2018年底启动的"新品牌计划"，为外贸企业提供互联网销售渠道，同时也帮助企业孵化品牌②，并与广东、江苏、浙江、福建等20多个产业带开启深化合作。③

目前，主要电商平台出台的助力措施包括：为外贸企业提供免费平台入驻服务及流量支持；为外贸企业提供数据、运营、贷款、物流配送以及推广营销等服务；推出"外贸企业产品专区"；为外贸企业提供免费出口转内销课程，加深企业对内销市场的理解与认知；与当地政府联手，为外贸商品举办线上直播带货等项目；同时通过各类线上购物节，如6·18、上海五五购物节等，携手当地政府派发消费券等措施，鼓励消费者购买转内销商品。

除了上述措施，政府还鼓励外贸企业利用步行街以及各大商圈品牌聚集和人气效应，开拓转内销商品的销售渠道；此外，政府还将助力外贸企业与大型商贸流通企业进行对接，组织当地大型商业企业向外贸企业进行直采，举办各类知名展会，旨在充分利用线上线下双重渠道，帮助外贸企业成功转内销。④

四 外贸企业出口转内销的发展趋势

基于上述背景和政策，未来中国外贸企业出口转内销的发展趋势大致可以归纳为以下几个方面：一是政府将继续推进内外贸市场衔接，扩大"同线同标同质"（以下简称"三同"）产品范围，更好满足国内市场消费升级

① 《京喜厂直优品计划升级 加码20亿元资源为外贸企业注入新动能》，新华网，http：//www. xinhuanet. com/tech/2020－06/24/c_ 1126157067. htm。
② 李治国：《拼多多升级"新品牌计划"》，《经济日报》，http：//paper. ce. cn/jjrb/html/2020－10/31/content_ 431063. htm，2020年10月22日。
③ 吴迪：《助力"双循环"，电商在使劲》，人民网－《人民日报海外版》，http：//it. people. com. cn/n1/2020/1120/c1009－31938156. html。
④ 商务部召开《国务院办公厅关于支持出口产品转内销的实施意见》网上专题发布会，http：//www. mofcom. gov. cn/xwfbh/20200630. shtml。

需求，进一步促进内外贸一体化；二是外贸企业将与电商加强合作，C2M（Consumer to Manufacturer）模式①将进一步升级，精准对接消费者需求；三是外贸企业将向供应链上下游延伸，并创建自有品牌，提升其附加值及竞争力。

（一）持续推进"同线同标同质"产品，促进内外贸一体化

长期以来，国内与国外市场不同的产品认证和检测标准是外贸企业进入国内市场的一个主要障碍。为了解决这一问题，政府除了上述提到的一些短期措施外，还将进一步推动内外销产品标准统一，并积极支持企业发展"三同"产品。"三同"产品是指在同一条生产线上按照相同标准、相同质量生产既能出口又可内销的产品。具体来说，"同线"是指出口产品和国内销售产品在同一条生产线，按照相同的生产体系生产；"同标"是指产品标准主要按进口国或地区标准执行，若中国产品标准高于或严于出口的，则按国内标准执行；"同质"是指出口和内销的产品实现相同的质量水平。发展"三同"产品将有助于外贸企业降低生产成本，更好地服务国外国内两个市场，长远达致"内外兼修"。2020年，政府将"三同"适用范围由原来的食品及农产品扩大至一般消费品及工业品领域。此外，市场监管总局亦将开展"三同"产品宣传推广活动，推动"三同"产品进商场、超市、电商、社区、餐厅、校园及食堂等渠道。②另外，根据《中共中央关于制定国民经济和社会发展第十四个五年规划和二〇三五年远景目标的建议》，政府将继续促进内外贸法律法规、监管体制、经营资质、质量标准、检验检疫、认证认可等进一步衔接，加速内外贸一体化进程③。

---

① C2M模式，是指用户直连制造商，即消费者直达工厂，强调的是制造业与消费者的衔接。
② 李心萍：《同线同标同质 让产品更丰富》，《人民日报》，http：//www. gov. cn/xinwen/2021 –01/12/content_ 5579031. htm，2021年1月12日。
③ 《中共中央关于制定国民经济和社会发展第十四个五年规划和二〇三五年远景目标的建议》，http：//www. gov. cn/zhengce/2020 –11/03/content_ 5556991. htm。

（二）外贸企业与电商加强合作，C2M 模式精准对接消费需求

上文提到，外贸企业转内销时所面临的其中一项挑战是，它们不熟悉国内市场，并对国内消费者的需求缺乏了解。国内市场竞争日趋激烈，消费趋势日新月异，消费者期望也与日俱增。随着电商平台与外贸企业合作，以用户为中心、按需进行生产的 C2M 模式将进一步发展，为消费者创造更多价值。与常见的"以产定销"方式不同，C2M 模式从消费端需求出发，可以更为准确地满足消费需求，反向推动生产端，进而提高供需匹配效率。外贸企业与电商平台联手，平台提供大数据分析和消费者洞察，不断深化外贸企业对市场前沿趋势和变化的了解，外贸企业以此进行新品研发和设计，提供适合内销市场的产品，更好满足国内消费者的需求。目前，多家大型电商平台正在积极挖掘为知名大牌代工的外贸企业，希望寻求这些企业为其自有品牌生产优质的产品。对于转型内销的外贸企业而言，与电商合作能帮助他们积累经验和能力，进一步了解市场及消费者，为未来推出自有品牌打下基础。

（三）创建自有品牌，提升附加值

由于内销与外贸的模式不尽相同，外贸企业逐渐意识到要获得国内消费者的长期认可，需要创建培育自己的品牌，通过设计、技术创新、品质、营销等方面的能力在市场上脱颖而出。为鼓励外贸企业自建品牌，中央和地方政府部门出台了多项扶持政策，其中包括为外贸企业申请国内商标和专利提供指导及开启绿色通道等服务。国家知识产权局目前已将商标审查周期压减至 4 个月，有效缩短了申请人的等待时间；并正在进一步优化流程，努力实现全电子注册 7 个月办理。① 此外，各地方政府也推出多项政策措施支持外贸企业建立自有品牌，如浙江省政府为加大外贸企业国内的品牌宣传力度，

---

① 《国家知识产权局针对"商标注册便利化"回复人民网网友》，人民网领导留言板，http：//liuyan. people. com. cn/threads/content？ tid = 9143974。

持续开展百名记者访百家外贸企业活动，并鼓励行业协会等第三方组织建设完善外贸企业品牌服务平台，加强对优质外贸品牌的推介，拉近出口商品与消费者的距离。[①]

此外，电商作为目前最主要的销售渠道之一，也为外贸企业推广自有品牌提供了一个良好的平台。各大电商为协助外贸企业打造自有品牌推出了各类服务。例如，松腾实业原来长期为飞利浦、霍尼韦尔、惠而浦等国际家电品牌代工，后来建立自有品牌"家卫士"扫地机器人，但销量一直没有起色。该公司参与拼多多的"新品牌计划"后，通过电商平台提供的数据了解中国消费者的需求，简化并去掉了一些国内消费者不需要的功能，将产品方向调整为低价好用、具有基础功能且质量有充分保障。其针对国内市场研发的自有品牌扫地机器人推出市场后，年销量超过 50 万台，并成功为该公司开拓了中国三四线城市的消费市场。[②] 另一个成功案例是浙江慈溪的"三禾厨具"。三禾是一个拥有 16 年外贸代工经验的厨具品牌，之前为双立人、LE CREUSET、膳魔师等国外知名品牌代工。新冠肺炎疫情以来，三禾根据拼多多提供的数据分析和运营建议，重新设计了一款符合中国用户消费习惯的产品，并成功将其产品研发周期缩短 50%。其重新推出的高性价比自有品牌产品推出后即成爆款。[③] 预计未来，越来越多企业将推出自有品牌。长远来看，外贸企业培育自有品牌，能增强它们在国内外的竞争力，并加快中国对外贸易转型升级。

五 结语

由于上文提到的诸多困难与挑战，大部分外贸企业目前仍处于内销的

① 《浙江省商务厅等 9 部门关于推动外贸企业开拓国内市场的若干意见》，https：//zcom. zj. gov. cn/art/2020/5/26/art_ 1229351983_ 58515556. html。
② 付朝欢：《建立自主品牌 以数字化方式开拓国内市场》，改革网，http：//www. cfgw. net. cn/2020－08/06/content_ 24937607. html。
③ 《宁波市与拼多多达成战略合作 将推动 15000 家企业"外贸转内需"》，中新网，http：// www. chinanews. com/m/business/2020/03－25/9137422. shtml？f＝qbapp。

探索转型阶段。国际经济形势衰退，外部需求下降，而国内的消费市场发展潜力巨大，中国经济发展的战略重点逐渐从出口导向转向扩大内需。在这一背景下，外贸企业除了继续保持国外订单、服务国外市场外，也应拓展内销市场。短期而言，外贸企业在营销渠道上，可以利用电商平台的流量优势将优质的出口商品销往国内市场，这也是有效去库存和增收的途径。但若考虑到长远可持续发展，外贸企业则应加强供应链上下游各个环节的能力，真正实现价值链的提升。与此同时，政府部门将实施进一步放宽内销市场准入限制、加快推动国内外标准对接、鼓励外贸企业发展"三同"产品等措施，有效协助外贸企业打通国内外市场，进一步丰富市场供给，推动消费升级，实现国内国际双循环相互促进的新发展格局，进一步促进内外贸一体化。

参考文献

封小云：《加工贸易的演进、转型与升级》，广东经济出版社，2018。

陈智国：《"一键外贸转内销"加速融入国内大循环》，《中国经贸导刊》2020 年第14 期。

B.19
"十四五"中国商业发展趋势展望

冯氏集团利丰研究中心

摘 要： 2021年3月，第十三届全国人民代表大会第四次会议通过《国民经济和社会发展第十四个五年规划和2035年远景目标纲要》，指出要"加快构建以国内大循环为主体、国内国际双循环相互促进的新发展格局"，坚持深化供给侧结构性改革并扩大内需，打通供应链诸多环节的堵点，进一步推动国内商业领域发展。新发展格局意味着未来将继续坚持扩大对外开放，放宽市场准入，通过发挥内需潜力，更好地联通和利用好国内和国际两个市场的资源，为国内外企业开创新的机遇，实现更强劲的发展。本报告就"十四五"期间，中国商业领域的发展趋势和前景，做出五大预测。

关键词： 扩大内需 消费升级 现代流通体系 数字化创新 对外开放

一 进一步扩大内需，促进消费升级

中央政府提出，"十四五"期间，将"加快构建以国内大循环为主体、国内国际双循环相互促进的新发展格局"，将扩大内需作为战略基点，加速培育完整的内需体系，形成强大国内市场。

作为一个拥有14亿人口的大型经济体，中国强大的内需是推动经济持续稳定增长的坚实基础。2019年，内需对国内生产总值增长的贡献率达到87.5%，人均GDP突破1万美元，而中国有4亿多中等收入群体处于消费

优化升级的阶段，中国是全球最大最有潜力的消费市场。

因此，培育完整的内需体系，能够发挥中国超大规模市场优势，发挥需求对供给的牵引作用，倒逼供给侧提升质量，完善供应链，以创新驱动、高质量供给满足新需求。同时，供给侧水平的提升有助于创造更多中高收入就业岗位，提升居民收入水平，有助于进一步扩大消费，最终形成良性循环。

"十四五"规划系统部署了培育完整内需体系的重点任务，希望能够以此加强消费对经济发展以及投资对优化供给结构的重要作用。"十四五"规划提出，将扩大消费与改善居民生活品质相结合，并稳步提高居民消费水平。预计消费及零售市场将快速发展，成为中国经济发展的基石。

（一）出口转内销促进"双循环"

近年来中国的经济结构发生了明显的改变，新冠肺炎疫情加剧了全球经济下滑，地缘政治及中美贸易摩擦等问题也给全球市场带来更多不确定性，进一步削弱了外部需求。新冠肺炎疫情发生后，专家预计，出口市场将在2021年有所恢复，但不会成为增长的主要引擎。越来越多的外贸企业开始在国内市场寻找机会，实现外贸内销"两条腿走路"。

2020年，政府出台了一系列专门帮扶外贸企业拓展内销市场的措施。国务院办公厅于2020年6月发布《关于支持出口产品转内销的实施意见》，就外贸企业转内销面对的困难和挑战，出台了相应的支持举措，鼓励并协助外贸企业与国内主要的电商平台相互对接。电商平台与外贸企业合作，以用户为中心、按需进行生产的C2M模式将进一步发展，为消费者创造更多价值。"十四五"期间，政府将进一步放宽内销市场准入限制，加快推动国内外质量、检验检疫、认证认可等标准对接，鼓励外贸企业发展"三同"（同线同标同质）产品，这些措施将有效协助外贸企业打通国内外市场，丰富国内市场的商品供给，同时带动消费升级，推动构建国内国际双循环相互促进的新发展格局，促进内外贸一体化。

（二）国货品牌崛起

"双循环"体系建设的关键是经济内循环和构建强大的国内市场，以深化改革为根本手段，通过加快推动需求升级和供给升级，在供需两侧同步实现规模的扩张、结构的优化和质量的提升。基于供需双升级，中国将从全球"供给中心"升级为"供给和需求双中心"。在这样的背景下，国货品牌在供需两端具有天然优势，有望迎来快速发展。

从供给端看，疫情影响下，疲软的外部需求使得许多外贸企业或工厂将目光转向国内市场，或自创品牌，或服务其他国货品牌，助力国货发展，从Made in China 向 Made for China 模式转变。

互联网和数字经济的蓬勃发展也使得众多国货品牌商以更高效的方式洞察消费者需求，捕捉新消费趋势下的机遇。一些国货老字号品牌深入人心，已经具有一定知名度、美誉度。它们通过跨界联名、偶像代言人、快闪店等趣味化、潮流化的方式重新演绎品牌文化，在品牌形象和产品创意上做出突破，以此吸引消费者。天猫数据显示，在商务部认定的 1128 个中华老字号中，有近 800 家在天猫开了旗舰店，销售过亿的品牌近 60 家。另有不少美妆、服装、小家电等新锐品牌，从营销模式入手，与网红、达人、博主合作，在文字、短视频内容中植入品牌产品及理念，触及目标消费人群。

从需求端看，90 后和 00 后将成为"十四五"期间消费市场的主力军，而国货正在成为这部分消费群体的首选。阿里研究院发布的《2021 中国品牌发展报告》显示，2020 年，90 后在天猫上的人均国货消费超过 6000 元，00 后的国货消费增速最快，超过 50%。究其原因，这部分消费群体成长于中国经济和信息技术高速发展的时代，他们具有更强烈的文化自信和民族认同，不同于上一辈，后者更追求稀奇的舶来品。同时，年轻的消费者勇于尝鲜，个性化和性价比成为其消费关注点，这些消费新特征为国产品牌的未来发展提供了广阔的空间。

随着国产品牌研发能力的不断提高、营销力度的增加以及年轻消费者的

消费力增强，可以预见，未来将有更多新锐国产品牌进入大众视野，获得市场认可，国货品牌的全面崛起指日可待。

（三）加快布局"免税经济"

"十四五"规划纲要提出要"完善市内免税店政策"，建设一批中国特色城市免税店、加速打造国际消费中心城市，中高端消费市场潜力有望进一步释放。

党中央、国务院于2020年6月印发《海南自由贸易港建设总体方案》，提出进一步放宽离岛免税购物政策，包括提高离岛免税购物额度、扩大免税商品种类等。2020年7月1日起海南离岛免税新政正式实施，新政的主要亮点包括：离岛免税购物额度从每年每人3万元提高至10万元；离岛免税商品品种由38种增至45种，增加了电子消费产品等7类热门商品；取消单件商品8000元免税限额规定；减少大多数商品的单次购买数量限制，仅限定化妆品、手机和酒类商品的单次购买数量；允许具有免税品经销资格的经营主体按规定参与海南离岛免税经营。

海南离岛免税政策的再次放宽使得境外消费进一步回流。据海关统计，2020年海南离岛免税全年总零售额274.8亿元，同比增长103.7%。其中，上半年全省离岛免税品零售额为85.72亿元，新政实施后，下半年零售额近200亿元，由此可见离岛免税新政的效力立竿见影。

免税新政被寄予带动经济恢复的厚望。随着各项政策措施相继出台，"十四五"时期，中国免税消费行业将进入更加开放的"有序竞争"新阶段，趋势长期向好。

（四）发展夜间文旅经济

政府高度重视"夜经济"的发展。在各个地区对外公布的"十四五"规划中，"夜经济"成为各地拉动经济发展的重要内容。

据中国旅游研究院统计，截至2020年10月1日，中国出台197项与"夜经济"高度相关的政策，其中82项政策文件以"夜经济"命名。此外，国务院办公厅相继出台了《关于加快发展流通促进商业消费的意见》《关于进一步激发文化和旅游消费潜力的意见》，提出要发展夜间商业活动，激发夜间文旅活动的潜力。文化和旅游部特别提出要丰富夜间文化演出市场，提高文旅场所的夜间餐饮、购物、演艺等服务水平，打造国家级夜间文旅消费集聚区。

以往的"夜经济"以餐饮娱乐为主，业态相对较为单一。随着人们生活水平的提升，消费者越发重视精神文化层面的消费。"夜经济"不再只是简单的"吃喝买"，而是涵盖了观光、夜游、演艺、购物、娱乐以及夜间文化场所等的多元化经济。艾媒咨询研究报告数据显示，2020年中国"夜经济"的规模预计突破30万亿元。餐饮、购物、旅游及娱乐行业增长强劲，预计未来几年，"夜经济"将继续繁荣发展，并将有效促进消费、创造就业岗位，展现城市文化特色。

二 加快建设现代流通体系

一直以来，流通体系在国民经济中发挥着基础性作用，是畅通国民经济循环的重要中心枢纽，与供给体系和服务体系相辅相成。

建设现代流通体系对构建"双循环"的新发展格局具有重要意义。高效的流通能够促进国民经济总体运行效率提高，更大范围地把生产和消费结合起来，推动分工深化，提高生产效率。因此，国内和国际循环都离不开高效的现代流通体系，现代流通体系的建设已成为中国下一个阶段流通工作的重中之重。

中央政府多次在各类高级别会议上强调，必须进一步提高流通业效率和流通企业竞争力。2020年9月，习近平总书记主持召开中央财经委员会第八次会议，特别研究畅通国民经济循环和建设现代流通体系的问题。会议强调，在构建"双循环"新发展格局的背景下，建设高效的现代流通体系必须作为一项重要战略任务。

（一）健全物流、批发和零售体系

"十四五"规划重点提到要"健全现代流通体系"，深化流通制度改革，促进流通业高质量发展，尤其要着重发展现代流通体系的三大核心体系，即物流体系、批发体系和零售体系。在物流方面，未来，政府将专注于建立高效、现代化的物流体系，进一步投资提升物流和交通运输基础设施，推动建设国际物流枢纽，形成内外联通、安全高效的物流网络。批发领域的未来核心则是要加快传统批发市场向现代化批发交易平台升级，培育具有国际竞争力的大型批发商。至于零售方面，将鼓励零售企业通过大数据和人工智能等技术分析下游数据，深度洞察消费需求，并将其应用于设计和生产过程中，反向驱动生产创新，更好满足市场及消费者需求。

（二）提高农产品市场分销和供应链效率

"十四五"期间将全面实施乡村振兴战略，农产品流通行业的发展将受到更多的重视。新冠肺炎疫情以来，农产品流通业充分发挥商贸流通渠道的作用，有效保障生活必需品供应，在保供稳价、解决受影响滞销产品等方面都发挥了重要作用。为提高农产品市场分销和供应链效率，"十四五"规划提出要"健全县乡村三级物流配送体系"，加快布局农村物流网络，构建更完善的供应链，进一步提高流通分销效率。

与此同时，疫情改变了人们购买农产品的习惯和方式，同时对农产品流通业态也产生了较大影响。传统的线下分销渠道如农产品批发市场交易额大幅下滑，而提供生鲜农产品的电商平台业务却呈现爆发式增长。生鲜线上消费对冷链物流的配送提出更高要求，"十四五"规划提出要加强农产品仓储保鲜和冷链物流设施建设。此外，"十四五"期间，政府将进一步强化全过程农产品质量安全监管，健全农产品可追溯系统，对"从田间到餐桌"各个环节的信息进行记录存储，提高消费者对产品的质量和安全的信心。制造者可以知道产品"去往哪里"（可追踪），下游工序的从业者或消费者可以知道手中的产品"来自哪里"（可溯及）。可追溯系统帮助企业遵守法律法规的要求，落实追溯的主体责任，提升企业管理能力，降低企业风险，同时还能够强化政府对食品行业的监管力度，强化消费者的知情权和社会监督，降低质量安全风险。

三　生活服务业发展潜力巨大

生活服务业是直接满足居民生活需求的服务行业，也是中国现代服务业的重要内容，在推动经济增长和结构转型、吸纳就业、保障民生等方面发挥着关键作用。国家统计局将生活服务业定义为满足居民最终消费需要的服务活动，可细分为居民和家庭服务、居民出行服务、住宿餐饮服务等十二大领域。

随着中国中产阶级规模逐步扩大、人均可支配收入不断提升，人们对于提高生活质量的商品服务的关注度逐步增加，消费者变得更具品味、更有眼光。他们更注重自身形象和兴趣，希望获得新鲜有趣的体验，追求充实健康的生活方式。

在此背景下，"十四五"规划提出将加快发展养老、健康、育幼、旅游文化、体育、家政等服务业，并进一步推进服务业标准化、品牌化建设。

中国信息通信研究院和美团研究院发布的报告显示，2012 年中国服务业增加值占 GDP 的 45.5%，首次超过工业成为第一大产业，此后服务业占比持续提升，2015 年这一数据首次超过 50%，2019 年达到 53.9% 的历史高点。2020 年，生活服务业受疫情影响，实体门店经营受到较大冲击。随着疫情缓和，服务业稳步复苏，生活服务业展现了蓬勃生机，并朝着多业态融合、线上线下融合等发展方向前进，涵盖的内容也愈加丰富。其中，体育文化、娱乐旅游、培训服务等业态受人瞩目，消费者在这些品类上的支出大大增加。

（一）健康类消费渐受重视

在疫情影响下，人们对健康的重要性有了更深刻的认识，对健身塑形也有了更积极的追求，越来越多的人将健身作为身材管理和强身健体的方式，积极寻求多样化的健身内容、健身消费模式以及健身场景。根据中国国际体

育用品业联合会发布的《2020 年全民健身行为和消费研究报告》，超过
60% 的受访者表示未来将投入更多时间参与体育锻炼。调研还发现，不同地
方、年龄、收入和教育水平的消费者均表现出计划投入更多钱进行体育锻炼
和健身的意向。国民健身意识的显著提升，使得运动品牌在 2020 年上半年
零售环境遇冷的大背景下，业绩优于男装、女装、休闲等其他品类。

此外，消费者对食品安全、营养健康的饮食消费观念也越发重视。麦肯
锡发布的《2020 年中国消费者调查报告》显示，在大城市中，60% 的消费者表
示希望购买更健康的食品，并会经常查看食品外包装上的成分表；另外，55% 的
受访者表示，"健康和天然原料"是他们购买产品时的主要考虑因素。消费者对
于营养健康的重视，促使餐饮业在产品、服务、就餐环境、供应方式等多个方
面进行优化提升，并加强了对食材的安全性及保鲜度等方面的品控。

（二）进一步推广社区商业

加速的城镇化和老龄化将继续刺激社区零售、居家养老等服务的需求。
目前，许多社区都在积极推进社区商业、养老、家政等便民生活服务业态的
建设，致力打造"15 分钟便民商圈"，推动各个小区建立社区中心或商场，
为社区居民提供步行距离内可获得的综合式服务，满足他们的日常生活所
需。另外，餐饮零售和文旅体等居民服务业也在加速融合，业态模式丰富多
样。在政策支持下，预计未来越来越多的小区商场将会升级成为"一站式
零售＋生活"集中地，其中包括零售商铺、餐厅、理发店、洗衣店、诊所、
长者照顾设施等，以更好迎合社区居民的需求。随着线上线下融合程度的提
高，预计"十四五"期间生活服务业将加速发展，数字化趋势将推动线下
生活服务企业业态和模式创新，为消费者提供更高效优质的服务，进一步拉
动消费需求。

四　数字化技术推动消费模式及业态革新

疫情推动了整个社会的数字化进程，新型技术的升级给未来商业带来更

多可能，进一步推动了企业的模式及业态革新，加快数字化发展、转型与变革成为商业企业"十四五"期间的重头戏。

（一）构建"智能＋"消费生态体系

2020 年 3 月 13 日，国家发改委等 23 个部门联合印发了《关于促进消费扩容提质加快形成强大国内市场的实施意见》，提出多项举措以推动消费及创新。其中提出要加快构建"智能＋"消费生态体系；加快新一代信息基础设施建设；鼓励线上线下融合；促进消费新业态新模式。在政策鼓励下，"十四五"期间，数字化技术将继续推动企业模式及业态革新。

受疫情影响最大的当属线下实体商业企业，许多企业不得不加快数字化进程，迅速开通企业公众号、推出手机 App 等，商超也加紧开发线上服务，门店发货的"到家服务"逐渐成为业务的重要支撑。除此之外，为配合提倡的保持适当社交距离，一些商家应用人工智能（AI）、虚拟现实（VR）和扩增实境（AR）等技术提供智能服务，如"无接触"支付、虚拟换衣、智能导购等，智慧商业雏形显现。餐饮企业也纷纷推出线上下单平台，消费者可自助完成排队、点餐、结账等。这些变化是商业基础设施在技术发展推动下的又一次升级，为消费者打造了良好的购物体验。

"十四五"规划提出要推动互联网、大数据、人工智能等技术同产业深度融合，其中，电商平台走在技术创新的前沿，利用新科技为消费者提供"浸入式"的零售体验，同时整合线上线下多场景运营，加速与直播、短视频、小程序等功能有机结合。除了零售环节之外，许多企业将大数据、云计算等技术应用在运营过程中，助力优化企业的运营效率。通过前瞻性分析和进阶的信息系统，零售商可以预测并优化库存，制定有针对性的营销策略。此外，各大企业也在构建反应灵敏、灵活度高的数字化供应链，以适应零售业的快速变化。智能技术也将会用于新制造、智能制造、柔性制造、云制造等方面。在物流配送领域，AI 驱动运作的自动化仓库和智能自提柜等智能设备的应用也将更加广泛。

（二）全渠道继续主导零售领域

在后疫情时代，巩固"线下体验＋线上购买"的模式，协同线上线下融合发展，将会成为零售商业优胜劣汰的重要举措。线上渠道在2020年大放异彩。国家统计局数据显示，2020年全年实物商品网上零售额占社会零售总额比重为24.9%，较2019年提升4.2个百分点。疫情推动居民消费线上化，并使得线上渠道快速向下沉市场渗透。各大企业借此机会加大力度布局线上业务，实现人、货、场的全面"在线"。其中，直播电商近年来以更加立体、感性的商品展示方式和互动式的线上购物体验吸引了消费者的注意力，以高性价比的折扣刺激消费，行业巨头纷纷入局，获得了爆发式的增长。

1. 线上拥抱直播带货

作为网络零售的新兴业态，直播电商成为扩内需、促消费、拉动经济内循环、振兴地方经济的新引擎。尤其在2020年，直播电商赋能传统线下实体企业的数字化转型升级，持续推动经济发展；直播助农，有效促进乡村振兴。商务部数据显示，2020年中国重点监测电商平台累计直播场次超2400万场。艾媒咨询的数据显示，中国直播电商2020年市场规模达到9610亿元，与2019年相比增长121.5%，预计2021年将维持高速增长的势头，市场规模有望接近2万亿元。直播电商还催生出海量的新型人才需求，进一步带动就业。预计在"十四五"期间，直播电商领域的标准建立、法律法规逐渐完善，将继续推动直播电商行业高质量和可持续发展。

2. 线下引入体验式消费元素

相比线上，线下零售则以吸引人流、抓住回流商机为首要目标。通过引入多样化的体验式消费场景元素，延长顾客逗留时间、拉动销售，从长远看更有助于建立商场形象，加强差异化竞争，如快闪店、文化活动、艺术展览、网红打卡点等。儿童亲子类元素也颇受欢迎，能够吸引家长带着小朋友前来游玩购物，不少企业增加了现场化妆、美容美发等提高自身形象相关的体验。另有很多地方政府通过发放消费券的方式，引导消费者前往线下百货零售企业购物，这一做法未来有望在重要的节假日期间继续推行。随着线上线下零售的融合，未来全渠道零售（或 O2O 整合）将继续主导零售领域。"十四五"期间，将有更多企业利用新技术尝试多元化的商业模式创新，积极完善自身的 O2O 策略，以迎合消费者不断演变的需求。

五　进一步提高对外开放水平

"十四五"规划提出要全面扩大对外开放，提高贸易和投资的自由化、便利化程度，实现高质量引进来和高水平走出去。

（一）稳步推进海南自由贸易港建设

"十四五"期间，中国将进一步构建与国际接轨的国际贸易投资制度体系和监管模式，改善营商环境。其中，自贸区、自贸港的建设是中国探索制度型开放的重要载体。自贸区将被赋予较大的改革自主权，深化首创性、集成化、差别化改革探索。

根据中共中央、国务院于 2020 年 6 月印发的《海南自由贸易港建设总体方案》（下称《总体方案》），海南将在 2025 年初步建立自由贸易港政策制度体系；到 2035 年，海南的自由贸易港制度体系和运作模式将更加成熟，基本形成现代社会治理格局，成为中国开放型经济新高地；到 2050 年，海南将全面建成具有较强国际影响力的高水平自由贸易港。

"十四五"期间，除了完成 2025 年初步建立自由贸易港政策制度体系的目标外，海南还将完成自由贸易港第一阶段制度安排的相关任务，目标是在 2023 年底前具备封关的硬件条件，在 2024 年底前完成封关的各项准备工作。

此外，《总体方案》对贸易、投资、跨境资金流动、人员进出、运输往来以及数据安全有序流动等方面，做出了一系列安排。其中，"十四五"期间建立的海南自由贸易港政策制度体系，初步以贸易自由便利和投资自由便利为重点。具体包括，坚持货物贸易"零关税"、服务贸易"既准入又准

营",全面推行"极简审批"投资制度,在跨境证券投融资、数据跨境传输等方面开展试点工作,实施更加开放的人才、出入境和运输等政策。2021年6月出台的《海南自由贸易港法》,将海南自贸港作为中国推动建设更高水平开放型经济新体制的引领区。

虽然海南目前的工业基础和基础设施仍比较薄弱,但充满潜力。宽松的市场准入和优惠政策将为企业提供大量投资和市场机会。预计未来海南将陆续推出更具体的实施措施支持总体方案中公布的政策落实。

(二)RCEP成为扩大对外开放的重要平台

区域全面经济伙伴关系(RCEP)贸易协定被认为是后疫情时代全球经济复苏的重要引擎。RCEP于2020年11月15日获正式签署,是世界上最大的多边贸易协定,涵盖将近1/3的世界人口和GDP。其中包括东盟十国、中国、日本、韩国、澳大利亚及新西兰。

针对疫情冲击和贸易保护主义的抬头,RCEP支持建设一个开放包容、基于规则的多边贸易体系,为全球经济注入信心及活力。RCEP将逐步取消对至少92%商品征收关税以及开放至少65%的服务行业,并为成员国提供统一的原产地规则及精简的海关流程。这将会促进亚太地区的生产投入、中间产品及完成品的跨境贸易,从而促进区域内的经贸一体化。这也将会加强RCEP成员国的国际分工,并形成更整合的区域性供应链,RCEP成员国将在区域性供应链中巩固各自的竞争优势。企业通过对区域内供应链的有效管控和协调,将享受更大灵活性和实现更低的成本。中国由于产业链的完整性具备为全球市场提供制成品的能力,将成为RCEP区域内乃至全球范围内主要的制成品供货商。扎根于中国的外贸企业也可以进一步扩大他们在东盟各国的生产力和消费市场。

另外,中国作为区内最大的消费市场,将成为其他RCEP成员国的主要消费市场。随着中产阶层群体的日益壮大、人均居民收入的持续增加以及新型消费模式的出现,中国积极扩大优质产品及服务的进口以更好满足消费者需要。其中,许多颇受中国消费者欢迎的进口商品都来自RCEP成员国，例如日本的电子产品及食品、韩国的化妆品以及澳大利亚和新西兰的乳制品及水果。RCEP 正式实施后，进口商品的生产成本及关税将降低，中国消费者将买到更多种类的优质进口商品，带动中国的消费升级。

RCEP 协定生效后，双边的关税减让无疑将为跨境电商带来重大机遇。RCEP 将消除贸易投资的壁垒并精简海关流程，降低跨境电商交易成本。RCEP 区域内规则的统一，对于投资者而言，进入一个国家就意味着进入区域内的全部国家，有效实现效率提升。同时，区域内的跨境电商市场将从无序发展，逐步转向规范发展，形成一个紧密的生态链和服务链，促进业态的转型升级。

另外，RCEP 协定中有一章详细列出了"电子商务内容"相关的具体条款。通过推广无纸化贸易、电子认证、电子签名等措施，进一步提高跨境电商贸易的便利性。随着跨境电商便捷度提升和零关税带来的商品价格优势的释放，中国产品将更容易、以更低价格进入 RCEP 成员国的市场，反之亦然。

六　结语

2021 年是具有特殊意义的一年。在新冠肺炎疫情对世界经济造成巨大冲击下，这一年对于商业企业而言，意味着复苏与重启。中央和地方政府纷纷出台各类政策措施，以缓解经济受到的打击、帮助企业走出困境、支持商业领域发展。

2021 年也是"十四五"的开局之年，面对复杂多变的外部环境和新冠肺炎疫情的长期影响、面对中国经济转型升级的挑战，"十四五"规划纲要制定者综合考虑未来一段时期国内外发展趋势和中国自身发展条件，贯彻"三个新"（新发展阶段、新发展理念、新发展格局）的逻辑主线，提出"双循环"，着重扩大内需。不少新型消费的出现，如国货、免税商品、健康产品等消费，体现出新时代的消费升级。另外，数字化技术的发展，也将推动消费模式及业态革新，市场需求也将反过来进一步推动创新技术在各个

领域的应用。

与此同时，海南自由贸易港建设总体方案的出台，以及亚太主要经济体之间签订 RCEP 协定，将提高中国对外开放的水平，提高国际贸易的便捷性。未来，中国将坚持推进更高水平和更深层次的对外开放，加大双边及多边经贸合作，为本地和外国企业带来新机遇。

皮 书

智库成果出版与传播平台

❖ 皮书定义 ❖

皮书是对中国与世界发展状况和热点问题进行年度监测，以专业的角度、专家的视野和实证研究方法，针对某一领域或区域现状与发展态势展开分析和预测，具备前沿性、原创性、实证性、连续性、时效性等特点的公开出版物，由一系列权威研究报告组成。

❖ 皮书作者 ❖

皮书系列报告作者以国内外一流研究机构、知名高校等重点智库的研究人员为主，多为相关领域一流专家学者，他们的观点代表了当下学界对中国与世界的现实和未来最高水平的解读与分析。截至2021年底，皮书研创机构逾千家，报告作者累计超过10万人。

❖ 皮书荣誉 ❖

皮书作为中国社会科学院基础理论研究与应用对策研究融合发展的代表性成果，不仅是哲学社会科学工作者服务中国特色社会主义现代化建设的重要成果，更是助力中国特色新型智库建设、构建中国特色哲学社会科学"三大体系"的重要平台。皮书系列先后被列入"十二五""十三五"国家重点出版规划项目；2013~2022年，重点皮书列入中国社会科学院国家哲学社会科学创新工程项目。

皮书网

（网址：www.pishu.cn）

发布皮书研创资讯，传播皮书精彩内容
引领皮书出版潮流，打造皮书服务平台

栏目设置

◆ 关于皮书

何谓皮书、皮书分类、皮书大事记、
皮书荣誉、皮书出版第一人、皮书编辑部

◆ 最新资讯

通知公告、新闻动态、媒体聚焦、
网站专题、视频直播、下载专区

◆ 皮书研创

皮书规范、皮书选题、皮书出版、
皮书研究、研创团队

◆ 皮书评奖评价

指标体系、皮书评价、皮书评奖

◆ 皮书研究院理事会

理事会章程、理事单位、个人理事、高级
研究员、理事会秘书处、入会指南

所获荣誉

◆ 2008 年、2011 年、2014 年，皮书网均
在全国新闻出版业网站荣誉评选中获得
"最具商业价值网站"称号；

◆ 2012 年，获得"出版业网站百强"称号。

网库合一

2014 年，皮书网与皮书数据库端口合
一，实现资源共享，搭建智库成果融合创
新平台。

皮书网

"皮书说"
微信公众号

皮书微博

权威报告·连续出版·独家资源

皮书数据库
ANNUAL REPORT(YEARBOOK)
DATABASE

分析解读当下中国发展变迁的高端智库平台

所获荣誉

- 2020年，入选全国新闻出版深度融合发展创新案例
- 2019年，入选国家新闻出版署数字出版精品遴选推荐计划
- 2016年，入选"十三五"国家重点电子出版物出版规划骨干工程
- 2013年，荣获"中国出版政府奖·网络出版物奖"提名奖
- 连续多年荣获中国数字出版博览会"数字出版·优秀品牌"奖

皮书数据库

"社科数托邦"
微信公众号

成为会员

登录网址www.pishu.com.cn访问皮书数据库网站或下载皮书数据库APP，通过手机号码验证或邮箱验证即可成为皮书数据库会员。

会员福利

- 已注册用户购书后可免费获赠100元皮书数据库充值卡。刮开充值卡涂层获取充值密码，登录并进入"会员中心"—"在线充值"—"充值卡充值"，充值成功即可购买和查看数据库内容。
- 会员福利最终解释权归社会科学文献出版社所有。

数据库服务热线：400-008-6695
数据库服务QQ：2475522410
数据库服务邮箱：database@ssap.cn
图书销售热线：010-59367070/7028
图书服务QQ：1265056568
图书服务邮箱：duzhe@ssap.cn

基本子库
SUB DATABASE

中国社会发展数据库（下设 12 个专题子库）

紧扣人口、政治、外交、法律、教育、医疗卫生、资源环境等 12 个社会发展领域的前沿和热点，全面整合专业著作、智库报告、学术资讯、调研数据等类型资源，帮助用户追踪中国社会发展动态、研究社会发展战略与政策、了解社会热点问题、分析社会发展趋势。

中国经济发展数据库（下设 12 专题子库）

内容涵盖宏观经济、产业经济、工业经济、农业经济、财政金融、房地产经济、城市经济、商业贸易等 12 个重点经济领域，为把握经济运行态势、洞察经济发展规律、研判经济发展趋势、进行经济调控决策提供参考和依据。

中国行业发展数据库（下设 17 个专题子库）

以中国国民经济行业分类为依据，覆盖金融业、旅游业、交通运输业、能源矿产业、制造业等 100 多个行业，跟踪分析国民经济相关行业市场运行状况和政策导向，汇集行业发展前沿资讯，为投资、从业及各种经济决策提供理论支撑和实践指导。

中国区域发展数据库（下设 4 个专题子库）

对中国特定区域内的经济、社会、文化等领域现状与发展情况进行深度分析和预测，涉及省级行政区、城市群、城市、农村等不同维度，研究层级至县及县以下行政区，为学者研究地方经济社会宏观态势、经验模式、发展案例提供支撑，为地方政府决策提供参考。

中国文化传媒数据库（下设 18 个专题子库）

内容覆盖文化产业、新闻传播、电影娱乐、文学艺术、群众文化、图书情报等 18 个重点研究领域，聚焦文化传媒领域发展前沿、热点话题、行业实践，服务用户的教学科研、文化投资、企业规划等需要。

世界经济与国际关系数据库（下设 6 个专题子库）

整合世界经济、国际政治、世界文化与科技、全球性问题、国际组织与国际法、区域研究 6 大领域研究成果，对世界经济形势、国际形势进行连续性深度分析，对年度热点问题进行专题解读，为研判全球发展趋势提供事实和数据支持。

法律声明

"皮书系列"（含蓝皮书、绿皮书、黄皮书）之品牌由社会科学文献出版社最早使用并持续至今，现已被中国图书行业所熟知。"皮书系列"的相关商标已在国家商标管理部门商标局注册，包括但不限于 LOGO（ ![logo] ）、皮书、Pishu、经济蓝皮书、社会蓝皮书等。"皮书系列"图书的注册商标专用权及封面设计、版式设计的著作权均为社会科学文献出版社所有。未经社会科学文献出版社书面授权许可，任何使用与"皮书系列"图书注册商标、封面设计、版式设计相同或者近似的文字、图形或其组合的行为均系侵权行为。

经作者授权，本书的专有出版权及信息网络传播权等为社会科学文献出版社享有。未经社会科学文献出版社书面授权许可，任何就本书内容的复制、发行或以数字形式进行网络传播的行为均系侵权行为。

社会科学文献出版社将通过法律途径追究上述侵权行为的法律责任，维护自身合法权益。

欢迎社会各界人士对侵犯社会科学文献出版社上述权利的侵权行为进行举报。电话：010-59367121，电子邮箱：fawubu@ssap.cn。

社会科学文献出版社